张蕴岭 著

INTERDEPENDENCE OF WORLD ECONOMIC DEVELOPMENT

世界经济中的相互依赖关系

当代中国学者代表作文库

THE REPRESENTATIVE WORKS OF THE CONTEMPORARY CHINESE SCHOLARS

中国社会科学出版社

图书在版编目（CIP）数据

世界经济中的相互依赖关系／张蕴岭著．—北京：中国
社会科学出版社，2012.5

（当代中国学者代表作文库）

ISBN 978 - 7 - 5004 - 9825 - 4

Ⅰ.①世…　Ⅱ.①张…　Ⅲ.①世界经济—研究　Ⅳ.①F11

中国版本图书馆 CIP 数据核字（2011）第 088529 号

世界经济中的相互依赖关系　　张蕴岭著

出 版 人	赵剑英	

文库策划	赵剑英	
责任编辑	冯　斌	
责任校对	王应来	
封面设计	郭蕾蕾	
技术编辑	戴　宽	

出版发行　中国社会科学出版社

社　　址　北京鼓楼西大街甲 158 号　　邮　编　100720

电　　话　010 - 64040843（编辑）　64058741（宣传）　64070619（网站）
　　　　　　010 - 64030272（批发）　64046282（团购）　84029450（零售）

网　　址　http://www.csspw.cn（中文域名：中国社科网）

经　　销　新华书店

印　　刷　北京市君升印刷有限公司　装　订　廊坊市广阳区广增装订厂

版　　次　2012 年 5 月第 1 版　　　印　次　2012 年 5 月第 1 次印刷

开　　本　710×1000　1/16

印　　张　25.5

字　　数　427 千字

定　　价　58.00 元

《当代中国学者代表作文库》
出版说明

　　中华人民共和国的成立开启了当代中国历史发展的新进程。伴随社会主义革命、建设和发展的历史，特别是改革开放以来中国特色社会主义道路的探索、开辟和中国特色社会主义理论体系的形成，全球化的深入发展以及中西文化的碰撞交汇，中国的哲学社会科学研究事业得到了显著的发展，涌现了一大批优秀的人文哲学社会科学学者及著作。这些著作体现了时代特色、民族特色和实践特色的统一，在其相应学科中具有开创性、奠基性和代表性。正是这些具有中国特色、中国气派、中国风格的作品，铸就了当代中国哲学社会科学发展的辉煌成就，形成了中国哲学社会科学理论和方法的创新体系。

　　作为中国社会科学院直属的专门致力于推出哲学社会科学学术成果的学术出版社，我社30多年来，一直秉持传播学术经典的出版理念，把追求高质量、高品位的哲学社会科学学术著作作为自己的主要出版任务。为展示当代中国哲学社会科学研究的巨大成就，积极推动中国哲学社会科学优秀人才和优秀成果走向世界，提高中华文化的软实力，扩大中国哲学社会科学的国际话语权，增强在全球化、信息化背景下中国和平崛起所必需的文化自觉和文化自信，我社决定编辑出版《当代中国学者代表作文库》。

《当代中国学者代表作文库》收录新中国建立以来我国哲学社会科学各学科的优秀代表作，即在当代中国哲学社会科学学科体系中具有开创性、奠基性和代表性意义的著作。入选这一文库的著作应当是当代中国哲学社会科学的精品和珍品。因此，这一文库也应当代表当代中国哲学社会科学的最高学术水平。

编辑出版《当代中国学者代表作文库》是一项具有重大战略意义的国家学术文化工程，对构建中国特色社会主义核心价值观，推动中国当代学术的创新发展，加强中外学术文化交流，让世界从更深层次了解中国文化，扩大中国文化的国际影响力，必将产生十分重要和深远的影响。我们愿与学者一道，合心戮力，共襄这一学术盛举。

中国社会科学出版社

2010 年 8 月

目　　录

第二编　相互依赖关系产生的原因

第三编　相互依赖关系的结构

再 版 前 言

中国社会科学出版社拟再版我的《世界经济中的相互依赖关系》一书。开始，我有些担心，生怕需要做许多修改，因为，本书成稿于1987年，出版于1989年，那毕竟是20多年前。20多年来，世界发生了巨大的变化，这本书所做的分析、提出的论点是否已经过时，或是否会有许多错误？再版重印如何反映世界新的变化？再说，如果一本书修改过多，等于是重写或者重新修订，那就不是原著再版了。不过，在我仔细看了几遍这本书之后，我的担心没有了。我敢说，除了个别章节（如东西方关系）因为世界大格局发生了变化，已经时过境迁，以及统计表的数据需要更新外，本书的分析逻辑，主要的理论和观点，并没有过时，当时提出的许多论点，如今读起来依然觉得很新鲜。我认为，书中提出的主要立论和观点都是经得住时间的考验的。这样，我决定再版时不做任何修改，还是原版付印为好。我相信，今天读者读起这本书来仍然会有收益。

我在书的前言中写道："我们不仅生活在一个日益变小的世界，而且还生活在一个日益相互依赖的世界"，"不断扩大的贸易交往，日益增多的资本流动，加速发展的技术传播和信息交流，等等，这一切都使得各国的经济日益相互渗透、相互依赖和相互制约"，"经济生活的高度国际化已经成为我们这个时代发展的一个基本特征"。应该说，这个概括在今天看来更具有现实性。

尽管如此，我认为还是要在再版时写一个前言，一是对本书的一些观点进行一些梳理；二是根据时间的变化，对一些新的发展做一些补充，尤其是对当时缺乏的关于我国经济对外开放的部分做一些新的思考。这也算是我对这个问题研究的一些新的心得体会和认识吧。

一

从总体结构上，本书是从四个层面来全面和逻辑地分析世界经济发展中的相互依赖关系的。第一个层面，首先弄清楚构成世界经济发展中相互依赖关系的主要要素是什么；第二个层面，则进一步分析为什么会产生世界经济发展的相互依赖关系；第三个层面，从体系的角度探究世界经济发展中的相互依赖关系怎么构成的；第四个层面，具体地分析现行的相互依赖关系中存在的矛盾和如何进行调节，也即如何办。这四个层面的分析、研究构成本书结构上的连贯性和分析上的层次，使得本书形成一个逻辑与理论上的整体。

（一）关于是什么，书中列出了六个构成因素，或者说是机制：即国际贸易、国际货币体系、资本的跨国流动、跨国公司、技术与信息的国际转移以及国际组织。

关于国际贸易的发展，书中指出："国际贸易交换是打破民族经济封闭疆界和体系，在各国经济间建立起相互依赖关系的最早、最基本的形式。"第二次世界大战以后国际贸易发展的三个最突出特征是，"越来越多的国家进入国际市场"，"对外贸易在各国经济中占有越来越重要的地位"和"国际贸易的增长快于国民生产总值的增长速度"。如果说，国际贸易发展的广度标志是"加入国际贸易市场体系的国家增多"，深度标志则是"国际贸易在经济中的比重和在整个经济发展中的作用提高"。应该说，今天，这几个论断还是准确的。不过，近20多年来，国际贸易无论是从量上，还是从质上都发生了很大的变化，从书中列举的数据可以看出，在20世纪80年代中期，大多数国家的对外贸易在国民生产总值中的比重都还不太高，而如今大不相同了，尤其是发展中国家和地区，对外贸易在国民生产总值中的比例都很高，许多国家都超过100%，也就是说，对外贸易的发展成为拉动整个经济增长的主导性因素。

为什么会发生这样的变化？书中指出，主要是因为世界经济的结构发生变化，加工制造业生产的国际分工深化，从而使得产业内贸易大幅度增长。如今，生产的国际分工更为深化，更为细化，分工产品的交换流转变得更为快速、更为复杂，这种建立在产业国际化分工基础上的贸易交换，正如书中所指出的，把"原属于各国经济内部的关系变成了国际关系，而外部的关系又作为内部关系而起作用"，因此，一方面，一国经济的发展不能不考虑外部因素变动的影响；另一方面，也不能不考虑内部变化对外部的作用，以及由这种变化所引起的反应。书中指出了这种分工的合理性、参与利益和局限性。从合理性和利益方面来说，比如，通过对外贸易部门的增长带动相关部门的增长，通过参与分工和竞争提升发展的水平，通过实施出口导向战略，推动整个经济的发展等。但是，深度的参与国际分工，经济发展的动力过度依赖外部生产网络分配和外部市场的需求，也会使得经济的发展容易受到外部变动的冲击。同时，从世界的范围来说，正如书中指出的，国际分工与交换"在各国、各参与者之间的利益分布是不均匀的，尤其是在现实的国际生产关系格局下，资源的合理利用、生产要素的优化聚合等从一开始就带有局部属性"。

如今，世界贸易市场出现了结构畸形化和失衡变得非常突出。所谓畸形化，是指经济的增长过度依赖对外贸易，依赖不断地扩大出口，其结果，当外部市场发生变动的时候，由于出口急剧下降，整个经济陷入停止或者更大幅度的下降。所谓结构失衡，是指出口市场过度依赖少数国家的市场，尤其是美国，而美国则过度依赖巨大的贸易赤字，而美国的巨大贸易赤字又当然依赖不负责任地印制美元。2008 年起始于美国的次贷危机很快扩散为国际金融危机和经济危机，危机中，国际贸易失衡的问题凸显出来，解决失衡的呼声和压力也增大起来，国际贸易市场的结构，国家经济发展模式将会经历重大的调整，尽管如此，国际贸易在世界经济发展中的地位和作用不会退缩，可以说，离开了国际贸易交换的发展，就不会有现代世界经济的发展。

国际金融体系和国际金融市场是构成世界经济体系的枢纽。正如书中所指出的，"国际货币体系在构成各国经济关系中主要通过国际储备体系、汇率体系和管理调节体系发挥作用"。然而，这个国际体系开始只是单一的美元体系。第二次世界大战后，世界建立了以美元为中心的国际货币体系，在这个体系下，美元成为唯一的国际交易和储备货币。20 世纪 70 年代以后，这个体系从固定汇率制度转向浮动汇率制度，逐步形成了如今的以多种货币为核心的国际货币体系。问题是这个多中心货币体系并不稳定，一是美元仍然居于主要地位，由于美国政府长期保持双赤字，滥发美元，美元处于不稳定的状态；二是作为欧盟单一的货币欧元，无论是作为交易货币还是作为储备货币的地位都得到迅速提高，但是，由于单一货币制度上的缺陷，在希腊等一些欧盟成员陷入财政危机之后，欧元也出现了危机；三是国际货币基金组织的管理职能不到位，需要进行改革和调整。面对这些问题，有关重构国际货币体系的呼声增大。这里，主要是要解决主要货币，主要是美元的责任、欧元的稳定问题，国际货币基金组织结构和职能调整改革，以反映世界经济发生的新变化和国际货币体系加强管理的问题。

国际金融市场的发展是与经济全球化的发展相联系的。正如书中所指出的，"国际金融市场的存在和发展已经构成当今世界经济体系的一个重要组成部分"。国际金融市场为国际筹资提供了基础，而国际筹资的必要性，"不仅是解决资金短缺，而更重要的是经济活动的国际化，在更广的范围进行资金运筹"，"资本的跨国流动是生产要素在世界范围内优化组合、配置与使用的一个途径，是经济国际化发展的一个重要标志"。近20多年来，国际金融市场有了惊人的发展，国际资本的运筹量几乎以天文数字扩大。尽管这种发展是基于经济全球化发展的需求，但同时，也是国际资本运行畸形运作的一个结果。在资本电子化的空前发展下，国际资本高度虚拟化运行，它们与实体经济的运行几乎完全脱离，由此，国际资本成为所谓"金融创新，金融创汇"的俘虏和工具，一些国家的经济被捆绑在国际资本畸形运作的风火轮上，这就极大地加大了国际金融市场的风险和世界经济发展的不稳定。几十年来，国际金融市场的危机一再发生，进而把各国经济拖入危机旋涡，尤其是2008年由美国次贷危机引发的国际金融风暴，导致许多大金融公司倒闭，国际资本缩水，经济陷入大衰退和危机，危机提出了对国际金融市场管理，对国际资本运作进行监督的迫切要求。应运而生的20国集团领导人会议把改革国际金融体系，监管国际金融市场运作作为重点。美国不得不改变其放任的金融自由开放信条，对其金融体系进行深刻的改革，欧洲也在制定对国际资本运作更为严厉的监管和惩罚措施。这些努力不是旨在削弱国际金融市场，而是使得其更为健全。

本书把跨国公司作为构成世界经济相互依赖关系的一个基本要素来对待，是有深刻考虑的。因为在现实中，跨国公司不再是少数国家、少数巨型公司的专利，为此，正如本书所说，"跨国公司是跨国化投资经营的总称"，"是经济活动跨国化发展的一种正常现象"。在国际贸易交换中，跨国公司居于重要的地位，在国际生产分工中，跨国公司是主导力量，因此，由公司跨国化经营所构造的相互连接的、相互交织的国际化分工体系编织了世界经济相互依赖关系的复杂网络。如今，公司的跨国经营变得更为普遍，国际分工网络更为发达，其规模与20多年前有了难以比较的扩展。特别是由于世界交通、通信、资金运作等方面条件的改善，加上各国对外来投资实行比较开放以及优惠的政策，这使得公司的跨国经营变得更为容易和普遍。这样，即便是发展中国家的公司，规模较小的公司也进行跨国性的经营，要么是为了降低经营成本，要么是为了进入当地市场，要么是参与跨国分工网络，或者开发利用当地的资源。经济的国际化、全球化主要是由这些跨国经营的公司的各种活动所构成的。作为国家的经济，国内生产总值（GDP），内在的构成是那些渗透到各个行业的来自世界各地的公司的经济活动。

当然，跨国公司的主体还是那些大国际巨型集团，它们在各个领域处于垄断地位，控制着从研发、开发、生产到销售的主渠道。因此，跨国生产、经营网络的主导权也主要在大跨国集团手里，从而参与跨国生产、经营网络的利益分配也就必然很不均衡，尤其是那些处在下游低端程序的众多参与者，只能得到很少的利益。正如书中指出的，"跨国公司所实行的国际分工是以各公司自身的利益为基础的，因此，构成分工基础的比较优势是公司自身的利益动机"，但是，也应该看到，跨国公司全球分工的体系"在客观上它们也提供了国际分工的合理效益基础，正是这种基础成为当代国际分工的合理内核，也是各国愿意参与国际分工的前提条件"。

本书把技术与信息的国际传递作为构成世界经济相互依赖关系的一个基本要素。如书中所指出的，"在世界经济的发展中，技术的迅速发展及技术在经济发展中的作用占越来越重要的地位"，"技术的突出地位不仅表现在各国别经济中技术的密集度提高和技术进步成为经济增长的关键因素，而且还体现在技术的跨国转移与扩散在沟通和连接各国经济、促进世界经济一体化发展中起越来越重要的作用"。尤其重要的是，技术分工成为生产的国际分工的一个重要组成部分，技术作为商品交换使得技术贸易的规模得到很大的发展，"在技术的跨国转移和扩散中，最富有意义的是技术本身发展起了独立的内容和形式"，由此，"技术的跨国转移与扩散，以及在此基础上所形成的技术国际分工形式，对于世界经济的发展和当代国际经济关系起着重要的作用"。尽管由技术的国际分工、技术的国际交换所推动的技术跨国扩散主要是由大公司进行的，但也应该看到，这也为后起国家通过引进技术或者参与技术的跨国研发分工环节实现自身经济发展的技术升级提供了平台和机会。事实上，越来越多的技术，包括专用技术的研发和利用都越来越被分解，形成技术的国际分工网络，从而由此打造了多方参与的宽阔平台。这样，技术的扩散不仅通过技术贸易，同时也通过人才的参与和流动得到发展。

当然，技术，尤其是高技术，显示出很强的垄断性。复杂技术的研发大多掌握在大垄断公司手里，技术专利、技术壁垒成为垄断者掌握和控制技术优势的手段。这使得后起发展中国家的技术参与和引进被限制在一个低层次的水平之上。其实，世界经济发展的不平衡最主要地体现在技术掌握和技术使用上的不平衡，同时，"技术门槛"也大大限制了经济上落后国家人员和公司的参与性。事实表明，后进者如果仅是简单地参与，长期依赖技术引进而缺乏创新能力，就难以拉近技术上的差距。在现实世界经济的发展中，尽管有些后起国家通过技术引进、技术的国际分工取得了技术的提升，但是从总体上来说，技术的国际鸿沟仍然没有缩小，大多数的国家，大多数的公司都被排斥在技术核心的外围，处于边缘。

本书对信息要素的分析体现了前瞻性。信息是构成现代世界的神经系统，如书中指出的，"是把社会诸要素协调起来构成有机体的机制"。具有重要意义的是，"信息量的增长引起质的变化，使得它们成为经济中相对独立的构成要素。在现代经济中，信息的生产、信息的传递和信息的利用成为经济活动中重要的内容"，"随着世界经济的发展，像其他经济构成要素一样，信息运动也越来越超出国界。信息的跨国传递成为世界经济发展的一个必要条件，成为直接连接各国经济的重要机制"。如今，我们处在新的信息时代。无论是信息的形式，信息的手段，还是信息的地位和信息的作用，都与20多年前大不一样了。信息手段日新月异的更新，信息的密集、快速传递等都使得世界变得更小了。

就世界经济的运行来说，就像是建立在一个复杂、多变与活跃的信息网络之中。一方面，信息更为发达，传递速度更为快捷，这使得世界市场，世界经济的运行变得更为透明、顺畅，从而使得各国，各参与世界市场的公司、个人主体可以通过获取信息而变得更为有效。另一方面，也使得世界市场，世界经济的运行变得更为敏感、脆弱和不稳定。比如，在国际金融市场上，一条不胫而走的信息可以引起轩然大波，导致巨大的动荡。还有，信息也有很强的垄断性，对信息的控制，以及对信息传播的诱导，也会使信息朝着有利于掌控者的方向运作，使市场产生扭曲，对他者造成损失。因此，在国际市场上掌握信息，获得准确、及时的信息对于参与国际经济活动和分工至关重要，而这正是为数众多的发展中国家所不具备的。

关于国际组织与国际治理，书中列出了各种国际机构及其功能，指出"国际组织作为超国家机构在管理、调节世界经济和国际经济关系中起着特殊的作用"，"国际交往越发展，及世界经济越一体化，对国际组织管理和协调作用的要求越强烈"。全球化和由此构成的世界经济发展中的紧密相互依赖关系要求更强的全球治理，因此，国际组织应该有更好的发展，其功能应进一步加强。从根本上说，"共同利益原则是构成各国间紧密联系与相互依赖的重要基础，也是国际组织存在的客观基础"。国际组织的职能是"调节交往过程中出现的矛盾，制定和保护共同的行动守则或者建立国际交往的机制"。尽管国际组织的管理和调节随着国际化的发展得到一定程度而发展，但是，"国际协调与国际管理的机制是建立在现行经济关系格局基础之上的。因此，它们的活动与结果往往在很大程度上取决于构成该关系的实力格局"。现实中，由于结构上的缺陷，国际组织越来越不能适应形势的发展和需要。

当今，全球化的步伐还在加快，程度还在加深，这是个大趋势，也是个大方向。但是，全球化也带来很多问题和矛盾，为此，批评全球化和反全球化的力量也在增长。这一方面对参与者提出了要求，要在战略、政策上进行合理选择和应对；另一方面也对国际管理、调节，或者说是国际治理提出新的要求。就国际组织而言，在结构上，其主体结构还是第二次世界大战以后建立起来的，如今世界发生了巨大的变化，这些组织在构成上要能反映这些变化。比如，无论是国际货币基金组织，还是世界银行，它们都主要由美国和欧洲主导，因此需要进行调整，增加其他国家，尤其是新兴国家的参与和决策权。目前所进行的调整刚刚开始，并没有从根本上改变美欧主导的格局。在功能上，像国际货币基金组织，很有必要在国际货币体系改革，对国际资本的流动进行管理和监督等方面发挥更大的职能。

（二）关于为什么，本书进行了深刻地、有创见性地理论分析，提出了一些独到的观点。

书中提出，"世界经济中各国交往和相互依赖加深的趋势并不因为各国社会制度，或者说占统治地位的生产关系的改变而终止。因而，仅仅从资本主义生产关系的角度来解释和分析当今相互依赖关系发展的内在原因是远远不够的，还应当从生产力发展本身的内在动力和规律来加以研究"。书中还指出，"对于世界经济的发展来说，具有更深刻意义的是生产力发展本身要求在世界范围内不断开拓发展的适宜和优化的环境……在这种内在的动力驱动下，国别生产力的增长与经济中的外向扩张压力成正比"。因此，"从生产力发展来看，一国内区域隔离的打破是对社会生产力发展的一大解放，而国界疆域的打破，及生产和交换的国际化的发展，则使生产力的发展得到更为广阔的活动空间。在很大程度上说，社会生产力在世界范围发展的程度是生产力发展水平的标志，因而各国生产力的发展能否获得解放与发挥，取决于在多大程度上冲破国别的限制，实现世界范围获得要素资源的优化选择、组合与利用"。这里，本书强调，必须从世界经济发展的本身规律来观察、研究和看待世界经济的相互依赖关系发展，尤其是要从生产力的角度来认识经济的对外开放。

书中列出了四个因素，即资源、市场、资本和技术，试图从经济发展的内在逻辑来分析经济的开放、对外参与和交往的原因。

关于经济发展与资源，书中提出两个立论：一是资源的分布不平衡必然导致资源的国际交换；二是国际分工提供了资源开发与利用的合理利益基础。正如书中所指出的，"经济发展必然导致对资源需求的扩大"，"自然资源地理分布并非以需求的格局为转移，它们在国别的分布上是很不平衡的"，这是资源国际交换的一个自然基础。但是，真正有意义的是资源的经济利用，而资源的经济利用主要与经济的发展水平相联系。因此，资源的占有与经济的发展往往相分离，资源的开发与资源的使用也产生分离，而"这种分离有着经济利益上的基础"，"是经济的国际分工的一种形式"。从这个意义上来说，资源国际交换的发展是经济活动国际分工的一个重要组成部分。这里，本书强调，经济的水平和能力决定着资源国际交换的结构和各国参与资源国际分工的地位。本书也指出，科学技术（也是经济水平的反映）推动资源的国际分工与交换的发展：一是它们可以改变资源的分布结构；二是它们可以通过创造新资源而扩大资源的来源和交换的基础。

但是，不管怎么说，经济发展与资源国际交换之间存在内在的联动关系，世界经济越发展，资源的国际交换也就越发展。一个国家仅靠拥有资源是不能实现经济发展的，重要的是利用。同时，仅靠自己的资源来实现经济的长期发展也是行不通的，因为经济发展不断地创造出对新资源的增长需求。因此，世界经济越是发展，资源的国际分工和交换也就必然得到扩展。当然，鉴于资源的拥有和利用上的不平衡，资源的国际分工与交换的结构存在着很大的不平衡。如今，随着资源自然禀赋的匮乏和资源占有的不均衡发展，资源的国际分工与交换关系正在发生新的变化。其中，新资源、替代资源的开发和利用会得到进一步的发展，而这种发展将会对现有的国际关系产生重要的影响。

关于经济发展与外部市场，本书试图从经济发展的内在动因角度分析连接外部市场的重要性。外部贸易市场既包括出口也包括进口市场。关于出口市场，书中提出，"技术的发展使生产规模呈现无限增长的趋势，而市场规模的增长却受各种因素的限制"，因此，消费的增长赶不上生产的扩张不仅仅是资本主义经济的现象，而是一个普遍的经济规律，从而，"出口就成了突破国内市场规模制约，使生产保持增长的一个关键因素"。理论证明，通过贸易交换，可以获得比较优势利益，延长产品的生命周期，后起发展中经济通过实行出口导向战略可以实现经济的快速起飞。但是，我们也看到，对一个国家的经济发展来说，基本的动力在内需，长期的依赖外部市场来实现生产的扩张，尤其是水平式扩张，会带来经济发展结构的失衡。因为外部市场不是可以无限扩大的，外部市场的波动也是很大的。进口和出口是一个硬币的两面。关于进口市场发展的必然性，书中从经济发展中内在的需求缺口，进口比较优势利益，进口消费倾向以及进口替代模式等几个方面进行了分析。书中提出，"出口导向模式存在着内在的引进机制"，"出口导向是进口带动性的发展"，在一些情况下，"进口的惯性作用和维持生产基本规模的需要，使得出口与进口趋势出现背离"。因此，实行出口导向的经济存在着出现贸易逆差失控的可能性。在进口因素方面，书中提出了消费倾向因不合理诱导而产生市场偏离的问题，这个问题今天看来可以有新解。美国的事例表明，长期过度的进口消费偏离，就会导致另一种不平衡，即贸易赤字的大幅度增加。美国长期靠美元的霸权地位保持贸易赤字，实行过度消费，不仅导致自身经济的问题，也使世界市场产生危机。这就是为什么对当前国际贸易市场出现的严重失衡，不仅应该从出口方面来纠正，也应该从进口方面来纠正。

关于经济发展和资本流动的关系，书中从为何需要资本流入与为何要进行资本输出两个方面进行研究。现有的理论证明，发展中经济存在两个缺口：资金缺口和技术缺口，因此需要引进资本，弥补发展的缺口。但是，本书提出，资本的引进带有普遍性，发达国家也会因储蓄不足而需要引进资本。尤其是在国际化经营得到很大发展的情况下，"资本运动的国际化是一个必然的趋势"，"外部筹资往往是企业经营资本来源的主要组成部分"。不过，尽管"引入外资可以被用作一种政策工具"，如果这种政策工具使用不当，则会"给经济造成潜在的危险"。因为外债总是要还的，过度的借贷迟早会出问题。20世纪80年代，墨西哥、巴西由于公司过度借债而发生债务危机，2010年希腊等国由于政府过度借债而发生债务危机，这些都是很好的例证。

　　本书还指出，资本的引进和资本的输出往往是相伴而生的。传统的理论是从资本过剩的角度来认识资本输出的。事实上，现代经济存在着内在的资本输出动机，尤其是在经济国际化的背景下，生产的国际化，国际金融市场的发展使得资本的跨国流动呈现多元、多向、多平台的特征。如本书所说，"在现代经济发展进程中，存在着生产国际化发展的内在动因，而生产国际化必然与对外投资相联系"。"目前，大多数国家的经济都不同程度地卷入国际金融市场，尽管各国在资金流出和流入的结构上存在很大的不同，国际金融市场的存在已经成为大多数国家经济发展的一个不可缺少的外部条件"。如今，国际资金流动和金融市场的规模已经非常之大了，越来越多的发展中经济也高度参与资本的国际运作。但是，我们看到，由于国际资本的运作大大脱离实体经济的运行，伴随资本流动规模的增大和速度的加快，风险也大大增加。因为陷入太深，运作失当而陷入困境者比比皆是。因此，资本的国际运作要与本身的经济发展水平和运筹能力相适应。

　　关于经济发展和技术的国际化，本书从技术的外向传播，技术的引进与输出动因，以及技术发展的国际协作等方面探求技术的外部联系内因。书中提出，技术的跨国传递"存在于国际交往的自然发展过程之中，且随国际交往的加强而扩大"，"生产力越发展，从而技术生产的专业化程度越高，则技术的外向传播规模也就越大，技术的外向传播规模越大，则其国际化趋势也就越强。从这个意义上说，技术的国际化传播寓于经济发展规律本身，是一个必然趋势"。实际上，越是发达的经济，技术的国际化程度越高，越是复杂的技术往往越是要通过国际化的分工与协作来进行的。

当然，技术作为"高级商品"，要比普通商品具有更强的垄断性，技术的国际化分工和参与上的不平等更为突出。后进者只能处于技术引进和技术分工的低端，技术上的垄断要比其他方面更为突出。对于后进的发展中经济来说，尽管引进和参与是一条捷径，但重要的是要能通过参与技术的引进和技术的国际分工逐步提升自身的能力和水平，从中获得更多的效益。

本部分分析的出发点是作为国家的经济如何会必然产生对外的联系，国家是一种行政划分，经济本身的规律有着超越国家疆界的内在要求和动力。

（三）关于怎么样，本书一方面把世界经济发展中的相互依赖关系作为一个体系，但同时也指出它是一个不平衡的体系，"由于世界经济中各国经济发展的水平不同，实力不同，外部参与的内容和结构不同，从而在相互依赖体系中造成了关系结构上的不同层次和格局"。

书中从四个平面结构来分析相互依赖关系的特征：发达经济之间，发达经济与发展中经济之间，发展中经济之间，以及当时尚存的东西方经济之间。

关于发达经济之间的关系，书中指出，"是当今世界经济的重心，也是当代国际经济关系起主导作用的部分"。这主要体现在世界的贸易、投资、技术交换主要是在发达国家之间进行的，"形成了一个经济结构、市场结构以及技术水平等方面趋于接近的发达经济体系"。发达经济体系的这种主导地位是造成世界经济结构不平衡的主要因素。

当然，在发达经济体系之内，关系和结构也是不平衡、不稳定的，存在着经济增长、市场结构、货币金融，以及经济政策等方面的矛盾。紧密的相互依赖联系、共同的利益基础，必然要求他们之间开展合作与协调，并发展相应的机制。鉴于它们在世界经济中的地位，这种合作与协调也会对整个世界经济的发展产生重要的影响。20多年来，世界经济的格局发生了很大的变化，发达国家经济之间的关系也发生了很大的改变：一是发达经济体系在世界经济中的比重下降，其发展的动力和实现利益的平台均越来越向外延伸；二是发达国家间的合作与协调在世界经济中的影响力和作用下降，不得不求助于新的和更广泛的机制。

关于发达经济与发展中经济之间的关系，即南北关系，书中指出，"是国际经济关系中重要组成部分"。事实上，南北并不是截然分开的，一方面，它们之间具有互补性和不可替代性，发展起了密切的联系；另一方面，它们又是一种不对称的关系，"相互依赖中严重不对称是南北经济关系的一个基本特征"。

南北关系是一种动态变化关系，其内在结构随着关系的深化而发生转变。对于发展中经济来说，作为后来者，主要是通过对外开放，吸引来自发达经济的投资，利用发达经济的市场，参与跨国公司的国际分工等来实现经济发展的。参与和利用战略为发展中经济的快速起飞提供了比较优势条件，使得一些国家和地区的经济实现了比较快的增长，有些接近和进入了发达经济的行列。因此，南北经济关系的一个显著变化是，随着国际分工的深化，发达经济与发展中经济形成了内在的联动机制，如书中所指出的，"南北经济增长双向的传递发展是南北经济关系深入发展的一个重要标志，它表明发展中国家经济在世界经济中的地位和作用增强"。

尽管如此，迄今，南北关系的不对称结构还是没有得到根本的转变，发展中国家要求建立更加公平合理的国际经济关系秩序的努力一直没有停止。如今，由于像中国、印度、巴西等一些发展中大国经济的崛起，南北经济关系正在发生新的转变，在经济增长上，这些发展中大国呈现出更大的活力与潜力，尤其是在发达国家经济面临低增速的局面下，它们成为拉动整个世界经济增长的新动力源。这种新的变化也会进一步反映在南北经济关系的格局和形式上。

关于发展中国家之间的经济关系，本书提出，它作为一个相对独立的范畴在世界经济中占有一定的地位，第二次世界大战后，尤其是 60 年代以后的一个新的现象。其主要标志是发展中国家之间内部贸易、投资的发展，新兴经济体的崛起，发展中国家之间的合作得到发展。书中也强调，发展中国家之间加强联系与合作不应是对发达国家与发展中国家之间经济关系的替代，尽管存在国际经济关系的不平衡，不平等，但是，发展中国家只有通过全面的开放与广泛的参与，才能实现所希望的经济起飞与长期发展。书中也提出，发展中国家的概念比较笼统，其内部发展出现很大的不平衡，"发展中国家经济发展上的不平衡将会进一步增大，少数国家在今后十几年内有可能步入发达国家的行列"。如果以加入经济合作与发展组织（OECD）作为一个标志，如今，确有一些国家和地区已经跨进了门槛。

如今，发展中国家的经济与世界经济的整个体系更为紧密地连接在一起。尽管发展中国家间的合作得到发展，如书中预测的那样，发展中经济的"区域性经济合作得到较快的发展"，但是，它们实行的是"开放的地区主义"，在推进区域和其他形式的合作的同时，坚持对世界经济体系的总体开放和参与，继续努力推动世界经济体系的调整与改革。

关于东西方关系，如今已经不复存在，世界经济已经成为一个无政治界河的整体。尽管如此，书中所提出的几个观点还是有意义的。该章的题目用的是"东西：挡不住的交往潮流"，该章强调："东西方经济作为世界经济中的有机组成部分，本身存在着相互交往联系的动力和机制。这种动力和机制的发挥虽然会受到政治关系的干预和制约，但它们会以各种方式超越干扰和制约而得到发展"。书中特别强调，"社会主义经济应该是一个高度开放的体系，通过各种国际联系与交往渠道使之成为与外部经济紧密联系在一起的世界经济体系中的一个有机组成部分"。当时写这些话是有所指的，一是批评苏联牵头的内部封闭性的"经互会"生产分工体系；二是说中国作为社会主义国家实行对外开放政策是遵循了发展的规律。实践证明，由苏联牵头的封闭性分工体系垮台了，而信守社会主义经济是一个开放的体系，不能关起门来发展，实行对外开放的中国取得了成功。在写本书的时候，本人并没有预测到苏联会垮台，东方体系会崩溃，只是期望，通过推动东西方经济的交流，而能促进政治和国际关系的变革，为此，书中提出，"这种发展达到一定程度无疑会对政治关系产生影响，即经济上的新型相互依赖关系成为新型政治关系发展的温床"。尽管东西方的分野不存在了，但我看，经济关系对政治关系起推动作用，这个论断还是有意义的。

（四）关于如何办，本书是从分析世界经济发展中的相互依赖关系的本质特征与矛盾入手的。

书中指出，"世界经济中的相互依赖关系是一个有机的体系，但并非是一个和谐的体系"。本书从三个角度分析世界经济发展中的矛盾：贸易摩擦，对外开放与依赖，债务危机，指出，在世界经济体系里，"各国间的实力差别，供需结构差别，分工地位差别等等，必然导致交往关系中的矛盾。在充满竞争的国际市场上，参与各方所处的地位和所获得的利益与其实力和能力密切相关。因此，各方地位与利益的平衡格局是在竞争与对抗的运动中实现的"。这里，所要强调的是，矛盾是客观存在，调节与协调矛盾的利益和力量存在，各国只能在参与中争得利益，在发展中逐步调整与改变不平衡的格局。

　　关于贸易摩擦，正如书中指出的，"国际贸易中的矛盾是无时不有，无处不在的"。贸易中的矛盾和由此引起的贸易摩擦，根源于贸易交换中参与各方实力的消长，竞争力的变化，以及贸易交换中的结构不平衡。国际贸易市场一向存在两种力量：一种是开放的力量，另一种是市场保护的力量。推动国际市场开放的力量主要是各国的开放政策和国际组织（比如GATT/WTO）推动。第二次世界大战以后，市场开放政策越来越成为各国发展经济的一项政策，尤其是后起的发展中国家，采取了积极的自主开放战略，主动降低关税，减少市场交易障碍，同时，GATT/WTO 通过多轮谈判回合大力推动整个世界市场的开放，不仅使得物品贸易，而且也使得服务贸易的交易障碍大大减少。

　　然而，由于市场开放与国内市场保护之间的矛盾，不仅完全的市场开放不可能，而且在一些情况下，保护国内市场的压力会增大，政府往往会实行"限进奖出"的政策，对受到竞争压力的产品，通过征收反倾销税，列入敏感产品等措施，加以限制。长期以来，贸易摩擦、贸易争端此起彼伏，有时闹得很大。在国际组织推动市场开放方面，"多哈回合"已经多年停滞不前，世界市场的深度开放遇到越来越大的阻力。当前，在世界性经济危机阴影不散的情况下，美国、欧盟等的贸易保护主义上升，贸易摩擦升温。

　　不过，主导的趋势还是维护和推动世界市场的开放。书中指出，"各国经济间交往程度越深，不仅在发展上相互依赖和相互牵制越多，而且在利益上所凝成的共同点也越多。越来越多的共同利害关系则形成一种愈益增强的内在稳定机制"。这个定论今天仍然适用。不过，这种稳定机制也不是自然生成的，而是通过艰苦的努力建造的。就当前来说，面对国际市场争端增多，重要的是遏制贸易保护主义的上升，利用国际组织、国际对话机制，确保世界市场的开放。

　　关于对外开放与对外依赖，曾经是一个争论不休的话题。20 世纪 60年代，一些经济学家提出，现有的国际经济体系容易使发展中国家产生"依赖性增长"，而依赖性增长会使发展中国家处于不利的地位，从而制约发展中国家的长期经济发展。书中提出，关键的是发展中国家要能有合理的开放和参与战略选择。"对外依赖关系本身并不提供各国平等收益的机会"，同时，"经济中的对外依赖关系增多会增加经济的脆弱性"。但在当今世界经济中，"存在着有利于发展中国家利用对外依赖机制促进经济发展的环境和条件"，关键的是如何利用。比如，实施出口导向的经济可以较好的利用世界资源、世界市场、世界资金、技术实现经济的较快发展，但是，如果过度依赖外部市场，内在创新能力不能建立起来，内部市场不能发育起来，则会造成经济的依赖症，一旦外部环境发生大的变化，就会出现问题。这已经为现实所证明，因此，本书提出重视开放参与的能力转换问题，强调减少"从属性依赖"的途径。

关于对外债务危机的问题，书中指出，"在开放经济中，债务的增长是经济发展中的正常现象，然而，如果债务增长过快，超过了经济增长承受能力，不能按期偿付债务本息，就会出现债务危机"。书中也指出，"债务危机不单单是个偿债的问题"，"是世界经济中多种矛盾激化的结果"。一方面，它起因于借债国的政策失当；另一方面，它根源于国际金融体系的内在缺陷。

当年，本书主要是研究发展中国家参与世界经济过程中过度借贷，陷入债务危机的问题。如今，出现了新的债务危机，美国成为世界最大的负债国，许多发达的国家靠在国际市场上举债过日子，导致了严重的债务危机。2008 年发生的次贷危机则是在美国政府政策的支持下，金融机构过度放债，过度投机运作的结果。

现实中，债务危机必然危及主要货币的稳定，使得美元、欧元都变得不稳定，而主要货币的大幅度波动，则会对高度敏感的国际金融市场造成冲击，使整个经济的增长处于困境。在此情况下，如何实施负责任的国内政策，如何实施有效的国际监督，就成为世界经济体系能否稳定的重要问题。这涉及构建新的、有效的、能反映形势变化的国际治理机制的发展问题。

本书在结束语中强调："世界经济的愈益一体化和各国间相互依赖的不断加强是一个不可逆转的趋势"，"在新的发展面前，能否清醒地认识现实，顺应发展潮流和利用发展机会，对一个国家来说是至关重要的"，"重要的不仅在于观念上的转变，而且更在于实现发展战略和政策上的转变"。针对我国，本书写到，通过进一步改革开放，我国同世界各国的经济交往会进一步加强，同国际市场的关系会更为密切，"沿着这个方向发展，我国经济的发展将能以一个崭新的姿态出现，中国经济真正跨入强国之林的愿望是可以实现的"。应该说，20 世纪 80 年代中后期，我国经济的发展还处在非常艰难的攻坚阶段，如今，这个关于"跨入强国之林"的愿望已经可以基本上见到轮廓了。当然，尽管我国的总量经济指标已经跃入世界前列，但人均指标还很居后，摆脱发展中国家的地位的路还很长。

二

我在本书后记里说到，本书还应该有第五编，即关于中国经济开放与参与国际分工的战略选择的研究，对书中没有这一编深感遗憾。因为当时我之所以选择研究世界经济发展中的相互依赖关系，就是为了我国的对外开放寻求理论根据，联系中国进行分析，提出观点理所当然。

1978 年我国开始实施对内改革对外开放的政策。但是，在我看来，当时人们对于对外开放的认识还主要是作为一种决策的选择，是一种实用性的政策，意在通过吸引外资，加快发展经济。基于这样的认识，对外开放就仅仅是作为一种政策性的选择，而不是在遵循世界经济发展的一种客观规律。以这样的认识，在经济情况变好时，也可以终止开放政策。我的意图很明确，就是要通过研究世界经济发展中的相互依赖关系，能从理论上为我国经济的对外开放提供一种证明：它不是权宜之计，而是遵循必然的规律。我在书中大胆地提出：全球化的发展"不仅不断摧毁着民族疆界的万里长城，而且也必然不断冲击和改变着人们在民族疆界禁锢之下所形成的各种狭隘观念。从经济发展方面来说，在这个高度相互渗透，相互交织和相互依赖的世界上，那种追求独立、完整的民族经济体系，那种生产纯粹的民族产品的观念已经过时"，"世界经济的一体化，各国间在各方面的分工与交往的深入发展为民族经济或民族产品赋予了新的含义和内容。以往那种立足于民族疆界之内的概念已经被立足于世界范围的概念所代替"。

我本来写好了关于我国对外开放发展战略选择的专编书稿，但是，本书出版时编者建议删除，原因是有些观点很有争议，编者也提出，书的篇幅太长，印制成本太高。应该说，在当时，有关相互依赖的理论在我国国内还是有争议的，尤其是在 1989 年本书付印时，书中关于中国对外开放的许多论述当时看来有些不合时宜。其实，直到 20 世纪 80 年代中期，国内官方的舆论，我国在国际舞台上的政府发言，都还是批判相互依赖理论的。这也就是为什么本书书稿写出来后难以出版的一个原因。我的好友，时任经济科学出版社副总编辑的范国鹰先生慧眼识珠，决意让本书面世。

当时我写书也没有课题费，因此没有钱资助出版，他承担了过度的责任，我对他的胆识深表敬意。

如今，有关中国经济开放必要性的论证也大可不必了，因此，也没有必要再补上那一部分。但我认为，有关经济对外开放的深度研究和思考还是很有必要的，尤其是在我国经济步入新的发展阶段的时候。

20世纪70年代末，我国开始推行改革和对外开放政策。改革就是抛弃传统的计划经济体制，转向市场经济，开放就是利用外部资源和世界市场发展自己。迄今，改革开放政策取得了巨大成功，在短短的30多年里，使我国的经济发生了翻天覆地的变化。

20世纪70年代末，由于"文化大革命"的影响，中国经济处于破产的边缘，经济体制僵化、缺资金、缺技术、缺市场。如何走出困境，创造经济增长的动力？鉴于整个计划经济体制的改革需要时间，有效的办法是对外开放，引进资金技术，开拓外部市场。政府决定划出一块"特区"，搞对外开放试点，在特区"进行体制外循环"。深圳、珠海经济特区开始于1979年7月，一年以后，扩大到汕头、厦门，4年以后扩大到所有沿海地区，建立了14个沿海经济技术开发区，再过一年之后，建立长江三角洲、珠江三角洲和闽南三角洲沿海经济开放区，1988年又把沿海开放带扩大到华北、东北，把一大批沿海县市列入开放经济区，同时，当年又把海南岛列为经济特区，接着又一个大举措是开发上海浦东，在浦东实行经济特区的政策，再后来，又先后推出了天津滨海新区，广西北部湾开发区，东北的图们江经济开放区，以及与周边邻国合作的边境经济合作区等。应该说，我国经济开放的战略布局还在延伸。

经济特区的初期发展都是基本上实行"两头在外"的发展方式，利用"三来一补"，加工出口，"滚雪球"似的扩大发展。这个方略之所以成功，一个重要的因素是借助了香港的投资和出口渠道。在短短的几年内，由于低成本竞争优势，香港的大多数加工制造业转移到大陆。在广东的一些县市，如中山、顺德、东莞形成了劳动密集型产品的出口加工中心。随后，由于台湾投资的进入，加工产品由服装鞋帽，扩大到电器电子产品。靠引进，我国内地迅速发展起了一大批使用"先进设备"，"实行现代管理"，面向国际市场的"现代化"企业群，同时也培养了大批的工人和管理人才。利用这个基础，我国出口加工业迅速扩大发展，并且逐步实现升级，从简单的"三来一补"，轻工产品（纺织服装、箱包、鞋袜），简单加工，扩大到生产电器、电子、电信产品。既包括成品，也包括零部件。

随着我国经济的发展，国内经济环境的改善，外资不仅投资到沿海经济特区，也投资到其他地区，尤其是一些大中城市。我国经济的巨大发展潜力，丰富的低成本劳动力供给，大量的受过高等教育的技术人才，以及优惠的吸引外资政策，使得越来越多的外国公司投资中国，其中既包括"四小龙"的优势加工业，也包括美国、日本、欧洲大的综合跨国公司，累积近万亿美元规模的外来投资，在我国形成了巨大的生产能力。与此同时，通过参与、学习和竞争，我国国内的企业也逐步成长起来，尤其是中小企业得到迅速发展，为数众多的中小企业直接面向国际市场从事经营。经过30多年的发展，我国成为全球重要的加工出口基地，我国的经济与世界经济体系建立起了密切的联系，并且成为其中越来越重要的组成部分。

如果说"四小龙"提供了一种在缺资源、缺市场的情况下，利用外部资源、外部市场实现经济成功起飞的范例，那么，我国所提供的则是另一种经验：在有资源，但是缺少利用资源的体制，有市场潜力，但是没有启动起来的情况下，通过"给政策"，在局部范围创造利用的条件，通过发展加工出口，实现"外循环"，逐步积累，干中学习，实现经济由局部增长到整体发展的转变。在这种发展中，外部资源和外部市场显然起着非常重要的启动与支撑作用。无论从哪个角度看，我国实行开放政策，依靠利用外部资源和外部市场启动来实现整个经济的快速发展，这个战略是成功的。今后的发展也必须沿着开放的道路行进。

但是，我国以大力引进外资和推动出口为核心的外向发展战略也带来不少问题，有些问题已经成为我国经济进一步发展的制约。我国已经成为世界第一大出口国。对外贸易的高速增长成为我国经济保持高速发展的一个重要动力。但是，我们面临对外贸易扩张受阻，经营成本增大，出口拉动经济增长这个轮子转动困难的局面。我国是世界上出口增长得最快的国家，但也是遭受反倾销最多的国家。尽管世界市场的总体结构是开放的，但是，市场保护主义的力量仍然很强大，世界贸易远不是自由的。除了传统的关税保护外，各种各样的非关税壁垒仍然大行其道。我国作为一个国际贸易的后来居上者，靠供给丰足、低成本和优质的劳动力，靠大量的外资进入，靠开放的经济政策，建立了特殊的竞争优势。我国的出口发展快，竞争性强，优质廉价的商品不仅对发达国家形成竞争，而且也对发展中国家形成巨大的竞争压力。我国的竞争性产品既有劳动密集型的，也有资本密集型的，以及技术密集型的（目前，主要是中等技术）。对发达国家，中国冲击的主要是具有社会含义的"保留产业"（夕阳产业），对发展中国家，中国冲击的主要是具有发展意义的"竞争性产业"（新兴行业）。按照经济竞争分工理论原理，各国应该只生产那些具有比较竞争优势的产品，而放弃那些不具有竞争优势的产品。但是，从政府的角度，出于经济—政治—社会综合发展的考虑，必须"不惜代价"保护一些特殊行业。为了阻止中国商品的进入，越来越多的国家对我国的产品进行限制，比如，设置技术壁垒（安全标准、卫生检疫等）、实行数量限制（限额、配额）、反倾销、征收特别税等。不仅是美国和欧盟这样做，越来越多的发展中国家也加入到对中国产品实施限制的行列。

我国出口走的是加工制造模式，大进大出，加工再出口。对外贸易建立在"加工出口中心"这样的结构上，导致了两个突出结果：一是出口严重依赖进口；二是加工的利润很低。比如，我国60%的出口要依赖进口支撑，这样，进口成本的变动对于我国在出口竞争力有着重要的影响，加工利润往往很低。我国的快速出口同时也带来了巨大的能源与原材料需求。以往，能源和原材料价格在相当一个时期都是很低的，但如今，能源与原材料价格已经暴涨，看来世界能源、原材料价格将继续处于上升趋势，加工出口的路子变得越来越窄。再则，尽管扩大出口对经济的增长起着重要的拉动作用，但是，资源消耗型的增长（尤其是考虑到中国现阶段资源—产出利用系数较低的因素）带来许多问题，比如，资源消耗型生产导致的严重环境代价。

许多年来，我国出口对经济增长的拉动力越来越大。自20世纪90年代以来，我国的出口增长加速，在一般年份（除个别年份外），出口的增长都大大快于国内生产总值的增长，这使得出口在国内生产占总值中的比例大大提高。这个趋势表明，国内内需提高缓慢，生产的增长主要靠外部市场的扩张。经济过分依赖出口使得经济变得脆弱，外部市场环境变动对国内经济产生巨大的影响。出口增长一旦放慢，整个经济的增长就会以更大的幅度放慢。同时，因环境变换（比如，原材料能源价格上涨），出口收益降低，也必然影响整个经济的效益，从而导致高产出低效益，这就会加剧我国经济数量型增长的弊端。

这里，除了对现实的问题进行深刻分析外，还需要进行一些理论性的深度思考。正如本书所指出的，任何一个国家的经济要取得发展，必须走对外开放参与的道路，必须融入全球化的世界经济体系。

经济全球化是我们这个时代的特征。全球化的标志是什么？在我看来，一是越来越多的国家加入世界市场，世界市场越来越开放；二是生产要素在全球范围流动，形成以比较优势为基础的国际分工。国际分工的规律是什么？从经济的角度来分析，就是经济要素向具有优势的地方集聚，形成"生产的优势集聚"。我国加入国际市场所发生的变化是这种"优势集聚"的典型案例。由于我国实施开放政策，拥有特有的低成本生产优势，世界的成本型生产转移以极快的速度集聚中国，使我国成为"世界加工厂"。成本转移性生产主要是面向国际市场的，因此，中国成了出口大国，也就是说中国成了"出口集聚"的大通道。"优势集聚"产生巨大的生产扩张能力，从理论上说，只要外部市场有需求，生产的扩展可以是"无限的"，因为要素可以进一步的集聚，直到不再具备生产的成本比较优势（包括新的更有比较优势的竞争者加入）。

"出口集聚"实际上是一种"代出口"，因为我国处在生产加工的末端，最终产品从中国这个大通道出口。其结果，我国集聚了虚假的巨额贸易顺差，而这些顺差又形成了巨大的外汇储备额。统计数据表明，我国的顺差是与出口的增长呈正相关关系的。但是，贸易顺差呈现结构性不平衡：与生产转移国（地区）呈现逆差，逆差与转移规模成正比（加工生产的进口依赖，韩国、我国台湾最典型）。"代出口"产生的虚假顺差转为虚高的外汇储备，这些超额储备难以在国内找到足够的市场加以利用，结果只能投入国外的稳定资本市场。在短短的几年内，我国成为美国国债的最大买主。人们批评这样做很不划算，为何不在国内使用？事实很清楚，我国国内吸纳不了这样快的大规模储备积累。我们看到，资本回流本身成为支持美国形成不断增长的国内需求的一个重要因素。这样，在中国与美国之间，"出口—购买—回流—出口—购买—回流"形成一种自我循环的"平衡"。这种平衡当然是不稳固的，因为购买扩张是建立在信贷扩张的基础上，是一种虚拟需求扩张，一旦信贷扩张出现问题，这种平衡就会被打破。金融危机所暴露的问题正是在这里。美国人批评中国生产太多，向美国借钱太多，中国人批评美国人不负责任地消费，信贷扩张过度，似乎各说各有理。问题的实质是在全球化下的国际分工的自然法则发酵，而缺乏主动的矫正治理。

从理论上来说，全球化下的"优势集聚"国际分工是合理的，有效率的，因为它导致了世界资源的优化组合和比较优势分工。但是在实际发展上，却会出现结构性的问题。"优势集聚"是一种水平性转移和扩大，导致"劣币效应"，使得低技术行业延伸扩张。我们看到，我国作为世界加工厂的这种负效应，高能耗，高原材料消耗，高污染伴随生产的扩张而加剧。在土地和劳动力成本保持低廉的情况下，这种"劣币效应"形成对技术提升的障碍，导致水平数量扩张对技术投入的惯性排斥，使得经济结构出现畸形化。"四小龙"也走过这个道路，但是，由于规模小，集聚性有限，加之土地和劳动力成本的迅速上升，尤其是中国的加入，使得他们产生了产业升级的巨大压力。我国的情况不同，由于土地、劳动力低廉供给，政策支持强度较大，加之新的竞争者难以匹敌，因此，"劣币效应"可以在规模上继续扩大，在时间上继续拖长。在此情况下，我国会承受过度的"增长的代价"。

有两种力量可以制止"劣币效应"生命的延长。一是外部需求下降；二是主动调整。外部需求下降取决于：真的需求下降，如危机导致的需求下降，还有进口限制，再就是竞争性的替代。从最近这次国际金融/经济危机的影响来看，在美国，主要是实际需求下降，影响可能是长期的。从其他国家的情况看，主要是进口限制，保护本地市场。从这个角度来说，我国前一个时期的集聚性扩张会受到收敛，但是，由于生产转移的结构性特点（当地不再生产），基本的需求还会继续保持。因此，我们看到，在国际金融/经济危机开始后，我国的出口剧烈下降，而在危机基本过去后，出口开始快速恢复，随着世界经济的恢复，出口增长还会进一步提升，我国出口的这部机器又会转动起来，甚至会加速运转。尽管出于保护本国市场的考虑，外国对中国的出口会实行越来越多的限制，但是，我国的特殊制造成本优势，以及积累起来的巨大产能还会继续发挥作用，出口扩张的惯性会驱使出口企业恢复增长，出于就业的压力，政府对企业甚至会提供更多的支持。这样就会导致"劣势集聚"继续发酵，结构调整的动力反而减弱。

要解决"劣币效应"的问题，看来就只有进行主动调整。事实上，我国早在国际金融危机之前就开始了，当时采取了许多措施，比如，提出限制产业，停止出口退税，人民币升值等，但是，危机一来，这些措施都停止了，政策发生了转向。现在应该重新强调调整，防止"劣币效应"的进一步发展，把政策导向引向技术提升和结构优化，把参与国际分工造成的"劣币效应"减到最小。

改革开放 30 多年来，我国经济实现了快速增长，年均增长率接近 10%，这是一个奇迹。但是，我们看到，我国经济的持续高增长导致了越来越大的不平衡。这种不平衡体现在，部门发展不平衡，地区发展的不平衡和经济社会发展的不平衡。从部门发展不平衡来看，主要是水平扩张的出口部门增长过速，使经济的增长越来越依靠出口拉动。这样的结构产生几个不利的影响：一是资源过度向出口部门集中，抑制其他部门的发展；二是简单的能力水平扩张抑制创新；三是以降低成本为主导趋向的出口扩张压制工资水平的提高，使经济增长与社会福利提升分离。这几个影响在我国当前的经济中得到突出的体现。部门发展的严重不平衡已经成为阻碍经济质量提升的一个重要因素。直到近年来，我国政府才开始纠正部门的不平衡，提出转变发展方式，建设创新型国家，但是，我们也看到，长时间的积累，要纠正部门发展的过度不平衡并非易事。以钢铁业的发展为例，在过去十几年里，我国的生产产能集聚加快，结果导致世界的冶炼和粗钢生产越来越集聚到中国，使我国钢铁的生产能力达到了世界能力的 40% 还多，我国成为粗钢出口的第一大市场，而扩张的趋势还在延伸。我国的铁矿砂主要靠进口，为何集聚了这么大的生产能力？主要是我国具备特殊的生产优势，这包括土地、劳动力，以及政策支持优势（地方政府）。我国还有大量这样的比较优势条件下的优势集聚行业和部门。在开放环境下，这种比较优势驱使的生产"优势集聚"导致了我国国内部门发展的不均衡，使得一些产业过度膨胀，而这种膨胀导致了国内对原材料、电力、水资源等的过度需求。这一方面导致经济增长的社会发展成本增大（环境污染）；另一方面也导致"劣币驱除良币"效应，减少了其发展的资源空间。

作为发展中国家，通过对外开放，吸引外资发展接替型产业，这是一条捷径。但是，像中国这样的大国，拥有特殊的优势，一旦推动开放，则可以形成巨大的集聚效能，使一些部门过度膨胀，在外资具有优势控股或者拥有垄断地位的情况下，生产和技术的水平扩展会抑制产业技术水平的提升，特别是在外部市场限制不足够大的情况下（进口限制、新的竞争者），这种水平扩张会延续下去。我国经济还是需要继续坚持走开放发展的道路，但是，要调整政策和发展模式。首先要调整经济增长的动力结构，增加内需拉动力，降低出口/国内生产总值比率，减少经济增长对出口增长拉动的依赖。

由于我国所拥有市场、劳动力和技术的独特优势，其作为地区，以及在一定程度上说，也是世界加工制造中心的地位还会保持下去。因此，在今后相当一个时期内，继续发展加工出口贸易是保持我国对外贸易活力的一个重要因素。同时，这也是能够继续充分利用我国丰富的劳动力资源，保持出口竞争力、增加国内就业机会的一项重要政策。但是，必须注重质量升级而不是进一步靠数量型扩张。数量型扩张既降低收益，也消耗资源。我国现行的出口/资源消耗系数太高。其实，劳动密集型产品并不必然与资源消耗型画等号，要发展劳动精细型产品，减少粗放型产品。大规模、低附加价值出口是加剧我国与其他国家不断发生贸易冲突的一个主要原因，我国必须加强自主创新能力，提高高附加价值产品的出口，尤其是机械、电子、电器、通信产品的出口。

政府鼓励和支持企业走出去，这是经济开放的第二步棋，也是一个必然阶段。但是，也应该看到，我国企业还不具备大规模走出去的条件。同时，鉴于国内发展的需要，主要的投资资源还是首先要放在国内，要通过内部投资转移缓解我国地区发展的巨大不平衡。由于我国比较优势条件的变化，一些主要利用我国低劳动成本搞加工出口的外资企业可能会向外转移，这是一件好事，同时也有利于世界经济增长向更多的国家扩散，把更多的后起国家带入世界经济增长的链条和相互依赖网络，外资外流这不是我国对外开放政策和环境发生逆转的信号。

今后一个时期，世界经济将经历巨大的调整和变革。国际市场会产生巨大的结构调整，经济发展的方式会发生重大的变革，一方面是全球化继续深度发展；另一方面是全球化问题和挑战越来越严峻，作为高度参与国际经济体系的我国经济，发展的转型是必然要做的。这是一个艰难的过程，但也是一个提升的过程，再生的过程。我国经济基本完成了起飞阶段，现在要向一个新的阶段转变，这不仅是自身内在发展的要求，也是外部环境的要求，有利于我国自身的发展，也有利于整个世界经济的调整与发展。在相互依赖中发展，在相互依赖中变革，这是各国参与世界经济体系的一门功课。我国在新的探索中一定能够走出一条可持续发展的成功之路。

作　者

2010 年 8 月于八达岭山庄

前　言

一

今天我们生活在一个日益"变小"的世界。现代交通、通信的高度发展克服了地理上的障碍，把世界真正连成一体。300 多年前，麦哲伦环球航行几乎用了整整 3 年的时间，而今天，喷气客机环球一周只用 36 个小时。如果说交通还使人们感觉到距离上的空间存在，那么，当人们站在纽约股票交易所电子显示牌前，看着那同时发生在世界各大金融市场股票交易情况的闪烁变换的数字时，距离上的空间感似乎一点也不存在了。

事实上，我们不仅生活在一个日益变小的世界，而且还生活在一个日益相互依赖的世界。不断扩大的贸易交往，日益增多的资本流动，加速发展的技术传播和信息交流，等等，这一切都使得各国经济日益相互渗透、相互依赖和相互制约。经济生活的高度国际化已经成为我们这个时代发展的一个基本特征。

早在 100 多年前，马克思、恩格斯就在《共产党宣言》里指出："资产阶级，由于开拓了世界市场，使一切国家的生产和消费都成为世界性的了。""过去那种地方的和民族的自给自足和闭关自守状态，被各民族的各方面的互相往来和各方面的互相依赖所代替了。"① 100 多年来，尽管导致各民族互相往来和互相依赖的基础及方式发生了很大变化，但是，他们所指出的民族国家生产和消费国际化的趋势，以及由各民族间的相互往来和相互依赖代替自给自足及闭关自守的趋势却得到不断深入发展。今天各民族国家之间相互交往和相互依赖的程度与马克思、恩格斯所处的时代远不

---

① 《马克思恩格斯选集》第 1 卷，人民出版社 1972 年版，第 254—255 页。

能相提并论了。①

二

　　人们对世界经济中相互依赖关系的认识是随着相互依赖关系本身的发展而不断深化的。据考证，相互依赖一词的使用最早可以追溯到1822年，但是，真正由经济学家们从世界经济发展的内部关系比较全面论述各国经济间的相互依赖关系还是在第二次世界大战之后。②

　　第二次世界大战之后，国际贸易、国际资本流动和国际技术转移与传播的重点逐步转移到以美国、西欧以及日本为中心的发达资本主义国家。发达国家经济间以各种方式日益增强的交往与渗透和在此基础上建立起来的商品、货币、资本和技术联系机制，使得人们日益认识到各国间不断增强的相互依赖关系。因此，对相互依赖关系的研究由分散发展到系统，由一般概述发展到探求其内部的机制。20世纪60年代末，哈佛大学教授理查德·库珀出版了一本题为《相互依赖的经济学》的书，比较系统地阐述了北大西洋公约组织成员国经济间的相互依赖关系。70年代初以后，石油输出国组织大幅度提高石油价格，以及接着出现的第二次世界大战后发达国家最严重、持续时间最长的经济危机，使人们把目光由发达国家转向发达国家与发展中国家之间，即南北之间的相互依赖。美国前国务卿基辛格在1974年所说的一段话颇有代表性。他说："在当今各国间的相互依赖中，如果有什么需要加以阐明的话，这就是能源。"③ 此后，他又进一步强调："我们已经进入了一个新的时代。传统的国际结构已不复存在，代之而起的是世界在经济、电信以及人们的行为领域变得相互依赖了。"④ 此间，麻省理工学院国际问题研究中心受美国国务院的委托专门对相互依赖

---

　　① 据哥伦比亚大学教授罗伯特·蒙代尔的计算，世界经济一体化的程度1880年为10％，1950年为25％，而如今为50％，到20世纪末可达75％。见美国《福布斯》杂志1986年5月5日。

　　② 理查德·库珀：《在一个相互依赖世界上的经济政策》，美国麻省理工学院出版社1986年版，第289页。

　　③ 转引自海瓦德·R. 小阿尔卡《对全球相互依赖的分析》，美国麻省理工学院国际问题研究中心，1974年，第6页。

　　④ 转引自米哈里·西马《世界经济中的相互依赖与冲突》（英文版），布达佩斯，1981年，第20页。

的范畴、结构及对策进行了系统研究，完成了两卷本的《对全球相互依赖的分析》的长篇报告。整个 70 年代，以南北关系为中心研究相互依赖关系的文章、报告及专著大量涌现。勃兰特委员会所完成的两份报告（《南北：一项争取生存的纲领》和《共同危机：南北为世界复苏而合作》）被认为是系统阐述南北经济相互依赖关系的代表作。

　　到 20 世纪 80 年代，虽然南北经济之间的相互依赖关系仍被作为一个重点加以研究，但更多的研究转向全球性的问题，尤其是宏观经济政策、贸易、资本、技术格局，以及世界经济调整中的相互依赖关系等问题。像里安姆·坎普斯所著的《集体管理》、米切尔·斯蒂瓦特所著的《相互依赖的时代》等，都不仅对当今世界相互依赖格局进行了比较深入的研究，也对所应解决问题的对策提出了系统建议。在此期间，国际货币基金组织、美国的布鲁金斯学会以及经济合作与发展组织所属的发展研究中心等都就相互依赖关系中的宏观经济政策联系与协调、宏观经济政策（尤其是发达国家间）行为的计算机模型模拟等方面开展了大量的研究。在社会主义国家中，所见到的系统研究世界经济相互依赖关系的专著是匈牙利经济学家米哈里·西马于 1981 年所著的《世界经济中的相互依赖与冲突》，作者突破社会主义国家学者着重分析世界经济中矛盾的模式，着重系统分析了各国间不断发展的相互依赖关系，明确提出："相互依赖关系，即各国之间日益加强的相互依赖性，是国际化发展的一个阶段。""相互依赖关系的本质在于下述事实之中，即以往只对一国起决定作用或重大作用的经济、科学和其他发展进程，现在变得更为国际化了。"①

　　当然，对于世界经济中相互依赖关系还有更广义的理解。比如，世界的人口、世界的资源、世界的生态环境，等等。在这些方面，由于生产和其他经济活动的日益国际化，使得各国发展中的"全球环境意义"不断增强。像环境污染问题、资源枯竭问题等都已成为人类共同的生存课题。20世纪 70 年代初，罗马俱乐部的报告《增长的极限》第一次系统阐述了这方面的问题。尽管该报告的结论并不为大多数人所接受，但报告所提出的问题和以那些问题为前提所进行的假设都是很有意义的。

　　我国对世界经济中相互依赖关系的研究开始较晚。尽管 70 年代末对外开放政策实行之后人们对世界经济发展的认识有了突破性的进展，对国

---

① 《世界经济中的相互依赖与冲突》，第 21 页。

际贸易、国际资本流动以及国际经济关系中的其他方面从新的角度进行了大量研究，但直到 1986 年年初才在《世界经济》杂志上发表了两位青年学者《论世界经济中的相互依赖性》的论文。此后，对这方面的研究引起了越来越多人的兴趣。可以肯定，随着我国对外开放政策的进一步贯彻和我国经济更多地参与世界经济各方面的交往活动，对相互依赖关系问题的研究必将进一步深入。

<h1 style="text-align:center">三</h1>

我早就准备写一本关于世界经济中相互依赖关系的书。长期以来，我们重视对世界经济中矛盾的研究和批判，而对于事物整体的另一个方面，即相互依赖关系却讳莫如深。

1978 年开始提出并执行的改革与开放政策，使得对这方面的研究变得更为必要了。全面分析和认识世界经济发展中的相互依赖关系，对于我国的开放和改革不仅有着理论上的意义，也有着实践上的意义。

1985 年由美中国际研究交流委员会（Committee on International Relations Studies with the People's Republic of China）提供资助，我有机会到哈佛大学和约翰·霍普金斯大学国际问题高等学院从事该课题的研究。在一年多的时间里，我不仅阅读了大量有关相互依赖关系问题的著作，也会见了许多在这方面素有研究的知名教授。这对我完成本书的写作起到了关键作用。

本书分为四编，第一编以国际贸易、国际资本流动、跨国公司、技术与信息的国际传递以及国际组织等战后最新发展为依据，较全面地阐述了当今世界经济中相互依赖关系的机制是由什么构成的。第二编以探究国别经济外向发展的内在动因与规律为基点，通过对资源、市场、资本和技术等方面因素的分析，力求从理论上回答为什么一国经济必然外向发展和为什么在此基础上会产生相互依赖关系。第三编以世界经济中的东西南北关系格局为主线，系统地分析了相互依赖关系体系中的基本结构，旨在说明当今世界的相互依赖关系体系是怎样构成的。第四编有选择地分析相互依赖关系体系中的矛盾发展和特征，力求阐明相互依赖关系发展中的矛盾运动。

本书不是一本纯理论的著作，基本方法是以现实发展为基础，通过对第二次世界大战后世界经济各方面发展的分析，力求从中揭示存在其内部的相互依赖关系特征与机制。我想，作为对相互依赖关系问题的起步性研究，也许这样更好一些。

当然，相互依赖关系是一个难度很大的课题。它所要论及的问题几乎涉及世界经济的所有领域。由于时间仓促，加之作者水平有限，本书的内容肯定是不全面的。然而，如果本书的出版能够引起人们对这个问题的兴趣和进一步深入研究，我也就深感自慰了。

本书在准备和写作过程中得到许多朋友和同志的指导与帮助，特别值得感谢的是：美国哈佛大学的雷蒙德·弗农教授（Remond Vernon）、理查德·库珀教授（Richard N. Cooper），麻省理工学院的鲁迪杰·邓布什教授（Rudiger Dornbusch）、海瓦德·R. 小阿尔卡教授（Hayward R. Alker Jr.）、斯科尔尼科夫教授（Eugene B. Skolnlikoff），约翰霍普金斯大学国际问题高等学院的詹姆斯·里德尔教授（James Riedel）、罗伯特·拉斯达得副院长（Robert A. Lystad）以及李琼同志、沈华嵩同志和杜厚文同志等。

本书在编辑出版过程中得到许多同志的大力支持，解天骥同志为此付出了辛勤的劳动，特别是经济科学出版社的领导及范国鹰同志为本书的及时出版作出了贡献，在此一并致以诚挚的谢意。

张蕴岭

1989 年 2 月于北京

第 一 编

相互依赖关系的构成机制

导　言

一

　　什么是相互依赖关系？国际货币基金组织办的《金融与发展》杂志在一篇文章里做了如下定义：经济相互依赖概念的简单定义是指：其一，其他国家中发生的事将对一国的经济运行发生影响；其二，一国能够做的和将要做的事情将在一定程度上依赖于其他国家的行动和政策。①尽管这个定义过于简单，但它却可以反映出世界经济中相互依赖关系的最基本特征。要举出当今世界经济中各国间相互依赖的事实并不困难，各方面的例子几乎是不胜枚举的：

　　——在政策关系方面，比如，70 年代末美国的紧缩政策导致了高利率，而高利率又吸引了世界资金流向美国；

　　——在资源供求关系方面，比如，70 年代初以后，石油两次大幅度提价引起了世界范围内的"能源危机"，导致了世界财富分配格局的重大变化，触发了发达国家的严重经济危机；

　　——在生产关系方面，比如，日本廉价汽车的大量生产，曾极大地改变了美国人的消费倾向，使美国汽车业陷入困境；

　　——在资本关系方面，比如，墨西哥的债务危机使债权银行陷入恐慌，而债权银行因此紧缩向债务国提供新的贷款，而这又使债务国经济形势进一步恶化。

　　事实上，上述每一个方面的影响都不止限于所述范围，它们不仅进行放射型扩散，而且也形成多层回转反馈。像由紧缩政策导致的高利率，由

---

　　① 国际货币基金组织：《金融与发展》（英文版），1984 年 3 月，第 28 页。

于大量资金流向美国，从而迫使其他国家为制止资金流出而提高利率，利率提高引起或加深了这些国家的经济衰退，接下去，比如像西欧国家的经济衰退，使西欧进口市场缩小，这又会直接影响到其从发展中国家的进口，而发展中国家的出口减少又会影响这些国家偿债能力乃至整个经济的增长……像石油涨价引起了石油输出国收入的剧增，而急剧增加的"石油美元"又大量回流到欧洲货币市场、美国金融市场，从而推动了银行向发展中国家的放款，而这又为发展中国家的债务危机埋下了祸根……

在当今世界上，几乎没有一个国家的经济可以脱离开世界经济的变动而独自运转，也没有一个领域的发展不受其他领域变动的影响。在这个高度交织与依赖的世界上，各国经济对外部的反应变得越来越敏感了，世界经济似乎也变得比以往任何时候都"脆弱了"。有时候，哪怕是一个小小的变动也可能会引起轩然大波。比如，石油输出国组织的一份会议公报可能会引起世界石油市场上的价格剧烈波动，美国财政部长的一句话可以导致金融市场上汇率的巨大变动或资金的大规模流转，甚至苏联因气候异常农作物预期减产也会引起谷物市场上价格的大幅度上涨。人们也许会诅咒这种变幻莫测的"恶魔"，却无法逃脱它们的影响和制约。

世界相互依赖关系的构成机制存在于大量的交往关系之中。要摆出各种各样的现象是不难的，但要深刻地认识它们是不容易的。因为现象只能证实事实，而导致这些现象发生的内在原因和规律却要花气力去探索。因此，对于相互依赖关系的研究来说，重要的不仅是了解事实，而且要研究构成相互依赖关系的每一种机制是怎样起作用和由什么决定的。这样，如果仅仅从开头所引的简单定义来分析和认识世界经济中的相互依赖关系就远远不够了。

二

国际贸易交换是打破民族经济封闭疆界和体系，在各国经济间建立起相互依赖关系的最早、最基本的形式。概括地说，国际贸易至少在以下几个方面打破了民族经济的封闭性：

——生产的民族资源禀赋限制被打破，即由于交换的发展，可以从外部获得稀缺原料，因而那种自有资源决定生产的格局得到改变；

——生产的民族市场规模和格局限制被打破，即生产的规模和格局不必以自身消费为限制，而为世界市场生产；

　　——生产对消费格局的限制被打破，即通过交换获得国内不生产或生产不足的消费品。

　　在上述情况下，一国经济的发展与外部市场及他国经济的发展相联系，从而使得各国经济间建立起相互依赖的机制。现代国际贸易已大大超出了上述简单基础，其中最突出的是以生产的国际专业化分工为基础的贸易交换得到空前发展。尤其是第二次世界大战以来，生产的国际专业化向工序专业化深度发展，这样就使得国际贸易交换的产品由最终产品扩大到中间产品，交换过程成为生产过程的一个必要环节。在此情况下，一国外部的生产与国内的生产过程结成一个完整的过程，生产的国际化由为世界市场而生产产品到生产依赖世界市场而进行，由此，各国经济之间由外部交往发展到由内部连接了。

　　资本的跨国流动在建立各国经济相互依赖关系方面，最初不如国际贸易交换作用大。但是，直接投资的空前发展使各国经济间以更直接的形式相连接。尤其是跨国公司的广泛发展，鉴于其投资以生产的国际专业化分工为基础，寻求资本在世界范围内的优化利用，因此，它们所建立的是真正打破了国界限制的国际企业。在跨国公司的国际专业化分工安排下，公司与东道国之间，东道国与东道国经济以及东道国与母国经济之间的联系，往往具有多层交织的特征，产品生产分工广泛分布以及中间产品的多次往返加工，把参与各方的活动脉搏结成一个协调有序的整体。尽管跨国公司的出现首先是资本主义垄断大公司对外扩张的结果，但从世界经济发展的意义上说，则由此创造了一种真正可以在世界范围内实现优化经营的国际生产组织形式。这种内在的合理性质使得跨国公司越来越不是资本主义垄断大公司的专门术语了。事实上，如今，不仅发达国家、发展中国家，而且社会主义国家也大力开展对外直接投资，创立自己的跨国公司。

　　技术的国际化在加深各国经济相互依赖关系上所起的作用日益重要。技术的发展本来有着内在的保密和专有性质。因而，最初技术往往只是作为商品的附着物参与国际贸易交换，进行跨国转移和传播的。但是，技术的下述发展把其上述局限性打破了：

　　——技术生产的国际分工。由于技术构成上日益复杂，技术发明对人力、物力和财力的要求不断提高，这不仅导致了技术生产在一国范围内的分工，而且也导致了技术生产的国际分工。在此情况下，技术生产的含义不仅包括一国不生产所使用的全部技术，而且也包括不生产完全的技术，尤其是后一个方面，是技术生产分工的深入形式。

——技术生产的商品化。技术生产的国际分工必然导致技术的国际交换，然而，技术国际交换的发展不仅标志着技术本身成为商品，而且也包括技术为交换而生产。在此情况下，技术具备了普通商品参加国际交换的特征。一方面，一国技术的生产不必与本国的市场需求为前提；另一方面，一国经济的发展也可摆脱自有技术资源的限制。

技术生产的国际分工和国际交换在各国经济间建立起复杂的相互依赖关系。如果说直接投资是从生产过程内部把各国经济直接联系起来，那么，技术的国际分工和交换则从生产构成的内部，在各国经济间建立起直接的联系。

当然，还有许多方面的发展。由于这些发展，世界经济才变得越来越具有一体化的特征。

三

世界经济中各个交往领域之间的相互联系、相互牵制和相互影响，构成了相互依赖关系的运行体系。在这个体系中，很难把一个方面的关系与另一个方面的关系分开。在一些情况下，也很难区分一种发展究竟是由哪种关系机制在起决定作用。因此，相互依赖关系的构成和作用不仅远远超出两国间的双边关系，也远远超出某个领域的范围。范围上的多边性和作用与影响上的立体形式，使得各国经济间的关系变得非常复杂和微妙。比如，很难把美国与日本之间的关系局限于两国，因为无论是贸易格局的变化，还是资本流向的变动，都会直接和间接影响到许多国家。也很难把贸易关系与资本关系分割开来，因为不仅贸易领域的变化会引起资本流动的变化，而且反过来，资本领域的变动也会成为贸易关系变化的重要动因。像汇率的变化，资本供给条件的变化都极大地影响贸易格局和方向。再如技术的发展，不仅会受其他因素的影响，而且其发展也对其他方面的影响起重要作用。生产中新技术的采用导致了原料需求结构的变化、这会直接影响到原料生产的格局和原料产品的价格，而新技术采用所造成的原料节约则导致对原料需求增长的放慢或下降，这不仅会影响到原料生产国、原料生产企业的发展，甚至也会对其整个经济的发展产生影响。

　　相互依赖关系体系中的这种复杂性、多变性和连锁性特征，会随着各国间相互交往关系的发展而得到加强。这种发展趋势会在世界经济中导致许多与相互依赖关系发展相适应的内在要求，比如，各国间在越来越多的领域进行协调的要求。协调的作用不仅在于解决现有的冲突和矛盾，而且还在于为未来发展创造环境和条件。尽管协调中利益分配格局的确定充满着讨价还价，但是双边的或多边的经常协调对于各国经济的正常运行越来越重要。再如，建立超国家国际机构的要求，以便对那些通过双边或多边协调不能解决的问题，或对那些作为整个体系基础环境和条件的领域进行超国家干预和管理。这就为各种类型的国际组织的成立与发展提供了基础。从这个意义上说，国际组织的健全与发展程度在一定意义上反映了世界经济一体化和相互依赖关系发展的深度。

　　当然，国际协调与国际管理的机制是建立在现行经济关系格局基础之上的。因此，它们的活动与结果往往在很大程度上取决于构成该关系的实力格局。这种特征与构成相互依赖关系体系的实力格局一起导致了世界经济中相互依赖关系体系的畸形结构，而正是其结构上的这种畸形性，引起了不少人对现行相互依赖关系体系性质与作用的否定。因此，在如何认识世界经济中相互依赖关系上，历来存在着很大的分歧。

第 一 章

国际贸易

国际贸易是各国经济连接外部世界的主要链条，也是构成世界经济体系的主要构架。第二次世界大战后，世界经济得到了前所未有的发展。在世界经济的发展中，最引人注目的现象之一是国际贸易的迅速增长。国际贸易的广泛深入发展不仅成为加强各国经济间相互联系和依赖的纽带，而且成为加深国际分工、促进国民经济增长的重要动力。

第一节　国际贸易的发展趋势及特征

从世界经济发展的历史来考察，最早在各国间建立起的经济联系是通过通商交换来进行的。资本主义的商品生产不仅冲破了自给自足的封建经济的区域界限，也打破了闭锁的国家疆界。早在 16 世纪，世界范围的通商就初具规模了，到 19 世纪初，一个以主要资本主义国家为核心的世界贸易体系已基本形成。正如马克思在《资本论》里所指出的："对外贸易的扩大，虽然在资本主义生产方式的幼年时期是这种生产方式的基础，但在资本主义生产方式的发展中，由于这种生产方式的内在必然性，由于这种生产方式要求不断扩大市场，它成为这种生产方式本身的产物。"[①] 因此，随着资本主义在世界范围的发展，国际贸易迅速扩大。19 世纪初到 20 世纪初是国际贸易迅速扩大和发展的时期。由于国际贸易的扩大，更多的国家直接参与或被卷入国际经济联系网中。到第一次世界大战前夕，对外贸易在许多国家的经济中已占到非常重要的地位。第一次世界大战期间

---

① 马克思：《资本论》第三卷，人民出版社 1975 年版，第 264 页。

及战后，由于战争的影响，资本主义经济发展很不平衡，世界市场扩展比较缓慢，国际贸易无论是在绝对量上，还是在范围上都没有出现较大发展。30年代大危机和第二次世界大战又使国际贸易的发展受到严重影响，尤其是大危机期间，世界贸易量出现绝对下降。[①]

国际贸易真正取得迅速发展是在第二次世界大战以后。战后几十年的发展，无论就贸易量，还是就贸易结构或参与国际贸易的国别范围，都超过以往几百年的发展。到1986年，国际贸易额已超过20000亿美元，与1948年相比，出口增长了近38倍，进口增长了近36倍（见表1—1）。

表1—1　　　　　　　　　　国际贸易年平均增长速度　　　　　　　　　　单位:%

年份	1937—1950	1950—1960	1960—1970	1970—1975	1975—1983	1984—1986
出口	6.8	6.5	25.9	9.2	11.1	5.9
进口	6.2	6.5	25.5	9.1	11.3	5.5

资料来源:《世界经济统计简编》，三联书店1978年版;《国际贸易和发展统计手册》，联合国贸发会，1985年;《贸易方向统计年鉴》，国际货币基金组织，1987年。

从表1—1中可以看出，70年代中期以前，国际贸易的增长速度呈加速上升的趋势。70年代中期到80年代初，尽管增长速度比70年代前半期放慢，但仍高于战后其他时期的增长速度，只是80年代中期国际贸易的增长速度才慢下来，然而，这种放慢增长的趋势在此之后不久即得到扭转，自80年代后期，国际贸易已显示加快发展势头。

第二次世界大战后国际贸易发展的一个突出标志是越来越多的国家进入世界市场，并且成为国际贸易体系中的重要成员。国际贸易为少数国家高度垄断的局面有了很大改变。[②]

到20世纪20年代末，世界市场一直为英国所垄断，尤其是制成品的出口，英国高度垄断的局面更为突出。第二次世界大战后初期，美国一

---

① 据统计，1913—1929年间，世界工业增长了39%，而国际贸易仅增加30%，不过，美国是例外，其对外贸易得到迅速增长。1929—1932年间，国际贸易量下降了60%还多。见［英］艾尔斯沃斯《国际经济》，麦克米伦出版公司，第472—501页。

② 据伯格斯坦的计算，1870—1938年，一个国家对世界贸易控制的程度由28.2%降到18.9%，4个国家控制的程度由62.6%降到50.6%;1950—1970年间，一个国家控制程度由18.7%降到13.5%，4个国家控制的程度由42.8%降到36.4%。见阿尔伯特·伯格斯坦《对现代世界体系的研究》（英文版），学术出版社1980年版，第97页。

国就垄断了世界出口的近 1/4 和发达资本主义国家出口的 1/3。然而，经过 60 年代和 70 年代的发展，这种局面有了很大改变。到 80 年代中期，美国在世界出口中的份额下降到 1/7，在发达资本主义国家出口中的份额下降至 1/5。与此同时，西欧各国、日本等的对外贸易地位迅速提高。战后初期，西欧作为一个整体来计算，在国际贸易中的地位较之战前显著降低，1948 年其份额仅占 32%，但到 60 年代末却提高到 45%，在发达国家出口中的比重提高到 63%。在西欧国家中，联邦德国的份额增加最快。1950—1980 年间，其出口额增加了 96 倍，在世界出口中的比重由 3.6% 提高到 10.5%。到 1987 年，其出口额一举超过美国，居世界第一位。日本作为一个贸易大国的崛起更引人注目。第二次世界大战初期，日本在世界贸易中几乎没有什么地位，到 60 年代末，其出口额已占到世界出口额的 5.4%，在发达国家出口中的比重达到 7.4%。到 80 年代中期，其出口额在世界出口中的份额接近 11%，在发达国家出口中的份额接近 15%。

当然，由于参加国际贸易的国家增多，尽管各国的对外贸易量都大幅度增加，但一些国家，尤其是原占比重较大的国家的比重却降低了。美国的例子自不待说，其他像加拿大，1950—1986 年间，其年出口额扩大了 30 倍，但在世界出口中的比重却由 5.2% 下降到 4.3%。同期，澳大利亚的年出口额扩大了 13 倍，但在世界出口中的份额却由 3% 下降到 1.1%。[①] 从国际贸易发展的整体来考虑，国别贸易比重的普降趋势是国际贸易普遍化，进一步说，则是其扩大的一个重要标志。

在第二次世界大战后国际贸易的迅速发展中，发展中国家对外贸易的增长也是非常引人注目的。1950—1986 年间，发展中国家的出口额由 218 亿美元增加到 5164 亿美元，扩大了近 23 倍，进口额由 195 亿美元增加到 4958 亿美元，扩大了近 25 倍。[②] 发展中国家的对外贸易规模在短短的几十年里得到这样的增长，在历史上是从未有过的。尽管在第二次世界大战后的一个相当长的时期内，整个发展中国家在国际贸易中所占的份额曾出现显著下降，但是，这并不意味着发展中国家参与国际贸易交换的程度降

①　据联合国《国际贸易统计年鉴》1970—1971 年、1976 年、1985 年、1987 年数字计算。

②　《国际金融统计》贸易统计附册，国际货币基金组织，1982 年；《贸易方向统计年鉴》，1987 年。

低。一方面，由于民族独立，发展中国家的对外贸易由对宗主国的依附性关系转变为独立的交换，对外贸易成为整个经济发展中的重要组成部分；另一方面，越来越多的国家参与国际贸易交换，一些国家成为国际贸易中的重要力量。到70年代中期，发展中国家在国际贸易中地位下降的趋势出现明显扭转。到1980年，发展中国家在世界进、出口额中的比重分别达到29.3%和33%。尽管此后因石油价格大幅度下跌使发展中国家的进出口总额在世界进出口总额中的比重出现下降，但到1986年，其份额仍达到近25%。当然，在这种变化中，石油输出国所占比重的降低起着重要作用。如果撇开石油输出国地位变化的因素，那么，发展中国家在世界进出口中的份额并未出现明显降低。像亚洲发展中国家（不包括中东地区的国家）在世界进出口中所占的份额呈持续提高的趋势。

在非洲，一些原只有很少附属性殖民地贸易的国家不仅发展起了独立的对外贸易，而且贸易额有了大幅度的增长。尼日利亚和利比亚成了石油输出大国，到80年代初，出口份额分别达到198亿美元和157亿美元。喀麦隆、象牙海岸、摩洛哥、突尼斯和肯尼亚等国年出口额，在60年代到80年代期间分别增加了8倍、15倍、6倍、20倍和10倍。

在亚洲，除了像沙特阿拉伯、伊朗、伊拉克、印度尼西亚这样的石油输出大国外，也出现了像印度、南朝鲜、菲律宾、新加坡、泰国以及中国香港、台湾这样的工业贸易大户。到80年代初，上述国家和地区的贸易出口额共达1000亿美元。

在拉美，巴西和墨西哥迅速发展成为贸易大国，在从50年代初到80年代初的30年里，出口分别增长了16倍和35倍，进口分别增长了21倍和42倍。其他像秘鲁、智利、阿根廷等也都加快了对外贸易的发展。[①]

对外贸易在整个经济中的地位是衡量经济对外开放程度和经济对外依赖程度的一个主要标志。一国经济开放程度和对外依赖程度可以用以下几种指标来衡量：

1. 出口依赖度，一国出口值在整个国民经济中的地位，即 $T_{dX} = \dfrac{E_X}{Y}$，T_{dX} 出口依赖程度，E_X 出口值，Y 国内生产总值；

2. 进口依赖度，一国进口值在整个经济中的地位，即 $T_{dm} = \dfrac{Im}{Y}$，T_{dm} 进

---

① 《国际金融统计》贸易统计附册，1982年。

口依赖程度，Im 进口值；

3. 复合贸易依赖度，即 $T_{dc} = \dfrac{E_x + Im}{Y}$，这项指标实际上所反映的是贸易方面一国经济综合对外联系系数；

4. 平均的贸易依赖度即 $T_{de} = \dfrac{\frac{1}{2}(E_x + Im)}{Y}$，这项指标一般被广泛用作实际的国民经济对外依赖系数。

上述指标既可以用于一国，亦可以用于整个世界经济。尽管用贸易依赖指标来说明经济的对外开放和对外依赖程度往往会受到许多因素的限制，如价格的变化、汇率的变化、贸易结构的变化等，但它们毕竟可以反映一种大概的趋势。

第二次世界大战后国际贸易迅速发展的另一个标志，是对外贸易在各国经济中占越来越重要的地位。如果说国际贸易发展的广度标志是加入贸易的国家增多，那么，深度则可以说体现在贸易在国民经济中的比重和在整个经济发展中的作用。对外贸易在国民经济中所占的比重是一国经济对外开放和依赖程度的一个重要标志。从表1—2 中可以看出，第二次世界大战以后，对外贸易在世界国内生产总值中的比重是显著上升的，1950—1982 年间，以对外贸易为指数的世界经济开放度提高了一倍。

表1—2　　　　　　　　对外贸易在世界经济中的地位

年　份	1950	1960	1970	1975	1982
世界国内生产总值 （亿美元）	7519	14235	30324	59534	110152
世界对外贸易总值 （亿美元）	821	1326	3220	8917	18900
国际贸易比重*	8.3	9.3	10.6	15	17.2

　*世界贸易总额与世界国内生产总值之比，此处世界贸易总额为进出口总值平均数。

资料来源：《国际贸易和发展统计手册》，1985 年，第 2 页和第 430 页。

大多数发达资本主义国家的对外贸易早就在国民经济中占十分重要的地位。第二次世界大战以后，其比重进一步提高。美国国内市场广阔，战后又有以投资扩张代替出口的战略，然而对外贸易在国民经济中的比重也提高了近一倍。一些较小的国家像比利时、荷兰、爱尔兰等，这一比重提高得更快，到 80 年代初已达 50% 以上。较大的国家如加拿大、法国、联邦德国、英国、意大利和瑞典等，对外贸易比重由 60 年代中期的 15%—20% 增到 20%—25%。

表 1—3   对外贸易在国民经济中的地位*   单位：%

年份 国别	1966	1970	1975	1980	1981	1985
比利时	38.7	44.9	47.3	57.3	61.4	69.7
荷兰	36.3	39.7	42.5	45.3	48.6	59.2
爱尔兰	30.6	35.3	42.3	54.5	54.7	59.6
瑞士	23.9	27.6	24.2	32.5	31	35.6
丹麦	24.6	24.6	25.4	27.3	29.2	29.7
芬兰	18.6	23.3	23.7	29.8	—	25.4
奥地利	19.4	22.2	22.2	27.2	27.9	29.0
加拿大	17.2	18.6	21.3	25.5	25	22.9
法国	10.8	13.2	15.8	19.3	19.9	20.2
英国	14.8	17	21.1	21.6	—	22.2
联邦德国	15.7	17.3	19.7	23.2	24.7	26.0
日本	9.2	9.4	11.4	13.1	13.1	11.6
美国	3.9	44.4	7	9.2	8.8	7.0

* 进出口平均额对国内生产总值之比。

资料来源：《国际金融统计》贸易统计附册，1982 年；世界银行：《世界发展报告》1987 年；《贸易方向统计年鉴》1987 年。

发展中国家的情况比较复杂。一些以资源出口为主、经济发展水平较低的国家对外贸易在整个国民经济中据主导地位。还有少数转口贸易港或资本避税港，对外贸易成为整个经济的命脉。它们的这一比重甚至数倍于国内生产总值。比较有代表性的是被称之为新兴工业化国家或地区的经济。这些国家或地区的对外贸易是在整个经济发展的基础上扩大的。从表1—4 中可以看出，所有国家的对外贸易在整个经济中的地位都显著提高了。尽管在个别年份一些国家的对外贸易比重出现降低，但并不表明这些国家经济开放度降低。在多数情况下往往是受到进出口结构调整或其他因素的影响。

表1—4   对外贸易在国民经济中的地位* （发展中国家和地区）   单位：%

年份 国别	1966	1970	1975	1980	1981	1985
南鲜朝	13.2	16.4	30.1	34.2	36	29
马来西亚	38.5	39.1	39.8	49.8	47	47.6
泰国	16.1	15.4	18.8	23.5	23	21.0
菲律宾	13.4	15.9	19.2	19.8	18.2	18.0
土耳其	5.9	5.8	8.6	9.4	12.1	19.6
巴基斯坦	6.6	3.6	14.2	16.7	14.7	15.7
埃及	15.2	11.3	11.4	—	—	29.5
巴西	5.6	5.7	8.4	8.7	8	11.4
墨西哥	6.1	5.4	5.4	9.5	—	13.3
秘鲁	15.5	13.4	14.1	18.7	16.1	14.3

*进出口平均额与国内生产总值之比。

资料来源：同表1—3。

当然，我们还可以用其他的指标来衡量对外贸易在整个经济中的地位。比如，进口产品在国内消费中比例的提高就可以从一个侧面说明问题。从表1—5中可以看出，制成品进口/消费系数在大多数发达国家都很高。1980年与1970年相比较，共同的趋势是国内消费中外国产品的比例显著提高。从表1—5中可以看出，11个国家的国内消费的对外依赖比例提高了9.2个百分点。这是一个不小的变化。

战后国际贸易迅速发展的第三个标志是对外贸易的增长快于整个经济的增长速度。第二次世界大战前，世界贸易的增长速度一般说来是慢于世界生产增长速度的。[①] 但是，第二次世界大战后，这种情况发生了逆

---

① 1870—1900年间世界贸易年平均增长3.2%，生产增长率为3.7%，1900—1913年间世界贸易增长率为3.8%，生产增长率为4.2%。1913—1929年间世界贸易增长率为1.8%，世界生产为2.7%。W. W. 罗斯托：《世界经济的历史与展望》，伦敦，1978年，第37页；联合国贸发会：《国际贸易与发展统计手册》，1972年，第43页。

转。从整个世界范围来看，1950—1960 年间，世界国内生产总值年平均增长率为 6.6%，而进出口年平均增长率为 8.8%，1960—1970 年间，前者为 7.9%，后者为 9.4%，1970—1980 年前者为 11.3%，后者为 19.1%。只有 80 年代以后的贸易增长速度大大放慢了。这一方面是由于受到石油价格大幅度下跌的影响，另一方面也反映了国际贸易的实际暂时下降。不过这种趋势到 1986 年以后已开始扭转。发达国家是战后国际贸易的主体，1960—1970 年和 1970—1980 年间对外贸易年增长速度分别比国内生产总值年增长速度高 5.2 和 15.5 个百分点。发展中国家也显现类似的趋势，同期，对外贸易比国内生产总值的年增长率分别高 1.3 和 21 个百分点。[1]

表 1—5　　　　　　制成品进口在国内消费中占的比重　　　　　　单位:%

年份	澳大利亚	比利时	加拿大	法国	联邦德国	意大利
1970	22.1	59.1	27.6	16.2	19.4	16.3
1980	26.0	84.6	32.3	23.3	31.3	31.7
变化	3.9	25.5	4.6	7.1	11.9	15.4
年份	日本	荷兰	瑞典	英国	美国	11 国
1970	4.7	52.3	31.3	16.3	5.6	24.7
1980	6.3	62.2	38	28.2	8.7	33.9
变化	1.6	9.9	6.7	11.9	3.1	9.2

资料来源：卡尔斯·皮尔逊：《工业化国家的出口热：日本和发展中国家的作用》，美国，约翰·霍普金斯大学国际问题高等学院出版，1984 年，第 18—20 页。

从表 1—6 中可以看出，主要贸易国家的对外贸易都毫无例外地超过整个经济的增长速度。尤其是后起的新兴工业化国家和地区，对外贸易的高速发展成为带动整个经济增长的强大动力。在经济高速增长年代，出口速度数倍于整个经济增长的速度。

当然，仅从发展速度上还难以全面了解国际贸易的深入发展。质的发展，即深度上的发展要比量的增长更能体现国际贸易的基本特征。我们可以从国际贸易的产品结构、部门结构和方向结构来考察其发展的深度。

―――――――

[1] 《国际贸易与发展统计手册》，1985 年，附册。

表 1—6　　　　　　　　　　对外贸易与经济增长速度比较　　　　　　　单位:%

	1960—1970 年		1970—1975 年		1975—1983 年	
	国内生产总值	出口	国内生产总值	出口	国内生产总值	出口
美国	4.5	7.8	2.9	23.4	2.5	10.7
日本	12.4	17.5	5	26	4.6	13.5
联邦德国	4.4	11.4	2.5	24.6	2.2	9.2
法国	5.7	9.3	4.2	25.9	2.3	8.8
英国	2.9	6.3	2.5	18.6	1.2	12.1
意大利	5.3	13.9	3.1	22.7	2.4	11.1
巴西	5.3	17.2	10.7	30.2	3.9	13.4
象牙海岸	7.7	11.7	6.4	25.7	3.3	6.5
印度	3.6	3.7	2.5	18.7	3.8	8.6
菲律宾	5.2	7.5	6.7	20.2	5.0	12.1
南朝鲜	8.9	39.6	9.2	49.2	6.6	20.6

资料来源:《国际贸易和发展统计手册》,1985 年。

　　国际贸易产品结构的主要变化是由初级产品结构向制造业产品结构的过渡。50 年代中期,初级产品贸易在世界出口中的比重为 58% 以上,到 60 年代初,降到 42%,到 70 年代初进一步降到 33%。而制造业产品贸易所占的比重由 50 年代中期的 42% 提高到 60 年代初的 56%,到 70 年代初又进一步提高到 65%。70 年代中期以后,由于石油价格大幅度上涨,在一段时间内曾使初级产品贸易的比重显著上升,到 80 年代中期,石油价格回落,包括燃料在内的初级产品出口占世界出口的 40%,制造业产品出口占 60%。

　　世界初级产品贸易主要有三大类,即食品、原料和燃料。比重下降最大的是食品类和原料类。食品类在世界出口中占的比重 1937 年为 22%,1970 年降至 14.5%,1984 年进一步降到 9.7%。原料类在世界出口中占的比重 1937 年为 30%,到 1970 年降至 5.9%,1984 年微升至 6.5%。

　　在制造业产品贸易中,增长最快的是机械产品和运输设备,到 70 年代初其比重占到世界出口的 1/3，此后到 80 年代中期一直保持这个比例。①

导致国际贸易产品结构变化的是世界经济结构的变化。随着经济的发展，经济结构必然发生从初级产品生产结构到制造业生产结构的转变。在发达国家，制造业在国民经济中虽然早已成为支柱产业，但在第二次世界大战后的一个较长时期里，制造业在整个经济中的地位进一步提高。尽管自 70 年代初以后服务业的比重显著上升，制造业在整个经济中的比重下降，但是制造业外向发展的趋势却进一步加强，对制造业产品的需求日益转向国外市场。在发展中国家，制造业的发展非常迅速。许多国家，尤其是新兴工业化国家和地区，都经历了由初级产品生产为主到以制造业生产为主的转变。这种转变无疑为制造业产品的出口提供了基础。同时，部门内生产结构的变化也对国际贸易的产品结构起重要影响。从初级产业部门的生产结构来看，原料加工业在原料生产国得到发展，这使得原始初级原料品的贸易交换减少。从制造业部门的生产结构来看，生产由粗放型逐步向集约型转变，原材料在产品价值中占的比重大大降低，产品的多层次加工成为制造业生产的主要过程。在发达国家，高技术工业的发展使资本密集型生产向资本—技术密集型或信息密集型生产转变，这种转变使原料消耗进一步减少，在产量大幅度增加的情况下也会出现对原料需求减少的趋势。在发展中国家，尽管各国经济间的差别很大，经济发展很不平衡，但在发展最快的那些国家，原料加工业发展迅速，劳动密集或资本密集型加工制造业迅速增长，这种发展对发展中国家的贸易产品结构转变起着重要作用。

国际贸易的部门结构变化主要体现在部门内部贸易的迅速增长。据格鲁贝尔和劳得的一项研究所提供的资料，在"经合组织"国家，同一类型产品的交换，即工业内部贸易，在国际贸易中占的比例，1959 年为 36%，1964 年为 42%，1967 年为 48%。其中英国的工业内部贸易占其对外贸易的 70%，法国、比利时、卢森堡以及荷兰为 55%，美国、加拿大、联邦德国和意大利在 42%—49% 不等。在 1959—1967 年间，"经合组织"国家的国际贸易增长，80% 是工业部门内部的增长。部门内部贸易快于整个

---

① 《世界经济统计简编》，三联书店 1978 年版；《统计月报》，联合国，1939 年，第 5 期。

国际贸易增长的趋势此后进一步得到加强。① 部门内部贸易的发展在很大程度上反映着部门内部生产分工的深入发展。第二次世界大战以后，生产分工的深化不仅体现在专业化生产在一国范围内深入发展，而且更重要的是体现在专业化分工超越国界，即生产的国际专业化分工深入进行。这种发展构成了部门内部贸易交换的重要基础。

生产的国际专业化可分为最终产品的专业化生产和中间产品的专业化生产。最终产品的专业化生产是指同类产品中不同型号或特性的产品生产在不同国家的相对集中，如不同型号或性能的飞机、汽车、拖拉机等都越来越呈现明显的国别分工。这实际上是在生产部门分工越来越细的情况下的一种部门分工的深化。国际贸易交换成为进行结构性需求配置的基本途径。中间产品的专业化生产是指同类最终产品的不同零部件分别由不同国家生产，或者同一中间产品的生产工序分解到不同国家来进行。这两种国际专业化分工都必然导致同类产品的大量国际交换。由于国际贸易交换成为生产过程的有机组成部分，因此，生产的增长与国际贸易交换的增长密切联系在一起。

国际贸易方向结构的发展趋势主要体现在国家，或更确切地说是贸易参加者之间贸易交换的多边化。贸易交换多边化主要有两个方面的特征：其一，贸易对象数量增多，一国进出口仅集中于一两个或少数几个国家的状况有很大改变。这种变化构成了贸易关系上的多边交织结构。其二，以中间产品贸易交换为主体的回转型贸易得到迅速发展。所谓回转型贸易是指同类产品交换上的反复进出，多次周转。这种事态发展是产品生产的国际专业化分工的直接结果。回转型贸易交换方向往往是"出—进—出—进"或"进—出—进—出"，实质内容是同类产品的多次加工以及中间产品加工与最终产品的组装。从经济内涵意义上来说，贸易对象多边化的发展反映了贸易结构的多元化，即贸易国经济所能进行对外贸易交换的品类增多。从对外经济关系的意义上说，回转型贸易交换的发展使得各国经济间的联系更为深入和多边交换。

---

① 拉斯·阿纳尔：《衰退：西方经济和变化中的世界秩序》，美国弗朗西斯出版公司 1981 年版，第 67 页。

第二节 国际贸易与国际经济一体化①

国际贸易的发展对世界经济和各国间经济关系的发展产生深刻的影响。其影响不仅体现在各国间由于国际交换而建立起日益密切的经济联系，而且更重要的是通过这种联系深刻地影响着各国经济发展的方向、结构和步伐，在各国间形成相互依赖、相互制约的机制。

国际贸易对经济和经济关系的发展发挥影响主要通过制导机制和传导机制来进行。所谓制导机制，是指国际贸易对一国经济内的结构、发展方向等方面的变化所起的导向作用。所谓传导机制，亦称传递机制，是指国际贸易把一国内部的变动传导到外部，成为影响他国经济发展的因素。制导机制与传导机制既有区别又有联系。区别在于，在制导机制中，国际贸易作为一种直接影响经济发展的力量而起作用，而传导机制则体现在国际贸易交换作为一种媒介把经济发展中的变动外向传递。二者之间的联系表现在，一国内部变动的外向传导最终成为影响他国经济变动的制导因素。因此，国际贸易的制导机制由内生制导作用与输入制导作用两个方面组成。

一般地说，经济结构决定国际贸易结构。比如，不发达经济结构，即初级产业占支配地位的经济，决定了出口以初级产品为主的结构，而发达经济结构，即制造业在生产部门中占主导地位的经济，决定了出口以制成品为主的结构。但是，贸易结构的变动也会对经济结构的形成和变化起决定性影响，这就是对外贸易制导机制的作用。比如：

——出口的增长带动与出口部门相联系的部门发展，如资源开发、加工制造、服务、金融、保险、交通运输、通信以及教育等，从而导致经济结构的多元化发展。在此情况下，出口增长在很大程度上为他部门的发展提供了动力，决定着他部门的发展进程和方向。

——出口部门结构的改变成为推动整个经济结构转变的力量，如由初级产品出口向加工制造业产品出口转变，导致出口部门中加工制造业的发

---

① 经济一体化可分为制度性（institutionaI）一体化与非制度性一体化（non - institutionaI），前者是指通过建立实体性的一体化组织，而后者则是经济间的非组织性联系。这里的分析主要是着眼于后者。

展，这种发展又会带动非出口部门中加工制造业的发展。

　　——进口结构成为决定经济发展结构格局的关键因素，如制造业设备和技术的进口突破一国现有设备技术的基础，而导致新产业能力的形成。

　　——对外贸易发展战略成为整个经济发展战略的中心环节，如"出口导向战略"以出口增长推动经济的发展，从而使得对外贸易制导着整个经济发展的规模和结构。

　　以上几个方面可以被看作是国际贸易的内生制导作用，它所直接影响的是一国经济内部的发展。

　　输入性制导作用必须通过国际贸易的传导媒介。因此，有必要先考察一下国际贸易的传导机制。国际贸易的传导实际上包括很多内容：

　　——增长变动传导，主要途径是一国进口的扩大或减少，为他国出口的增大或减少提供条件，而出口的增大或减少又成为影响整个国民经济增长变动的因素。在这里，一国进口扩大被看作是经济增长导致需求扩大的结果。因此，一国经济的增长，通过贸易传导机制很快作用于贸易对象国经济，成为其他国家经济增长的条件。在这里，起作用的大小取决于以下几个因素：（1）进出口地位，即对外贸易在整个经济中的比例；（2）进出口结构，即它们在整个经济结构中的分布格局；（3）各贸易对象国之间的关系格局。举 AB 两国的例子，设两国的对外贸易只是在两国之间进行。很显然，若 A 国经济增长速度加快，由此所引起的进口增加会全部转换成 B 国出口的扩大，同时表现为 B 国经济增长加快。这样 B 国经济增长的动力是通过贸易传导机制由 A 国经济增长所提供的。反过来也是一样，B 国经济增长同样会传导到 A 国，变成 A 国经济增长的动力。在这里，传导机制的运动方式犹如两个相咬合的齿轮，若 A 国经济放慢或停滞，连接 B 国的进口贸易传导齿轮就会放慢速度或停止转动，而与此相接的 B 国出口贸易传导齿轮也将放慢速度或停止转动，其结果，B 国经济通过出口贸易的放慢或停滞出现减速或停滞。我们可以把两个国家的例子扩大到 3 个国家或许多国家。当然，传导作用的大小不仅要考虑到贸易规模及其在整个经济中的地位，而且还要考虑到贸易乘数的作用。一般地说，假定 A 国经济发展放慢，导致从 B 国的进口减少，B 国经济增长速度的下降程度要比其出口本身下降的程度大得多，因为出口的下降会产生贸易负乘数作用。

　　——经济要素或结构变动传导。这包括许多方面的内容，比如，比较重要的有价格变动传导、需求结构变动传导、技术发展变化传导，等等。

值得指出的是，价格变动传导的方式与经济增长的传导不同，后者是线性关系，而前者则不然。比如，一国出口价格的上涨会使该国出口收入增加，并可能进而成为推动经济增长的因素，而对进口者来说则相反，进口费用的增加使生产成本上升，并可能进而抑制经济增长。一般地说，一国内商品价格的涨落并不一定会一成不变地通过国际贸易交换传导到他国（如降低出口价格或提高出口价格）。需求结构变动传导是通过贸易结构的变动来体现的。比如，一国内出于生产结构变动或消费结构变动对某种或某些商品的进口增加或减少，这种变动会立即传导到贸易对象国，直接影响其出口商品的结构，也就是说，使出口产业得到发展或缩小。技术变化的传导往往是通过由此所引起的生产结构以及在此基础上所形成的需求结构的变动向外传导的。比如，技术进步所引起的对原料消费的节约，新技术使用所产生的对新原料的需求，等等，均会通过贸易渠道传导到对象国，[1] 影响其贸易结构随之变化。

——政策变动传导，是指一国政策的变动通过国际贸易交换传导到其他国家。政策变动传导实际上包含许多方面。比如，货币政策变动的传导是通过利率的变化→经济增长变化→需求变化这样的方式向外传导的，[2] 即一国货币政策的变动会以由此所引起的经济变动的传导体现出来。财政政策的变动也是如此。在这方面，最有说服力的例子是美国的巨额财政赤字的外向传导。

事实上，在国际贸易交换高度发展的条件下，一国经济内部的任何重要变动都会以直接或间接的方式传导到外部。从另一个角度，他国内部的变动也会传导到该国来，只是传导的规模、程度和形式取决于对外贸易在一国的地位、格局以及各国间贸易关系（包括交易量和结构）的格局。

在一国内部，外部传导通过输入制导机制而起作用，从而变成对贸易部门、整个经济增长以及经济政策起指导的或导向的因素，比如：

——外部需求量增大，会导致出口部门的繁荣。制导机制的作用在于，国内经济中的这种发展是外部变化的结果。在外部需求萎缩的情况下，其制导作用则以相反的方向起作用。

---

①　这里不涉及技术本身的扩散与传播问题，此问题有专章论述。

②　这里暂不涉及货币政策所引起的资金流动，只指通过国际贸易渠道所进行的传导。货币政策变动所引起的资金流动会产生直接传导，即直接造成对方货币政策的变化，在这方面"通货膨胀传导"即是最明显的例子。

——外部生产结构的变化，如发达国家劳动密集型产业的萎缩会为劳动力便宜的发展中国家提供发展劳动密集型产业进而向发达国家出口的机会。在此情况下，发展中国家劳动密集型产业的发展是出于贸易制导的结果。

——"进口冲击"，如廉价产品的进口会导致劣势产业破产，从而改变原有的生产结构，像落后国家中大机器的进口摧毁了手工业存在的基础，推动现代工业的发展，廉价食品的进口导致原有农业生产的萎缩等，都是输入制导机制起作用的典型事例。

输入制导机制起作用的意义在于，外部因素的变化通过国际贸易传导机制的作用变成一国经济内部变化的前提和条件，从另一个角度说，一国内部的变动也变为他国经济变动的前提和条件。这样，国际贸易交换的发展就把贸易伙伴之间的经济发展紧密联结在一起，形成一种相互制约和相互依赖的机制。

事实上，国际贸易传导和制导机制的作用在结构上是多层次的，在范围和方向上是多边和立体的。

结构上的多层次性表现在对经济部门的多层传导和制导，以及由它们所产生的影响的多层反馈，从而在整个经济内部形成多层的传导—制导波。比如，因外部需求增大而导致出口部门的繁荣，这种变化会立即传导到与出口有关的部门，导致"二次繁荣波"，出口关系部门的繁荣又会向其有关系的部门，即出口的非直接关系部门传导，形成"三次繁荣波"。进一步分析，多部门的繁荣导致国民收入的较大幅度增加，比如说提高了向教育投资的能力，进而使劳动力素质提高，这会作为反馈因素再传导到出口部门（当然也传导到其他部门），推动出口部门生产率的提高。这样，多层传导与反馈在经济增长内部形成一种倍加的增长推动机制。这不是一种游戏，而是一种客观存在的作用机制。

范围和方向上的多边与立体性体现在，由于各国间的贸易是多边和交叉的，任何一种变化都同时向多个方向传导，在多个国家产生制导因素，而多国间的交叉传导和反馈则使得传导—制导作用形成一个立体的空间机制网。

以一国为基点，考察一国与多国间的关系，或多国与一国间的关系，所体现的是一种平面多边图。比如，美国因经济增长放慢，进口减少。假如美国年进口减少 500 亿美元，那么可以考察这 500 亿美元是以什么样的格局对各贸易对象国发生影响，以及这种影响又是以怎样的结构对美国进行反馈的。前一种影响是因向美国出口减少对各国经济下降的作用，后一种影响则是因贸易对象国经济增长放慢，从美国的进口减少而对美国经济进一步放慢所起的作用。表1—7列出了美国、联邦德国、日本和加拿大经济变化所产生的多边影响结构。从表中可以看出，由于各国间的贸易比重和结构不同，各国间对变动的反应有很大差别。比如，当美国的收入增加1.47%时，因进口增加会使本国收支平衡产生34亿美元的逆差。美国的进口增加会使联邦德国出口增加，产生4亿美元的正平衡作用，使该国收入提高0.23%。与此相比较，由于美国从日本进口数额大，日本国际收支平衡的改善比联邦德国增加一倍还多，而加拿大的情况又与此不同，尽管该国由于美国进口增加而获得的国际收支平衡只相当于联邦德国，但由于美国进口在加拿大经济中的比例较大，因而对其收入的改善要比联邦德国大，也比日本大得多。从表中还可以找出多方面的纵向和横向比较。

表1—7　　　　　　　　　　经济变动的传导*
（当收入增加时对他国国际收支的影响）

	美　国		联邦德国	
	收入 （%）	国际收支 （10 亿美元）	收入 （%）	国际收入 （10 亿美元）
美国	1.47	−3.4	0.23	0.40
联邦德国	0.05	0.50	1.25	−2.4
日本	0.04	0.40	0.05	0.10
加拿大	0.06	0.60	0.03	0.10
	日　本		加拿大	
	收入 （%）	国际收支 （10 亿美元）	收入 （%）	国际收支 （10 亿美元）
美国	0.25	0.90	0.68	0.40
联邦德国	0.10	0.30	0.10	0.20
日本	1.26	−1.2	0.06	0.0
加拿大	0.03	0.1	−1.27	−1.0

*按1979年数字计算。

资料来源：［英］弗朗西斯科·L. 里沃拉—巴蒂支和刘易斯·里沃拉·巴蒂支：《国际金融和开放经济宏观经济学》，麦克米伦出版公司1985年版，第82页。

　　事实上，国际贸易关系不是平面多边图，而是立体多边图。因为每一国都同时和多国发生关系，各国之间的关系是同时相互交叉的。在两国情况下，存在两条简单的往返通道（把进口和出口各自归为一条整体关系），而在4国的情况下则是12条往返通道，在6国情况下多达30条往返通道。① 这些通道的特点不仅是同时多向传导，而且是形成多层多向反馈。假使一国发生变动，则这种变动会通过贸易传导机制立即传导到其他国家，而这种传导会变为这些其他国家的输入制导机制，从而立即对出口部门和整个经济的发展起作用。这种制导影响又通过贸易渠道（还有其他方面），不仅反馈到始变国，也同时交叉地传导到他国，从而造成第二级传导，而进一步的变化又会继续产生反馈传导，造成第三、第四级传导。实际上的贸易关系远比这里的关系复杂，因为起作用的方式不仅是多向多级的，而且还是多因素的，即贸易上的变化会通过价格、收入、就业等多种形式体现出来。当然，如表1—7所示，由于贸易结构和贸易在各自经济中的地位不同，在有些国家可能产生较少的反馈。尽管如此，由贸易传导和制导机制所构成的立体空间关系把各国经济间的要素变化结合成一个整体。在这种整体关系中，发生变化的内容，即变量，是多样的。一个变量的变化可以引起多个变量的变化，反过来，多个变量的变化亦可成为一个或其他多个变量变化的致因。各变量之间变动的传导使各国经济的发展高度相互制约与依赖。

　　在开放经济条件下，原属于各国经济内部的关系变成了国际关系，而外部的关系又会作为内部关系而起作用，因此，一国经济的发展不能不考虑外部变化的传导与制导，也不能不考虑内部变化向外传导和对他国经济所起的制导作用，以及由这些作用所引起的反馈。对于一国经济的发展是如此，对于一个企业的经营也是如此。

　　由国际贸易交换所生成的传导机制与制导机制对于世界经济的发展具有重要的意义：

　　——通过国际贸易的传导和制导机制，各国寻求到本国比较优势的发挥，而且由于只有具有比较优势的产业才能得到合理的发展，这就创立了各国间生产专业化分工的结构基础。

---

　　① 在多国的情况下，则可以用公式 $\dfrac{m_i}{(m-2)_i}$ 算出来。

——通过国际贸易交换媒介，资本和其他生产要素流向那些最能得到充分利用的地方和部门。这样，国际贸易交换作为一种机制，在世界范围内实现生产要素的效益配合，使分散的、不完全的个别要素优势实现优化聚合。

——国际贸易交换中的竞争机制把各国生产的外部条件变成了内部因素而起作用，国际竞争成为一种强大的进步推动力，把国际生产力不断推向一个更高的台阶。因此，参与国际竞争本身就产生一种发展动力。

当然，国际贸易交换的上述作用在各国间、各参与者之间的利益分布是不均匀的。尤其是在现实的国际生产关系格局下，资源的合理利用、生产要素的优化聚合等从一开始就带有局部属性。资本主义的国际分工所形成的工业国与农业国格局，资本主义跨国公司所实现的全球生产要素优化聚合等就是如此。但是，这些并不能否定上述存在于国际贸易发展内部的合理因素。利益分布格局是可以改变的。在一定程度上说，格局的改变取决于各自对上述方面加以认识和利用的程度。

第 二 章

国际货币体系与国际金融市场

国际货币体系的存在和发展是国际间商品交换发展的重要基础。货币的国际流通必然导致国际金融市场的形成和发展。国际金融市场是国别经济间国际经济交往和联系的中心枢纽。因此，国际金融体系和国际金融市场在构成和加深世界经济发展中的相互依赖关系中起着十分重要的作用。

第一节 国际货币体系及其运行机制

（一）国际货币体系的构成及变化

国际金本位制的垮台，尤其是 30 年代大危机和第二次世界大战期间国际货币体系的混乱，促使世界经济和贸易大国在战争尚未结束时就考虑建立国际货币秩序的问题了。

1944 年 7 月 1 日，44 个国家的代表在美国新罕布什尔州的布雷顿森林举行联合国货币金融会议，签订了布雷顿森林协定，正式建立了战后的国际货币体系。战后国际货币体系的基本特征是以美元为中心，以美元自由兑换黄金为基础和以国际货币基金组织为管理机构。按照协议规定，国际货币体系的基本结构主要由以下几个部分构成：

——美元等同黄金，1 美元的含金量为 0.888671 克，即官价为 35 美元等于 1 盎司黄金，美国承担以美元兑换黄金的义务，各中央银行可随时按官价以美元向美国兑换黄金。

——各会员国的货币平价均以一定数量的纯金或美元表示。货币的平价即汇率的浮动幅度上下不超过 1%，会员国有义务维持汇率的稳定。

——国际货币基金组织对汇率的稳定实行监督，会员国货币平价超过

10%幅度的变动需经国际货币基金组织的批准。同时，国际货币基金组织承担调节会员国国际收支的职能，通过提供信贷和其他措施缓解国际支付中的困难。

布雷顿森林货币体系确立了美元的中心地位，制定了稳定的金汇兑本位体制。通过美元与黄金直接挂钩，会员国货币与美元挂钩，把各国货币纳入一个统一的联系体制之中。美元中心地位的确定和汇率体制的稳定对于便利国际支付，促进战后国际贸易和其他形式的国际经济交往起到了巨大的作用。

然而，布雷顿森林货币体系是以美国能提供充足的美元和拥有足够的黄金储备为基础的，这两个基础本身就存在着矛盾。前者的增长往往对后者造成压力。事实上，经过一个时期的发展之后，这方面的矛盾变得突出起来。即一方面，国外持有的美元数量迅速增长；另一方面，美国拥有的黄金储量却急剧下降。其结果导致人们对美国承兑黄金的能力和美元作为国际储备货币的能力产生怀疑。这必然使美元金汇兑体制的基础发生动摇。60年代出现的挤兑风潮和国际货币基金特别提款权的创立就是这种发展趋势的反映。到1971年8月15日美国正式宣布中止官方美元对黄金的可兑换性后，这个体制的根本支柱就断裂了。尽管此后的史密森协议为挽救这个体系作出了巨大努力，但大势已去。会员国货币对美元普遍实行浮动汇率，以及黄金价格随市场供求变动，这使战后建立起来的以金汇兑制为基础的固定汇率体系解体。到1976年1月，国际货币基金组织正式确认了浮动汇率制的合法性。

布雷顿森林货币体系解体后的国际货币体系主要建立在以下几个基础之上：

——实行浮动汇率体制，各国货币均可以自由地选择汇率。美元、英镑、日元、加元和瑞士法郎等实际上实行有管理的浮动。而欧洲共同体国家（英国和爱尔兰除外）则实行联合浮动，多数国家是把本国货币挂钩于某一主要货币或一组货币，随所挂货币的变动而调整。

——美元仍是主要的国际储备货币和主要的国际支付手段，但美元的地位降低，多元体系格局逐步形成。

——国际货币基金虽然在管理汇率方面不起什么作用，但对会员国国际收支及整个经济发展的调整行使一定的职能。特别提款权在整个国际货币体系中占很小的比重，但作为一种重要的调节性国际货币而发挥重要作用。

现行汇率体制实际上是一个以主要发达资本主义国家的货币为核心的多中心汇率体系。在这个结构中，区域性合作占据重要的地位。最大的区域性合作体系是欧洲共同体。参加国对内实行固定汇率，对外实行联合浮动，以保持体系内部的汇率稳定。其他一些区域性合作组织虽没有像欧洲货币体系那样紧密，但在内部汇率调整和稳定上也存在着各种各样的联合行动。像非洲就有西非货币联盟、中非货币联盟，在拉美有中美洲共同市场、加勒比共同市场，在苏联东欧有经济互助委员会等。在实行联合或协调汇率浮动中，主要是美元，其次是英镑和法郎起着制约作用，自80年代以后，日元的作用大大加强。

浮动汇率制无法维持固定汇率制条件下的国际货币体系的稳定，区域性联合或协调体制只能在内部保持相对稳定，但也会常常受到外部汇率变动的巨大冲击。浮动汇率条件下各国经济间所结成的交织经济关系比固定汇率条件下更为复杂。

国际货币体系在构成各国经济关系中主要通过国际储备体系、汇率体系和管理调节体系发挥作用。战后国际储备的主要货币是美元。由于布雷顿森林协议规定美元等同黄金，从而确立了美元作为法定国际储备和国际支付货币的地位。在50年代末西欧国家货币未实行自由兑换之前，美元实际上是唯一的可作为国际储备和用于国际支付的国际货币。在为数众多的货币先后宣布实行自由兑换之后，可用于国际储备和支付的国际货币增多。除黄金外，目前可作国际储备的货币有两类：一类是可以自由兑换的国别货币，除美元外，还包括英镑、法郎、联邦德国马克、加元、日元等，这种自由兑换货币是用于国际支付的主要手段。另一类是国际货币，这里主要是指由国际货币基金设立的特别提款权。特别提款权是国际货币，但是由于其发行量受到限制，使用范围有限，目前只能用于平衡国际收支，而不能用于国际支付。欧洲货币单位是区域性国际货币，80年代以来其使用已超出共同体范围，但目前仍主要限于在欧洲货币体系成员国中使用，真正成为有影响的国际货币尚需时日。

国际储备体系在构成当代国际经济联系方面起着独特的作用：

——国际储备货币是各国用于国际支付的手段，是疏通国际贸易和其他形式国际经济交往的媒介。国际经济关系的网络实际上是由国际货币的流通完成的。从国际储备的功能来说，一是用于国际支付的调节；二是建立必要的国际信誉。尽管一国国际储备量与国际交易量并不画等号，国际储备量总是小于国际交易量，然而，一国国际储备量在一定程度上还是决定着该国对外经济交往的程度。从总体上来说，国际储备的发展在一定程度上影响和决定着国际经济关系的发展。[①]

——用于国际支付的国际储备是由可自由兑换的国别货币构成的。因此，货币储备国的经济与货币供给国的经济建立起密切关系。一方面，货币供给国向国际货币市场所提供的货币量直接影响着国际储备的总量和分配结构；另一方面，国际储备货币的变动直接影响着储币国的利益以及经济和货币政策。

从国际储备的货币结构来说，国别货币所占的地位与该国的经济实力和可信赖程度成正比。从作用和影响来说，一国货币在国际储备中占的比例与该国对世界经济发展的影响也成正比。

——国际储备货币的稳定与否直接关系到世界经济的发展。从国别经济角度来考察，外部变动通过国际储备渠道对一国经济可能造成影响的因素主要有：货币国经济形势的变化和货币政策的变动、货币本身汇率的变动、利率的变动等。这些变动可能会引起一国国际储备的结构、国际储备价值的增减，亦即国际支付能力的增减等。[②] 因此，变更国际储备货币结构会导致国际货币市场的变化。如预测某一主要储备货币贬值，储币国就会抛出该货币而换成预测升值的硬货币。如果许多国家联合行动，则会导致该货币大幅度贬值，而被抢购的货币大幅度升值。事实上，这些变动会产生多次反馈，在国别间造成复杂的传递。

（二）汇率体系的作用

国际货币体系中最敏感的是汇率体系。长期以来，美元的地位牵动着整个国际贸易体系的发展。美元的变动是通过以下几个途径来影响甚至支配其他国家经济的：

---

① 据弗朗西斯科的研究，经济越开放，参与的国际交往越多，则要求拥有的国际储备量越大。据统计，按特别提款权单位值计算，1952 年到 1985 年世界各国的国际储备量由 493.9 亿美元增长到 4301.3 亿美元，年平均增长率为 6.8%。其中发达国家储备由 3.8 亿美元增长到 251.41 亿美元，发展中国家的国际储备由 102.7 亿美元增长到 162.4 亿美元。见《美国总统经济报告》，1986 年，第 372 页；《国际金融和开放经济宏观经济学》，第 548 页。

② 实际上，由于各国的国际储备货币大都是存放在国际金融市场上的，国际金融市场上的任何变化都会导致储币国一系列的变化。

——由于实行各国货币与美元挂钩的固定汇率制，美元的汇率居中心地位。美元地位的变动直接决定着整个货币体系的稳定与否。

——美元汇率的稳定与否首先取决于美国经济的发展。因此，美国经济的发展直接影响到其他国家的货币稳定乃至整个经济的状况。

——在固定汇率体制下，由于维持与美元的固定比价成为各国的义务，因此，在汇率干预上，各国进行两种含义的调节：其一是由于本国货币本身所引起的汇率变动；其二是由于美元币值的变动所引起的汇率变动。事实上，自20世纪60年代初开始，国际货币体系中的动荡主要是后一种变动所引起的。

——美元汇率的变动会引起许多种货币汇率的变动，形成"冲击波"，而这种"冲击波"实际上是多层的，在各国间造成交叉传递，使各国经济政策和经济发展相互制约。

从货币和经济关系的角度来考察，布雷顿森林固定汇率制确立了两种主要的关系：一是在美元中心汇率制基础上形成的各国货币对美元的关系；二是在美元中心汇率基础上形成的各国货币间的关系。在战后一个时期内，由于前一个关系相对稳定，后一个关系也比较稳定。

浮动汇率制下所结成的货币和经济关系比固定汇率制下复杂。从理论上说，浮动汇率制下没有一个中心汇率，各国货币间的汇率可以自由浮动。引起汇率调整的因素是多方面的，但从汇率调整的动因来考察，可分为两种：第一种可称为被动型调整或外压型调整，亦即由外部因素所引起的汇率变动。引起外压型调整的主要因素可能有：

——外部市场需求的变化。如突然增加的需求造成供给上的短缺，引起该货币汇率的提高；由于经济发展或其他方面的原因，人们对某种货币失去信心或预测其将要贬值而抛售该货币引起汇率降低等。

——某种或某些国家的货币汇率的变动。

——受到外部压力而被迫对汇率进行调整。如在贸易顺差过大时，贸易伙伴国要求该国货币升值等。

第二种可以称为主动型调整或内生型调整，亦即由内部因素所引起的汇率变动。导致内生型调整的主要因素可能有：

——由于经济发展原因或货币政策原因造成币值变化而对汇率进行调整。

——出于对外贸易的需要而调整汇率，通常的做法是为了扩大出口和抑制进口调低汇率。

汇率变动会引起国际连锁反应，从而成为影响各国经济关系的重要因素。以两个国家间的关系为例，设甲国因解决对外贸易逆差对乙国货币贬值，假定其他条件不变，其后甲国对乙国的出口必然增加，如乙国增大的进口导致贸易逆差增大，乃至国内生产受到侵蚀进而影响经济增长和就业，则乙国的困难很快会波及他国。乙国解决困难的选择可能是：（1）提高国内产品的竞争能力，但这并非短时间可以办到的。（2）对甲国货币贬值。（3）对其他国家的货币贬值。（4）强制性削减进口。上述每一项选择不仅会影响甲国，而且也会造成波及范围更广的连锁反应。在三个或更多国家的情况下，交叉反应交织会更复杂。

一般地讲，汇率变动可能造成下述影响：（1）外汇储备的得失；（2）对外贸易的竞争能力；（3）货币供给的增减；（4）经济政策的变化。实际上，汇率变动往往涉及整个经济的发展，既可以影响到国际收支，又可作用于就业和国民收入。国别间的汇率调整以及在此基础上进行的外汇交易、对外贸易和国内货币经济政策的调整构成复杂的动态国际经济关系。我们不妨以美元汇率的变动来说明由汇率变动传递所产生的连锁反应。以1980年年初美元升值为例看美国与西欧间的关系。由于美元升值增加了美国从西欧的进口，推动了西欧经济的回升，但是美元升值也加剧了西欧各国的通货膨胀。据计算，由于美元升值，仅1983年内就使法国零售价格上涨1%。据研究，美元升值20%，在三年内会使联邦德国的通货膨胀分别增长1.6%、1.4%和0.4%，三年内会使生产提高4.8个百分点。这种变动无疑又会对许多国家的经济产生相应的影响。①

事实上，在开放经济条件下，汇率调整成了各国对外部经济环境变动进行适应性调节和实行对外经济关系战略（尤其是对外贸易）的灵活工具。比如，利用降低汇率扩大出口和抑制进口、改善国际收支促进经济发展就是最常用的办法。然而，由于各国经济发展中的相互依赖和相互制约关系深入发展，在一般情况下，一国难以随意地进行以削弱他国为目标的调整。因为任何变动都要考虑到他国可能做出的反应以及他国经济变化所可能产生的传递影响和这种影响所导致的反馈作用。

国际管理和调节虽然不像汇率体系的作用那样大，但所起的作用也还

---

① 引自《国际金融和开放经济宏观经济学》，第424页。

是十分重要的。国际管理和调节体系的作用主要是通过三种途径来发挥的：一是国际货币基金组织；二是区域性一体化组织；三是国别间的联合协调。

在固定汇率制下，国际货币基金组织主要是对汇率波动进行监督和对成员国的国际收支进行调节。比如，按照国际货币基金条款的规定，会员国如对货币平价进行超过 10% 的变动须经国际货币基金组织同意，对于不经批准进行超过规定的调整，国际货币基金组织可停止该国利用国际货币基金组织贷款的资格，同时国际货币基金组织有权对全体会员国货币平价作普遍性的、等比例的调整，等等。对国际收支的调节主要是通过向会员国发放贷款来进行的。贷款主要是解决会员国因经常项目收支而发生的国际收支暂时不平衡。在浮动汇率制下，国际货币基金组织的前一个作用已不存在，但以其为核心的协调仍存在。同时，更多的活动转到调节会员国国际收支以及整个经济发展的方向。

最有影响的货币一体化组织是欧洲货币体系。该体系对外实行联合浮动，对内实行固定汇率。由于实行在成员国货币间确定中心汇率和成员国汇率对欧洲货币单位确定中心汇率的双重中心汇率制，西欧主要货币汇率的变动在局部范围内体现了固定汇率制的特征。欧洲货币体系无法避免来自外部的冲击，但可大大缓解外部冲击对内部造成的不稳定影响。欧洲货币体系已经成为保证欧洲共同体一体化进程的重要协调工具。

国别间的联合协调有两类：一类是松散的货币区内国别间的协调；另一类是发达国家中大国间的联合协调。后一种协调是经常性的，对整个货币体制有着重大影响。20 世纪 60 年代中期，这类协调主要是围绕着保卫美元进行的。如 1960 年 10 月和 1961 年年初美国与西欧国家间为维持美元汇率而先后达成的约束性黄金购买价格和“相互支持”协定，[①] 1961 年 10 月建立的“黄金总库”，等等。在浮动汇率制下，这类协调实际上变得更为重要。以自 1985 年 9 月开始的美元汇率调整为例，就是美国、英国、法国、联邦德国和日本政府联合干预的结果。五国中央银行协调行动，大量抛售美元、购进日元、马克及其他货币，这使美元汇率大幅度下跌和日

---

① 1960 年 10 月，美国爆发第一次危机，黄金市价上涨。美国协调西欧主要国家的中央银行达成协议，稳定以不高于 35.20 美元的价格购买黄金。1961 年 3 月，面对联邦德国马克升值，西欧主要国家达成巴塞尔协定，约定彼此间进行协商和支持，在一国货币发生困难的情况下，在黄金、外汇贷款等方面提供援助。

元、马克及其他主要货币大幅度升值。值得注意的是，在协调干预中，汇率调整与整个经济政策的调整紧密联系，表明汇率关系不仅是整个国际经济关系的一个有机组成部分，而且是最活跃的一个部分。

第二节　国际金融市场与经济活动的国际化

国际金融市场是独立于各国国内金融市场的由外国银行从事经营的金融业务的总和。与国际货币体系不同，国际金融市场没有一个统一的组织或规章管理。然而，国际金融市场的存在与发展已经构成当今世界经济体系的一个重要组成部分。国际金融市场发展的突出标志是：银行的国际化日益发展，国际金融市场的作用不断增大，国际金融市场已经成为连接和沟通世界经济的重要纽带。

（一）银行国际化的发展

大银行在国外设立分支机构和从事国外金融业务并非第二次世界大战以后的现象。早在 19 世纪各大银行就开始在国外设立分支机构。20 世纪初列宁就此曾描述过："金融资本的密网可以说是真正布满了世界各国。"[1] 然而应该说，银行国际化的迅速发展还是在第二次世界大战之后，尤其是自 20 世纪 60 年代初以后。

按照一般的分类，银行国际化的发展可分为两类：一种是多国化发展；另一种是跨国化发展。前者主要是指在国外扩建子公司或分支机构，后者主要是指在海外开展金融业务。这两个方面的发展相辅相成，共同构成战后国际化发展的主要内容。[2]

从战后银行机构多国化的发展看，起初主要是美国银行的迅速扩张，几乎所有的银行都在国外开设了分支行。自 60 年代开始，西欧国家的银行在恢复和整顿原有的海外分支机构的基础上，加快了海外扩张的步伐。日本银行的大规模对外扩张是 70 年代末开始的，到 80 年代中期，日本银行的海外分支机构已遍布全世界。

---

[1]　列宁：《帝国主义是资本主义的最高阶段》，人民出版社 1971 年版，第59 页。

[2]　迪米特里·杰米迪斯等著：《国际银行和金融市场》，经济合作与发展组织，1984 年，第16、22、27 页。

值得注意的是，发展中国家的银行海外分支机构的发展。自 70 年代初以后，越来越多的发展中国家的银行在海外建立分支机构。到 80 年代中期，属于发展中国家银行的海外分支机构已达数百家。

从总的趋势来看，银行多国化的发展具有下述突出的特征：尽管少数大国的银行仍占优势，但银行属籍越来越多元化，尤其是发展中国家的银行在机构多国化方面有了显著发展，多国化经营越来越成为银行发展的普遍现象。

银行的跨国化经营比多国化机构扩张发展得更快。因为在当今电信技术高度发达的情况下，银行从事国际业务往往无需在当地设立分行。大量的国际业务经营活动是由总部和设在海外金融中心的机构来进行的。如今，银行的总部既是指挥中心又是业务中心，而海外金融中心则变成了从事国际金融交易的中转枢纽。有关银行跨国经营的详细统计资料不多，我们可以从银行国外资产和银行对外放款的增长略见一斑。据统计，仅 1971—1985 年间，世界各国储蓄银行的海外总资产就由 2085 亿美元猛增到 29717 亿美元，向银行和非银行的放款到 1985 年达到 31520 亿美元。[1] 在银行跨国业务经营的发展中，以下几个方面的趋势尤为突出：其一，国际业务在银行经营中的作用不断增大，国际业务的扩大越来越成为银行经营发展的关键。到 1981 年，美国 10 家最大银行的国外利润占全部利润的份额达到 48%，如花旗银行、美洲银行、大通曼哈顿银行、摩根银行、纽约信托银行等的国外利润份额均达到 50%—60%。[2] 就世界范围来说，1973—1983 年间银行的国外债权占全部债权的百分比由 8.5% 提高到 18.4%。[3] 其二，银行的国际业务越来越多样化。除经营一般的信贷业务外，大量从事股票证券业务、信托业务、租赁业务、结算咨询业务等。其三，各银行间的业务越来越相互交叉和通融。这主要表现在银行间的内部交易（贷放款）和联合贷款业务迅速发展。银行间的"你中有我、我中有你"，已由股权参与发展到业务上的交叉和联合。一个颇具代表性的例子是 1973 年属于 15 个国家的 239 家银行建立了"银行内部金融电讯世界协会"，它是一个经营实体，持有股份的银行达

---

① 国际货币基金组织：《国际金融统计年鉴》，1986 年，第 69—71 页。

② 引自《银行的国际化》，经合组织，巴黎，1983 年，第 47 页。另参见普拉迪普·K. 高希《多国公司和第三世界发展》，格林伍德出版社 1981 年版，第 73 页。

③ 世界银行：《世界发展报告》，1985 年，第 90 页。

1200 家，到 1984 年参加者达 1084 家银行，分属 55 个国家，直接联系的银行达 1853 家，业务额增加很快。[①] 显然，今日的世界金融网与 20 世纪初相比简直不可同日而语了。

（二）欧洲货币市场的形成和扩大

在战后金融市场的发展中，欧洲货币市场的发展占据重要地位。所谓欧洲货币市场实质上是指欧洲商业银行（包括本国商业银行在境外开设的分行）为中介的资金存放行为，即银行之间的借贷市场。欧洲货币市场最初起源于欧洲美元市场。自 50 年代初，随着美元在欧洲市场上的存贷活动迅速增加，一个不受当地金融法令限制的相对独立的美元货币市场迅速扩大。到 1964 年，欧洲美元的净值为 116.2 亿美元，到 1974 年猛增到 1655.5 亿美元，1980 年进一步增到 5146.5 亿美元。自 60 年代初开始，欧洲货币的境外存款数量显著增加，到 1964 年非美元欧洲货币资金净值相当于 23.8 亿美元，到 1974 年增到 494.4 亿美元，到 1980 年猛增到 1903.5 亿美元。[②] 由此，欧洲美元市场逐步发展成为由多种货币组成的（仍以美元为中心）欧洲货币市场。

欧洲货币市场的主要特点是：1. 市场在很大程度上是不受管制的，银行的经营是灵活的和机动的。2. 贷款业务主要是在银行之间进行的。银行之间的业务一般占欧洲货币市场业务的 70%。3. 接受的存款大多是短期的（三个月以下），很多则只是一天或数天，而贷款则长短皆备，存放业务是面向世界范围的。

欧洲货币市场的业务有以短期资金拆放为中心的资金市场，又有以中长期资本借贷为中心的资本市场，还有以债券发行和交易为中心的债券市场。期限短于三个月的资金借贷占整个欧洲货币市场业务总额的 60% 左右，主要是用于贸易支付、国内投资需求调剂等短期资金周转需要。如果加上为期三个月到一年的业务，则占到欧洲货币市场业务总额的 85%—95%。[③] 资本市场主要面向世界各国政府当局、国际组织、国营或私营企业，信贷期限可达十年或更长。提供借款者通常是银行集团（即辛迪加贷

---

① 英国《银行家》，1984 年 3 月号，第 73 页。

② ［美］金·H. 咸和斯蒂文·W. 米勒：《国际银行业的竞争结构》，列克星敦出版公司 1983 年版，第 14 页。

③ 参见《国际金融和开放经济宏观经济学》，第 96 页。

款）。据统计，仅 1972—1980 年，中长期贷款额就由 63 亿美元猛增到 779
亿美元。[①] 债券市场是从 60 年代发展起来的，实际上是一种长期借贷方
式，债券发行人通过一家或数家银行在资本市场上发行债券。由于欧洲债
券在国际市场上发行较自由，不受各国政府及金融当局的限制，因此得到
迅速发展，成为当今国际债券的主要形式。据统计，1985 年欧洲债券发行
额高达 1355.4 亿美元，其中美元债券占近 70%。[②]

从欧洲货币市场的业务活动来说，它们主要并不是剩余资本的投机活
动，而是在世界经济高度发展和国际经济交往日趋密切的情况下国际资本
融通的结果。正如国际投资的发展一样，是资本要求超出和摆脱民族国家
的限制，在世界范围内开辟自由活动场所的必然反映，这是资本国际化的
重要基础。如果说 60 年代初人们还把欧洲货币市场的活动看作是一种
"邪物"，那么，今天则已被当作国际金融领域的一个必不可少的构成部分
了。从欧洲货币市场的参加者来看，既有私人银行和企业、国营银行和企
业，又有为数众多的国家政府和中央银行；既有发达国家，又有发展中国
家。欧洲货币市场已经成为资本的一个国际转移和融通中心枢纽。

（三）新的国际金融中心的发展

自 60 年代中期以后，在欧洲和美国以外发展起了一些国际金融中心。
在亚洲主要是新加坡和中国香港，在拉美主要是巴哈马。

亚洲的金融中心起初是从亚洲美元市场发展起来的。现在已经发展成
为以美元为中心的亚洲货币市场。在经营上，亚洲货币市场是欧洲货币市
场的一个有机组成部分，与其他金融中心有着密切的联系。[③] 新加坡金融
中心虽然自 1968 年才开始发展，但发展速度相当快。1968—1976 年间国
际银行在新加坡的资产由 3000 万美元增长到 173.5 亿美元，提供的银行
内部信贷和向非银行提供的信贷由 3000 万美元增长到 165.9 亿美元。
1977—1982 年，银行的资产由 210 亿美元进一步增长到 996 亿美元，提供

---

①　转引自吴念鲁《欧洲美元与欧洲货币市场》，中国财政经济出版社，第 4 页。

②　《纽约时报》1985 年 12 月 31 日。

③　有人这样描述亚洲市场与欧洲市场的关系："当欧洲市场闭市时，亚洲美元市场已经开始
营业了；当亚洲市场在傍晚快要闭市时，伦敦市场刚好也已经开业了。"在银行国际业务高度发达
和电讯技术高度发达的时代，地理上的障碍已经排除。参见安宁代亚·克·巴塔查亚《亚洲美元
市场——国际境外金融业务》（中文版），福建人民出版社，第 1 页。

的信贷由 206 亿美元增长到 939 亿美元。[①] 中国香港也是亚洲货币市场的一个中心。1973 年中国香港当局取消外汇管制，1978 年取消对外国银行设立分支机构的限制，促进了中国香港境外业务的迅速发展。到 1977 年中国香港就成为仅次于伦敦和纽约之后拥有外国银行分支机构最多的地方，银行和各种各样的金融公司总数达 1000 多家，[②] 到 1980 年吸收的境外存款达 500 亿美元。中国香港在亚太地区国际银团贷款总数中占 60% 以上。在业务上，新加坡和香港两地相互补充，相互渗透。比如新加坡市场集中的资金，大多通过中国香港寻找出路。中国香港实际上是亚太地区银团贷款和基金管理的中心。

亚洲货币市场已经具备短期资金市场、长期资本市场和债券市场经营的能力，其业务范围主要是面向亚洲地区国家的。亚太地区经济的迅速发展使得该市场变得活跃和重要了。

以巴哈马为核心的加勒比金融中心是从 60 年代发展起来的。该金融中心不同于欧洲货币市场，也不同于亚洲货币市场，它主要是跨国银行的逃税自由港。但是由于银行把很多业务转到设在那里的机构进行，使巴哈马逐渐发展成为大银行海外业务的调节和运筹中心。到 80 年代初，在巴哈马的外币资金规模达到 1500 亿美元。

值得注意的是，随着亚太地区经济的起飞，日本经济地位的迅速提高和日元国际化的发展，东京作为未来大的国际金融中心的重要性正在增长。1972 年4 月成立的东京美元拆放市场发展迅速，成为日本银行和亚洲银行进出日本市场的调节中心。到 1980 年年初，其规模已超过中国香港、接近新加坡。

1980 年，日本政府实行新的外汇法，为东京国际金融业务的迅速发展创造了条件。到 1981 年，在东京发行的债券成交量超过 7000 亿美元，成为世界第二大债券市场。[③] 尤其是日本政府批准建立东京国际境外金融业务市场之后，无论是资金市场、资本市场还是债券市场都有显著发展。估计未来东京会成为亚太地区资金活动的枢纽，东京与纽约、伦敦一起成为三大国际金融中心。[④]

---

① 艾克扎比尔·乔罗斯蒂亚嘎：《欠发达国家中国际金融中心的作用》，美国圣马丁出版社1984 年版，第 26、111 页。

② 参见《世界经济》，中国社会科学院，1985 年第 4 期，第 27 页。

③ 同上书，第 29 页。

④ 参见《世界经济》1985 年第 4 期，第 5 页。

战后国际金融市场的发展突出地表明了下述几个重要的趋势：

——银行的多国化和跨国化是与国际金融市场的发展相一致的。前者发展是后者发展的前提，后者的存在是前者活动的基础。

——各国际金融中心是由跨国银行网和银行的国际业务活动连接成一个整体。如今，国际金融市场不仅是为跨国公司的国际经营服务的，而且也成为各国存放和筹集资金的重要场所。

——国际金融市场的发展是资本国际化的一个主要表现形式，与生产国际化的发展是相辅相成的。从世界经济发展的内在规律来说，国际金融市场的发展是世界经济发展的必然要求。从资本的运动规律来说，则是资本冲破国界限制的直接结果。

——国际金融市场的发展与国际货币体系的发展紧密相连，这两者共同构成国际经济关系中的货币和金融关系的基本内容。

国际金融市场的发展在世界经济的发展中起着十分重要的作用。如果说国际货币体系的形成和发展在国际经济活动中起到提供血液的作用，那么，国际金融市场则发挥着保证血液流通的心脏的功能。[①]

国际金融市场主要是通过银行内部金融交易、国际筹资和国内外金融市场的交织等几个方面在构成和影响当代国际经济关系中起作用的。

（四）银行内部交易与国际金融市场的一体化

传统的金融业务关系是银行与非银行客户间的关系。然而，在战后迅速发展的国际金融业务中，人们不难发现，银行内部交易成为居支配地位的形式。所谓银行内部交易是指银行之间的相互存贷活动。据统计，在银行的国际金融业务中，大约有70%是银行内部交易。到1981年年底，跨国界的银行贷出额高达7490亿美元，存入额达7330亿美元。1982—1984年，跨国界的银行内部年贷款额分别为1050亿美元，1020亿美元和1520亿美元。[②] 到1984年中期，跨国界的银行内部交易债权额高达1950亿

---

① 正如世界银行在1985年的《世界发展报告》第85页中所指出："国际金融业务为支付提供了一种机制和吸收过剩存款、提供贷款的措施。……它不受不同国别政府的干扰，有助于使资金在世界范围内得到最有效的利用。"

② 引自《国际银行内部市场》，国际清算银行经济论文，1983年第8号，第23页；《国际资本市场——发展与前景》，国际货币基金组织，1986年，不定期资料第43号，第86页。

美元。①

　　就业务关系来分，银行内部交易大体有两类：一类是同一银行内部的交易；另一类是不同银行间的交易。前一种业务是在跨国银行设在不同地区的分支机构和总部之间或各分支机构之间进行的，这种业务亦称为内部转账。跨国银行的内部资金调拨是其开展国际金融业务的正常活动。这种转账通常服务于下述目的：（1）根据业务的需要调剂资金的余缺；（2）根据市场情况的变化转移资金；（3）用于正常的业务支付；（4）进行资本投机；（5）转移资金逃避纳税或管制。由内部转账所建立的市场实际上是一个摆脱国别限制的内部一体化国际市场。尤其是在大型电子计算机系统装备、国际电信设备高度发达的条件下，这种内部一体化机构网已经消除了地理上的障碍，资金的调拨是靠电传、传真或电话来进行的。一笔上百万货币单位的资金调拨往往在不到一分钟的时间里就可以完成，一笔资金在一日之内可以转移数次。

　　另一类业务是不同银行间进行的资金融通。在这种银行之间的交易中，银行间的存款和放款往往是交叉进行的。也就是说，银行既可以是另外一些银行的债权人，同时又可以是那些银行的债务人。不同银行之间的交易主要是为了解决短期资金的存放和借贷。实际上，银行之间的交易是银行之间资金余缺调剂的一种方式。由于所处的地理位置不同，经营能力不同，信誉不同，资金在银行间的存放是不平衡的，对外提供贷款的机会与所拥有的借贷能力往往是不平衡的。因此，银行之间的资金存放和借贷是必不可少的。银行间交易的发展大大促进了银行业务的国际化和经营能力的扩大，也为加速资金的周转、提高资金的运用能力提供了条件。比如，甲银行急需支付一笔资金，可以通过向乙银行筹措来解决，若乙银行缺乏足够能力，可以向丙银行筹措，再向甲银行提供。有时这种债务债权关系仅存在一天或几小时。正如经济合作与发展组织的一份研究报告所指出的，银行内部交易是一个真正的国际货币市场，它把银行体系的许多构成部分与相关的国内市场联系起来。② 当然，因利率、汇率或所在地经济情况的变化而转移资金以减少和避免风险，以及进行金融投机，也是导致

---

① 《世界发展报告》，1985 年，第 91 页。
② 参见《银行活动的国际化》，第 30 页。

银行间交易的重要原因。①

银行内部交易所创造的一体化国际金融市场，对于世界经济的发展起着十分重要的作用。

首先，它不仅打破了国别属性对资金有效运转的限制，而且也打破了分布上的丰缺不平衡的障碍。资金运转上的国际化通过银行的内部交易变得更为容易和有效率。

其次，银行内部交易不仅在银行之间建立起复杂的业务网和相互交织、相互依赖的关系，而且在银行和跨国公司之间以及银行和各国经济之间建立起复杂的立体关系。

还有，银行间的资金转移，尤其是投机性的大规模转移，不仅会对国际金融市场造成冲击，而且也会对各国的经济造成重大影响。资金转移是经济影响传递的重要途径。比如，大量资金抽走造成的资金供给紧张和大量资金涌入造成资金供给的过剩，进而造成通货膨胀等，从而使得国际金融市场的变动成为引起世界经济发展变化的一个重要因素。

（五）国际筹资与经济活动的国际化

国际筹资在世界经济中起着越来越重要的作用。导致国际筹资发展的原因，不仅是解决一国或一个经营单位的资金短缺，而且更重要的是经济活动的国际化，在更广的范围里进行资金的运筹。这后一个方面的发展构成了战后国际筹资活动大规模发展的主要原因，而正是这种发展使得各国经济间的关系发生了深刻的变化，形成了战后世界经济中相互依赖关系的一个重要机制。

对于国际筹资的发展，我们可以从两方面进行分析。一是从公司企业的角度认识国际筹资的发展；二是从一国经济的角度认识国际筹资的作用。

传统的理论是用资本输出来解释跨国公司的对外投资的。然而，各种资料表明，现代跨国公司的投资主要依赖于在国际市场上筹资，而不是靠从本国输出资本。包括跨国银行也是这样，国际范围筹资是它们资金来源

---

① 据国际清算银行的一份研究报告，银行间的交易可解决下述矛盾：（1）银行间资金的短缺，有的银行有资金暂无客户，而有的银行有客户但暂无资金；（2）信誉高的银行为信誉较低的银行筹款；（3）随市场汇率和利率的变化对资金进行管理。参见《国际银行内部市场》，第11—13页。

的主要渠道。国际范围筹资和国际范围经营是跨国公司和跨国银行发展的一大特征。

事实上，不仅是跨国公司和跨国银行，就是非跨国公司或跨国银行，它们的经营也越来越多地依赖外部资金。在外部筹资中，有些用于短期资金需求，有些则是为了满足长期投资的需要。在国际金融市场上，银行是最活跃的借款者，借入资金往往用于补充即将到期的债务，以债资债是大银行的一种重要的经营方式。公司外部筹资重要性的增长体现在国际借贷市场和国际债券市场的迅速扩大上。1979 年，国际银行借贷额高达 3700 亿美元，债券发行净额为 230 亿美元。1984 年国际银行借贷额为 2520 亿美元，各种形式的国际债券发行额高达 1096 亿美元。[①] 1985 年，政府、公司和银行仅在欧洲债券市场上的筹资就高达 1355 亿美元。[②]

从国别经济发展的角度来考察，国际筹资在对外贸易和国内投资等方面的作用日趋加强。统计资料表明，经济越发达越开放，国际筹资的量就越大，国际筹资所涉及的部门和行业就越多。以 1984 年为例，美国从国际金融市场上借入 350 亿美元，发行长期债券 239 亿美元。英国借入 300 亿美元，发行长期债券 460 亿美元，法国借入 70 亿美元，发行长期债券 75 亿美元。日本借入 190 亿美元，发行长期债券 170 亿美元。1986 年，日本公司发行的 86696 亿日元债券，其中 48％ 是在国外发行的。[③] 发展中国家的国际筹资也显著增加。1984 年墨西哥在国际市场上筹措 45 亿美元，阿根廷筹措 17 亿美元，委内瑞拉筹措 22 亿美元，南朝鲜筹措 339 亿美元。[④]

国际筹资比例的增大表明国际金融市场在世界经济发展中的作用增强。越来越多的国家的经济已经变得没有国际筹资活动的补充就无法正常运行和发展了。从国际经济关系的角度来说，这种发展把各国经济活动变得高度国际化了。在此情况下，国际金融市场的状况，如资金供给形势、市场利率的变化等，直接影响着各国经济的发展。以 1981—1985 年的高利率为例，它使资本净贷国的偿债负担大为加重，使经济发展速度放慢。

---

① 见《国际资本市场》，第 3 页；国际货币基金组织：《1985 年年度报告》，第 6 页。

② 《纽约时报》，1985 年 12 月 31 日。

③ 引自《国际资本市场》，第 36 页；《摩根国际数据》，1985 年 10 月号，表 A—30，此处债务仅包括三年以上到期的；《国际经贸消息》（中文版），1987 年 8 月 9 日。

④ 由于债务危机，银行减少了对大部分发展中国家的放款。有些年份筹资额远大于 1984 年，所引数字同上页注③。

按发展中国家期间平均债务额为 4000 亿美元计算，利率每提高 1%，每年就多付利息 40 亿美元。许多研究表明，1982 年墨西哥发生债务危机之后，银行大量减少向发展中国家的贷款是造成一些国家经济形势恶化的重要原因。

（六）国内金融市场与国际金融市场的交织

国内金融市场和国际金融市场变得越来越交织和融合。从组织结构上来看，由于银行机构多国化和业务跨国化的高度发展，不仅使得国内与国外市场高度一体化，而且也把各国的市场联系了起来。从银行机构的设置和各银行间的关系来看，由于交叉设立分支机构或代表机构，以及在业务上的借贷交错安排，使得银行业务活动和来往的内部国界限越来越模糊，实际上的国际一体化构架形成并发挥作用。从资金的流动来看，由于银行内部交易的大规模发展和国际筹资的扩大，国际金融市场和国内金融市场的界限变得模糊，资金在两者之间转移的障碍大为减少。[①]

由于这种发展，国内货币和金融政策所产生的效果越来越具有国际性，国际金融市场的变动对国内金融市场产生越来越大的影响，国别间的货币和金融政策效果日益相互作用、相互牵制，从而造成世界经济发展中的越来越强的相互依赖性。

国内金融市场和国际金融市场的日趋交织和融合与国别金融市场的利益及对国内市场的管理是有矛盾的。然而，在更大的程度上，是有利于各国经济发展的。正是这后一个方面促使越来越多的国家逐步放宽金融管制，促进资本的自由流动，推动国内经济与国内金融市场与外部市场相结合，或者在国内市场开辟国际资金活动的"小国际金融市场"。到 80 年代初，"金融自由化政策"在许多国家（尤其是发达国家）成为金融政策调整的主要趋势。这种趋势对于国际金融市场的深入发展和经济活动的进一步国际化起着催化剂的作用。

---

① 正如世界银行在《世界发展报告》中所指出的，通过国际银行内部交易市场的作用，各国间的金融市场密切联系起来了。……现在，银行进入国际市场唯一的标准是信誉，信誉程度决定着银行取得资金的多少和条件优劣。参见《世界发展报告》，1985 年，第 91 页。

第 三 章

资本的跨国流动

资本的跨国流动，即国际流动，在战后得到了空前迅速的发展。与以往的资本跨国流动相比，不仅体现在量上的差别，而且流动的形式，流向以及动机也发生了很大变化。

第一节　资本跨国流动的发展

资本的跨国流动包括很多形式，按照一般的分类大体有以下几种：证券投资、直接投资、长短期资本存放和在援助形式下进行的各种资本运动。第二次世界大战以后，这几种形式的资本跨国流动均得到迅速发展。

（一）　国际证券投资的发展

证券投资，亦即对不含经营所有权的各种有价证券的投资，也称间接投资，是传统的资本跨国流动的形式。[①] 第二次世界大战前，在主要资本输出国的对外投资中，70% 是证券投资。[②] 在第二次世界大战以后的一个较长时期里，由于直接投资的迅速发展，证券投资在国际投资中所占的比重显著降低，然而就其本身的发展来说，证券投资的量仍然得到了惊人的增长。70 年代中期以后债券重新活跃，出现了加快发展的势头。仅以

---

① 按照 H. 罗伯特海勒的定义："不导致对外投资拥有控制权的国际资本运动称为证券投资。它们通常包括两类：一是不归入对外直接投资的国际股份投资，二是一年以上到期的信贷和债务。"（本文不包括长期借贷资本）《国际货币经济学》（英文版），普兰蒂斯豪尔出版公司 1974 年版，第 159 页。

② 参见耐尔·胡得和斯蒂芬·扬《多国企业经济学》（英文版），朗漫集团出版公司 1979 年版，第 11 页。

1982—1985 年为例，欧洲债券和外国债券的年发行额由 755 亿美元增长到 1677 亿美元，在这四年中，发行总额达 4318 亿美元。①

证券投资大体可分为政府债券和公司债券。第二次世界大战前，由政府出面为大型长期投资工程项目筹集基金而发行的债券占支配地位，绝大多数是发达资本主义国家的银行、公司或个人购买不发达国家（包括属于殖民地半殖民地的国家）的有价证券。第二次世界大战后，这种投资逐渐退居次要地位。

到 70 年代，政府债券的发行转向以为财政开支筹资为主要内容。1984 年美国、英国、法国、联邦德国、日本和瑞士六国政府发行的债券总额高达 5946.6 亿美元。最大的债券发行国是美国。1984 年美国联邦和地方政府发行的债券总额高达 4624 亿美元。到 1985 年，美国联邦债券负债高达 19000 亿美元。其中外国投资者持有的高达 2140 亿美元。美国财政债券每年所引起的资本跨国流动规模比战前所有年份的国际投资还多。在发达资本主义国家，财政债券筹资已成为普遍现象，购买财政债券成为引起资本跨国流动的重要原因。以日本为例，由于连年积累起巨额贸易顺差，日本资本大量外流，仅 1984 年和 1985 年两年中，就购买了美国 250 亿美元的财政债券。②

公司债券曾是构成债券投资的重要内容。尽管在第二次世界大战后的一个时期内，公司债券所引起的资本的跨国流动没有出现较大增大，但自 50 年代末以后，随着公司国际投资的显著增长，公司债券投资得到比较迅速的发展。70 年代末以后，公司债券的国际化程度进一步提高。尤其是大公司的债券筹资中外国资本成分不断增加。以美国为例，到 1985 年中期，外国人在美国购买的美国公司债券达 1000 亿美元。专门为通用汽车公司进行资本交易筹集资金的通用汽车承兑总公司，1985 年负债额高达 730 亿美元，仅 1983 年该公司发行的中期票据就达 40 亿美元。

引人注目的是，进入 80 年代后，大公司、银行以及政府越来越多地在国际金融市场上发行债券。1973 年，在国际金融市场上发行的债券占国际债券（包括欧洲债券和外国债券）发行总额的 48%，到 1981 年占

---

① 经济合作与发展组织：《金融市场趋势》，1986 年，第 33、8、158、160 页。
② 见《欧洲货币》杂志，1986 年 9 月号，增刊，第 149 页。

到 56%。① 欧洲货币市场是最大的国际证券市场，包括各种形式的短期商业票据、中期和长期债券等。1985 年欧洲货币市场上发行的债券高达 1355 亿美元，1986 年达 1800 亿美元。② 欧洲的大公司如尤尼莱佛、英国石油公司和美国的大公司如国际商用机器公司、通用电气信贷公司、通用汽车承兑公司、太平洋贝尔公司等都是最主要的筹资者。据《欧洲货币》杂志提供的资料，1986 年英国帝国化学公司在欧洲货币市场上发行的长期英镑债券达 1 亿英镑。就连南朝鲜的三星电子公司也发行了 2000 万美元的可兑换债券。③ 近年来，欧洲货币市场以外的债券市场得到迅速发展。亚洲的香港、东京等地债券市场异常活跃。

事实上，政府的财政债券也进入国际金融市场。欧洲国家政府在欧洲货币市场上的筹资是弥补财政开支赤字的重要途径。据报道，目前，美国财政债务的 10% 是在美国之外发行的，其中 60%—70% 在东京，30%—35% 在伦敦。④

表 3—1　　　　　　　　　　　　国际债券市场　　　　　　　　　　　单位：亿美元

年份	1976	1980	1981	1982	1983	1984
外国债券 *	203	179	205	252	271	278
欧洲债券	187	204	313	503	501	817
国际债券总额	390	383	518	755	772	1095

* 指在别的国家发行的债券。

资料来源：国际货币基金组织：《国际资本市场》，第 93 页。

近年来，国际资本市场出现了证券化的趋势，即证券筹资成为公司、银行和政府进行国际筹资的主要手段。⑤ 从表 3—1 中可以看出，近年来国际债券发行额有了较大幅度的增长。可以预计，国际资本市场的这种重要

---

① 弗斯坦伯格：《国际货币和信贷政策的作用》，国际货币基金组织，1983 年，华盛顿，第 291 页。

② 见《纽约时报》1985 年 12 月 31 日。英国《经济学家》周刊，1987 年 1 月 3 日。

③ 《欧洲货币》杂志，1986 年 9 月增刊，第 204 页。

④ 《欧洲货币》，1986 年 9 月号。

⑤ 吴念鲁、刘锐认为，"国际资本市场上以银行为主体的传统的'间接融资'方式已让位于各国国家和企业直接参与资本市场的'直接融资'方式"。见上海《世界经济导报》1987 年 1 月 23 日，第 6 版。

结构性变化必将使得通过证券投资所引起的资本跨国流动得到进一步增长。

（二）国际直接投资的发展

国际直接投资是指在投资企业中拥有一定份额股权的跨国资本投资。[1]第二次世界大战以后，直接投资逐渐取代间接投资（即证券投资）成为国际投资的主要形式。

据不完全统计，到 1960 年国际直接投资累计额为 658 亿美元，到 1973 年增长到 2131 亿美元，到 1983 年进一步增长到 5728 亿美元，其间增长了近 8 倍。从国际直接投资的年投资额来看，1968—1973 年为 121 亿美元，1974—1980 年为 271 亿美元，1981—1983 年为 291 亿美元。在 60 年代到 80 年代初的二十多年中，国际直接投资的增长速度为 11%。这样高的持续增长在世界经济发展史上是前所未有的。[2]

战后国际直接投资的迅速增长是以美国公司的大规模对外投资为开端的。1950 年美国公司的对外直接投资额约为 118 亿美元，到 1957 年增长到 254 亿美元。自 50 年代末以后，美国公司的对外直接投资速度加快，60 年代中期累计额达到 518 亿美元，到 70 年代中期猛增到 1460 亿美元。尽管进入 80 年代以后美国的对外直接投资增长速度放慢，但总额仍在增加。到 1986 年美国对外直接投资额已达 2599 亿美元。[3]

自 60 年代中期以后，除美国以外的发达资本主义国家的对外直接投资迅速增长。1960 年这些国家的对外直接投资累计额为 307 亿美元，到 1973 年猛增到 1023 亿美元，到 1981 年进一步增长到 2950 亿美元，到 1983 年达到 3458 亿美元。[4]

在 1967—1983 年期间，美国在国际直接投资总额中占的比重由 49.7% 下降到 39.6%，而其他发达资本主义国家所占比重则由 46.2% 提

---

① 按照通行统计，列入直接统计范围的投资只包括那些占有投资企业股权 10% 以上的投资。

② 美国商务部：《国际直接投资》（英文版），1984 年 8 月，第 45 页；联合国跨国公司中心：《跨国公司在世界发展事业中的作用，第三次调查》（中文版），第 323 页；约翰·H. 邓宁：《变化的世界环境中的多国企业》表 2 和表 3（未发表论文），英文版。

③ 美国商务部：《国际直接投资》，第 49 页；美国《现代商业概览》1987 年第 8 期，第 65 页。

④ 《国际直接投资》，第 49 页；约翰·H. 邓宁：《变化的世界环境中的多国企业》表 2。

高到55.8%，[1]传统的投资国英国虽然仍在这些国家中占有最大的份额，但是增长速度没有联邦德国、加拿大以及日本快。1967—1983年英国的对外直接投资由175亿美元增到954亿美元，增长了5.5倍，同期联邦德国的投资由30亿美元增到403亿美元，增长了12.5倍，荷兰的投资由37亿美元增到291亿美元，增长了近7倍，日本的投资增长得更快，由15亿美元猛增到322亿美元，增长了20多倍。[2]

引人注目的是，发展中国家的对外直接投资也出现显著增长。1960年，由发展中国家流出的对外直接投资只有7亿美元，到1983年增加到176亿美元，其间增长了24倍还多。[3]发展中国家是传统的吸收外来直接投资的场所，现在也同时成了投资者，这是国际直接投资领域的一大变化。

国际直接投资在世界经济中已经占据重要的地位。到70年代末，在发达资本主义国家，外来直接投资相当于国内直接投资的4%，在发展中国家相当于5%。[4]从表面上看，这样低的比重似乎所起作用不大，其实不然。一方面，这种外国投资不仅仅作为资本而起作用，另一方面，这种从总体比重的观察往往不能反映外来投资所处的特殊地位，因为某个国家，尤其是具体到一国内的某个部门，它们的地位远比这为突出。以英国为例，1960年、1976年和1981年，流出的直接投资额相当于国内资本构成的比例分别为5.9%、8.9%和13.3%，显然高于许多国家的平均水平。[5]如果从投资的部门分布看，情况更为突出。比如，在巴西的制造业中，外国投资占该行业全部投资的1/4，在汽车、机床等行业，外国投资可达80%—90%，在中国台湾的电视、电子计算机行业，在新加坡的造船、电器、炼油等行业，外国投资可占到90%—100%。[6]与其他形式的资本跨国流动不同，直接投资会导致资本的"繁殖"，即引起数倍于其规模的再投资和再筹资，因此，其实际活动规模远大于账面规模。

---

① 《变化的世界环境中的多国企业》表2。
② 据《变化的世界环境中的多国企业》表2数字计算。
③ 同上。
④ 瓦普·曼谢尔：《向发展中国家的技术转让》，英国皇家国际问题研究所，1979年，第21页。
⑤ 美国商务部：《国际直接投资》，第43页。
⑥ 陈福星：《巴西怎样利用外资促使经济腾飞》，载上海复旦大学《世界经济情况》，1986年第14期。

表 3—2 国际直接投资的增长

	累计投资额（10 亿美元）				
	1960 年	1967 年	1973 年	1980 年	1983 年
世界	66.1	113.9	210.5	511.9	572.8
主要工业国	62.9	109.2	201	492.6	546.2
其他工业国	2.5	1.7	3.4	6.0	9.0
发展中国家	0.7	3.0	6.1	13.3	17.6

	年平均增率（%）			
	1960—1967 年	1967—1973 年	1973—1980 年	1980—1983 年
世界	8.1	10.8	13.5	3.8
主要工业国	8.2	10.7	13.7	3.5
其他工业国	− 5.4	12.2	8.5	14.5
发展中国家	23.1	12.6	11.8	9.8

注：包括美国、英国、联邦德国、荷兰、法国、日本、加拿大、瑞士、瑞典、意大利、比利时、卢森堡、南非、澳大利亚。

资料来源：约翰·H. 邓宁：《变化的世界环境中的多国企业》。

各种资料都表明，国际直接投资在世界经济中的作用不断增强。在 60 年代中期到 80 年代初的期间内，国际投资的增长速度与国际贸易、国民生产总值以及固定资本构成的增长速度相当。这表明国际直接投资已经成为世界经济发展中的一个有机组成部分。事实上，对于大多数国家来说，尽管存在着各个方面的差别，但是，同时进行对外直接投资和吸收外来投资已经变得非常普遍了，直接投资的活动成为经济发展活动的一个必要和正常组成部分。

（三）资本跨国存放的增长

在资本跨国流动中，资本跨国存放活动的迅速增长是非常引人注目的。资本跨国存放活动的扩大是与银行业务的跨国化和国际金融市场的空前发展有直接关系的。然而，从根本上来说，它们反映着资本本身运动超越国界的内在要求和规律。

当然，资本的跨国存放早就出现了，最初，它们往往主要与贸易的活动直接有关或者单纯作为生息资本。然而，第二次世界大战以后，尽管这两种活动动机仍然起作用，但是，资本的存放活动的动机、方式和范围已经大大发展了。

战后以来，无论是公司企业还是各国政府，在其经营或财政开支中，国际筹资的作用不断增大，而在国际筹资中，从银行借贷是主要途径之一。统计资料表明，自70年代以后，私人国际放款额迅速增加，例如1973—1976年，私人国际放款额由877亿美元猛增到2182亿美元。1982—1984年间，尽管银行放款速度减慢，但仍然保持很高的水平，三年中跨越国界的银行放款仍分别高达1850亿美元、1390亿美元和1920亿美元。[①] 自70年代中期以后的一个时期内，在资本的跨国流动中，借贷资本形式的流动增长最快，成为国际筹资的主要形式。

如前所述，在国际金融市场上筹资的不仅有私人公司、银行，也有各国的政府机构。60年代中期，国际放款的主要对象是发达资本主义国家的公司，尤其是跨国企业和跨国银行。自70年代以后，向发展中国家的放款大幅度增加。为数众多的发展中国家越来越依靠国际举贷弥补国际收支逆差和进行新的资本投资。1974—1981年间，非石油输出国发展中国家每年从国际金融市场上获得的贷款额由165亿美元增加到664亿美元。[②] 尽管此后发展中国家从国际金融市场上获得的贷款大幅度减少，但是，绝对额仍然大大超过70年代初以前的水平。

国际放款迅速增长的基础是用于放款的资本来源增加：

——存放到银行的各种形式的短期周转资本。由于国际贸易、国际生产和其他形式的国际经营活动迅速发展，滞存于银行的各种形式的短期周转资本大量增加。

——因利率或汇率的差别，因投机、减少风险和逃避管制等原因而引起的资本转移。

——在一些国家因贸易顺差或其他方面的原因积累了大量的过剩资本，这些资本以各种形式流入国际金融市场。比如，70年代中期以后，石油输出国组织国家因油价上涨收入剧增，"石油美元"流入国际金融市场，

---

① 《国际资本市场——发展与展望》，第86—87页。

② 国际货币基金组织：《在发展中国家的外国私人投资》，1985年，单行本论文第33号，第4页。

使银行收入的存款猛增。

——各种形式的巨额基金（如养老基金）。

当然，银行放款能力不必与吸收的存款对称。尤其是在国际金融市场高度发达，现代结算和交易手段电子化的条件下，跨国银行创造信贷的能力大大提高，往往超出实有资金能力的数十倍，数百倍甚至更多。瞬时间完成的银行内部交易使得银行大大增加了资金运筹的能力。

事实上，由于国际金融市场和银行国际化的发展，世界上很大一部分的资金已没有国别属性，它们变成国际化了的流动资本，数千万甚至数十亿货币单位的资金在瞬息间即可通过银行内部交易或其他形式的支付完成跨国流动。据英格兰银行提供的资料，80 年代初，欧洲货币市场上的负债有 21.6% 是存期短于一个星期的。[①] 仅在伦敦金融市场上，每天交易即达3000 亿美元。在存在大量国际化资金的情况下，资本的短期流动已成为保值或增值的手段。[②] 这与传统的资本存放手段已有很大差别。

（四）发展援助的增长

提供援助不是第二次世界大战以后的新创造，然而，援助资金成为一种相对独立的国际资本运动形式则是战后的现象。

战后由援助引起的大规模资本流动首先是从马歇尔援助计划开始的。以帮助西欧恢复和重建为目标的马歇尔援助使美国在从 1947—1951 年的五年间，向西欧提供了 200 多亿美元的资金。1951 年美国政府制订了第四点计划，开辟了向发展中国家提供援助的渠道。西欧经济的迅速恢复不仅使美国把援助的重点转向发展中国家，而且也使西欧各国加入向发展中国家提供援助的行列。1957 年美国设立了发展信贷基金。1961 年，经济合作与发展组织成员国组成了发展援助委员会，至此，发展援助发展成为一种独特的资本运动形式。

发展援助是由各国政府直接计划和管理的，亦称为官方发展援助。按援助的来源方式可分为双边援助和多边援助。前者是由各国政府直接向受

---

① 参见《国际金融和开放经济宏观经济学》，第 96 页。

② 美国经济学家彼得・F. 德鲁克认为，资本的运动已发展成与物质产品形态相独立的形式，即资本的运动与贸易交换相脱离，大大超过贸易支付的需求。参见美国《外交季刊》，1986 年春季号，第 781—782 页。

援国提供的，后者是由国际组织来进行的。① 按援助的条件来分，可分为赠款和贷款，前者是无偿援助，后者是低息有偿援助。提供援助的国家不仅包括发达资本主义国家，而且还包括许多发展中国家和社会主义国家，接受援助的则涉及绝大多数发展中国家，尤其是低收入的穷国。

统计资料表明，60 年代到 80 年代初，发达资本主义国家向发展中国提供的官方发展援助逐年增加。1960—1970 年间年平均增加 4.2%，1970—1980 年间年平均增加 14.6%。② 每年提供的援助额由 1960 年的 46 亿美元增加到 1980 年的 272 亿多美元，到 1986 年进一步增加到 370.6 亿美元。尽管较之其他形式的资本流动规模不大，但对一些国家来说颇有影响。

表 3—3　　　　　　　　流入发展中国家的发展援助资金　　　　　单位：亿美元

授援国	1970 年	1975 年	1978 年	1980 年	1984 年	1985 年	1986 年
经合组织国家	56.6	97.9	132.2	181.1	185.3	294.3	370.6
石油输出国组织国家	3.9	56.8	69	87.3	55.1	35.3	—
经互会国家	11.1	16.4	20.7	27.0	27.5	—	—
多边援助机构	10.7	38.4	60.1	74.9	74.5	—	—

资料来源：经济合作与发展组织：《发展合作》，1983 年，1984 年，1987 年。

直到 70 年代中期以前，官方发展援助在所有流入发展中国家的外来资金中一直占最大的比例。1970 年占 41%，1974 年占 44%，此后由于私人投资，其中尤其是从私人商业银行的贷款迅速增加，加上发达资本主义国家提供的官方发展援助额减少，官方发展援助占的比例有所降低，到1982 年所占比例下降到 36.7%。③ 当然，对于不同类型的国家来说，官方发展援助所处的地位也各异，如 80 年代初，官方发展援助在流入低收入国家的所有外来资金中仍占 80% 以上。④

---

① 除此以外，还有少数的非政府组织，如红十字会、慈善机构等，也提供各种形式的援助。据统计，1983 年这类组织向发展中国家提供的援助额达 36 亿美元。参见《世界发展报告》，1985年，第 96 页。

② 据世界银行：《世界发展报告》，1982 年，表 16 计算。

③ 据《发展合作》，1983 年，第 51 页表计算。

④ 见《世界发展报告》，1985 年，第 49 页。

　　值得注意的是，非有偿性援助资金的增长。1970 年仅为 39.6 亿美元，到 1982 年增长到 226.3 亿美元。在所有流入发展中国家的资金中占的比例由 19.8% 提高到 24.3%。与整个官方发展援助资金相比，这类资金的增长要快得多。1970—1982 年间，官方发展援助资金的年流入额增长了 2.7 倍，而非有偿性援助资金增长了 4.7 倍。① 事实上，非有偿性援助资金主要是流入到中等收入发展中国家。

　　从援助资金的来源来考察，绝大部分是由发展援助委员会国家，即发达资本主义国家提供的。1970 年由发展援助委员会国家提供的双边援助占流向发展中国家官方发展援助的 69%，1980 年占 79%，1985 年亦保持这个比例，其中美国一直是最大的援助国，1960 年美国的份额在发展援助委员会国家提供的发展援助中占 58%，1970 年占 45%。不过，70 年代中期以后美国所占的份额大幅度下降，到 1980 年仅占 26%，尤其是 80 年代以来，由美国提供的援助额出现绝对下降的局面，到 1985 年美国的份额占 32%。与此形成鲜明对照的是法国、联邦德国以及日本等国提供的援助资金的迅速增长，到 1981 年，英国、法国、联邦德国和日本四国提供的援助额是美国的 1.8 倍，1985 年是 1.3 倍，而 1960 年仅为美国的一半多。②

　　70 年代中期以后，石油输出国组织成员国提供的援助猛增，1980 年达到高峰，多达 95 亿美元，此后虽有减少但仍占据重要地位，1983 年为 54.8 亿美元。从 70 年代中期以后，这些国家提供的援助资金均超过美国，与发展援助委员会国家提供的资金相比，1975 年相当于 28.3%，1980 年相当于 24%，1983 年相当于 55.1%。③ 由于此后石油价格进一步下跌，这些国家提供援助的能力进一步降低，有的国家到 80 年代中后期已出现入不敷出的局面。

　　从表 3—3 中可以看出，经互会国家提供的援助也有明显增加，1980 年与 1970 年相比增加了近 1.5 倍。当然，与发达资本主义国家和石油输出国组织成员提供的援助相比，这些国家提供的数额要小得多。④

　　从资本跨国流动的角度来说，有意义的是援助资金的流动已经经常和

---

　　① 这里主要是指由官方提供或得到政府支持的出口信贷，以及多边国际机构如世界银行的贷款等。见《发展合作》，1983 年，第 51 页。
　　②《世界发展报告》，1982 年，第 140 页；1987 年，第 242 页。
　　③《世界发展报告》，1985 年，第 102 页。
　　④ 参见《发展合作》，1983 年，第 51 页。

稳定化了，它们已构成资本跨国流动的一个特殊的，然而又是不可缺少的重要形式。

上述几类仅是资本跨国流动的主要形式。事实上，由于资本跨国流动的多渠道化和多形式化，很难用几种概括的分类把它们说清楚。尤其是 70 年代以来，不仅资本跨国流动的量空前增大，而且手段和形式也得到很大发展。由于手段和形式多样，流动速度加快，资本跨国流动的实际规模已难以准确地统计出来。

第二节　资本跨国流动的特征

资本跨国流动的发展不仅表现在量上的惊人增长，而且更重要的是出现了许多新的特点，正是这些特点，构成了资本跨国流动的基本特征和它们在世界经济发展中的特殊地位。

（一）资本跨国流动交叉性的发展

第二次世界大战前，资本的跨国流动在很大程度上具有单向性的特征。从国别角度来说，表现为资本输出国主要是资本提供国，资本输入国主要是资本接受国，亦即资本由输出国向输入国的单向流动。英国、法国、德国等先期发展起来的资本主义国家是主要的资本输出国，资本由这些国家流向其他国家。从区域角度来看，则主要表现为资本由发达资本主义国家流向不发达国家，亦即由前者向后者的单向流动。

战后资本跨国流动的单向性特征越来越为交叉性所代替。所谓交叉性，包括两层意思：一是就一国而言，资本流出流进相互交叉；二是从世界而言，资本在各国之间的流动相互交叉。从资本流动的行为对象来说则是指资本输出者与输入者身份的交叉。

战后资本跨国流动的重要变化之一是资本转向发达资本主义国家。以直接投资为例，60 年代中期到 80 年代初，约 3/4 的投资流向发达的资本主义国家。[①] 而在这个发展趋势中，构成主流的是发达国家间相互交叉投资的发展。战后初期，由于大多数发达资本主义国家遭到战争的创伤，美国成了最大的资本输出国，然而到 60 年代初，随着西欧国家及其他发达

---

① 《世界发展报告》，1985 年，第 126 页。

资本主义国家经济力量的增强，这些国家也成为重要的资本输出者。从区域角度来看，以下两个趋势尤为引人注目：一是西欧国家间资本流动的发展。例如，60 年代中后期到 80 年代初，由西欧流出的对外直接投资有1/3以上是投在西欧国家的。二是西欧及其他国家与美国间资本流动的交叉发展。到1984 年，外国在美国的直接投资已达 1547 亿美元，相当于美国对外直接投资的67％。[①] 从国别角度来考察，现在每一个发达资本主义国家都同时是资本输出国和输入国。从表3—4 中可以看出，大多数国家流出的直接投资和流入的投资逐渐接近。作为战后最大的资本输出国的美国，现在同时也是最大的资本输入国。在国际投资中，基本格局是，一国对多国投资，而同时多国又向一国投资，从而形成了投资关系上的交叉网。

　　直接投资是如此，证券投资和借贷资本的流动也是如此。绝大多数发达资本主义国家既是主要的资本提供者，又是主要的资本吸收国。换句话说，在资本的跨国流动中，既有大量的资本流出，同时又有大量的资本流入。在国际资本市场上，绝大多数资本来自发达资本主义国家，而这些国家又同时是最大的借贷者。以1982 年和1984 年的跨国界银行存放款为例，吸收的存款总额分别为1250 亿美元和1520 亿美元，由发达国家提供的分别占90％和80％，贷出款总额分别为1050 亿美元和1520 亿美元，由发达国家借的分别占70％和72％。在这两年中，美国存入和借出的资本比率分别为1. 415∶1 和0. 7∶1。[②]

　　尽管资本流向上的交叉性最突出地体现在发达资本主义国家里，但是，在发展中国家，这种特征也有发展。如前所述，越来越多的国家加入资本输出的行列，它们既吸收外来资本，又同时输出资本。这种趋势主要表现为：其一，发展中国家间的相互投资得到显著发展；其二，为数不少的发展中国家在发达国家投资。目前，尽管发展中国家的对外投资无论在发展中国家还是在发达国家中，都占很小比重，但是，这种发展本身具有很大意义，它表明当今资本的跨国流动已超出传统的资本输出概念和范畴。

---

　　① 联合国跨国公司中心：《对外直接投资及有关资金流动的趋势问题》（英文版），1985 年，第 21 页。
　　② 据《国际资本市场——发展与展望》，第 86 页资料计算。

表3—4　　　　　发达资本主义国家直接投资资本流出流入比较　　　　单位：百万美元

年份 国别	1970		1973		1975		1977		1980	
	出	入	出	入	出	入	出	入	出	入
英国	1310	850	3958	1783	2680	1305	3288	2311	6107	4886
联邦德国	873	595	1669	2027	2016	692	2230	840	4529	1119
法国	373	620	935	1126	1578	1555	1114	2021	3023	3250
意大利	110	606	260	620	346	631	551	1138	—	—
加拿大	300	866	764	825	896	709	1506	1031	2995	622
澳大利亚	111	898	205	138	162	434	251	1150	483	2124
美国	7586	1464	11397	2802	14242	2634	11897	3713	18612	10855
日本	355	94	360	−35.8	1761	231	1635	23.4	2394	273

资料来源：《跨国公司在世界发展事业中的作用，第三次调查》（中文版），第323、324页。

（二）资本跨国流动普遍性的发展

资本跨国流动的另一个特点是越来越具有普遍性。所谓普遍性，包含两层意思：其一，资本的流动区域、范围越来越广；其二，参与资本输出和输入的国家越来越多。

尽管资本的跨国流动出现了向发达资本主义国家集中的趋势，然而这并不意味着资本跨国流动的区域范围缩小。一方面，发达资本主义国家遍及于欧、美、亚太大陆，构成当代世界经济的主体，资本在这些国家间流动的加速本身就大大扩大了资本跨国流动的范围。另一方面，尽管流入发展中国家的资本所占的比例显著降低，但是绝对量却增大了。且由于资本流动形式的多样化，在一定程度上增加了资本流向变化上的回旋余地，比如援助资金的增长在一定程度上弥补了流向最不发达国家的其他方面资金的减少。事实上，资本跨国流动不仅涉及的国家增多，而且流入每个国家的绝对量也增大了。以1970—1982年流向非洲发展中国家的资本为例，其间年流入额由30亿美元增加到212.5亿美元。尽管其间流向非洲的直接投资减少了，但援助资金的数额却增加了。[1]

目前，尽管少数发达资本主义国家仍然是世界资本输出的主体，但是，明显的趋势是参与资本输出的国家越来越多。第二次世界大战前，英

---

[1]　《国际贸易和发展统计手册》，1985年，第338—339页。

国是世界资本输出的最主要提供者，其他提供资本输出的只有少数几个国家。这种局面保持了相当长的时间。战后，美国取代英国成为最大的资本输出国。在一个时期内，美国的资本占世界资本输出总额的绝大部分。但是这种局面并未维持很长时间。在发达的资本主义国家中，不仅所有的国家都开始以各种形式输出资本，而且输出的量不断增大。以国际直接投资为例，1960 年美国的份额占 48.5%，1981 年下降到 41.5%，同期英国所占的份额由 16.4% 下降到 12%，而联邦德国由 1.2% 提高到 8.3%，加拿大由 3.8% 提高到 4.7%，日本由 0.8% 提高到 8.3%。如果以年流出额比较，60 年代中期到末期，美国的份额占 65%，而到 80 年代初仅占 28%，欧洲经济共同体创始国六个国家占的份额由 29% 提高到 49%，加拿大和日本所占的份额由 3.8% 提高到 17%。[①]

发展中国家进行对外投资主要是 60 年代以后的事，流出资本最多的是石油输出国组织成员国，尤其是中东国家。其次是新兴工业化国家。1970—1980 年间，由巴西流出的对外直接投资为 11 亿美元，由菲律宾流出的为 4.2 亿美元。[②] 事实上，从发展中国家流出的其他形式的资本要比对外直接投资多得多。尤其是自 80 年代以后，新兴工业化国家的对外投资步伐加快，其中向发展中国家的投资显著增加。目前，大多数发展中国家都同时以各种形式对外投资和吸收外来资本。尽管目前多数国家在对外投资方面仍然数量很小，但增大的趋势是不可逆转的。

（三）资本跨国流动多样性的发展

本章标题没有用"资本输出"而是用资本的跨国流动，其重要原因是战后资本的跨国流动越来越具有多样性，原有的资本输出概念已不能完全概括当今的资本跨国流动。资本跨国流动的多样性不仅表现在形式上增多，而且体现在流动动机上的多样。

在不断增多的跨国流动资本中，很大一部分是跨国经济活动所导致的周转资金。这包括：1. 国际贸易支付所引起的资金流动，其中由于多种支付形式的发展，贸易信用、借贷、转账等造成资金的多次转移，这大大增大了资本跨国流动的实际量。2. 国际直接投资所引起的经营资本的流动，

---

① 《国际直接投资》，第 46 页。
② 《跨国公司在世界发展事业中的作用，第三次调查》（中文版），第 360 页。

其中由于跨国经营活动中的国际筹资越来越起重要作用和国际专业化区域分工的发展，资金的借贷存放和转移调拨必然引起资本跨国往返增多。事实上，由国际经济活动的迅速发展所引起的资金运动是战后资本跨国流动空前发展的主要原因。这种资本运动只不过是以往资金在国内运转活动的延伸。世界经济一体化越发展，所引起的这种资本的跨国流动量就越大。

国内经济活动对国际金融市场和外部资金的需求是导致资本跨国流动的另一个重要原因。在世界经济高度发展、国内经济日益开放的情况下，国际筹资不仅是对国内资金的补充，而且成为国内经济运转的必要组成部分。在很多情况下，国外筹资是由于国内资金不足，在另外一些情况下则是利用国内外筹资条件上的差别（主要是利率，其他还有金融市场管理、筹资信誉、支付上的需要等等）。由于国际金融市场与国内金融市场日益交织融合（尤其是在发达资本主义国家），在很多情况下，国内国外筹资的限制和差别已经变小，这就为资本的跨国流动提供了极大的方便条件。

金融投机是当今导致资本短期大规模跨国流动的重要因素。金融市场的高度发达，现代记账，电子转账以及信息手段的发展，使得金融投机活动的规模和范围空前增大。金融投机主要是利用汇率的变动、汇率上的差别、时间空间上的差别以及经济形势引起的其他方面的变动（如股票及其他有价证券的价格变化）。进行金融投机不一定是出于资本过剩，不必自己拥有资金，在很多情况下，则只是进行借贷投机。在国际金融市场形势频繁变化和汇率、利率以及其他经济要素不断变化的情况下，金融投机既是资金保值的手段，也是资本增值的途径。金融创汇已经成为资本跨国流动的一个重要动机。[①]

当然，过剩资本的输出仍然占据重要地位。在过剩资本的构成中，主要来自发达资本主义国家，也有不小部分来自发展中国家。在发达资本主义国家，由于各国经济发展上的不平衡、经济危机和经济结构的调整等原因，使得资本的过剩经常化，在某个时期数量增大，这些资本以各种形式输到国外，成为资本跨国流动的重要资金来源。以日本为例，由于贸易顺差大幅度增加和日元升值，到 80 年代中期，使得该国成为最大的资本过

---

① 据德鲁克提供的资料，仅伦敦金融市场上每天的外汇交易达 3000 亿美元，照此计算，年交易量达 75 万亿美元，25 倍于贸易（包括商品和服务）交易额，其中很大一部分是由金融投机引起的，这也是他称之为"虚拟经济"与"实际经济"大大脱离的一个重要原因。见《外交季刊》，1986 年春季号，第 782 页。

剩国，每年仅用于购买国外债券的资金就达几百亿美元。在发展中国家，过剩资本的存在具有暂时性和突发性。拥有最多过剩资本的国家是石油输出国，70 年代中期，由于石油大幅度涨价，这些国家的外汇收入猛增。鉴于这些国家缺乏使用如此大规模资金的基础，"石油美元"便成了过剩资本，它们或者以存款的形式存入西方银行，或者购买外国或国际债券，或者以直接投资或其他形式输到国外。"石油美元"成了 70 年代末以后西方大银行吸收资金的主要来源，也是它们借贷能力迅速扩大的重要基础。

问题在于，在国际金融市场高度发达、国际和国内金融市场日趋融合和世界经济一体化不断深入发展的情况下，由于资本流动的范围，动因都发生了重大变化，资本跨国流动的多样性发展使得人们很难区分哪些是过剩资本和非过剩资本。

战后资本跨国流动的迅速增长有着广泛的发展基础。从根本上讲，资本跨国流动的增长是世界经济发展的内在要求，从这个意义上说，是世界经济发展的必然产物。当然，也存在着反作用，即资本的跨国流动促进世界经济的发展，两者相互促进的关系形成了资本跨国流动的内在推动力。

从发展条件来说，国际金融市场的发展，国际货币体系的发展，以及为资本流动的物质设备条件，如现代电子计算机系统的使用等，都使资本的跨国流动变得非常方便和快捷。

同时，越来越多的国家对资本的跨国流动实行放宽限制或鼓励的政策也在很大程度上提供了方便条件。尤其是 80 年代以后，"金融自由化"的趋势得到进一步发展，利用外资成为众多国家的政府经济政策的主要目标之一，资本的跨国流动出现了加速发展的趋势。

第三节　资本的跨国流动与国际经济关系

资本的跨国流动在世界经济发展和构成当代国际经济关系中起着十分重要的作用。资本的流进流出不仅对资本输出和输入国的经济产生重要影响，而且在世界范围内建立起资本跨国运动的联系机制，在各国间形成相互联系、相互作用和相互依赖的密切关系。

（一）资本跨国流动与经济开放

从总体上讲，资本跨国流动量的大小是衡量世界经济一体化发展程度的一个主要指标，资本跨国流动的量越大，则越表明世界经济的一体化程度高，反之亦然。从一国经济来说，资本的进出越多，则该国经济就越对外开放，与外部世界的联系也就越紧密。[①]

从战后多数国家的情况来看，资本的跨国进出流动在经济中占越来越重要的地位。从发达国家的情况来看，资本的进出流动在整个经济活动中所占的比重呈增大的趋势。以直接投资为例，流出和流进总额相当于国内资本构成的比例，1960 年英国为 9.1%、荷兰为 1.3%、联邦德国为 2.0%、美国为 3.7%，1980 年英国为 15.5%、荷兰为 14.9%、联邦德国为 3.0%、美国为 8%。[②] 如果加上其他形式的资本流动则比例占得更高。在发展中国家，战后经济发展较快的国家中的资本跨国流动都在整个经济运转中居显著地位。仅以由发达国家流入的资本占国内的投资比例为例，1978—1980 年在巴西是 7.1%、在智利是 36%、在墨西哥是 12.2%、在印度尼西亚是 10%、在南朝鲜是 7.3%。[③] 我们还可以用资本跨国进出流动与国际贸易的发展相比较，亦可发现类似的趋势。

从国别经济与世界经济的关系来说，资本的进出流动在经济活动中的比重是经济对外开放程度的指标之一。一般地说，一国经济对外开放的程度与资本跨国流动的数量，与资本跨国流动量在经济中的地位成正比。[④] 也就是说，资本跨国流动的量越大，该国经济对外依赖的程度也就越深，与他国经济的联系也就越多。

（二）外部变化向国内经济的传递

正如其他的外部联系的要素一样，外部变化的影响必然通过这些渠道迅速地传递到国内经济中来。事实上，在世界经济的诸变化中，由资本的跨国流动所进行的传递是构成各国经济联系的重要内容。它们可以对输入国产生下列影响：

——增加国内可以使用的资源，尤其是对于缺乏资金的国家来说，对于弥补资金不足的缺口具有重要意义；

---

① 对于这一点要格外小心，在特殊情况下，资本的跨国进出可能与经济的发展水平与要求不相一致。

② 《国际直接投资》，第 48 页。

③ 《跨国公司在世界发展事业中的作用，第三次调查》（中文版），第 356—357 页。

④ 在资本的进出量上往往存在着很大的不平衡，各国在不同时期亦有很大差别。

——与资本一起流入的技术、管理以及其他方面的经济要素，对于改进当地技术结构、生产结构和管理结构可能起到积极的作用。

因此，在上述条件下，资本的跨国流动可以起到两个方面的传递作用：其一，调节世界范围的资本分布与使用的不平衡；其二，促进技术的转移，即由资本的流动所带动的技术要素的转移。在这个意义上说，资本的跨国流动是生产要素在世界范围内优化组合、配置与使用的一个途径，是经济国际化发展的一个重要机制。这正是资本跨国流动的合理内核和对世界经济发展起积极作用的原因。

但是，还有另外一些方面的影响：（1）资本流量的突然缩减或增大对当地经济造成冲击；（2）过多的外来资本会对当地经济产生控制性或约束性。因此，在此条件下，资本的跨国流动往往是外部经济变动（包括经济发展形势、金融市场状况以及政府经济政策等）的反映，通过资本的流动把这些变动扩散到内部，形成"外冲击波"，对当地的经济发展产生影响。

比如，流入资金的突然收缩会导致资金的严重短缺，进而影响投资、就业和整个经济发展。而流入资金的突然增大则不仅会对当地金融市场造成巨大冲击，而且会严重影响货币金融政策。由于过多的资金流入会增加货币供给量，从而导致通货膨胀。在此情况下，资本的跨国流动成了传递通货膨胀的主要渠道。70 年代后期，西欧指责美国输出通货膨胀，就是因为大量的资金由美国流入西欧国家。

从资本流出的角度来分析，大量的资本流出（尤其是短期的大规模流动），往往会对资本输出国产生严重影响。不过在不同情况下，其影响不尽相同。在资本过剩的情况下，资本的流出是资本市场调节的一种方式，是资本增值的正常要求。如 70 年代中期以后，石油输出国组织"石油资金"的大规模输出和 80 年代以后日本的大量对外投资就是如此。但是，在资本短缺的情况下，资本的大量流出会对资本市场造成紧张，导致利率上升，进而影响投资以及整个经济的发展。资本的流出往往是对经济局势、政治局势或经济政策的反映。如经济发展很缓慢或前景暗淡，通货膨胀严重，以及政局不稳等，都往往是"资本外逃"的原因，在此情况下，资本的外流会进一步恶化局势，导致由资本外流所引起的"内冲击波"，波及整个经济。以负债最多的拉丁美洲为例，自 20 世纪 80 年代初以后，资本外逃大大加剧了"债务危机"的局势。

在当今世界，金融市场在很大程度上已经高度一体化了。正如联邦德国《时代》周报所载一篇文章指出的："金融市场早就没有国界了。数以十亿计的资金每天都绕着地球流动，它停留在可以获利的地方，也会同样迅速地流走。"① 资本的这种跨国流动往往是经济形势变化的晴雨表，它们所传递的既有福音，又有灾祸。

（三）资本流动与国际经济关系

正如国际贸易一样，资本的跨国流动已经成为联结各国经济、构成当代国际经济关系的重要机制。

从资本跨国流动所构成的经济关系来分析，大体有以下几种：

——占有关系，这主要是指由直接投资或证券投资所构成的占有关系是一种具有所有权和支配权性质的关系。通过这种关系，不仅把投资者与东道国直接联系起来，而且也把投资国与东道国间的经济直接联结起来。尤其是在国际生产分工基础上的投资，通过经营过程的分工和联系，使二者成为一体化发展的一个主要内容。证券投资所构成的是一种具有所有权但无支配权性质的关系。在经济关系上，投资者的利益更多地取决于资本的使用效果，投资者所有权的转让和利益的得失主要决定于所投资对象的兴衰。

——债权关系，这主要是指由借贷资本所构成的关系。从属性上讲，它也是一种具有所有权而无支配权性质的关系。但是，出于负债一方对外部借贷资金所产生的依赖性，加之借贷资金具有机动性和灵活性的特点，从而使得负债一方经济的发展（尤其是利用外部资金的部门）在很大程度上受制于外部资金的供给，或者说外部资金供给的变动对负债一方的经济往往产生重大影响。从国际经济关系的角度来说，债权关系是一国经济与外部建立直接联系的渠道。在国际金融市场高度发展的情况下，由借贷资本的运动所构成的各国经济间的联系有些是直接的，越来越多的是间接的，即资金由第一次债权者流入国际银行，再由第二次（或第三、第四或更多）债权者银行流到最终债权者。这样，就形成一种多层和交叉的关系。

——授受关系，这主要是指由援助资金构成的关系。由于援助资金的形式不同，所构成的关系也有差别。从属性上讲，赠与援助不存在所有权

---

① 见联邦德国《时代》周报，1987 年 1 月 23 日。

和支配权的问题，是受援国对授援国的单方面依赖，当然，由于前者存在对后者的依赖，后者所提供资金的多少、时间以及附加条件等均对前者的发展和二者间的关系产生重要影响。优惠性援助（包括商品信贷）所构成的实质上是一种特殊的长期债权关系。由于受援一方资金稀缺，且其他形式的外来资金来源甚少，因此，受援一方对授援者带有很大的依赖性，前者对后者的需求在很大程度上取决于后者的态度和政策，而后者的政策又受到经济的和政治的多种因素的影响。援助资金无疑已成为资本跨国流动的一种既定的、经常性的形式，但它们所建立起来的经济关系则是一种特殊形式的双边和多边联系。

国别间的双边经济关系主要是由上述几种关系的直接联系构成的。这些不同形式的直接联系组成当代国际经济关系的重要内容和结构。联结国际经济关系中多边和立体关系的，一是各国间交互投资的发展，二是资本本身的运动和由资本流动所引起的其他方面变动（或者反过来说亦如此）的传递机制。前者所构成的是有形关系，后者构成的是无形关系。

如前所述，引起资本跨国流动的原因是多方面的。世界经济中这些诸多因素变化的总和不仅导致资本流动上的复杂交叉性，而且通过资本运动的传递，把各国经济发展的脉搏联结起来，这种复杂的联系构成了世界经济发展中的深层相互依赖关系。从一国变动的角度来说，传递具有多层辐射性和多层反馈性，从多国变动的角度来说，传递具有交叉性和交互作用性。从总体上看，这种复杂的关系是立体的、相互牵制和制约的。正是在这种立体关系的作用下，各国经济政策和经济发展才越来越具有相关性和协调性。

第 四 章

跨国公司

公司企业进行跨越国界的投资虽然早就存在，但是，跨国公司发展成为世界经济中的一个普遍现象还是在第二次世界大战以后。如果说五六十年代美国公司在国外的大举扩张被当作一种异端邪物来对待的话，而如今，遍布世界的跨国公司企业已被人们作为正常现象所接受了。跨国公司的投资已经遍布世界各个角落，渗透到各国经济的各个部门。跨国公司的经营活动已成为联结各国经济，构成相互依赖关系的主要机制之一。

第一节　跨国公司的发展

据估计目前世界上有 2 万多家从事多国经营的跨国公司企业，1983 年，以世界对外直接投资总额所代表的跨国公司投资约达 6250 亿美元，到 1985 年增加到 6477 亿美元，1986 年进一步增加到 7155 亿美元。由它们所进行的国际生产总值达数万亿美元，一些跨国公司的生产额甚至超过世界上许多国家的国民生产总值。①

大公司跨国投资和经营可以追溯到 19 世纪中后期。德国的拜耳公司、美国的胜家缝纫机公司、美孚石油公司都是进行跨国投资经营的先驱。到 20 世纪初，美国公司在海外的投资企业已有 100 多家。在 20 世纪初到第二次世界大战前的几十年中，大公司的跨国投资经营虽有显著发展，但增长不快。两次世界大战和 30 年代的严重经济危机大大限制和削弱了公司的跨国投资经营活动。到第二次世界大战结束后，主要资本主义国家的对

---

① 联合国经社理事会出版物 E10/10/1985/3，第 4 页，日本《时事解说》1987 年 5 月 1 日。

外直接投资比战前减少了。

第二次世界大战以后，开始了公司跨国投资经营的新时期。战后到60年代初是公司的跨国投资迅速膨胀和跨国公司的国际分工经营结构逐步形成的时期。到1960年，主要资本主义国家的对外直接投资达到587亿美元。[①] 这期间公司对外直接投资的增长大大超过第二次世界大战前公司跨国投资的总和。引人注目的是，在公司的迅速投资扩张中，以国际专业化分工为前提的跨国经营结构逐步形成，从而使为数众多的大公司发展成为以世界市场为基础的跨国公司。

不过，在这个时期，美国跨国公司的投资扩张占主导地位。1946—1961年间，美国的对外直接投资累计额由172亿美元猛增到319亿美元，占主要资本主义国家对外直接投资总额的比重为55%。其间，仅美国最大的187家制造业公司的海外分公司就由600多家增加到约1800家，增加了2倍。西欧及其他资本主义国家因战争中遭到严重破坏，经济处于重建和恢复时期，公司的对外投资没有显著增长。

60年代到70年代中期是跨国公司广泛发展的时期。从投资的增长来看，大大快于50年代。1960—1973年，主要资本主义国家的对外直接投资由658亿美元增长到2131亿美元，年平均增长速度超过10%。[②] 在这个时期，突出的特点是除美国以外的发达资本主义国家的跨国公司迅速发展，美国跨国公司虽然继续发展扩大，但所占比重下降，美国跨国公司的垄断逐步削弱，跨国公司在发达资本主义国家得到普遍发展。

70年代中期以后是跨国公司调整和进一步广泛发展的时期。1973—1986年间，世界对外直接投资额由2131亿美元增到7755亿美元，年平均增长率达10.4%。跨国公司的实际发展比账面数值要大，这是因为跨国公司的非股权投资增加，而这类投资没有从关于对外直接投资的统计中反映出来。另一方面，发展不平衡有了新的格局。其中，最突出的是美国跨国公司对外扩张速度放慢，而其他国家的跨国公司发展迅速。日本跨国公司的迅速崛起成了80年代令人瞩目的大事。到1985年，日本的对外直接投

---

① 跨国公司国外投资的实际价值要大大高出账面价值，以对外直接投资代表跨国公司的对外投资规模只能部分地反映它们的实际投资规模。仅以对外直接投资统计为例，美国规定拥有10%以上的股权才算直接投资，法国规定为20%，澳大利亚规定为25%，差别很大。这样，很多低股权比例投资和非股权投资都不能列入统计。

② 《国际直接投资》，第45页。

资累计额已达到 440 亿美元，到 1987 年初已达 1031 亿美元。就年投资额而论，自 1985 年起日本已居各国之首。① 越来越多的一向以国内为基地的日本公司企业从事跨国投资，建立国际经营体系。在发展中国家，公司企业（有些是国有化的大公司）从事跨国投资经营的越来越多，许多公司不仅以各种方式进入发达国家市场，经营规模不断扩大，而且也在发展中国家进行范围广泛的投资。尤其是较发达的国家向较落后国家的投资，在一些领域大有超过发达国家向这些部门投资的趋势。发展中国跨国公司的迅速发展成为这个时期的一个突出的现象。

在战后跨国公司的迅速发展中，发达资本主义国家是主要的投资经营场所。这与战前有很大的区别。60 年代中期到 60 年代末期，跨国公司的投资有 78% 是投在发达国家的，70 年代初到 70 年代中期投在发达国家的比例高达 87%，此后，投在发达国家的比重虽有降低，但仍接近 3/4。70 年代后期以前，西欧、加拿大是跨国公司的主要投资市场，投在西欧和加拿大的投资约占 1/2 以上。此后，西欧和加拿大虽然仍是重要的投资市场，但是，增长最快的是对美国的投资，尤其是进入 80 年代以后，美国成了跨国公司最大的投资市场，就连美国跨国公司也出现了把某些海外经营回撤的趋势。到 1986 年，对美国的外国直接投资额达 2093 亿美元，占世界对外直接投资总额的 40% 以上。②

跨国公司在发展中国家的投资所占比重虽然在 50 年代和 60 年代呈下降趋势，70 年代和 80 年代无显著提高，但投资绝对额还是增长很大的。1970 年，当年投在发展中国家的外国直接投资额为 24 亿美元，1980 年增加到 106 亿美元，1981 年增加到 145 亿美元，此后有所下降，到 1983 年仍达约 100 亿美元。从年投资额或累计额来看，在发展中国家的投资占跨国公司投资的约 1/4。③跨国公司在发展中国家投资活动的突出特点是：其一，大多集中在经济发展比较快、发展水平比较高的国家，这些国家吸收了跨国公司投资的大约 90%；其二，来自发展中国家跨国公司的投资增长比较迅速。因此，从跨国公司在发展中国家的活动来看，总的趋势是扩大的。

① 《时事解说》1987 年 5 月 1 日。
② 《人民日报》1983 年 1 月 29 日。
③ 联合国跨国公司中心：《对外直接投资及有关投资的趋势和问题》（英文版），第 27 页。

跨国公司投资的部门分布呈现一些突出的特点：

——制造业部门成为跨国公司投资的主要方向，与此相对应的是在传统投资部门（初级产品部门）的投资所占的比例大幅度下降。

——跨国公司在第三产业，即包括金融、旅馆、电信、运输、信息加工和咨询在内的服务性经营的投资显著增加。金融领域的跨国公司，即跨国银行的发展较早。它们作为跨国公司的资金提供者采取了"追随战略"，并在此基础上建立起了跨国经营网，对其他几个领域的投资得到迅速发展还是在70年代初以后。在这种发展中，一方面是一些跨国公司向混合经营的方向发展，如原从事制造业生产的公司逐步扩大在服务业方面的投资；另一方面是服务业中的公司向跨国化发展。这是跨国公司深入发展的一个重要标志。

从战后跨公司的发展趋势来看，大体呈现以下几个方面的特征：

——跨公司的来源趋于多元化、普遍化，它们由战后初期美国公司的独特现象发展到大多数国家都有跨国公司。战后以来，尽管国际直接投资增长的速度有快有慢，投资的地区分布和来源也都发生了很大变化，但跨国公司在世界范围的发展则一直保持较快的增长势头。跨国公司已经成为世界经济发展中一个最活跃的因素。从跨国公司的本身结构来说，通过对外投资的增长，外来投资和生产占据越来越重要的地位，许多公司已把一半以上的经营活动移到国外。从跨国公司的活动和影响范围来看，无论是国别分布，还是部门分布，跨国公司的影子几乎无处不在。

——跨国公司的投资方式趋于多样化。这主要体现在：其一，独资经营的比例减少，合股经营的比例增加。在合股经营中，有些是在跨国公司与当地公司企业之间进行，有些是在跨国公司之间，尤其是70年代以后，这两种方式都得到显著发展。其二，非股权安排得到迅速发展。这种趋势起初主要是发展中国家限制跨国公司投资股权的结果，后来逐渐成为跨国公司调整经营战略和扩大经营范围的常用手段。跨国公司投资多样化的发展大大增加了它们发展上的机动性和灵活性。

——跨国公司的扩张趋于相互渗透、相互交叉。这种趋势一方面表现在跨国公司间的相互渗透、相互合作；另一方面表现在公司母国和东道国双重身份的兼容，即跨国公司在国别间的交叉投资。前章所述国际直接投资流动上的交叉性就是这种现象的具体内容。跨国公司发展上的相互渗透成为加深世界经济发展中相互依赖关系的一个重要因素。在许多方面，由跨国公司所编织的关系网，成为国际经济关系中最直接、影响最大的部分。

——尽管跨国公司的主体仍是大垄断公司，但是，中小公司跨国投资和经营的广泛发展，尤其是发展中国家中小公司跨国化的发展，使得跨国公司的范围大大扩大了。跨国经营已成为公司扩大和发展综合战略的一项选择。前提条件已不是能否跨国投资，而是进行跨国投资能否获得满意的效益。在此情况下，传统的跨国公司定义，即跨国公司等于大垄断公司的公式已经不适用了，跨国公司已是进行跨国化投资经营企业的总称，从这个意义上看，跨国公司当然已不再是一种怪物，而是经济活动跨国化发展的一种正常现象了。

第二节　跨国公司与国际贸易

跨国公司的迅速发展必然导致它们在世界经济构成中的地位增强，其中最为突出的则是它们在国际贸易中的地位和作用。

据粗略的估计，1970 年与跨国公司有关的出口额达 1601 亿美元，占当年资本主义世界出口总额的 58%，到 1978 年这方面的比例提高到 70%。1980 年，仅世界 164 家大公司的出口商品价值就超过 2000 亿美元。[1] 因此，可以说当今的国际贸易主要是由跨国公司进行的。在初级产品的国际贸易中，跨国公司控制的程度一向很高。比如，到 1980 年，跨国公司占 90% 以上的有铁矿石、木材等；占 80%—90% 的有铝土、铜、烟草、棉花、黄麻等；占 70% 以上的有锌、石油、天然橡胶、香蕉、大米等。在制造业产品的国际贸易中，跨国公司所占的份额不断提高，尤其是像汽车、化工产品、机床、电器产品以及电子计算机等。当然，跨国公司在各国对外贸易中所控制的程度有较大差别。美国是当代跨国公司的发源地，也是拥有跨国公司最多的国家。跨国公司在美国出口中占 3/4，在进口中占一半以上。80 年代初，跨国公司在英国和北爱尔兰的出口中占的比例高达 80%。[2] 在发展中国家的对外贸易中，跨国

---

① 见苏联《世界经济与国际关系》1985 年第 5 期，第 16 页；《跨国公司在世界发展事业中的作用》，第 54 页。

② 《多国公司与第三世界的发展》，第 58 页。

公司也占有相当重要的地位。在巴西的制成品进口中，外国跨国公司所占份额大约为43%，在墨西哥大约为25%—30%，在阿根廷为30%，在哥伦比亚为30%以上，在南朝鲜约为35%，在新加坡高达70%。[①] 当然，由于发展中国家的跨国公司尚处于初级发展阶段，当地跨国公司所占份额比较小。

在跨国公司与国际贸易的关系中，最有影响的是跨国公司的内部贸易。所谓跨国公司内部贸易，是指由跨国公司进行的、发生在总部和其国外分公司之间的交易。[②] 这种贸易虽然导致商品的跨越国界运动，但是交易行为主体实际上是同一所有者。它们既具有国际贸易的特征，又具有公司内部商品调拨的特征。因此，它们是一种特殊形式的国际贸易。

跨国公司内部贸易在国际贸易中占有十分重要的地位。据约翰·H.邓宁所提供的资料，70年代末，跨国公司内部贸易在国际贸易中大约占1/3。[③] 这的确是一个不小的比例。美国商务部对这方面的问题进行过比较详细的调查。1977年，美国进口总额中的39%和出口额中的36%均属于公司内部贸易。表4—1从另一个侧面表明了跨国公司内部贸易在美国对外贸易中的地位。事实上，如果考虑到统计上股权比例的限制和其他隐蔽形式的内部交易，实际比例比这要高。在英国，1976—1980年间公司内部出口占全国出口总额的比例由29%提高到31%。据对世界329家工业企业所做的调查表明，1977年公司内部贸易在母公司出口总额中所占的比例分别如下：加拿大39.3%、欧洲经济共同体29.6%、法国32.2%、联邦德国34.6%、日本17%、瑞典36.1%、英国9.6%、美国45.5%。

在发展中国家，公司内部贸易在跨国公司进出口贸易中也占有十分重要的地位。在巴西，70年代初公司内部贸易占美国跨国公司进、出口的50%和73%，在墨西哥进、出口比例分别为58%和5%。70年代中期，设在阿根廷、巴西、印度和墨西哥的联邦德国的跨国公司分公司60%的出口是售给其母公司的。[④]

---

① 联合国跨国公司中心：《跨国公司和国际贸易》，1985年SCT/CT54，第9页，此处数字不包括贸易公司。

② 联合国跨国公司中心的定义为"在跨国公司的所有权或隶属关系范围内进行的国际贸易"。见《跨国公司在世界发展事业中的作用，第三次调查》，第177页。

③ 见J. H. 邓宁和R. D. 皮尔斯著《世界最大的企业》（英文版），高尔出版公司1981年版，第132页。

④ 见《跨国公司在世界发展事业中的作用，第三次调查》，第178—179页。

表4—1　　　　　　　　　美国跨国公司内部贸易情况

（占部门进出口的百分比）

	美国母公司（1977 年）		美国分公司（1980 年）	
	进口	出口	进口	出口
所有工业	41.9	34.7	62	40.2
石油	39.7	36.3	26.3	60.4
制造业	56.1	41.9	75	29.2
其中：化工产品	35.4	45.0	79.5	38.9
机械	58.6	42.1	88.4	28.4
电器和电子设备	60.3	34.5	90.2	40.5
初级和细加工金属	38.5	24.1	71.3	27.9
仪器设备	38.9	65.3	86.9	42.4
批发	7.5	8.2	66.8	42.4
零售	25.1	66.1	37.2	20.6

资料来源：据《日本经济研究所报告》，1986 年第 10A，第 13 页表编制。

跨国公司内部贸易主要通过下述渠道进行：

——母公司向其分布在世界各地的分公司出口，主要是出口关键设备、用于组装的零部件以及技术专利和专门服务。

——分公司向母公司出口，主要是向母公司提供廉价的原料、半成品或用于返销的制成品。

——国外各分公司之间的进出口，主要是相互提供原料、半成品或用于当地销售的制成品。公司的跨国内部交易实际上是跨国公司内部经营活动的方式，是它们有效地利用资源和利用机会获得最大经营效益的手段。

由于跨国公司内部贸易是在同一公司内部的不同部分之间进行的，是自身内部商品的调拨转移，因此，在交易方式上和交易动机上有着许多不同于一般国际贸易的特点。

与正常的国际贸易交换不同的是，公司内部贸易的利益原则，即获利动机并不一定是以一次性交易为基础，而往往是以综合交易为基础。在这个意义上说，跨国公司的内部交易不过是本机构内部经营管理的一种形式，是把国际贸易市场通过自身的跨国组织机构内部化了，这种内部化了的市场为公司的生产专业化分工、资金运筹调拨和技术的转移及利用提供了条件，在很大程度上克服了由国别限制（包括税收、贸易管制等等）所造成的障碍。

跨国公司内部贸易的交易机制是转移价格（亦称划拨价格）。所谓转移价格是公司不同经营单位之间完成交易的内部结算价格，与通常的贸易交换价格不同，它们不以交易双方的"互利"为条件，而是以整个公司的利润最大化为基础。利用转移价格可以达到一系列目的。比如：获得廉价原料；利用国外低成本优势生产或装配，在当地、他国销售或返销；低价调拨原料、设备或零部件，与对手竞争或用于打开市场；向所属机构提供专利或具有优势的技术；以高价向母公司返销产品，从而转走资金，逃避税收；在合营的情况下利用低价或高价转走利润（如从本公司高价买进，向本公司低价卖出），等等。因此，转移价格不仅是跨国公司利润最大化的手段，也是保护技术优势和增强竞争能力的手段。

在构成当代国际经济关系上，跨国公司所进行的国际贸易，尤其是公司内部贸易起着十分重要的作用。国际贸易是构成当今国际经济关系的主要内容，是联结世界各国经济的主要链条。跨国公司在当代国际贸易中占如此重要的地位，因而它们在当代国际经济关系中的作用是不言自明的。

跨国公司内部贸易在很大程度上改变了传统国际贸易的概念和内容。由于公司内部贸易是在同一所有权企业内部进行的，它们所创造的是一个内部一体化的市场。在这个内部市场中，公司的统筹安排起决定性作用。交易的动机主要是实现公司内部的统一管理，完成经营过程中各构成要素的正常运动。在这个内部一体化市场中，传统国际贸易中的国别市场界限在很大程度上消失了。在这个意义上说，这是一种真正的国际一体化市场。

不过，跨国公司企业与当地经济并不是截然隔开的，它们在原料、劳动力、资金和市场等方面都与所在国有着密切的、不可分割的联系，因而，跨国公司的内部一体化市场并不是完全封闭的。通过商品的内部流转和外向扩散，在公司母国和公司所在国之间建立起直接的联系机制。构成这种联系机制的链条既有公司母国与公司所在国的竖向关系，也有各分公司所在国之间的横向关系，以及竖向与横向交叉的交织关系。在跨国公司内部贸易关系的作用下，公司母国与公司所在国以及各分公司所在国之间的经济发展变得不可割裂了，许多方面的变化都会产生"共振"或传递。

从相互关系方面来说，一则，跨国公司经营决策和交易手段的变化成为导致母国和东道国贸易及整个经济发展变动的一个重要因素；二则，一国的变动亦会成为他国贸易和经济变化的重要原因，造成各国经济发展中的相互牵制和相互依赖的复杂联系。与正常的国际贸易关系不同的是，在公司内部贸易的条件下，主权国往往缺乏对各种变动及其影响的制约权，起支配作用的是跨国公司。

第三节　跨国公司与国际分工

生产国际化的深入发展大体包含两层意思：其一，生产面向世界，主要是指为世界市场生产和利用外部资源（包括资金、技术等），即建立立足国内而面向世界市场的开放生产结构。其二，生产走向世界，即建立以世界市场为依托、以跨国生产为基础的国际生产结构。前者在第二次世界大战前已经相当广泛，后者只是在战后才得到深入发展。

跨国公司虽然两种特征皆备，但其典型的特征是生产走向世界，建立以生产的专业化国际分工为基础的跨国组织结构。跨国公司在世界生产中占有十分重要的地位。据统计，1971 年跨国公司的标准净产值为 2008 亿美元，占世界工业总产值的 22.8%，到 1980 年增加到 8791 亿美元，占世界工业生产总值的比重提高到 28%。[①] 到 1981 年，美国跨国公司的国外生产值达 4829 亿美元，相当美国当年出口的 2 倍。跨国公司在各国经济中所占的比重差别较大，在许多国家的一些部门甚至占主导地位。表 4—2 列出了 70 年代跨国公司在发达资本主义国家制造业中所占的比重。从表中可以看出，在大多数国家，跨国公司在制造业产值中所占的比重超过 1/4，少数国家接近或超过 1/2。在发展中国家，跨国公司的投资重点由初级产品生产部门转到制造业部门。到 70 年代中期，跨国公司已在许多发展中国家的制造业中占有相当大的份额。1978 年，跨国公司在智利的纺织工业中占 11.2%，在食品工业中占 18.5%，在化学工业中占 56.6%，在有色金属产品中占 46.7%，在金属加工工业中占 47.8%（其中电力机械占 55.7%、运输设备占 79.4%），在整个制造业中占 25.2%；1974 年，在哥伦比亚的食品工业中占 16.4%，在纺织工业中占 50.2%，在化学工业中占 62.4%，在金属加工工业中占 58.2%，在整个制造业中占 43.4%。

---

① 转引自上海复旦大学《世界经济文汇》季刊，1986 年第 4 期，第 11 页。

1977 年，按销售额计算，跨国公司在巴西的汽车工业中占 100%，在化学制品中占 57%，在家用电器中占 76%，在电器产品中占 79%，在工业机械中占 42%，在办公室设备中占 73%，在整个制造业中占 44%。①

表 4—2　　　　　　　跨国公司在发达国家制造业中的比重　　　　　　　单位:%

	雇佣人数	产值
1. 股份占 50% 以上的企业:		
英国（1977 年）	13.9	21.2
瑞典（1976 年）	5.7	7.3
意大利（1977 年）	18.3	23.8
加拿大（1977 年）	—	56.6
比利时（1975 年）	33.0	44.0
澳大利亚（1972/1973 年）	23.6	28.7
2. 股份占 20% 以上的企业:		
法国（1975 年）	19.0	27.3
联邦德国（1976 年）	16.8	21.7

资料来源:《跨国公司在世界发展事业中的作用，第三次调查》，第 399 页。

　　实行生产的国际专业化分工是跨国公司在国外投资和进行生产的基础。跨国公司根据自身拥有的优势，按照综合的和长期的利益，在全球范围内建立一体化的专业化分工体系。因此，每一个分公司和由它们所组成的经济活动范围都是其中一个有机组成部分。在国际专业化分工的条件下，一种产品不仅从设计、生产到销售往往分散在多个国家进行，就是生产过程的不同工序也都进一步被分解开来，按照比较优势条件，分散到世界各地进行。比如，在美国设计的汽车部件可能是为了在墨西哥生产，而在墨西哥生产的汽车零部件，则为了用于在巴西装配。自 60 年代后期，美国电子产品的生产大量转移到东南亚国家进行，而在东南亚生产的许多零部件又可能运抵欧洲或其他国家装配。这样的产品已没有国别属性，是真正的"国际型"产品。事实上，越来越多的产品变成了"国际型"的，现在甚至没有哪家公司或哪个国家可以说某种制成品（尤其是比较复杂的产

───────────────

①《跨国公司在世界发展事业中的作用，第三次调查》，第 397、398 页。

品）是全部由自己制造的。这无疑是对传统"民族产品"概念的一种挑战。

引人注目的是，这里所说的世界范围的专业化分工体系，并不意味着只是由同一公司建立起这样的完整体系（这样的公司虽然存在，但只是极少数）。在国际专业化分工中，经营分工上的专门化与所有权格局上的多样化一同发展。不仅在跨国公司之间，而且在跨国公司与当地企业间都存在着各种形式的交叉协作与联合。在发达资本主义国家，公司间的交叉联合已变得非常普遍，尤其是进入 80 年代以后，跨国公司间的联合投资和分工协作已成为一个重要的趋势。在发展中国家，尽管真正称得上建立国际专业化分工体系的跨国公司为数甚少，但是各公司所进行的对外投资经营还是以国际分工的比较利益为基础的，许多公司通过直接和间接与发达资本主义国家的大跨国公司建立联系，参加到生产的专业化国际分工体系中去了。

从跨国公司的经营体系上来看，它们所实行的专业化国际分工构成了有机的一体化整体。当今世界的很大一部分经济活动就是由这一个个局部一体化体系所组成的。存在于它们之间的资金流动、商品交易和竞争把各个局部"王国"连接起来，从这个角度上来分析，正如美国学者惠特曼所说的："没有哪一种经济组织比跨国公司对民族经济主权具有巨大威胁性和在促进国际经济一体化方面更有力的了。"[①]

从各国经济体系的角度上来看，跨国公司的企业是当地经济的一部分，把跨国公司企业与当地经济连接起来的不仅有就业人口，还有金融市场、商品市场以及像原料、基础设施等多个方面的要素。从特点上来说，这部分经济具有两重性，即一方面是跨国公司的一部分，隶属于跨国公司的一体化分工结构，接受跨国公司的管理；另一方面又是当地经济的一个组成部分，在一定程度上与当地经济相结合。正是跨国公司企业的这种二重性，成为把各国经济直接联系起来的重要机制。

在跨国公司国际专业化分工的支配下，各国经济间通过下述渠道建立起密切联系：

——公司母国与跨国公司。由于跨国公司把越来越多的生产和其他经

---

① 玛利娜·V. N. 惠特曼：《对相互依赖的反应》，美国匹斯堡大学出版社 1979 年版，第 203 页。

营活动转移到国外，使得母国经济越来越具有二元经济的特征，即在国内经济部分之外还存着一个庞大的国外部分。由于二者有着共同的分工基础，它们之间的发展有着密切的联系。从生产分工的角度来看，国内的许多生产要依赖国外所提供的分工产品，一般来说是廉价的原料、半成品以及组装成品。这样，国外市场的稳定与否、生产成本以及产品质量的高低等都直接关系到国内经济的发展。在跨国公司进行的"寻求市场型"投资的情况下，当地市场的容量及稳定情况则直接关系到国内生产的发展。①战后以来，尤其是 60 年代以来，大多数的发达国家经济的"国外部分"比国内部分发展得快。这种趋势使得各国经济的发展越来越依赖外部环境。在很多情况下，向外部的延伸和国外部分的发展成了保证整个经济正常运转的必要条件。不难设想，如果墨西哥和东南亚的电子工业和汽车工业停产或发生其他严重问题（包括当地经济形势转坏、生产成本急剧上升等），美国国内的电子工业和汽车工业就会立即遭到严重打击，许多公司的生产就会停产。以往人们往往注意东道国经济对跨国公司所产生的依赖，而较少论及问题的另一面，这是不全面的。

——东道国与跨国公司。跨国公司的投资经营往往主要集中于最能盈利、发展前景最好或市场潜力最大的部门。在工业部门，主要集中于对于当地来说技术上比较先进的行业。因此，跨国公司经营的企业往往构成当地经济中最活跃、最有生气的部分。它们对当地经济的发展有着非常重要的作用。尽管跨国公司在当地经营，但从发展上来说，这部分经济严重依赖于跨国公司。跨国公司的关键作用表现在：1.为企业发展提供足够的资金；2.向生产提供必要的、具有竞争力的技术；3.为产品的销售（包括半成品）找到可靠的市场。因此，跨国公司投资的经济部门的发展受到两个条件的制约：一是服从于跨国公司的国际专业化分工；二是依靠跨国公司提供各种必要的供给要素。

事实上，东道国经济与跨国公司的直接联系并不仅限于直接投资企业。有两类部门至少是靠前者发展起来的：一类是"创造部门"，即因跨国公司的投资经营而发展起来的新部门，如直接为它们服务的新企业等的

---

① 按照投资战略分类，跨国公司的投资可分为：1.寻求原料型，即主要旨在开发当地的原料；2.寻求成本型，主要利用当地的廉价劳动力；3.寻求市场型，主要利用当地的销售市场；4.寻求优惠环境型，主要利用当地提供的各种优惠待遇，尤其是税收、管制方面的优惠；5.绕过贸易壁垒型，主要是以在当地生产和销售代替直接出口。

兴起和发展。另一类是"带动部门",带动部门又可分为两种:一种是"直接带动"部门,即与跨国公司企业有直接联系的企业,如分包商、零售商等;另一种是"间接带动"部门,即虽与跨国公司企业没有直接关系,但却是受益于它们的发展,如因当地税收的增加,向当地技术的转移,或因竞争的压力等所产生的发展动力。这两类经济亦在很大程度上依靠跨国公司企业的发展。就发展的结构来说,它们间接地受制于跨国公司的国际分工。

——母国与东道国以及各东道国间。在跨国公司的生产专业化国际分工的作用下,参与各方的经济在结构上相互交织、在发展上相互依赖。从生产的关系上讲,各国互为协作者,技术、资金以及工序流程上的交叉和衔接,使得各方的生产成为一个不可分割的整体。从交换关系上来讲,各国互为市场,每一方都依赖他方的供给和需求。在此条件下,各国经济在发展上的相互依赖和相互制约就由一般国际贸易条件下的外部关系深入到内部关系。换句话说,一般国际贸易所导致的国际专业化分工是通过生产过程的终点以市场为媒介来间接进行的,而跨国公司投资所导致的国际专业化分工是通过生产过程的内部以跨国公司的内部分工为媒介直接进行的。因此,后者所造成的国际经济关系比前者更直接、更深入。

跨国公司所实行的国际分工是以各公司自身利益为基础的,因此,构成分工基础的比较优势是公司自身的利润动机(包括利润最大化动机和利润长期或稳定化动机)。但是,在客观上它们也提供了国际分工的合理效益基础,正是这种基础成为当代国际分工的合理内核,也是各国愿意参与国际分工的前提条件。

在跨国公司生产专业化国际分工基础上,各国经济的发展以及它们之间的经济关系将受到以下几方面变化的影响:其一,跨国公司投资战略的变动。这种变动将影响它们的投资方向、投资规模、技术供给、产品种类等。其二,跨国公司母国政策上的变动,如资金管制、税收政策、技术管理、贸易政策等,它们不仅会影响跨国公司的投资战略,而且也会影响生产和经营的条件。其三,东道国经济形势及经济政策的变动,如对跨国公司投资及经营管理政策上的紧松(包括税收、技术转让条件、产品销售、劳动力供给等),它们会直接影响跨国公司的经营条件。上述每一个方面的变动都会在广泛的范围内引起连锁反应,这些都构成世界经济发展中相互依赖关系的重要内容。

第 五 章

技术与信息的国际传递

在现代经济中，技术与信息作为生产要素起着越来越重要的作用。随着世界经济的发展，民族经济的对外开放，技术与信息的跨国流动与传递不断加快。从国别经济的角度来说，获得外来技术与信息不仅成为参与国际分工、进行国际竞争的必要手段，而且成为本身发展的重要条件。从世界经济的角度来说，技术与信息的跨国传递成为连接和沟通各国经济的重要链条，是促进世界经济一体化发展的重要机制。

第一节　技术的跨国转移与扩散

在世界经济的发展中，技术的迅速发展及技术在经济发展中的重要作用占越来越重要的地位。据估计，在现代经济的发展中，50%—60%归于技术进步的因素，技术作为生产要素投入远比劳动和资本的投入所起的作用大。[①]

在发达国家，各国经济经历了由劳动密集型经济到资本密集型经济再到技术密集型经济的转变。劳动密集型经济的典型特征是劳动的消耗增长是生产增长的关键，生产的技术基础是劳动者的体力、劳动技巧和效率。资本密集型经济的典型特征是资本的消耗在生产中居突出地位，生产上量的增加与资本投入的增长成正比，生产技术基础是利用尽可能多的资本品

[①]　亚洲劳动生产率组织：《亚洲一些国家的技术转让》，1979 年英文版，东京，第 45 页。另据谢尔曼·吉提供的资料，在现代经济中，劳动生产率的提高 50%归于技术的发展，15%归于资本构成，12%归于劳动力的训练和教育。见《技术转让、创新和国际竞争能力》，美国，约翰·威利父子出版公司 1981 年版，第 5 页。

投入实现以物质消耗和产出为内容的规模生产。而技术密集型经济的典型特征是技术构成在生产中起主导作用，生产上量的增加与对技术的需求成正比，生产的技术基础是技术的不断更新和发展。因此，在技术密集型经济中，技术的进步成为推动整个经济增长的关键，对先进技术的占有和利用是取得竞争优势的先决条件。

发展中国家的经济结构比较复杂。大多数国家仍处于工业化初期的阶段。在这些国家中，尽管劳动密集型经济占主导地位，资本密集型经济初具规模，然而，由于发展中国家的经济起飞有着技术密集发展的国际环境和影响，技术的利用和更新在经济结构转变时期起着比当今发达国家处于同一发展阶段时所起的作用大得多。一部分国家已经建立起工业化经济体系，形成资本密集型经济居主导地位、技术密集型经济开始发展的结构。在这些国家中，技术的利用和更新不仅是提高劳动生产率、保持经济持续增长的重要条件，而且也是促进经济向技术密集型结构过渡的原动力。因此，在发展中国家，尽管对技术需求的层次与发达国家不同，但是，技术的开发和利用已成为取得经济增长、加速实现经济结构向更高层次过渡的关键因素。

在世界经济的发展中，技术的突出地位不仅表现在各国经济中技术的密集度提高和技术进步成为经济增长的关键因素，而且还体现在技术的跨国转移与扩散在沟通和连接各国经济、促进世界经济一体化发展中起越来越重要的作用。正如美国学者道尔曼所指出的："建立在现代科学基础上的技术是经济增长的主要动力，是工业化发展的主要工具，也是全球相互依赖与各国相互渗透显著增长的主要力量。"[1]

技术跨国转移与扩散的原始和基本形式是商品的国际交换。以商品贸易带动的技术转移和扩散，主要通过对商品的仿制和对资本设备品的利用来完成。因此，国际贸易是各国获得外来技术的重要渠道。商品国际交换量上的增加和范围上的扩大，是促进技术跨国转移与扩散的重要动力。

国际直接投资是引起技术跨国转移与扩散的另一个重要渠道。尤其是在跨国公司的全球经营战略和组织结构作用下，技术的跨国转移是其进行经营活动的必要条件。不过由跨国公司投资所引起的技术跨国转移和扩散有两种形式：一种是公司内部的技术转移，主要是由母公司向分公司提供

---

[1]　安托尼·J. 道尔曼：《资源、政权和世界秩序》，美国波格曼出版社，第339页。

专利技术或在各分公司内部进行技术上的平行转让。这种形式虽然名义上是跨国的，实质上却主要是公司内部的。另一种是向公司外部的技术扩散，有些是通过联合投资或其他形式的合作，使跨国公司的技术向当地扩散，有些则是当地通过仿制、人员交流或其他形式获取的。以国际投资带动的技术转移和扩散比商品贸易带动的技术转移和扩散更直接、更迅速。

在技术的跨国转移和扩散中，最富有意义的是技术本身发展起了独立的内容和形式。战后以来，尤其是60年代以后，技术贸易得到迅速发展，技术作为商品，像其他商品一样进行国际贸易，从而摆脱了它们作为商品交易和对外投资附属品地位的限制，为它们在国际范围内更广泛更直接的扩散提供了条件。据统计，仅美国、英国、联邦德国、法国和日本五国的技术贸易额在60年代中期就达27亿多美元，到70年代中期增到116亿多美元，每年以13%的速度增长，技术贸易的增长速度既快于商品贸易又快于国际投资的增长。[①]

技术贸易已发展起了很多形式，像技术专利贸易、许可证合同、技术咨询服务、工程设计以及管理等。

当然，除上述渠道外，技术的转移扩散还通过人员交流、报刊、国际会议、广播以及各种形式的国际合作来进行。大量的科研成果通过这些信息媒介向世界广泛传播，使它们在很大程度上变成可被自由选择和利用的"国际财富"。

技术的跨国转移与扩散是世界经济深入发展的必然产物，经济越发达，技术的跨国转移与扩散就越快。具体来说，技术跨国转移的动机可以有很多，比如，为了进入当地市场转移研制成本，延长技术生命周期或服从于生产国际化分工，进行技术国际竞争等。

世界经济中的多层次差别结构，即各国经济发展上的技术差别，为技术的跨国转移与扩散提供了广泛的基础和活动空间。从技术转移的方向来说，大体有两类：一类是同等水平或相似水平的技术流动，这种技术流动可能基于技术适用性上的选择（因技术性能上的差别或国情上的差别），即获利动机，亦可能因比较利益上的差别（如以较高价格卖出，以较低价格买进）；另一类是级差型的技术流动，主要是较先进的技术流向相对落

---

① 日本：《日本科学技术白皮书》，1982年日文版，以当年汇率折算成美元，此处数字为进出口总额。

后的地区。事实上，由于世界经济中存在着多层次的技术级差，因此，技术的转移也是多层次的。在前一种情况下，技术的转移既具有对流性，又具有交叉性，往往多在有相似经济和技术水平的国家中进行。在多数情况下，此类技术的转移往往伴随技术的改良，即产生适于当地的适用技术。在后一种情况下，技术的转移在很大程度上具有单向性，不过，由于经济和技术上的差别结构是动态的，因此，技术转移的空间是不断变化和扩大的。

世界经济一体化的不断深入发展是推动技术跨国转移和扩散加快步伐的内在动因。除了日益增加的国际商品贸易和国际投资所引起的技术跨国转移与扩散不断扩大外，各国经济间日益增强的相互渗透，尤其是各国在研究、生产及其他方面的国际联系与合作，大大促进了技术的跨国交流。由于技术变得越来越复杂、技术开发的难度使所需财力、物力和人力空前增大，任何一个国家都不可能发展所需要的全部技术，甚至往往无力自己发展一项全面的技术，这使得技术发明和使用的国际分工和联合变得十分重要。许多技术的开发越来越具有国际性，联合研究和联合开发成为复杂技术开发和利用的一个重要趋势。[①]

从输出技术的角度来说，由于技术开发和更新步伐的加快、技术的生命周期缩短，向外转让技术成为进行技术更替、转移成本负担和新技术开发投资的必要手段。技术转让变得商品化和经常化了。在这方面，技术专利注册上的跨国化是一个明显的例证。1971—1984 年间，在美国申请注册的日本专利由 5295 件增加到 18473 件，在美国申请注册的西欧的专利由 10738 件增加到 21466 件。在西欧注册的日本专利由 13863 件增加到 29909 件，美国专利由 60488 件增加到 61988 件。[②]

从输入技术的角度来说，吸收外来技术以弥补空缺，或利用"拿来主义"，直接引进所需技术以节省研制过程和费用，是发展现代经济的一个有效途径。由于技术的跨国性扩散加快，在当今条件下，经济发展和国际竞争的优势往往主要不在于对技术知识上的占用，而是对技术成果上的利用。事实上，谁有效地利用现有的先进技术成果，谁就取得经济发展上的

---

① 科学技术的跨国交流与合作是"科学普遍化"趋势的本质反映。科学的发展越来越超个人、团体或国家的界限。参见约翰·P. 迪肯逊《现代社会中的科学和科学研究者》，联合国教科文组织，1985 年，第二章。

② 欧洲共同体：《欧洲共同体活动的第 20 次总汇报》，1986 年。

优势，就可以在国际竞争中取胜。

技术的跨国转移与扩散既具有单向性，又具有对流性和交叉性。这是技术跨国转移与扩散深入发展的一个重要特征。其中，尤其是对流性和交叉性的发展，是技术跨国转移与扩散广泛发展的一个重要标志。

从技术扩散的流向来考察，大体有以下几种类型：

——发达国家间的技术转移与扩散，它们构成技术跨国转移与扩散的主要内容。发达国家间的国际投资、国际合作以及技术贸易是技术转让的主要渠道。跨国公司是国际直接投资渠道转移技术的主体。跨国公司的技术转让和与此有关的收入，可以从一个侧面反映出技术跨国转移与扩散的规模。据统计，1960 年美国从专利权使用费中获得的收入为 6.5 亿美元，1980 年达到 54 亿美元。① 自 70 年代以来，西欧、日本及其他发达国家跨国公司从技术转让中获得的收入也不断增加。目前，由于发达国家间的跨国公司交互投资密度增加，技术转移上的交叉性也日趋加强。50 年代的西欧和 60 年代的日本都主要是单向吸收美国的技术。而如今，西欧和日本的技术则大量流往美国。

发达国家间的技术贸易增长非常迅速。60 年代中期日本为购买技术每年花费大约 1.7 亿美元，到 70 年代后期已增到 10.3 亿美元。同期，技术出口的收入由 0.2 亿美元增到 2.3 亿美元。到 80 年代，日本技术出口能力大幅度提高。美国仍然是最大的技术出口国，60 年代中期到 70 年代后期，技术出口年收入由 15 亿多美元增到 47 亿多美元，进口技术的开支由 1.4 亿美元增到 4.5 亿美元。② 目前，技术贸易已成为各国对外贸易的一个重要组成部分。就发展趋势来看，技术贸易比一般商品贸易增长得快。事实上，在发达国家间，技术的开发和利用越来越变得超越国界了。技术跨国传播的加快使得各国间的技术差距大大缩小，技术开发和应用上的"齐步性"已成为一个重要趋势。

——发达国家与发展中国家间的技术转移与扩散。在这种格局中，主要是技术由前者向后者，即发达国家向发展中国家输出技术，这是传统的技术扩散流向。在实践上，技术的这种转移和扩散是后进国家发生"跳跃式"发展的一个重要因素。从历史上看，英国技术向美国的转移、美国技

① 《跨国公司在世界发展事业中的作用，第三次调查》，第 184 页。
② 《日本科学技术白皮书》1982 年。

术向日本的转移，在美国和日本的经济发展中都起过关键性的作用。战后以来，随着发展中国家经济的工业化，发展中国家对从发达国家输入技术的要求扩大了，技术由发达国家向发展中国家的转移与扩散的速度加快了。发展中国家与发达国家间的国际贸易的增长和国际投资的增加为技术的转移与扩散提供了基础。尤其是一批被称为新兴工业化的国家与地区，从发达国家引进技术成为它们迅速工业化的重要条件。在发达国家和发展中国家间还出现了"反向转移"现象，即一些发展中国家向发达国家输出技术。技术上的这种"反向转移"并非没有基础。一方面，发展中国家创立许多独特的专用技术，这些专用技术可以在发达国家找到市场；另一方面，发达国家技术需求上的多层次使得许多小技术发明或革新在当地不具备比较利益，从而转移到发展中国家进行。这种情况加深了技术发明上的国际分工，因此，技术的国际分工不仅在发达国家间，也会在发达国家与发展中国家之间进行。

——发展中国家间的技术转移和扩散。这方面的发展大体包括两种类型：其一，由于发展中国家间经济和技术发展水平差距加大，存在着大量的"级差型"技术转移机会和空间，由较发达国家向欠发达国家的技术转移和扩散构成这个方面的主要内容。这是新兴工业化国家输出技术的一个主要流向。其二，具有相似经济和技术发展水平国家间的技术转移和扩散，这方面的流动大多在新兴工业化国家间进行。其突出标志是新兴工业化国家间技术贸易迅速增长，技术上的对流和交叉已成为这些国家经济交往迅速发展的一个重要内容。

从总体来看，技术的跨国转移与扩散出现以下几个明显的趋势：

——技术的转移和扩散越来越普遍化、经常化，并且呈加速发展的势头，技术转移与扩散的加速趋势与技术发明和利用的加速趋势一样成为技术发展的内在规律。

——世界经济的发展为技术的转移和扩散提供越来越广泛的基础。吸收外来技术已成为各国经济发展中的正常现象，技术的国际化变成为世界经济一体化的重要发展动力。

第二节　技术的跨国转移与国际分工

经济的发展使得技术分工不断深化。技术的社会分工主要沿以下方向发展：

——技术的门类分工，亦可称水平分工，即产生越来越多的技术种类。同一技术种类中不断分解出为数众多的技术种类。而这个过程又不断地进行下去，产生更多的次级属类。

——技术的职能分工，亦可称垂直分工，即不同的技术过程从一种技术中分离出来，成为相对独立的职能技术。最初的分离是研究与利用过程的分离，后来，这种分工变得越来越细，乃至制造技术的许多环节也分离为许多相对独立的职能技术。

随着技术跨国转移与扩散的不断发展，技术上的上述分工也扩及到国际范围，从而形成技术国际分工的一个重要基础。技术的国际分工呈现以下几种趋势：

——技术的开发与技术的利用出现明显的分离，形成国际分工的格局。由于技术的跨国转移和扩散集中在技术成果和实用技术方面，因此，技术的开发（即技术的创新或发明）所有权与技术的使用权出现分离，大量技术成果或现成实用技术以各种形式进行跨国扩散。在此情况下，一些单位（公司或其他的经营实体），甚至一些国家通过大量使用外来技术建立起生产能力，而另外一些则通过输出技术成为技术的研究和开发源地。在发达国家间，战后 50 年代和 60 年代，美国是主要的技术开发国，西欧多数国家和日本大量利用了美国的技术，尤其是日本在一个时期内成了纯技术引进和利用国。在发展中国家中，工业化技术的主要来源不只是靠自身内部开发，也靠从外部引进，在一些情况下，后者成为主要来源，发达国家成为提供技术的主要来源。

当然，这种分工不是绝对的，在大多数情况下，技术的开发和利用只是部分的分离。然而，就是这种部分的分离，亦为技术上的国际分工提供了重要的客观基础，在这个基础上，公司企业或整个国家可以根据自身的条件和比较优势确定有效的发展选择。一些具有开发条件而无利用优势的技术可以进行开发，输往国外，而一些无开发条件而需要实用技术的机构，可以得到所需技术，获得发展。

——开发性技术与成熟性技术出现分离，形成国际分工的另一种格局。所谓开发性技术是指具有利用优势的创新技术，这类技术的跨国转移性很小，在一定阶段内主要滞留在技术开发者手中。成熟性技术则是指在技术开发国已失去利用优势（出于成本增加或其他方面的原因），通过仿制或其他手段已在一定范围内扩散的技术。这类技术的跨国转移性很大，它们或通过跨国公司投资（如寻求低成本场所），或通过技术贸易转移到国外，在那些有利用优势的场所得到广泛利用。这方面的技术转移与扩散不仅在发达国家与发展中国家间进行，而且也在发达国家间、发展中国家间进行。尤其是跨国公司在发展中国家的投资，是成熟技术转移和扩散的主要渠道。这种分工格局不仅为技术的更替提供了广阔的回旋余地，促进新技术的创新和开发，而且也为各国根据本国比较优势条件、利用现有技术发展经济提供了机会。发展中国家中的新兴工业化国家就是主要利用了发达国家的成熟技术发展起现代化工业的。

　　——复杂技术（高技术）的开发和利用越来越多地走向国际合作。技术发展的一个重要趋势是技术的构成越来越复杂、被称为"高技术"的尖端技术居越来越重要的地位。对于大多数国家来说，单独开发和利用这类高技术变得十分困难。这种形势导致两种发展趋势：一种是技术构成上的分解和开发利用上的国际分工，每一方完成其中的一部分，技术上的总体构成则通过技术的"合成式"流动来实现。另一种是实行跨国联合，进行国际合作。战后以来，尤其是 70 年代以来，复杂技术的国际合作得到比较快的发展。像大型飞机制造技术、航天技术、电子计算机技术、海洋、地球物理以及气象、控制污染技术等，均出现了各种形式的国际合作。以美国航天飞机的制造与发射为例，1958—1983 年间，美国与西欧在航天飞机生产上的合作项目达 38 个，在飞行试验中的合作项目达 73 个。[①] 联合研究、协调开发和利用，已成为高技术发展过程中的一个重要趋势。

　　这种形式的国际分工虽然主要限于在拥有相似技术水平国家（或单位）间进行，对不同发展水平的国家参与分工形成一定的限制，但是，它毕竟在一定程度上打破了高技术开发和利用上的国力限制，为技术的深入发展开辟了途径。事实上，复杂技术的概念是相对的，不仅不同期间不同，而且对于不同发展水平的国家来说亦不相同。在发展中国家，对一些复杂技术的开发和利用也出现了跨国联合的趋势。

　　技术的国际分工与生产的国际分工是紧密联系的。从二者的关系来说，技术上的国际分工主要是通过生产的国际分工体现出来的。我们知

---

　　① 米切尔·B. 沃勒斯坦：《工业化国家间的科学与技术合作，美国所起的作用》，美国国家科学院出版社 1984 年版，第 63 页。

道，生产的国际分工的形式之一是同一生产过程的不同工序分解，分散到多个国家进行。而技术上的分解以及在此基础上的分工往往是与生产上的这种分工相一致的。比如，自 90 年代以后，大量的劳动密集型生产工序由发达国家转移到发展中国家中的新兴工业化国家，实际上就是成熟技术的跨国转移。由于这些技术需要投入大量的劳动，即是劳动密集型的，它们在高劳动成本的发达国家已经失去利用上的优势，因此，向拥有劳动力供给充足、使用成本低廉的国家转移是必要的选择，在这种技术基础上发展起来的生产就是劳动密集型生产。对于输入技术的一方来说，技术的这种转移提供了利用其比较优势的机会，这是技术的国际分工得以进行的一个重要基础。

技术的跨国转移与扩散，以及在此基础上所形成的技术国际分工形式，对于世界经济的发展和当代国际经济关系起着重要的作用。在这种发展的作用下，技术的发展和国际分工格局呈现下述几方面的特征：

——技术发展上的封闭性越来越为开放性所代替，其结果，没有一个国家能拥有发展经济所需的全部技术，也没有一个国家会坚持完全自己研制所需全套技术。

——外来技术不是仅仅作为对本国不足的补充，而越来越多地被作为参与国际分工的有机组成部分，事实上，没有一个国家在发展经济中不利用外来技术，在使用上，外来技术与当地技术的界限日趋缩小。

——纯技术输出国与纯技术输入国的格局得到改变，每一个国家既是技术输出国又是技术输入国。技术的输出和输入越来越多地建立在统一分工的基础上，成为一个过程的不同环节。

——技术上的国际分工在构成各国经济关系格局中起越来越重要的作用，技术跨国转移与扩散的流向与条件，在一定程度上对各国经济的发展结构和步伐起决定作用。

技术上国际分工的发展使得各国经济发展中的相互联系和相互依赖进一步加深，在国际分工格局中，每一方都变成世界经济体系的一个组成部分，不管是技术输出者还是技术引进者，都越来越多地依赖其他国家的发展，因此，外部发展的变化通过技术的转移和分工变成为各国经济发展的内部条件而起作用。

第三节　信息的跨国传递及作用

　　信息是把社会诸要素协调起来构成有机体的机制。与有形物质不同，它们本来只是功能属性，在存在形式上是附属于有形物质的，在构成上只不过是有形物质要素情况的表述。但是，信息自身的发展和它们所起的越来越大的作用使得它们变得越来越具体化和有形化了。在属性上，人们不再把它们当作是虚有的，而是把它们看作是具体存在的物质形式。

　　信息量的增长引起质的变化，使得它们成为经济中相对独立的构成要素。在现代经济中，信息的生产、信息的传递和信息的利用成为经济活动中重要的内容。[①] 经济生活的信息化，实际上包括两个方面的含义：一是经济中的信息含量（信息密度）增大；二是信息在经济中的作用空前增强。具体些说，在现代经济条件下，信息已具备多种属性：其一，信息成为一种资源，一种有具体形态、具体内容的可利用资源；其二，信息成为一种生产要素，一种不可缺少的起越来越重要作用的投入要素；其三，信息成为一种商品，像其他商品一样，有自己的价值，参加市场的交换。信息的这种发展改变着现实经济的结构和内涵，也改变着经济学的一些传统概念。信息密度的增加和信息作用的空前增强，使得人们把当今时代称为"信息时代"。

　　随着世界经济的发展，像其他经济构成要素一样，信息运动也越来越超出国界。信息的国际传递成为世界经济发展的一个必要条件，成为直接连接各国经济的重要机制。信息的跨国传递包括越来越广泛的内容：

　　——经济发展信息，如各国政府的政策、市场需求、经济增长速度、通货膨胀、金融与货币市场等；

　　——国际市场信息，如国际市场上的商品交易、商品供求、价格变动，国际市场上的资金流动、利率和汇率、资金供求形势等，国际投资市场上的投资流向、投资条件、投资构成，投资主体情况等；

　　——科学技术信息，如技术本身的内容、技术发展的趋势、技术转移

------

　　① 里塔·克鲁斯·奥布里恩指出："生产、转移和加工各种重要的信息将处于社会生活和经济活动的中心。"据统计，到80年代初，世界500家数据库的终端使用时间一年超过二百万小时。见里塔·克鲁斯·奥布里恩：《信息、经济学和权力——南北问题》（英文版），西方观点出版社1983年版，第45、143页。

与扩散趋势、技术转让条件、技术开发和利用政策等；

——与经济有关的其他信息，如政局变动、战争乃至气候、地理等方面的情况等。

在世界经济一体化深入发展和各国经济间相互联系日趋加强的情况下，获得上述信息不仅对于各国的对外经济关系至关重要，而且对于国内经济的发展也起着重要作用。

外部条件的变动通过各种方式对国内经济发展产生重要影响，因此，获得外部信息是制定本国经济发展政策、对外部变动采取对策的主要依据。比如，美国经济发展的快慢直接影响到高度依赖美国市场的国家的经济增长，欧洲共同体国家的紧缩政策会成为洛美协定参加国经济发展的重要制约因素等等。在当今世界上，一个国家经济的变化是另一个国家经济发展的外部环境条件，反过来亦是如此。这种互为条件的交织关系使得信息的跨国交叉传递对每一方都发生着重要影响，及时、准确地获得信息对每一方都具有重要意义。在开放经济条件下，不考虑外部环境，制定本国政策是难以行得通的。80年代初法国社会党上台执政后所制定的"膨胀政策"短命失败就是一个有力的证明。[①]

获得及时、准确的信息是进入国际市场的关键。在国际贸易中，商品的竞争往往变成了信息上的竞争。商业信息，在很多情况下成了支配商品运动的制导因素。像广告，已发展成一种专门的行业了。在信息不畅通的情况下，生产是盲目的，正如恩格斯所描述过的："谁也不知道他的个人产品是否真正为人所需要，是否能收回它的成本，或者是否能卖出去。"竞争也是盲目的，物质商品的生产往往决定着竞争的格局，或者说是"产品支配着生产者"。[②] 而如今，对信息的占有不仅在很大程度上决定着商品的生产（包括品种、数量、方式），而且也在很大程度上决定着竞争的胜负。不知道谁生产什么和生产多少，而进行盲目生产、盲目竞争的时代已成为历史。

信息传递是技术跨国转移与扩散的重要渠道。获取技术信息不仅是吸

---

① 法国密特朗政府一反"紧缩政策"的潮流，制定了以扩大财政开支、刺激需求，推动经济增长的"膨胀政策"，结果在很短时间内就遇到了财政开支猛增、通货膨胀恶化、经济增长剧降的困难局面，迫使政府不得不违背执行初始的诺言，改行以削减开支、控制通货膨胀为目标的紧缩政策。

② 恩格斯：《反杜林论》，人民出版社1970年版，第268页。

收外来技术的重要途径，而且是制定自身科技发展战略、确立技术利用方式的基本依据。从吸收技术来说，技术手段的发展使得技术的存在形式越来越信息化了，技术的转移与扩展变得非常容易和迅速。在信息不畅通的情况下，技术上的重复研究和利用是不可避免的，而在"信息时代"，盲目的发展往往造成重大的失误。一切靠自己研制技术，不仅在经济效益上是不合算的，而且在发展战略上是不可行的。另外，盲目必然会付出巨大的代价，贻误发展上的时间，以致在国际竞争中失败。因此，信息成了有效地利用本身的比较优势和确立竞争优势的基本前提。事实表明，信息的密度和信息的作用与各国经济发达的水平密切相关。一般地说，经济越发达，信息的存有量和信息在经济中所起的作用就越大。同时，信息的跨国传递亦与世界经济的发展水平相联系。世界经济发展水平越高，一体化程度越深，信息的跨国传递就越重要，传递的量也就越大。从国别经济的角度来说，经济越开放，与外部经济的联系越广泛，则受外部环境变化的影响就越大，从而对获得外部信息的需求也就越迫切。

现代微电子技术的发展使得信息的跨国传递克服了传统手段的障碍，取得了革命性的变革。电子计算机的出现为信息的收集、加工和储存提供了有效的工具。以电子计算机为基础发展起来的"信息库"在很大程度上解决了信息增长上的障碍，而现代电信技术的发展（尤其是电传、卫星通信等），在很大程度上克服了信息传递地理上的困难。通过电子计算机系统和电信系统网，成千上万条信息可以在几秒钟之内得到加工整理并完成多国传递。

如今，不仅大多数国家都建立起"信息库"，而且跨国性的国际信息库也得到很大的发展，这些国际信息库与各国的终端相连接，构成跨国传递信息网。[①] 事实上，越来越多的公司企业也建立起信息网，有些大公司拥有相当完备的世界信息网。全世界范围的信息被昼夜不停地随时收集、加工和整理，准确及时地传送到所需单位。在很多情况下，公司企业的信

---

① 跨国信息库已发展起很多，如欧罗耐特（EURONET）、北欧公共数据网（NORDIC PUBLIC DATA NETWORK）、太利耐特（TELENET）、提姆耐特（TYMNET）、卫星商业系统（SATELLITE BUSTNESS SYSTEM）等。据统计，1979年，仅在西欧，纳入网的信息终端就有393000个，加上其他终端，总数多达625000个，到1987年，前者增到162万个，后者增到400万个。年传递信息由1.36亿件增到8亿件，其中10%—15%是国际范围的传递。见《信息、经济学和权力——南北问题》，第47—48页。

息网与国际信息网相连接，构成广泛的信息传递网。

信息跨国传递的渠道主要有：

——公共媒介传递，这主要是通过报纸及各种形式的出版物、广播，电视，还有国际会议等。大量的经济发展信息、国际市场信息以及科技成果信息都通过这类渠道进行传递。社会经济的对外开放、信息的公开化以及公共传播技术与手段的发展，大大促进了这方面信息传递的迅速发展。

——商业化传递。信息量的爆炸性增长不仅迫使信息的收集、加工和处理向专业化发展和信息生产上的专业化分工，而且也使信息产品变成了具有交换价值的商品。因此，专门化的、经过加工处理的信息像其他商品一样通过贸易方式进行传递。为此，各种各样的信息公司迅速发展，他们以收集整理和加工信息为职业，向各方面的用户提供信息产品。①

——内部交流渠道。这主要是指通过信息交流协议或在本系统内部渠道进行的信息传递。前者如政府间或企业间订立的信息交换协议，后者如跨国公司、跨国银行及其他形式的跨国组织机构等。

从总的来看，信息跨国传递的突出特点是：

第一，传递速度快。由于信息不像有形商品那样在生产和运输上受到物体形式上的限制，传递速度很快。尤其是在现代通信系统高度发达的情况下，一条信息不仅可以迅速完成长距离的跨国传递，而且还可以同时在多国之间进行传递。由于信息传递的速度加快，信息获取上的时间性变得至关重要。在很多情况下，时间性决定着信息的价值。无论是在国际市场上，还是在制定和实施经济发展战略中，往往是谁先获得信息，谁就可以居有利地位。

第二，传递范围广。信息跨国传递技术上的发展和渠道上的增多，为传递范围上的扩大提供了基础。如今，信息的跨国传递虽然分布很不均匀，但是，所涉及的内容及地理区域越来越广泛，信息的"全球传递"量比有形商品的"全球交换"发展得更快。从经济发展的角度来说，经济发展的水平越高、越快，施放信息和攫取信息的量就越大。因此，随着世界各国经济的进一步发展，尤其是发展中国家经济向更高层次的升级，信息

---

① 比如，美国的地球资源卫星向中国的地面接收站传递关于中国矿藏分布、土地利用、农作物生长、灾情及以污染等方面的信息，为此，中方向美方支付信息费。美国《航空和空间技术周刊》1987 年 10 月 5 日。

传递的范围必然进一步扩大。

第三，传递影响大。在世界经济中，把各个要素以及它们的运动连接和协调起来的是信息的传递。信息的传递犹如条条神经线，牵动着各项运动的活动脉搏。在开放经济中，没有比信息传递对经济发展所起的影响更快、更大的了。前几章我们曾讨论过市场变化、政策变化、资本流动变化、技术发展变化等对国际经济关系的影响，力图说明国别变动是如何对外部世界发展发生影响和世界外部环境变化是如何对国别发展起作用的。事实上，信息的传递是使这些影响发挥作用的重要机制。比如，在国际金融市场上，信息往往成为支配金融交易活动的关键。纽约华尔街股票交易所里的电子显示牌同时提供着世界各大股票交易市场的活动情况，这些信息成为支配股票交易的关键因素。信息的力量如此之大，甚至一条不胫而走的谣传亦能引起一场金融动荡风波，一条小小的新闻亦能导致一个国家的货币大幅度贬值或升值。在国际商品市场上，一则广告就可以引来巨额的交易。就信息在经济中的作用来说，经济越开放，对信息反应的敏感度也就越高，信息作用的强度也就越大。[①]

信息的跨国传递在当代国际经济关系中所起的作用是十分重要的。

首先，信息是沟通和连接各国经济的重要链条，是构成世界经济机体的重要机制。在国际经济关系中，有形物质的交换活动实际上有两个媒介：信息是沟通联系媒介，而货币是交易结算媒介。信息的跨国传递往往是有形商品交换活动的前提。在这个意义上来说，没有信息传递就没有商品的国际交换。同时，从整个经济发展的角度来说，由于信息的跨国传递成了影响各国经济决策的重要因素，各国间发展上的结构和相互间的联系是通过信息的跨国传递来沟通的。没有信息的传递，世界经济的各个组成部分是分割开的，在发展上就不会有一体化的概念。

其次，信息传递是影响国际分工的重要因素。信息是经济决策的重要依据，信息的传递不仅影响经济发展的方向，也影响经济发展的结构。因此，从世界经济整体的角度来说，信息的跨国传递必然影响或决定着世界经济的结构和国际分工的结构。信息传递对国际分工的作用大体可归结为：一是制导性作用，即外界信息的传递迫使内部发生变化，在接受外界

---

① 奥布里恩认为，现代大公司都是信息依赖型的，信息的能力和作用与研究和开发的开支一样重要。见《信息经济学和权力——南北问题》，第4页。

信息的压力的基础上形成自己的结构和地位；再是选择性作用，即在接受外界信息的基础上，根据自身的条件和需要，确立自己的结构和地位。这两种作用在世界经济发展中都发挥影响。不过，一国（或一个机构）在国际分工中的主动性取决于对信息主动获取和利用的能力。

　　还有，信息的跨国传递也是交叉的、立体的和变动的，这三点是构成国际经济关系交叉、立体和动态发展特征的重要因素。如前所述，在世界经济发展中，大量的活动是通过信息的跨国传递来实现的。而信息的传递所引起的经济活动不仅会造成多向信息传递辐射，而且也会导致多层次的信息及其传递。世界经济就是在信息传递的作用下，进行"无序—有序—无序"的动态运动和发展的。每一个国家（或一个经营单位），都是这个整体运动的子系统，它们的运动首先是通过信息的传递相互联结和作用的。

第 六 章

国际组织

在当代国际经济关系中，国际组织的地位和作用是非常引人注目的。国际组织作为超国家机构在管理、调节世界经济和国际经济关系中起着特殊的作用。

第一节　战后国际组织的发展

国际组织种类繁多，有政府参加的，也有私人机构组织的；有全球性的，也有区域性的；有实体性的，也有松散性的。它们各具其能，各尽其责，要系统地论述它们的组织结构和活动颇费笔墨。这里所涉及的主要是由政府参加的国际性组织。①

国际组织的出现可以追溯到 19 世纪初。1815 年为解决莱茵河通航问题成立的莱茵河通航中央委员会，被认为是第一个具有国际性的组织。此后，相继出现了全球性的国际组织，如国际电报联盟、万国邮政联盟、国际计量局以及国际联盟等。

尽管在 19 世纪初到第二次世界大战前的 100 多年里，国际组织有了一定发展，但是真正取得发展还是第二次世界大战之后。

当战争的硝烟尚在第二次世界大战战场上弥漫的时候，政治家们就开始考虑成立新的国际组织的方案了。联合国、国际货币基金、世界银行以

---

① 由政府参加的国际组织，《国际组织年鉴》称之为国际政府组织（IGO），是指：有政府间的正式协议，有三个以上的国家参加，有常设办事机构，包括范围比较广泛。参见卢迪杰·米特等编《国际组织的未来》，圣马丁出版公司，第 18 页。

及关税及贸易总协定开辟了国际组织发展的新阶段。

联合国实际上是一个不断发展的庞大国际组织体系，由联合国机构本身和与之有联系的专门国际机构组成，其宗旨是维护国际和平与安全，发展国际间的友好关系，进行国际合作。① 联合国机构本身由 6 大机构组成：大会、安全理事会、经济及社会理事会、托管理事会、国际法院以及秘书处。联合国大会不是权力机构，是成员国就重大问题展开讨论的论坛。常年的工作主要由各特别委员会和大会所设的各机构（如联合国开发计划署、世界粮食理事会、联合国环境规划署、联合国贸易和发展会议以及联合国儿童基金会等）来进行。安全理事会是就重大的国际和平与安全问题进行讨论和决策的机构，成员国有接受并执行安理会决定的义务。经济及社会理事会是就社会和经济问题在联合国及各专门机构间进行协调的工作机构，它设有许多常设委员会（如非政府组织委员会、政府间机构商谈委员会、方案和协调委员会、自然资源委员会、科学和技术促进发展委员会以及跨国公司委员会等）、职司委员会（如统计委员会、人口委员会、人权委员会等）。国际法院是联合国的司法机构，受理当事国提出的诉讼。秘书处是联合国的职能机构，秘书长是联合国的行政首脑，负责处理联合国的日常行政事务和执行安理会、大会及其他主要机构所委托的其他任务。

与联合国建立关系的政府间专门机构是联合国系统的重要组成部分，共有 15 个：国际劳工组织、联合国粮食及农业组织、联合国教育科学及文化组织、世界卫生组织、国际开发协会、国际货币基金组织、国际民用航空组织、万国邮政联盟、国际电讯联盟、世界气象组织、政府间海事协商组织、世界知识产权组织、国际农业发展基金、国际原子能机构、关税及贸易总协定。在这些专门机构中有些是很早就成立的，大部分是与联合国同时，或在此之后成立的。它们是独立的组织，通过特别协定与联合国建立联系，每年向经济及社会理事会提交报告，与联合国彼此合作，但不受联合国的领导。

联合国系统的发展和扩大主要体现在两个方面：其一，成员国增多，这表明联合国在国际事务中的作用越来越多地得到世界各国的普遍承认。联合国的创始签字国是 51 个，目前已包括了世界上的绝大多数国家。其

---

① 参见联合国新闻部《联合国手册》，中国对外翻译出版公司 1981 年版，第 3—4 页。

二，增设的职能机构或专门委员会不断增多，这表明联合国在解决国际事务中的作用不断增大。

　　在世界经济体系中，最有影响的国际组织还是国际货币基金组织、世界银行和关税及贸易总协定。国际货币基金正式诞生于 1945 年 12 月 27 日，创始会员国有 39 个，到 1986 年年底会员国已增加到 151 个，除苏联及部分东欧社会主义国家外（只有匈牙利和罗马尼亚是会员国），几乎包括了世界上的所有国家。国际货币基金的资金能力得到显著增长。最初，其流动资金授权额为 88 亿美元，其后数经扩大，到 1985 年已增至 893 亿特别提款权。更引人注目的是，国际货币基金组织于 60 年代末创造了真正意义上的"国际货币"——特别提款权（SDR），到 1985 年特别提款权额达到 212 亿。[①] 尽管特别提款权的作用范围和创造能力仍然有限，但其影响和对国际货币体系的发展起到了十分重要的作用。从国际货币基金组织的职能作用来看，由仅仅集中于稳定汇率体系发展到对会员国的货币、财政及经济政策进行监督，尤其是 1982 年债务危机以后，国际货币基金组织成了国际协调和安排债务问题的核心机构。

　　世界银行与国际货币基金是一对孪生兄弟。目前它实际上是一个由国际复兴开发银行、国际开发协会和国际金融公司组成的集团。国际复兴开发银行（世界银行）的宗旨是"促进生产国的资本投资以协助成员国领土的复兴和开发"。[②] 国际开发协会（1960 年成立）提供和国际复兴开发银行同样目的的援助，但都是不付利息，偿还期为 51 年的软贷拨，援助对象主要是穷国。国际金融公司（1956 年成立）是世界银行的一个附属机构，但在法律上是独立的实体，主要目标是为私人生产企业提供资本，促进私人资本的国际流通，其经营方式是以认购股份和长期贷款的形式进行投资。

　　世界银行集团的发展和扩大不仅表现在成员国增多和资本能力增大上，而且还体现在活动领域的扩大上。世界银行的长期贷款项目以及各种形式的技术援助项目对发展中国家产生越来越重要的影响。

---

　　① 《国际货币基金组织年度报告》，1985 年，第 75、66 页。

　　② 事实上，国际复兴开发银行的最初任务主要是帮助欧洲的重建和发展，因此，大部分贷款最初是提供给西欧国家的。不过在西欧经济恢复之后，即转向发展中国家。参见《联合国手册》，1981 年，第 388 页；A. I. 马克宾和 P. N. 斯诺登著：《贸易和金融领域的国际机构》，英国乔治艾伦和龙尼文出版公司 1981 年版，第 211 页。

关税及贸易总协定（生效于 1946 年 1 月 1 日）虽然名义上不是一个国际机构实体，但实际上却发挥着国际组织实体的职能，其主要目标是减让关税、消除贸易歧视、反对利用进口限额或其他措施来保护本国工业。至 1987 年 3 月，参加关税及贸易总协定的国家已有 93 个，截止到 1987 年年初，较大规模的贸易多边谈判已经进行了几次，涉及的范围从工业品贸易到服务性贸易、由关税减让到非关税限制。关税及贸易总协定在制定国际贸易法规、协调贸易争端、创造一个比较有利的国际贸易环境方面起着特殊的和越来越重要的作用。

联合国、国际货币基金、世界银行以及关贸总协定被称为战后世界体系的四大支柱，它们的发展和扩大是世界经济一体化深入发展的内在要求和具体表现形式。

60 年代以后，国际组织得到进一步发展。据统计，到 1975 年政府间的国际机构为 305 个，其中 144 个是 1960 年以后成立的，仅在 1960—1965 年间就有 62 个相继出现。[①]

60 年代以来国际组织发展所表现出来的重要趋势是：

——国际组织所涉及的范围越来越广泛。从组成结构来看，成员国不断增多。明显的趋势是，参加国际组织是各国参加国际社会、进行对外政治和经济交往的一个必不可少的选择。发展中国家以往对国际组织是怀有戒心的，现已经改变了"保持距离"的态度。苏联东欧国家也对广泛参与各种国际组织的活动表示出越来越浓厚的兴趣。在地理分布上，区域性国际组织的广泛发展使得许多国际组织的活动中心分散到更多的地区。比如，在 60 年代初到 70 年代中成立的国际组织中，属于区域性的占 88%，尤其是单地区性的占近 60%。[②]

——专门职能的国际组织发展迅速。据统计，1960 年以后成立的国际组织有 92% 是在职能上专门化的。这些职能上专门化的机构是在下述基础上成立起来的：其一，通过现有的国际组织，即"综合性的组织分裂出专门化的职能组织，专门化的职能组织分裂出更专门化的组织"。1960 年以后成立的专门化组织有 42% 是靠这种方式发展起来的。[③] 其二，通过国际

---

① 《国际组织的未来》，第 18 页。
② 据《国际组织的未来》第 18 页数字计算。
③ 《国际组织的未来》，第 24—25 页。

会议决议，或政府的倡议和协商。这样发展起来的国际组织机构占 1960 年以后新增国际组织的一半以上。值得注意的是，在新成立的专门化国际机构中，一半以上是由属于联合国系统的机构发起的，尤其是属于联合国系统的区域组织，在帮助成立新的国际组织机构中起着十分积极的作用。事实上，联合国系统组织机构的扩大是专门化国际组织机构发展和扩大的一个主要因素。

——国际组织的作用经常化。对国际组织的分类研究表明，它们的活动高度集中在经济、金融、农业、运输、商业、工业、法律、科学技术、通讯。这些领域是世界经济一体化发展的关键组成部分，是国际经济关系的重要连接纽带或"热点"，国际组织在这些领域活动的经常化反映了世界经济发展的内在要求。引人注目的是，越来越多的问题提交由国际组织进行协调和参与，国际组织的活动越来越多地深入到各国经济运转的内部。事实上，在此情况下，国际组织的参与不是对民族经济主权的侵蚀，而是民族经济在对外开放条件下形成的外延联系形式，国际组织参与的权力不是民族国家政府对权力的让渡，而是世界经济一体化高度发展条件下所产生的超国家国际机制。

尽管国际组织的组织结构、权力结构和职能结构仍然存在着很多不完善和不平衡等方面的问题，但是，国际组织的不断发展和扩大已是一个不可改变的趋势，国际组织与民族经济活动日益增多的交织使得国际组织在世界经济中的地位和作用得到不断增强和提高。在越来越多的问题上人们更多地求助于国际组织，国际组织在越来越多的领域里发挥作用，这两种趋势既是国际组织扩大和发展的原因，也是国际组织扩大和发展的结果。

第二节 作为管理和调节机构的国际组织

对国际问题进行超国家管理和调节是国际组织的主要职能之一。作为国际管理和调节机构的国际组织，在当代世界经济发展和国际经济关系中起着十分重要的作用。[①]

国际组织的国际管理和调节职能大体集中在四个方面：1. 对国际经济

---

① 陈峰认为，国际组织是国际依赖的主要形式之一，是各国协调依赖关系的主要途径之一。见陈峰《略论国际依存》，载中国社会科学院《世界经济与政治内参》1987 年第 2 期，第 39 页。

交往关系重要机制的理顺和调节；2. 对世界经济发展中重要问题的调节；3. 对国际共同资源及共同利益的管理；4. 对国际交往共同准则的制定和监督。

（一）对国际经济交往关系机制的调节

就各国进行国际经济交往的利益原则而言，可以说有两层：一层是自我利益原则，另一层是共同利益原则。前者是各国参与国际经济交往的出发点，行为的基本准则是最大限度地实现"自我利益"，后者是前者的集合和抽象，是前者得以实现的基本保证。在实际国际经济关系中，各国首先是"自我利益"的行为执行者。由于每一方都是从"自我利益"的角度从事活动的，利益上的差别和结构上的不平衡必然产生各行为主体间利益上的差别和交往过程中的矛盾。另一方面，各国是共同利益实现的推动者。由于每一方都要求自我利益实现得到有效的保护，共同的利益基础必然要求对现实交往中所发生的矛盾进行调解。

共同利益原则是构成各国间紧密联系与相互依赖的重要基础，也是国际组织存在的客观基础。国际组织按照共同利益原则行使职能的基本出发点，是维护国际交往的正常进行。具体来说则是调解交往过程中出现的矛盾，制定和保护共同的行动守则或建立国际交往关系机制。

在贸易领域，30 年代主要贸易国所采取的以邻为壑的贸易保护主义曾给国际贸易造成灾难性的后果，这是战后各国推动国际贸易组织成立的重要原因。尽管最初设想的国际贸易组织没能成立，但是以协调国际贸易为出发点的关税及贸易总协定最终签订了。[①] 在关税与贸易总协定的安排和推动下，利用主要贸易国间的多边谈判进行关税减让（根据最惠国待遇原则减让结果扩及到所有协定参加国）。关税及贸易总协定组织的第一次日内瓦谈判（1947 年）就达成了 123 项产品协议，使美国的进口关税降低 18.9%。自 60 年代起到 70 年代末，经过几次大的关税减让谈判，如"狄龙回合"（1960—1962 年）、"肯尼迪回合"（1964—1967 年）、"东京回合"（1973—1979 年），使得工业品贸易的关税降到很低的水平。主要发达资本主义国家之间的工业品关税率降到 4%。自 1987 年起新的一轮谈

---

① 马克宾等认为，关税及贸易总协定的两个突出特征是非歧视性和互惠性原则。见《贸易金融领域里的国际机构》，第 10 页。

判，即"乌拉圭回合"开始进行，主要是解决服务贸易障碍和日益增强的贸易保护主义。

关税及贸易总协定事实上成了国际贸易组织的替代形式，其主要宗旨是"降低关税、禁止对贸易的配额限制及其他贸易障碍，消除贸易歧视"，即创造国际贸易正常发展的必要环境。① 关税及贸易总协定所进行的管理和调节具有以下几个方面的特征：其一，国际贸易中的重大问题是通过协定参加国共同协商来确定的，总协定本身虽然不是决策机构，而仅是组织机构，但是协定本身规定的原则协定是参加国行动的准则，如最惠国待遇原则，非歧视性原则等。其二，谈判达成的协议具有法律效力，协议参加者均必须服从和执行，对于认定违反协议者，可以提请总协定召开专门会议进行评判，评判结果亦具有法律效力。其三，总协定对贸易领域的协调是动态的，是随形势的发展而变化的。因此，协调过程即是发展过程，这不仅表现在参加谈判的国家不断增多，而且也体现在涉及的范围不断扩大。

国际贸易的发展必然伴随不断增多的国际管理和调节，贸易越发展，国际管理和调节的频率和范围也就越大。60 年代以前，多边贸易谈判的核心是发达国家间的关税减让，60 年代中期以后，考虑到发展中国家参加国际贸易的基本利益，关税及贸易总协定的活动目标增加了稳定商品价格（主要是初级产品价格），促进发展中国家商品进入发达国家市场等内容，使得总协定的管理和协调范围大大超出关税减让范围。比如，在工业品关税已降到很低水平的条件下，"东京回合"集中谈判非关税壁垒，新的一轮"乌拉圭回合"集中谈判非工业品贸易（服务、农产品）障碍问题。

除了关税及贸易总协定外，对国际贸易关系的管理和协调还通过国际商品协定来进行。战后成立的国际商品协定很多，如国际小麦协定、国际锡协定、国际粮食协定、国际咖啡协定、多边纺织纤维协定等（1972 年属关税及贸易总协定）。在这些协定中，有些是由国际组织发起的，有些是与某个国际组织有密切联系的，有些是独立的。就其作用而言，国际贸易协定实际上是一种次级国际组织存在形式。它们的主要作用往往是：协调价格和协调市场份额。以多边纺织纤维协定为例，它成了稳定纺织品国际市场供求，调节市场份额，缓和竞争矛盾的重要机制。

---

① 见《贸易金融领域里的国际机构》，第 10、63 页。

从国际组织的地位和作用来说，具有重要意义的事态发展是，国际贸易的发展越来越离不开国际组织的管理和调节，换句话说，国际组织的管理和调节已经构成国际贸易体系运转机制的一个必不可少的组成部分。尽管关税及贸易总协定的调节在许多方面令人失望，尤其是原规定的消除非关税贸易障碍的目标非但没有实现，这方面的障碍还有增无减，各种形式的贸易保护主义大大冲淡了调节的效果，但是，人们普遍承认，"关税及贸易总协定提供了一个进行商谈的国际论坛"和解决矛盾冲突的场所。[①]没有这样的国际管理和调节，国际贸易的发展和扩大将会遇到更大的困难。

在金融领域，战后在西欧货币尚不能自由兑换时，成立了欧洲支付同盟（EPU），负责各国间交易的货币支付。60年代初在经互会内亦成立了国际经济合作银行（I BEC）。但是，起关键作用的是国际货币基金组织。根据国际货币基金组织的条款规定，其主要任务是：推动国际货币合作，促进汇率稳定，消除外汇限制，建立一个有效的多边支付体系。[②]

国际货币基金组织是建立在布雷顿森林货币体系基础上的，也是这个货币体系的支撑者和维护者。为了维护以美元为中心的固定汇率体系，在管理上，国际货币基金组织行使的职能有：其一，监督成员国执行货币体系的规定。按照规定，各国货币对美元的汇率浮动幅度只能在1%上下限的范围进行，一旦超过这个界限，国际货币基金组织应敦促当事国中央银行进行干预，并采取协调措施帮助恢复正常秩序。同时，国际货币基金对成员国货币平价超过10%的变动进行审批，对于不经批准超过规定调整范围的，则可以停止该国利用国际货币基金贷款的资格。其二，对成员国国际收支状况以及各项政策进行定期检查。由于国际收支牵扯到诸如财政、货币、物价等方面的政策，这种定期磋商实际上成了"对会员国的经济政策行使其监督权的主要工具"，[③]通过这种监督来实现国际范围的协调和管理。其三，提供流动资金，缓解成员国国际收支困难，稳定货币汇率。成员国从国际货币基金提取信贷，必须"以纠正其国际收支不平衡而制定经济政策为条件"。这样贷款活动亦成为国际货币基金组织的一种调节工具。

---

① 见 W. M. 斯卡尔《1945年以来的国际经济》，英国，麦克米伦出版公司1980年版，第47页。

② 《联合国手册》，第360页。

③ 参见《金融与发展》1985年9月，第8页。

　　布雷顿森林国际货币体系的崩溃不是由于基金组织的管理和调节上的失误，而是这个体系本身建立在脆弱的基础之上。因此，尽管布雷顿森林货币体系解体了，但基金组织的国际管理和调节职能并没有因此而减少。事实上，在浮动汇率体制下，基金组织不仅在调节汇率体系上发挥更大的作用，[①] 而且在其他方面的调节也相应扩大。变化无常的汇率关系以及由此所造成的金融市场的动荡和经济发展上的波动，更需要经常性的国际协调。国际货币体系的进一步改革和调整只能是进一步加强和完善国际管理和调节的职能，而不是恢复各行其是的无序状态。

　　在对国际经济交往关系机制的调节中，国际货币基金组织对各国政策上的干预和协调起着越来越重要的作用，主要包括：1. 宏观经济政策上的协调，如财政政策、货币政策、增长政策等等。在这方面，除了上面所提到的通过磋商之外，还往往利用施加压力的办法。当然，国际组织在宏观政策协调上的作用是有限的，尤其是对于对世界经济起重要影响的大国（如美国），不仅无能为力，而往往受制于其压力。2. 具体政策上的协调，如汇率政策、进出口管理政策等等。出于相互间的共同利益，这方面的协调往往取得一些进展，国际组织不仅作为谈判场所，亦作为超国家调节机构行使监督和执行职能。当然，执行中的政策协调更多的是在局部范围内进行的，它们不是由国际组织出面，而是由当事国共同发起并进行谈判协调的，由于利益上有较多的共同点，这样的协调更容易进行，更富于成效。

（二）对世界经济发展的调节

　　第二次世界大战以后，筹建国际经济秩序体制、恢复西欧各国被战争破坏的经济曾是国际组织的首要任务。然而，南北发展上的严重不平衡以及由此所造成的一系列问题，逐渐成了世界经济发展和国际经济关系中的核心矛盾。因此，调节南北关系，尤其是缓解南方，即发展中国家发展中的困难，成了国际组织的中心任务。

　　在贸易领域，联合国贸易和发展会议的成立（1964 年）则是为着重考虑发展中国家的利益，调节国际贸易发展不平衡的问题。在诸如稳定初

---

　　① 国际货币基金组织的第二次修正案授权基金组织"对会员国的汇率政策实行严格的监督"。见《金融与发展》1985 年 9 月，第 9 页。

级产品价格、向发展中国家进行技术转让以及为发展中国家进入国际市场，尤其是发达国家市场创造便利条件等方面，贸发会不仅成为重要论坛，而且成为采取实际行动步骤的推动者。像普惠制的通过和实施，成为战后调节国际贸易平衡关系的重要步骤。

在金融领域，最突出的例子莫过于国际货币基金组织在缓解债务危机中的作用。1982 年 8 月墨西哥拒付到期债务，揭开了世界债务危机的序幕。届时，第三世界外债达 5000 多亿美元，仅墨西哥的外债就高达 800 亿美元，数额之巨，牵扯银行之多，如不妥善解决足可导致一场国际金融危机。在此情况下，国际货币基金组织发挥了主要的国际调节者职能。在国际货币基金组织的安排下，通过向会员国中主要债权国（主要是美国）、主要债权银行进行协商，安排缓期偿付和提供巨额融通资金（包括基金组织自身的资金和在参加国政府承诺下国际银行集团提供新的贷款），使面临爆炸性局面的债务危机逐步缓和下来。① 事实上，80 年代初之后，国际货币基金组织的职能有很大的转变，债务问题的持久化使得基金组织在国际金融乃至整个世界经济中的调节作用经常化，在调节债务危机中，基金组织更是一个直接管理者，在一些情况下，尤其是在对债务国做出"一揽子"安排时，则直接参与各项政策的设计、制定和执行。据《金融与发展》杂志提供的资料，1965—1973 年间，国际货币基金组织安排的项目每年平均有 8 个国家，而到 1980—1983 年，每年有 31 个国家。② 尽管这种"直接干涉"往往与债务国发生矛盾，但是，就国际组织调节职能而言，这的确是一个重大的发展。

在经济发展上，国际组织自 60 年代中后期以来把越来越多的努力放在促进发展中国家、尤其是最不发达国家的发展上。联合国开发计划署（1965 年成立）所执行的多边技术援助方案、联合国制定的两个十年国际发展战略目标、联合国工发组织制定的发展中国家到 2000 年的工业发展目标等等，都是旨在缓和南北发展上的严重不平衡，促进发展中国家的经

---

① 布特纳尔认为，国际货币基金组织在债务危机中起着管理人，在债权债务人间重新安排债务谈判中起着协调人的作用。自 1982 年以来到 1985 年年初，在基金组织安排下的调整措施涉及 30 多个国家。仅 1984 年 1 月—1985 年 4 月间，在国际货币基金组织安排下就有 21 个发展中国家与国际银行达成了重新安排债务的协议，获得新资金达 1050 亿美元。《国际货币基金组织年度报告》，1985 年，第 82 页。

② 参见《金融与发展》季刊，1986 年 3 月，第 24 页。

济发展，避免矛盾激发导致世界性危机。

当然，世界经济的发展是在国际竞争的条件下进行的，竞争的规律决定强者胜，弱者衰的发展格局。因此，世界经济发展中的不平衡是必然的。尽管这种不平衡是变化的，但是由于长期的历史原因，南北发展上不平衡的格局在很长的时期内难以有根本的改变。国际组织在这些领域的活动与其说是调节，倒不如说是补救。① 尽管如此，应当承认，如果没有国际组织的大量调节，世界经济发展中的不平衡矛盾还会更恶化。

（三）　对国际交往准则的制定和监理

国际交往中需要大量的国际准则，亦需要为实施这些准则进行监理或创造条件，这些职能便只得由国际组织来承担。早在 19 世纪中期当电报开始用于信息传递时，国际电报联盟就应运而生了。随着电信跨国传递的发展，21 世纪 30 年代，该组织改名为国际电信联盟。国际电信联盟的职能主要是：分配无线电频谱、消除无线电台间的有害干扰、促进电信业务的国际合作。② 可以设想，没有国际组织的协调，电信空间的布局会出现严重混乱。类似的领域还有邮政、通信、航空、空间等等。像万国邮政联盟早在 1874 年就成立了，目前有 160 个会员国，所执行的职能包括：制定国际通邮公约，促进邮政事业的标准化、快捷化、安全化发展及广泛的国际合作。海事组织（政府间海事协商组织，1948 年成立）则在制定海事国际公约、海事安全、航运标准化等方面起着十分重要的作用。

国际组织的上述职能与活动是随着国际经济交往联系的不断深入发展而扩大和加强的。国际交往越发展，即世界经济越一体化，对国际组织管理和协调作用的要求越强烈。这充分表现在原有的国际组织职能范围扩大和为数众多的国际组织成立。总的来看，国际组织在这方面的职能主要是：

——作为协调场所，使成员国得以对涉及共同利益的国际行动准则进行讨论协商，并在此基础上制定国际公约；

——作为倡导者，对某些重要问题进行调查，提出建议；

---

① 美国作家诺曼·卡曾斯对世界一体化发展有大量的考察，在谈到联合国作用时认为，"联合国是对现状的一种反映，而非对其的超载"。见上海《世界经济导报》1987 年 2 月 9 日。

② 其他的职能还包括促进电信技术的推广，帮助发展中国家创建、发展和改进电信业务等。参见《联合国手册》，第 396—397 页。

——作为监督者，对已制定的公约的执行进行检查、审理；

——作为职能机构，为各个领域交往事业的发展（如共同安全、便利条件、技术扩散、设施建设等）做出努力，如提供资金、提供训练等等。

对于世界经济的发展来说，国际组织的上述活动已经成为国际经济交往联系的必不可少的条件。一方面，通过实施这些准则使国际交往的共同利益原则得到维护；另一方面，它们也成为各国"自我利益"实现的必要保证。由于这些国际准则、公约或由国际组织行使的管理是建立在成员国协商的基础之上的，它们对各成员国具有超国家约束力。通过这种作用把无序的分散活动纳入到有序的轨道之中，在各国间建起立相互联系与依赖的链条。应该说，一国参加国际交往联系越多，则对外部的联系依赖和受国际行动规范的约束也就越多。

（四）对国际社会共同资源财富的管理

在人类生活的地球和空间，有许多无国别归属的共有资源。随着科学技术的发展，对这些资源的开发利用会不断扩大。如何共享这些财富，如何防止有害的开发，如何协调各国间的立场，解决利益上的冲突等，均成为国际组织的重要职能。

海洋是地球上人类最大的共有财富，国际组织除了诸如公海、大陆架海洋生物等方面制定公约以外，还对越来越受到重视的海底矿产资源的开发利用进行监理。海洋资源法公约的通过就是在这方面取得的一个重要进展。

空间的利用应该说早在无线电技术发明之后就开始了，后来的航空技术使人对空间的利用又进了一大步。随着这种发展，国际社会对电波传递的管理，对航线使用的管理亦开始。第二次世界大战后，卫星技术的发展、航天技术的发展等使人类对空间的利用由大气层扩大到外层。早在1959年联合国大会就设立了和平利用外层空间委员会，就外层空间物体损害责任，进入外层空间物体登记等问题通过了一系列国际文件和条约。

其他像人类生存环境保护、地球极地资源开发等，国际组织的管理和协调亦不断加强。

在对国际社会共同资源财富的管理方面，尽管国际组织并非权力机构，对各国无支配权，且在所通过的文件、公约中存在着明显的"按实力分享"的不平等现象，但是，各国都承认，国际共同资源对人类未来生存与发展将起越来越重要的作用。在这个意义上说，国际组织的作用对于世界的发展是至关重要的，构建一种超越各国权力之上的国际管理机构是历史的必然。

第三节　作为金融机构的国际组织

国际组织作为国际金融机构而起作用是战后国际组织发展的新现象。行使国际金融机构职能的国际组织大体有两类：一是全球性机构；二是地区性机构。在这些机构中，有些是专门的金融机构，有些是承担某些金融业务职能的管理机构。它们的共同特点是：拥有一定的资金资源，向会员国提供用于经济发展的资金。与通常的金融机构所不同的是，它们不以机构本身的获利为目的，而是旨在实现国际组织的总体管理目标。

在全球性国际金融机构中，最主要的是国际货币基金组织和世界银行。此外，还有为数众多的国际专门机构。国际货币基金既是国际金融货币领域的"中央管理"机构，又是中央金融机构。战后以来，国际货币基金的资金能力不断增大。其资金来源由单纯的靠会员国认缴，发展到创造自己的货币——特别提款权，又发展到"作为金融中介"，从一些会员国借入，向另外一些会员国贷出。国际货币基金提供资金的用途由主要解决短期资金不平衡到帮助长期经济发展。到 1985 年 4 月，国际货币基金组织的资金限额增到 893 亿特别提款权，借款限额可增至相当于资金限额的50%—60%。据统计，自 1948—1985 年间，成员国从国际货币基金组织的借款总额相当于 932 亿特别提款权。[①] 从纯粹资本量的意义上说，较之国际金融市场的流动资金，其数额有限，但是它所起的调剂补充作用远比它本身的数量大得多。尤其是 1974 年以后通过"延期安排"措施，向会员国提供中期贷款，使借款国获得了可供调剂使用的发展基金。对于许多发展中国家来说，国际货币基金提供的资金起着越来越重要的作用。例如，在非产油国用于国际收支平衡调整的资金中，国际货币基金提供的资金所占的比重迅速提高，由 1980 年的 1.7% 提高到 1983 年的 19.6%。尤其是在债务形势恶化的情况下，从国际货币基金组织获得借款和由国际货币基金组织出面在国际金融市场上筹款，成为一些国家还债或重新安排债

---

① 《国际货币基金组织年度报告》，1985 年，第 18 页。

务的主要依靠。

表6—1　　　国际货币基金组织贷出额、特别提款权分配　　　单位：百万特别提款权

年份	1979	1980	1981	1982	1983	1984	1985
总贷出额	1239.2	2210.8	4385.9	6960.2	10258.2	10164.1	6059.8
特别提款权分配	5960.9	7233.3	9548.3	6992.4	10305.0	10244.2	6149.7
其中发展中国	3367.2	4615.9	7004.4	6992.4	10251.0	10244.3	6149.7

资料来源：《国际货币基金组织年度报告》，1985年，第64—65页。

　　世界银行与国际货币基金组织不同，它的职能不是对金融市场进行管理，而是为世界经济的发展提供资金援助。其主要出发点是：利用其信誉和地位，为不能以适当条件在国际金融市场上获得资金的国家提供贷款。世界银行的资金来源主要有三个：其一是会员国的认缴股金；其二是从国际金融市场的借款；其三是银行的经营收入。世界银行提供的资金主要是用于会员国的长期建设项目，如基础设施的建设，能源、原料、水利等方面的开发与利用。贷款归还期较长，一般为25年。到1985年6月底，世界银行持有的贷款额为815.83亿美元，其中向会员国拨放的贷款684.3亿美元。[①] 国际金融公司执行与世界银行类似的职能，所不同的是其资金主要用于发展私人企业。国际开发协会是对世界银行国际金融机构职能的重要补充。由于世界银行的大部分资金是从国际金融市场上筹措的，贷款利率接近市场利率，对于穷国来说，虽然为其开辟了筹资来源，但偿债负担仍然很重。而国际开发协会的资金由于是会员国认捐的，可以以无息贷款的方式提供给比较贫穷且需要大量资金用于经济发展的国家。尽管国际开发协会所能提供的资金有限，但是，由于援助的对象是少数最难从国际金融市场上筹措到资金或无力偿还商业性贷款的穷国，对于受援国来说所起的作用是显著的。

　　区域性金融机构大体分为两种：一种是由联合国赞助支持的；另一种是区域性合作的。属于前一种的是区域性开发银行，如泛美银行（1959年成立）、非洲开发银行（1963年成立）、亚洲开发银行（1966年成立）等，这些金融机构都是在联合国赞助和支持下成立。这些机构在会员国构

———————————

　　① 《世界银行年度报告》，1985年，第18页。

成上是国际性的，在执行金融机构职能上是区域性的。它们在为所在地区的发展筹资和提供技术援助上扮演重要角色。它们一方面通过分配认缴股份筹措资金，另一方面与国际金融机构、援助机构广泛协调联系，向所在地区成员国，尤其是向资本缺乏国提供发展资金。贷款主要面向农业（包括农产品加工）、工业、能源、运输、通信等。属于后一种的很多，如伊斯兰开发银行（1974 年成立）、阿拉伯货币基金组织（1977 年成立）、阿拉伯非洲经济开发银行（1973 年成立）、中美洲一体化银行（1961 年成立）、加勒比开发银行（1970 年成立）、国际经济合作银行（1963 年成立）和国际投资银行（1970 年成立）等。这些金融机构或以区域性经济一体化组织为基础（如经互会的国际经济合作银行等），或以所在地区国家的自由联合为基础（如阿拉伯货币基金组织等）。它们的共同特点是：1. 汇集会员国的认缴资金，由各国参加的理事会进行管理，从事独立的金融活动；2. 作为金融机构在国际金融市场上从事活动（如发行债券、吸收存款），为本地区的发展筹集资金；3. 把促进和协调所在地区的社会经济发展作为目标，按需要情况向会员国提供条件优惠的发展资金。区域合作金融机构的资金力量虽然一般比较小，但在解决会员国间资金调剂、为资本急需国提供资金等方面往往起到相当大的作用，事实上，有些区域性金融机构所行使的职能远超出提供贷款。像阿拉伯货币基金组织，克服会员国国际收支不平衡、稳定价格、消除货币支付限制是其重要宗旨，实际在起着区域国际货币基金组织的作用。像经互会的国际投资银行还设有对发展中国家进行援助的特别基金。

从发展上说，区域金融机构既是出于地区所在国利用地理接近的条件进行协调合作的动机，又是出于对全球性国际金融机构职能不足的补充。通过它们本身的组织与活动，通过它们与全球性国际组织的联系和与国际金融市场的联系，把会员国之间、会员国与国际金融市场联系起来。

在作为国际金融机构起作用的国际组织中，还有大量的属于国际组织的专门机构。这些机构主要执行经济发展不平衡调节的职能，但它们通过多种途径筹集资金，向发展中国家提供用于发展的低息或无息贷款，或者提供无偿援助。像联合国人口活动基金会、联合国资本开发基金会、国际农业发展基金组织等是侧重于金融机构职能的。其他像联合国工业发展组织、联合国粮食及农业组织等则是侧重于协调职能而兼有提供资金援助职能的。这些机构的资金主要靠联合国拨款或会员国的认捐，在一些情况下，这些机构的拨款成了穷国解决暂时困难或发展长期基础项目的主要补充资金来源。

从总的情况来分析，国际融机构的资金不以直接的商业性获利为目的，而是以创造有利于世界经济发展（或区域性经济的发展）的环境，或缓和发展中的矛盾为目标。它们是建立在会员国国际交往的共同利益原则基础之上的。它们的活动在各种层次上适应着世界经济发展中相互依赖关系增长的内在要求。

第四节　作为信息机构的国际组织

作为信息机构而起作用是国际组织的主要职能之一。

国际组织的信息机构职能大体有：

——收集和整理信息；

——对信息进行加工和分析；

——对未来发展趋势进行分析和预测；

——出版信息资料，进行信息的国际交换与传递。

国际组织作为信息机构的突出特点是，它所收集、整理、加工的信息是国际性的、综合性的和系统性的。同时，它们所拥有的绝大部分信息亦是公开性的、可获取的和面向世界的。这种特征体现了国际组织的"国际性质"。在简单跨国交往的情况下，人们只要了解对方（或某一个方面）即可以了。而在现代条件下，由于经济关系变得越来越复杂，一国发展受到的制约和影响因素增多（某个方面的交往联系，如贸易或投资亦是如此），对各方面信息的了解和对未来发展的预测变得非常重要。同时，随着各国经济交往密切和加深，基本信息的公开化，即易得性，也变得至关重要了，国际基本信息在很大程度上已变成国际社会的共同资源财富。对信息的这种需求已经超出国别所能承担的能力，只能由国际组织才能够承担。

在收集和整理信息方面，国际组织的主要作用是：

——建立国际信息汇集制度，把分散的国别信息资料汇集起来，由此把国际组织变成国际信息中心；

——制定统计信息定义和标准，"以便使各国提供的信息是统一的和可比较的"。①

信息汇集制度的建立为信息的及时收集和反映提供了保证，而统计标准的制定则为世界信息的一体化广泛交流提供了基础。事实上，国际组织的信息统计规范越来越成为被各国所接受的信息统计标准，这对于促进国际信息的规范化和统一化有着重要的意义。

对信息的加工和分析主要是，对汇集的信息数据进行综合或分类处理，从对现有数据的加工和分析中揭示出带有规律性的现象或趋势。对信息的加工和分析大体可分为系统加工和综合加工。系统加工是把分散的资料有序化、系列化，如部门分类序列数据、品类序列数据、时间序列数据、比较序列数据等。综合加工是把多种子数据归入一个总系统，利用模型进行综合分析，得出所需要的统计结果。信息加工和分析实际上是信息产品的生产过程。值得指出的是，国际组织对世界经济发展问题的分析和对一些专题问题的分析，对于人们正确认识世界和为之采取相应措施起到十分重要的作用。像世界银行和国际货币基金组织每年提出的世界发展报告和进行的大量专题研究，工发组织、贸发会对世界，尤其是发展中国家工业发展状况、贸易地位等问题进行的研究，联合国跨国公司中心对跨国公司发展及影响的三次大规模调查等，都成为了解和认识这方面问题的权威资料。在很大程度上说，只是在有了国际组织在这方面的研究和分析之后，人们才有可能对世界经济的发展有比较清楚的宏观认识。同时，另一方面，国际组织还针对某个方面的问题进行专题考察和研究，像国际货币基金、世界银行的贷款项目、联合国专门机构的援助项目等都伴有认真的可行性研究，这种研究亦为受援国提供了大量的参考信息。

对未来发展进行预测是在对各方面的信息进行分析基础上进行的。国际组织依据丰富的信息资料基础对世界经济的发展趋势，对国别经济的发展趋势，对贸易、金融等方面的发展进行大量的长短期预测。这些预测不仅是国际组织本身采取行动步骤的依据，也是各国了解和认识未来发展趋势，并为此采取相应措施的依据。像经济合作与发展组织每半年进行的经济发展趋势预测，不仅是经合组织成员国间协调政策的指导信息，而且也是各国制定与经合组织成员国发展经济关系政策的重要参考。联合国对世

① ［美］罗德·K. 雅可布森：《相互依赖的机构网》，阿尔弗雷德·A. 克诺夫出版公司1984年版，第227页。

界经济发展，或对某个方面的发展的长期预测往往是国际社会和各国制定长期行动战略（人口、环境、资源等）的出发点。这些综合信息一方面是影响各国经济政策、经济发展的重要因素，另一方面也是使世界经济各部分进行协调，并在它们之中建立密切联系的"无形之手"。

信息资料的出版是上述活动的主要的产品形式。信息出版物大体有：1. 各类年鉴，如《人口统计年鉴》、《国际贸易统计年鉴》、《国民收入年鉴》等，这些年鉴不仅比较完整地汇集各国发展的情况，而且还提供世界发展的总情况，列出各国间或各部类间的相互交织关系（像国际贸易综合平衡表）。2. 各种短期发展趋势报告，如月报、季刊等，如联合国《统计月报》、国际货币基金的《金融统计》、《世界经济展望》，这类资料能够比较及时地反映各方面的发展趋势。3. 各种专题研究或考察报告，以及刊物等，包括对某一个方面问题的研究或对某个国家经济情况的考察。像世界银行出版的大量专题报告，贸发会议就世界贸易问题出版的大量调查报告，以及联合国教科文组织出版的各种刊物等。这些出版物基本上向各成员国免费提供，成了各国获取世界经济发展信息的重要来源。

值得指出的是国际组织作为协调中心或国际论坛，通过召开国际会议，安排人才交流，以及国际组织通过建立信息库所起的作用。国际组织召开的国际会议不仅成为成员国反映各自应有权利和利益的场所，而且也成为讨论世界问题，交流信息的机会，如贸易保护主义问题，环境污染问题，能源问题等事关全局的重大问题都是通过国际会议来进行讨论的。至于信息库的建设，由于国际组织拥有比较先进的电子计算机系统，占有丰富的信息资料，所以能够成为面向世界各国的国际信息中心。

国际组织作为信息汇集、加工和交流国际中心的意义在于，它们把越来越多的分散的世界发展信息汇集起来，又通过加工整理把它们扩散到世界范围，由此成为集散信息的桥梁。应该说，在很大程度上，只是有了国际组织的信息中心职能，人们才可能比较全面地认识世界。信息的交流比其他形式的联系更紧密地把各国联结起来，对于促进世界经济的协调发展起着越来越重要的作用。

第 二 编

相互依赖关系产生的原因

导　言

一

在世界经济的发展中，为什么会产生日益增强的相互依赖关系？对于这个问题，可以从许多方面去分析。世界经济发展的历史进程似乎给人们提供了一个现成的答案。翻开资本主义的发展史，早期殖民主义者的远洋探险，殖民制度的确立，帝国主义对世界市场的争夺，现代跨国公司在世界各地的扩张……这一切都现实地把世界各国纳入一个无法摆脱的交往、制约和依赖网。原因是不难说明的，因为资本的本性驱使代表它们的资本家去最大可能地占领和统治世界，正如马克思所指出的："工业资产阶级的统治只有在现代工业已按本身需要改造了一切财产关系的地方才有可能实现；而工业又只有在它已夺得世界市场的时候才能达到这样强大的地步，因为国家的境界是不能满足其发展需要的。"① 我们当然可以沿着资本主义发展的进程，对其每一个阶段的发展特征及其在这些特征之下所形成的特有经济关系给以具体分析，应该说这方面的研究是很多的。

问题在于，这样的分析只能从一种角度对历史和现实提供有说服力的解释。当今世界已经不是资本主义生产关系的一统天下，在构成世界经济中的相互依赖关系的格局中，各方交往的动机和实现其动机的方法和手段都较之以往发生了很大变化。事实上，世界经济中各国交往和相互依赖加深的趋势并不因各国社会制度，或者说占统治地位的生产关系的改变而中止。因而，仅仅从资本主义生产关系的角度来解释和分析当今相互依赖关系的发展的内在原因是远远不够的，还应当从生产力发展本身的内在动力

---

① 《马克思恩格斯全集》第7卷，第21页。

和规律来加以研究。

二

在世界范围内，国土疆界的分割不仅把世界自然资源的有机分布割裂开来，导致了国别间资源分布的不均匀，而且也造成其他生产要素资源拥有上的稀缺与丰足不均匀。这种由国别疆界分割所造成的不平衡构成了各国经济外向交换发展的一个最简单的自然基础。不过，离开经济发展的意义谈资源拥有与交换是没有多大意义的。对于带有经济意义的稀缺与丰足以及在此基础上所发生的交换，具有以利益和效益为指导的特征，这种交换的发展才必然导致要素资源生产分工的发展，而建立在要素资源分工基础上的交换所建立的各国经济间的关系，才是与经济发展的内部紧密联系起来的，因而这种相互依赖关系当然要比仅仅以自然资源天然禀赋分布上的稀缺所要求的调剂关系牢固得多，深刻得多。

事实上，生产力的发展一方面会开拓新的资源需求，另一方面也会创造出新的资源要素，从而不断改变着国别间天然分布和由此所决定的交换格局。在生产力高度发展的今天，由于上述发展，要素资源的稀缺分布不仅更不均匀，而且分布格局也不断发生变化。因此，在此基础上，各国间的交往和相互依赖被置于一种动态发展的关系之中。这种关系越发展，则各国经济内部的外向交换要求就越强烈，从而各国经济间的相互联系与依赖也就越紧密。

对于世界经济的发展来说，具有更深刻意义的是生产力发展本身要求在世界范围内不断开拓发展的适宜和优化环境，如规模生产环境，效益实现环境，分工与协作环境等等。这里既有把分散的要素实行优化聚合的要求，也有把集中的要素进行分散优化选择的动力。在这种内在的动力驱动之下，国别生产力的增长与经济中的外向扩张压力成正比。事实上，经济中的外向发展压力不仅包括生产过程和交换过程，物质要素和资本要素，也包括技术和信息。其内容随生产力发展水平的提高而扩大。

从生产力的发展来看，一国内区域隔离的打破是对社会生产力发展的一大解放，而国界疆域的打破，即生产和交换国际化的发展，则使生产力的发展得到更为广阔的活动空间。在很大程度上说，社会生产力在世界范围发展的程度是生产力发展水平的标志，因而各国生产力的发展能否获得解放与发挥，取决于在多大程度上冲破国别的限制，实现世界范围获得要素资源的优化选择、组合与利用。尽管现行的国际分工格局有着极为不合理的因素，但是国际分工本身所提供的效益和利益原则以及可资利用的机会，促使各国从参与国际分工中寻求发挥自身优势的潜力。

三

尽管生产力发展本身存在着促使民族经济向世界范围运动的内在动力，但是，民族经济的外向发展和在此基础上的世界经济一体化程度，取决于生产力发展本身所能提供的物质和技术基础。

铁路的建设不仅在一国范围内消除了区域上的隔离，促进了一国范围的分工和交换，把一国经济结成一个比较紧密的整体，而且也是把相邻国家的经济活动连接起来的动脉。铁路运输既可以改变一国生产力的物质基础结构，也可以为生产的扩大提供有利的条件和广阔的市场。如果说铁路的作用只局限于大陆，那么几乎与铁路运输同时发展起来的轮船航运，则把海洋的天然屏障给打破了。尤其是造船技术的提高，使得装载能力增大和运输时间缩短，运输成本大为降低。这样，资源使用的比较优势、生产要素资源的优化组合以及产品生产的规模就可以在世界范围内加以考虑和安排了。汽车的出现进一步消除了铁路运输范围上的限制，飞机的发展则进一步拉近了大陆及海洋的空间距离，无线电的使用、海底电缆的铺设等又大大减少了交换和分工的盲目性和分割性，从而促进了国际生产分工与交换向深度和广度的发展。

第二次世界大战以后，交通运输与通信的革命使生产国际化的发展具备了更完备的物质前提。在陆地运输方面，大型载重汽车的使用和高速公路的修建几乎取代了大受限制的铁路运输。在海洋运输方面，巨型油轮的建造，导航设备的电子化以及装卸的机械化，在空中运输方面，大型喷气运输机的广泛使用等等，这些都使得交换物品的往返运输变得十分方便、快捷和廉价。这种最新发展是生产的国际专业化分工得以深入进行的基础，如果没有现代交通运输工具，分散在世界各地的零部件是很难实行多次跨国加工和组装的。当然，没有现代电信技术上的革命，跨国生产分工和交换的现代形式是不可能出现的。电传、卫星通讯以及大型电子计算机的广泛使用大大缩短了时间上的空间，也把距离上的空间变小了。正是由于有了现代通信手段，跨国公司的世界经营网才变得真正内部一体化了，资本的流动才突破了运动方向和时间上的障碍，在瞬间即可由亚洲市场转到欧洲市场。因而，现代交通运输和通信技术的发展使得蕴藏于国际交换和分工内部的规律可以得到进一步有效的发挥。

当前，交通运输和通讯技术正经历着一场深刻的新的革命。据预测，到 20 世纪末，运输在产品中的成本将会比现在降低一半，电讯费用将只会相当于现在的 1%。罗伯特·蒙代尔教授认为，在新的技术革命取得发展的条件下，老的李嘉图的比较优势原则将得到充分发挥，各国将能够充分生产那些他们最能发挥优势的产品。① 尽管他的这种看法不免失之偏颇，但他从一个方面提出了一个引人注目的问题，即现代科学技术的发展将进一步推动各国经济走向世界，从而在各国间建立起更为广泛，更为牢固的相互依赖基础。

四

存在于世界经济中的相互依赖关系虽然是各国经济外向延伸的结果，但并非是它们的简单叠加。尽管在本编各章的分析中一国经济外向发展的内在动力与规律被作为基本的起点和主线，然而，事实上，各国经济在各种动因之下所进行的国际化运动，在世界范围内构成一个复杂的不断运动着的有机体系。

究竟以什么来衡量世界经济中相互依赖发展的程度，至今没有一个统一的标准。人们通常用下列几个方面的指标来加以说明：1. 贸易指标，即对外贸易在各国经济中的比重和世界贸易在世界生产总值中的比重；2. 资本指标，主要是资本进出流动在资本构成以及在整个经济中的比重；3. 技术指标，主要是一国技术贸易量，世界技术贸易量，或外来技术在技术构成中的比例。除此而外，还有人员流动指标，信息量指标（如电话，电信往来次数等），变动传导速度或范围等。有的还使用一国经济中的"敏感度"，即对外界变动反应的程度。② 不过，一方面只用分散的单项指标不能

---

① ［美］《福布斯》杂志 1986 年 5 月 5 日。
② 比如惠特曼教授认为，相互依赖这个词就是指一国内经济活动对外界发展或政策变动的敏感性。见《对相互依赖的反应》，第 265 页。

全面说明问题，另一方面找出一种能把主要关系较全面反映出来的综合指标又很难，尤其是简单数量化的指标往往不能深刻反映相互依赖关系的内在机制和作用程度。因此，这方面的研究还有待深入。

第 七 章

经济发展与自然资源

本章集中研究经济发展与资源间的关系以及由资源要素在国别间流通导致的相互依赖关系。

第一节　经济发展、资源需求与资源分布

资源是经济发展的基础。广义的经济资源概念应该包括可以作为经济要素投入的自然资源、人力资源和资本资源。本章论述主要涉及自然资源。从经济要素的角度来说，自然资源亦包括比较广泛的内容，如土地、矿产、水，甚至还可以包括气候等。① 然而，能够直接对国际经济关系起作用的主要是可移动的自然资源，即矿产资源。因此，经济发展与矿产资源的需求间的关系是这里分析的重点。

在农业占统治地位的自然经济条件下，土地和水是生产中的最主要自然资源投入。而在工业经济占主导地位的条件下，矿产资源作为生产的基本投入（原料和燃料）是经济发展的基础。因此，现代经济的发展是与对矿产资源需求的增长密切联系的。

从世界经济发展的历史来考察，工业革命的发生使经济发展对资源投入的需求发生了根本性的变化。大工业不仅取代农业成为经济的支柱，而且也使农业的生产手段发生了革命性的变化，即农业生产由手工劳动到机械化。在工业化经济中，矿产资源成了生产的基本投入。生产的原料和燃料需求的增长主要表现为对矿产物品需求的增加。因此，到 19 世纪末，

---

① ［美］西蒙·库兹涅茨：《战后的经济增长》，哈佛大学出版社 1964 年版，第 6 页。

工业化进程发展快的国家都出现了对矿产资源需求加速增长的趋势。对作为燃料的煤和作为机械产品原料的铁的需求量都成倍增加。

20 世纪以后，现代工业的发展不仅使得经济增长对矿产资源的需求迅速增大，而且也使得对矿产资源的需求多样化。除对传统的矿物煤、铁的需求持续增长外，对铝、铜、锰矿产品的需求亦迅速增长。

第二次世界大战后，经济发展对矿产资源的需求发生了两个根本性的转变：其一是能源；其二是稀有金属。

能源的转变主要是体现在石油代替煤成为主要的能源。例如，1950—1975 年世界能源消费构成中，石油和天然气占的比重由 37.5% 提高到 64.5%。在经济发展最快的发达资本主义国家，经济增长与对石油的需求增长密切相连。从整个西方发达资本主义国家的情况看，1950—1973 年间，对石油的消费需求每年增加 7.1%，大大快于同期工业生产的年增长率和国内生产总值的年增长率。[①] 能源需求增长与经济增长之比称为能源系数。第二次世界大战后到 70 年代中期，西方各国的能源系数均大于 1，1950—1973 年间，在美国，能源系数为 1.3，在英国为 1.3，在法国为 1.05，在日本为 1.5。[②]

对稀有金属需求的增长起因于制造业生产技术及生产结构的变革，传统的制造业逐步为新兴的制造业所代替。从主要资本主义国家的情况看，需求增长最快的稀有金属有：钨、锰、钴、钛、镍、锑、铬、铌、镉以及铍等，这些用于生产特种合成金属的原料成了新型制造业发展必不可少的原料。

当然，尽管经济发展与对矿产资源需求的增长之间存在着密切的关系，然而它们之间并不是简单的正比关系。这是因为在一定生产结构下，资源系数会发生变化，经济结构变动对资源的需求也会发生变化。从总的发展来看，经济发展与资源需求之间的关系呈现出的主要趋势是：

其一，一般地说经济发展必然导致对资源需求的增大。这里所说的增大不仅是指量上的增多，也指种类上的增多。以钢的生产为例，在工业革命初期，钢的生产只需要铁矿石作为原料，而锰钢的发明导致了钢铁工业

---

① 美国国会研究局：《到 1990 年的美国与世界能源展望》，1977 年，第 677 页；《世界经济统计简编》，1978 年，第 125 页。

② 此处系数是指石油消费增长与国民生产总值增长之比，根据《世界经济统计简编》1978 年版数字计算。

发展对锰矿石需求的增长，随之，各种性能的特种钢的发明又导致对多种金属矿产品的需求。从世界经济的发展来看，世界资源的开发是随着世界工业的发展而扩大的，换句话说，资源开发和利用的水平总是与一定的经济发展水平相联系。从各国的情况看，工业实力与资源消费成正比，即工业最发达、在世界经济中占份额最大的国家，消费的资源也最多。以美国的能源消费为例，所耗用的能源量占世界能源消费量的30%。而80年代初阿拉伯地区所有国家的能源消费远不及加拿大一国消费的40%。统计资料显示，在正常情况下，较高人均的国民收入总是与较高的人均能源消费相联系。据联合国提供的有关50年代末的资料，若人均国民收入高者比低者大10倍，则人均能源消费量大14倍。[①]

　　其二，对资源的需求虽然随着经济的发展而增长，但是增长的速度并不一定是持续加快的，也不一定是与经济的增长成比例的。换句话说，经济产值的增加并不总是与资源消费的量成正比。这里起决定作用的是技术的进步促进资源的利用效率提高，使得单位产品中的资源消耗降低。1973—1980年间经合组织国家每单位国内生产总值产出耗能下降了13%，耗油下降了20%。[②] 再以发达资本主义国家单位工业产出的能源消耗指数为例，1973—1980年间美国由118降到85，日本由106降到79，联邦德国由101降到80，法国由117降到87，英国由99降到75，加拿大由105降到92，意大利由98降到81，上述国家综合平均指数由111降到82。[③]事实上，其他矿产资源的投入也呈现上述特征。在此情况下，生产量在一定程度上的增加不仅与资源需求量的增长不成比例，而且还有可能与资源需求量的下降相并行。1976—1981年间，经济合作与发展组织成员国的国内生产总值增长了14%，而初级能源的消费仅增加1%，对石油的消费下降了9%。同期，日本的国内生产总值增加了25%，对初级能源的消费仅增加了3%，石油消费下降了10%，[④] 这种趋势对于影响资源供求形势和经济关系产生了深刻影响。

　　其三，对资源需求的模式随经济结构和生产技术的变化而改变。以能

---

① 联合国：《世界社会形势报告》（英文版），1961年，第41—49页。
② 经合组织国际能源机构：《世界能源展望》（英文版），1982年，第22页。
③ ［美］埃文·劳尔德：《世界经济的管理》，圣马丁出版社1983年版，第91页。
④ ［美］米切尔·斯特瓦特：《相互依赖的时代》，麻省理工学院出版社1984年版，第132页。

源消费为例，第二次世界大战前煤占主导地位，第二次世界大战后转为以石油为主体。从未来发展来看，新型能源的发展将可能导致石油为主体能源结构的终结。原料需求结构的变化亦非常显著，在发达国家传统工业的衰落导致对铁矿石需求的减少，而微电子工业迅速发展引起对硅材料、稀有金属材料需求的增长。因此，经济发展对资源需求的增长是一种变化着的动态关系。

当然，从整个世界的格局来看，由于各国经济发展水平不同，世界各国对资源需求的动态变化趋势存在着很大的差异性。例如，当发达国家的传统工业衰落导致对铁矿石原料需求大幅度减少时，在一些发展中国家这类工业作为工业化的基础却得到发展，因而对铁矿石的需求增长转到这些国家。因此，整个世界经济的发展对资源需求的变动是一幅十分复杂的图景。

经济发展必然导致对资源需求的扩大，这是世界经济发展的一个共同规律。但是，自然资源的地理分布并非以需求的格局为转移，它们在国别上的分布是很不平衡的。这种分布上的不平衡与经济发展对资源需求增长的共同特征相矛盾。正是这种矛盾成为导致世界各国经济发展上的复杂相互关系的一个重要基础。

自然矿产资源的天然地理分布是不均匀的。各种矿产品蕴藏量的相对集中导致了富区与贫区的天然格局，而国界的划割又使得这种差别格局变得更为不平衡。这种天然稀缺构成了各国经济发展上外向依赖的自然基础。

当然，抽象地谈论自然资源的天然分布是没有多大意义的。因为只有具有经济价值的资源才算是实际的资源。因此，必须区分资源的自然分布与资源的经济分布。所谓资源的经济分布是指具有经济使用价值的资源分布。资源的使用价值决定了对该资源的发现、开采和利用，亦决定资源在经济中的地位。而决定资源使用价值的则是经济发展对资源的需求。

工业革命的资源基础是煤和铁，对这两种矿产资源日益增长的需求导致了对它们的大规模勘探和开发。因此，煤和铁资源的供给成了第一次工业革命中经济发展的关键。

从矿产资源的地理分布来说，煤和铁可能是地球上蕴藏量最大，分布最广的资源。然而，它们的经济分布却首先集中于工业最先发展的国家。

在工业革命的发源地欧洲，经济的区域分布最早体现的特征是：商业中心在沿海，工业集中在煤和铁矿丰富区。德国的鲁尔区、法国的洛林地区、意大利的东北地区等工业区的发展都是以当地煤铁资源为依托的。在19世纪中叶以前，与世界经济的发展进程相联系，煤铁资源的经济分布集中在欧洲和北美。

许多因素影响着煤铁资源经济分布的变化：

——不断扩大的消费需求使原有的资源储量减少。例如，在19世纪前半期英国是铜、铅和锡的主要生产国，到19世纪80年代，可供商业开采的资源储量已近枯竭。

——具有较高经济价值的资源被发现。这里"具有较高经济价值"，一般来说包括两个含义：一是更为经济的储量被发现；二是替代资源的发展。

第二次世界大战前，总的来说资源经济分布的变化主要是前一个方面的因素起作用的结果。由于陆上和航海运输技术的发展，资源开发和利用上的地理障碍在很大程度上得到克服。这使得资源的经济分布发生很大变化。由于经济的发展不再必须以资源的自然分布为依托，即资源的经济分布与经济发展在地缘上相脱离，因而资源的经济分布的范围空前扩大，寻找廉价资源成了推动工业增长的重要动力。在此情况下，资源经济分布上的不平衡突出的表现在资源的经济储量由工业化国家转到未开发国家。

表7—1　　　　　　　　世界石油生产分布变动情况　　　　　　单位:%

国别 年份	美国	加拿大	拉美	西欧	中东	非洲	亚洲	社会 主义国家
1947	61	0.2	19	0.4	10	0.3	0.8	7.6
1955	44	2.3	17.8	1.1	21	0.2	2.5	11
1960	34	2.5	17.8	1.3	25	1.4	2.6	15.7
1965	25.7	2.7	15	1.3	27.6	7.3	2.2	17.8
1970	21	2.7	11.5	—	30.4	13.2	3	17
1980	14.5	2.4	9.4	4	31	10.2	4.6*	2.4

＊包括大洋洲。

资料来源：据美国石油研究所：《基本石油数据手册》，1985年第5卷第四章表1A数字计算。

石油的发现是在19世纪中叶。最初石油的经济分布主要集中于美国。

随着石油作为燃料和工业原料使用的扩大，不仅需要发现更多的石油储量，而且更需要的是要找到更为廉价的产地。40年代末，美国从委内瑞拉进口的廉价石油超过了美国的石油出口，到50年代中期，中东的廉价石油使美国的石油生产无利可图，其结果美国的地位被其他地区逐步取代。1947年美国生产的石油占世界生产的61%，到1973年仅占16.5%，美国更多地转向从国外进口。1947—1979年间美国的石油进口占国内消费的比例由8%提高到45.3%。① 在世界范围内，石油经济分布最大的变化是中东储量丰富的石油被发现和开发。由于中东的石油储量丰富，开采和使用费用极低，世界石油资源的经济分布逐步集中到中东。自20世纪初在伊朗首次发现油田以后，石油公司在中东的活动迅速扩大，到50年代初中东已成为世界主要石油产地之一。1960—1985年间，中东已探明的石油储量由1785亿桶增长到4140亿桶，增加了1.3倍还多。沙特阿拉伯的石油储量增加了2.4倍，到70年代中期世界探明的储量60%集中在中东。② 1947年美国进口的石油99.6%来自西半球，到50年代中期，来自中东的进口占35%，到70年代初仍占20%。③ 70年代中期以后，石油价格大幅度上涨使得开发石油资源的经济选择范围扩大，从而使得其经济分布发生一定程度的变化。英国、挪威的北海油田的发现和开发，美国的南部油田的开发等扩大了石油资源的经济分布。到1975年和1981年挪威和英国分别由石油纯进口国变为纯出口国。

当然，替代资源的发展亦是改变资源经济分布的重要原因。替代资源发展的动因，一是技术上的，即由于新技术的发明发展了更有价值的可利用资源；二是成本上的，即现有使用资源价格的提高促使消费者寻找较为经济的替代品。属于技术上的如核能的利用使铀替代煤和石油作为能源原料，而铀的利用使铀矿的开采进度加快，从而使得铀的开发具有经济价值。假设核能的利用足以成为主要的能源，那么铀资源的经济分布就可以对作为燃料主体的石油资源的经济分布产生重要影响。70年代中期以后的一个时期，煤作为对高价格石油的替代资源重新受到重视，煤矿资源的分布亦重新引起人们的兴趣，便是价格机制对替代资源经济分布变化起作用

① 《基本石油数据手册》，1985年，第5卷第四章，表1。
② 《世界经济统计简编》，1978年，第138页；《基本石油数据手册》，1985年第4卷，第2册，第14部分，表1。
③ 据《基本石油数据手册》第9章表3A计算。

的一个例证。

　　事实上，资源的经济分布要比资源的自然分布更为不平衡。我们可以从初级矿产品的生产分布得出矿产资源经济分布的格局。

　　资源经济分布的不平衡是构成国际经济关系的一个重要基础。如果说构成各国经济发展中相互依赖关系的自然基础是资源的天然分布不平衡，那么，直接构成它们间相互依赖联系的机制则是资源的经济分布不平衡。在实际发展中，引起资源经济分布变动的因素往往是很复杂的。虽然在很大程度上说主要是经济发展上的原因（包括技术的、结构的、价格的等等），但是非经济因素有时亦起很大作用（如战争、战备、政治关系等等）。从资源经济分布的变动与国际经济关系之间的关系来看，前者的变动可以说是以资源为基础的相互依赖关系变化的一面镜子。

表7—2　　　　世界矿产资源开采分布：1970年和对2000年的预测　　　　单位：%

种类	北　美		其他发达国家		发展中国家	
	1970年	2000年	1970年	2000年	1970年	2000年
铜	34.1	23.8	22.1	15.8	43.8	60.4
铝土	3.7	1.6	34.1	59.5	62.2	38.9
镍	43.7	16.7	22.4	28.9	34	54.5
锌	32.2	14.1	40.1	63.5	27.8	22.4
铅	25	19.6	43.5	58.6	31.5	26.9
铁	18.5	14.2	48	47.5	33.5	38.3
石油	24.5	6.6	17.2	20.1	58.3	73.3
天然气	64	35.3	29	43.9	7.0	20.7
煤	25.6	33.4	47.8	42.9	26.6	23.7

　　资料来源：《为了共同的未来》，加拿大经济委员会，1978年，第24页。

　　影响资源国际交换的是世界对资源的供需结构。如前所述，对资源的需求取决于经济发展的水平和经济发展的速度，资源的供给取决于资源的天然储量和经济利用。这些方面的不平衡决定了资源供需结构分布上的不平衡。

　　从需求结构上来分析，经济上发达，在世界经济中占很大份额的发达国家是资源的最主要消费者。

从供给结构上来分析，总量上来看，发达国家拥有最大的生产能力。80 年代初世界 85% 的矿产资源开采集中在发达国家。然而，在发达国家中，分布也很不平衡，除美国、加拿大、澳大利亚以及南非是资源主要生产国外，其他国家的矿产资源生产量均较小。目前，60% 的主要矿产品生产集中在美国、苏联、加拿大、澳大利亚和南非。

表 7—3 　　　　　　　　　　石油生产分布 　　　　　　　　　　单位:%

年份	1966	1970	1973	1980	1981	1986
经合组织国家	38.5	26.8	22.9	22.9	24.3	25
石油输出国组织	41.8	49.9	54.2	43.8	39.3	—
社会主义国家	16	16.8	17.7	23.9	25.6	27.5
其他发展中国家	3.7	6.5	5.2	9.4	10.8	—

资料来源：美国《油气杂志》1987 年 3 月 9 日；国际能源署：《世界能源展望》1982 年。

世界需求与供给上的不平衡反映在国别供需关系上则更为不平衡。美国虽然是资源生产大国，但由于在多数矿产资源需求上大大超过供给，因而严重依赖进口。尤其是贵金属，大部分靠从国外进口。据 1981—1984 年的资料，美国因需求缺口而依赖国外进口 100% 的有钶、锰、云母、锶；90%—99% 的有铝土和铝、钴、铂、钽；70%—89% 的有氢氧化钾、铬、锡、石棉；60%—69% 的有重晶石、锌、镍、钨、银；50%—59% 的有汞、镉、硒；20%—39% 的有石膏、金、铜、硅、铁矿石等。[1][2] 日本是资源贫乏国家，主要原料和燃料绝大部分需要进口，1950—1980 年间对铁矿石进口的依赖由 31% 提高到 89.4%，石油全部依赖进口，主要稀有金属中 100% 依赖进口的有铝、镍、钨，90%—99% 的有锡、铁矿石、铜、钴、铬，70%—89% 的有铅、锰，50%—60% 的有锌。[3] 西欧国家对贵金属的进口依赖也很高，以欧洲共同体国家为例，100% 依赖进口的有锌和锰，90%—99% 的有锡、锰、铜、钴、铬，70%—89% 的有锌、铅和铝。[4]

---

① 美国内务部:《矿产品总汇》，1986 年，第 2 页。
② 日本矢野恒太纪念会:《日本 100 年》，中文版，时事出版社 1984 年版，第 230 页；[美] 鲁斯·W. 阿拉德和尤子·B. 阿拉德等《共享地球资源》，麦克格劳—希尔出版公司，第 43 页。
③ 《日本 100 年》，第 84、85、86 页。
④ 见《共享地球资源》，第 43 页。

表7—4 石油生产与消费平衡表 单位：百万桶/日

年份 国别	1980		1983		1986*		1989		1995	
	消费	生产	消费	生产	消费	生产	消费	生产	消费	生产
美国	17.5	10.8	15.5	10.8	16.4	10.9	16.9	11	17.7	10.5
加拿大	1.9	1.8	1.5	1.7	1.6	1.7	1.7	1.7	1.6	2.0
日本	5.0	—	4.5	—	4.7	—	5.0	—	5.1	—
西欧	13.5	2.6	11.8	3.9	12.9	3.8	13.2	3.5	12.6	3.6
石油输出国组织	2.7	27.7	3.1	18.9	3.4	21.7	4.0	23.3	5.2	24.2
其他	9.0	6.3	8.8	7.9	9.4	9.2	9.9	10.3	11.1	12.7
总计	49.6	49.2	45.2	42.8	48.4	47.3	50.7	49.8	53.2	52.9

*1986年以后数字为预测数。

资料来源：《基本石油数据手册》，1985年第5卷，第一章表1。

在另外一些国家，由于本身资源消费量很小，资源生产主要依赖出口。像铝矾土生产，70年代末几内亚、牙买加和苏里南占世界产量的37%，全部用于出口，扎伊尔、智利和赞比亚的铜产量占世界的26%，亦基本上全部面向出口。显然，自然资源产品供求结构上的不平衡趋势不仅使得稀缺者对外部依赖，而且使得供给过剩者也产生对外部的依赖，变化着的不平衡格局所造成的交叉依赖关系成为各国间关系格局的一个重要基础。这种基础既具有资源天然分布不均匀的自然特性，又具有由经济发展及发展不平衡所造成的后天特性。

第二节 资源交换与相互依赖

如前所述，经济的增长与对资源需求的增长相联系，而对资源的需求与资源的分布存在着不对称，这两个因素的和构成了各国经济间相互联系和依赖的一个重要基础。

尽管资源供给是经济发展的必要条件，但是资源的供给与资源的天然拥有并不一定是一回事。一般地说，拥有自然资源为经济发展提供了一个有利条件，但不是绝对条件。在现实的世界经济的发展中，既存在着自然资源丰富而经济得不到相应发展的国家，也存在着自然资源稀缺而经济高度发展的国家。造成这种状况的原因是多方面的，有历史的、政治的、经济的，也有国际的。但是这种事实本身说明资源的供给与资源的天然拥有是可以分离的，自然资源的丰足与经济的发展并不能画等号。从经济的发展来说，具备经济发展的最基础条件应包括：一定水平的人力资源、技术资源、财力资源和物质资源，这些条件随着经济发展的水平而变化。自然矿产资源条件仅是上述诸条件中一个条件的组成部分，仅具备这一个条件尚不能保证取得经济上的发展。撇开其他方面的因素不说，仅就这方面的关系而言，在世界经济的发展中，拥有自然资源与经济发展水平的不协调或者相分离，并不奇怪。在现实世界中，一些国家拥有比较丰富的自然资源储量，因不具备其他方面的条件，而不能使这些资源变成经济发展的构成要素，即不能形成对自然资源的必要需求，形成有能源而无需求（或甚少需求）。一些国家具备了其他方面的条件，而缺乏足够的自然资源储量，形成有需求而无资源（或甚少资源）。这种占有与需求分布上的差异性，是构成世界经济中资源交换关系的简单基础。

当然，世界经济发展中出现的"有资源而欠发展"和"有发展而无资源"的现象与其说是一条规律，倒不如说是一个现实。美国、苏联是自然资源丰富且经济高度发达或比较发达的国家，日本是自然资源稀缺而经济高度发达的国家。许多发展中国家虽有丰富的自然资源而经济长期得不到发展，也有一些发展中国家虽无丰富的自然资源却在近些年来取得了经济上的迅速发展。有的学者试图在自然资源与经济发展间找出直接的联系，结果很难得出比较清晰的和肯定的结论。[①] 这里我们所要论述的不是造成这种现实的原因，而是分析在这个现实基础上所形成的相互关系。对于国际经济关系的发展来说，世界经济发展中的这个现实具有以下几方面的意义：

——资源占有与经济发展的不对称已成为世界经济的一个基本特征。从未来发展来说，在很大程度上这既是某些国家经济发展的起点基础，又是某些国家经济发展的基础结构。因此，未来国际经济关系的发展也将受到这种结构的制约。换句话说，在资源的国际交换关系中，上述不对称结构是一个重要的基础。资源丰富但经济上欠发达的国家作为资源提供者，而经济上发达但资源相对稀缺的国家则作为资源需求者，这种基本格局是

---

① 参见马丁·I. 格拉斯纳尔编：《全球资源——对相互依赖的挑战》（英文版），普莱格出版公司 1983 年版，第 11—12 页。

世界经济发展中相互关系的一个重要特征。

——在国际交往不发达的情况下，资源拥有与经济发展的分离是对后者的一个限制，而在国际交往比较发达的情况下，这种限制性则可以得到部分或全部消除。尤其是现代交通运输技术和手段高度发达（海运、空运），把地理上的障碍基本上消除了。自然资源产品的远距离转运变得非常容易。资源丰富国可以通过资源出口换回经济发展所需要的资金或技术，从而完备经济发展所缺的其他条件；而经济发达国则可以通过出口制成品或技术等获得所缺的资源投入。在国际分工条件下，这种交换关系可以发展成为资源合理配置和取得比较利益的途径。这种转变和发展可以使得以往在特殊条件下所造成的交换关系（比如殖民占领关系）变成具有普遍意义的相互依赖关系。

世界经济的发展是不平衡的。这种不平衡性不仅包括各国经济间发展上存在着差异，而且也包括各国经济发展差异的变化（差异秩序和层次的变化）。反映在以资源为基础的交换关系上则表现为：

——各国经济发展上对资源需求结构不同一。需求结构上的差别是促使资源经济分布不平衡和结构分布不平衡发展的重要原因，也是导致资源国际交换发展的一个重要基础。

——经济发展对资源需求的量和需求的结构随着经济发展水平的变化而改变，因此，就一国来说，资源供给的丰足程度往往是相对的。一方面，随着需求量的增长原供给充足的资源可能会变为不足，即出现供给缺口，[①] 比如美国，原是最大的石油输出国，随着消费的迅速增加，目前成为最大的石油进口国（尽管同时是世界最大的石油生产国）。另一方面，随着需求结构的变化，原来供给不足的资源可能会变成过剩。由世界经济发展上的不平衡所产生的资源需求层次上的差异性为这种结构性余缺提供了平衡条件。

显然，在世界经济中，自然资源与经济发展之间的关系是一幅复杂的图景，二者动态变化的不平衡性构成了国际经济关系中交织的交换关系。从本质上说这种交换关系的发展是世界经济发展的内在规律的反映和要求。

---

① 注意，这里导致缺口出现的原因不只因需求量增加，还有如因机会成本的因素而引起的经济分布变化、自然储量的枯竭等。

和资源占有与经济发展的分离相联系，资源的开发与资源使用上的分离亦是世界经济发展中的一个重要特征。从根本上说，这种分离有着经济利益上的基础，可以是经济的国际分工的一种形式。

从经济发展的一般规律来说，资源的利用决定着经济的发展。在封闭经济条件下，一国资源的开发以自身对资源的利用为前提，因而资源的开发是经济发展的反映，且直接影响着经济的发展。在开放经济条件下，资源的开发不必以自身对资源的直接利用为前提，可能会出现下述情况：有开发而无直接利用，比如，面向对外交换的转移性开发，这里自然资源作为一种财富而不是作为直接的生产要素投入，通过国际交换，资源出口国可以获得经济发展所短缺的资金、技术或原料。资源的自然分布不均衡和经济发展对资源需求的变化，使得这种以国际交换为目的的资源开发有着内在的必然性和必要性。资源出口国可以通过交换把处于相对过剩的"死资源"变为活资源，在国际市场上获得自身相对稀缺的各种生产要素。从国际交换关系的发展来分析，起主导作用的因素有两个：其一是民族的疆界把世界自然资源分布的天然联系割裂开了，国际交换是打破这种割裂的途径；其二是国别经济发展上的不平衡导致了对资源需求的不平衡，从而产生了资源的相对"稀缺"和"过剩"，"调剂余缺"（广义的余缺，即不仅指调剂自然资源余缺）是世界经济发展内在机制的要求。在上述情况下，资源的开发必然突破本身直接利用的动机。从这个意义上来说，经济越发展，资源开发和利用的分离也就越深化，资源的国际交换也就越发展。如果说在殖民主义制度下，对于大多数国家来说，资源开发和利用上的分离是强制性的，不合理的，那么在正常的国际关系条件下它们应是各主权国的自觉行动。建立在这个基础上的国际分工格局可以有许多种：

——通过发展资源生产，进行国际交换获得比较利益，若一国拥有某种丰富的自然资源，则可以利用这个现成的自然基础优先发展资源生产。对于资源丰富而经济上欠发达的国家来说，优先发展资源生产不仅比先发展制造业生产更容易，而且比后者更能获得比较利益。因此，发展资源生产往往是发展中国家工业化的起点。事实上，对于经济上发达的国家来说，这里也存在着同样的原则。若某种资源生产比发展某种利用该资源的制造业更能获利，则宁可放弃后者而发展前者。把世界分为资源供给国和资源消费国，且以前者的不发达为后者发达的前提，那是殖民主义制度的产物，但是，利用国际交换和国际分工发挥自己的优势，获得比较利益则是符合世界经济发展客观规律的。在此条件下，一则资源供应者与资源消费者的地位不是固定不变的；二则资源供应者与资源消费者的区分不是绝对的，每一方都可以只是局部的，即二者身份兼备。

——寻求廉价资源，通过国际交换发展比较优势工业。若一国虽然拥有资源，但开发这些资源较之发展制造业面向出口和通过交换而获得所需资源更昂贵，则宁可放弃对本国资源的开发而集中发展制造业。在此情况下，本国资源的开发取决于机会成本的变动，否则资源的自然储量将被闲置。一国的自然资源储量往往有多种，上述原则在实际运用中会被落实到某种具体的资源种类，因此，从一国的角度来分析，这里存在着资源品类上的比较优势选择，即开发具有比较优势的资源种类，而放弃（或暂时放弃）那些缺乏比较优势的资源种类。

——利用自己的可能条件发展能拥有交换优势的产业，通过国际交换弥补资源的稀缺，获得所需资源。对于自然资源稀缺的国家来说，如果建立起拥有优势的产业，通过国际交换获得所需的自然资源，不仅是可行的，而且是很有效益的。

国际分工是在国际交换的过程中发展起来的。在国际交换中，每一个国家都从各自的要素资源条件和利益基础出发确定自己参加国际交换的方式、内容和程度，从而形成一定的国际分工格局。从国际经济关系的发展来分析，国际分工的发展使参与者每一方都成为整体中的一个部分，每一方的发展都以另外一方或多方的存在与发展为条件。正如美国学者海瓦德·V. R. 阿尔卡在描述以石油资源交换所形成的关系时指出的："参与交换的各方所要获得的资源不同：消费国在于获得石油，生产国在于出售石油获得资金，每一方都依赖对方的发展，从而形成相互依赖网，构成这个依赖网的是石油的跨国界流动。"[①] 当然，资源国际交换利益选择的多样性和交换关系的多边性，以及交换格局的多层次性，使得资源供给与需求的关系变得非常复杂。在资源要素上，一国经济的对外依赖扩大则是多国经济间的相互依赖成为世界经济发展机制的一个重要组成部分。

值得注意的是，科学技术的发展对于自然资源供求分布所导致的国际经济关系产生越来越大的影响，这种影响大体通过两种途径表现出来：

其一，科学技术的发展会使资源的发现和资源的利用发生重大变化。

①《对全球相互依赖的分析》，第23页。

资源的发现主要表现为因技术的提高使潜在储量被发现和越来越多的矿产物质从复合矿藏中被剥离出来，资源的利用主要表现为因技术的提高使原来被认为不具有使用价值的天然物质成为工业的原料。同时，技术的提高使得发现、提炼和利用资源的成本降低，这些都会改变资源供给的格局。

其二，科学技术的发展使人工合成原料的品种和产量大幅度增加。这不仅使得天然资源的绝对优势相对削弱，而且也造成新的供给关系格局，那些技术上发达的国家，在许多方面越来越取得优势。非再生资源枯竭的压力将使这个方面的发展日益发挥重要的作用。

因此，科学技术的发展对于由资源交换关系所造成的各国间的相互依赖关系格局产生着重大的影响。在现代科学技术发展下，长期以来在发达国家与发展中国家间所形成的资源交换格局，以及由此所形成的整个经济关系机制构成已经和将要进一步发生变化。关于这方面的问题将在第三编里加以讨论。

第 八 章

经济发展与外部市场

本章主要分析经济发展与外部市场的关系。旨在说明各国经济为什么会对外部市场产生依赖关系以及各国间的相互依赖关系是怎样建立起来的。

第一节　经济发展与对外贸易关系的统计证明

第一章曾用对外依赖系数来说明对外贸易在构成国别经济与世界经济联系中的作用。这里将通过统计数据表明经济增长与对外贸易增长间的关系。

统计资料表明，在经济增长与对外贸易增长之间存在着正相关关系。在正常情况下，对外贸易的增长快于整个经济的增长。因此，从长期趋势看，二者之间所体现出来的相关系数在通常情况下都大于1。世界银行考察了法国、德国（第二次世界大战后为联邦德国）、意大利、日本、英国和美国在 1720—1985 年间实际国内生产总值和出口增长之间的比较趋势，除 1913—1950 年间出口的增长慢于国内生产总值的增长外，其他年份出口增长均快于国内生产总值的增长速度。据安尼·O. 克鲁格对 10 个发展中国家第二次世界大战后经济增长与出口增长间关系的研究，出口每增长 1%，则国内生产总值增加 0.1%。这个结果并不说明二者之间的因果关系，但可以表明二者之间的相互关系。[①] 表 8—1 是整个世界的情况，尽管世界各国经济在发展水平、部门结构以及出口结构上存在巨大差别，但仍

---

① 《世界发展报告》，1987 年，第 40 页；《金融与发展》季刊，1985 年第 3 期，第 7 页。

然大体表明了这种趋势。

表 8—1 世界贸易与世界经济增长的相关性

年份	1950—1955	1955—1960	1960—1965	1965—1970	1970—1975	1975—1980
世界经济	—	—	8.8	8.4	14.9	14.1
世界贸易						
A 出口	8.1	6.2	7.8	11.1	23.1	18.4
B 进口	8.7	6.1	7.9	11	22.4	18.6
相关系数	—	—	0.89	1.31	1.53	1.31

资料来源:《国际金融统计》1982 年,附册 4。《贸易方向统计年鉴》,1987 年。

当然,当经济增长放慢时,对外贸易的增长亦放慢,且在一些年份对外贸易的减速往往大于经济增长的减速。实际上这种现象亦可以从另外一个方面说明经济增长与对外贸易间的正相关关系。

世界经济发展中的这种总趋势是国别经济发展特征的总和。然而,由于各国经济在规模、结构、发展水平等方面存在着巨大差别,经济增长与外部市场间的关系有着许多不同的特点。

国家规模对经济增长与对外贸易间的关系产生重要影响。一般地说,大国与小国相比,后者经济增长所导致的对外贸易增长远比前者强烈得多。从表 8—2 中可以看出,各国对外贸易的增长大大快于经济的增长,即

表 8—2 发达小国经济增长与外部市场关系比较

年份 国别	1953—1960 (1) (2) (3)	1960—1965 (1) (2) (3)	1965—1970 (1) (2) (3)	1970—1975 (1) (2) (3)	1975—1980 (1) (2) (3)	1981—1986 (1) (2) (3)
比利时	3.1 7.6 8.3	5.1 8.4 7.3	5.2 9.9 9.2	2.8 5.4 5.7	2.8 8.1 8.4	0.7 5.3 4.0
卢森堡	5.1 — —	3.8 4.7 6.5	4.1 6.7 5.3	6.0 8.8 7.0	3.0 3.0 4.1	— 5.3 4.0
荷兰	— — —	4.8 6.7 8.7	5.4 10.3 10.9	3.0 6.5 3.2	3.7 4.0 4.9	0.7 3.2 0.5
奥地利	6.8 12 15.5	4.2 6.7 7.4	5.2 10.9 9.9	3.9 6.2 6.3	3.4 7.7 8.2	1.7 7.0 5.6
丹麦	3.7 — —	5.2 7.1 7.3	5.3 5.4 5.6	2.8 6.2 6.7	2.4 5.9 6.3	
挪威	3.2 7.3 6.3	5.7 7.0 7.5	3.3 5.4 4.6	5.0 5.3 8.9	4.9 5.5 0.6	3.3 0.7 6.5

注:(1)国内生产总值年增长率;(2)出口年增长率;(3)进口年增长率。

资料来源:《国际金融统计》1984 年,附录 8;《贸易方向统计年鉴》,1987 年;《1987 年世界发展报告》,第 205 页。1981—1986 年一栏国内生产总值数字为 1980—1985 年。

经济增长越快，经济对外部市场的依赖也就越强。到80年代初，这些国家的出口占国内生产总值的比重，比利时为58%、荷兰为49.1%、奥地利为23.9%、丹麦为27.9%、挪威为31.4%。对外贸易在整个经济中的比重增长也非常迅速，与60年代中期相比，以上5个国家分别提高了27个百分点、14.9个百分点、15个百分点、8.3个百分点和6.8个百分点。还有一些国家，像瑞士、爱尔兰等，对外贸易在整个经济中的比重增长也非常迅速，与60年代中期相比分别由占1/5增到1/3和由占1/4增到1/3。发达国家另外6国的情况与小国有所不同。从表8—3中可以看出，在大多数情况下，各国的对外贸易——经济增长相关系数小于小国。以1960—1965年为例，美国、加拿大、澳大利亚和英国的系数值分别为1.22、1.16、1.26和1.11，而比利时、卢森堡、荷兰、奥地利、丹麦、挪威则分别为1.54、1.47、1.60、1.68、1.49和1.27，其差别是十分明显的。80年代初以前，除个别情况外，总的趋势是对外贸易的增长快于经济的增长，即随着经济的增长整个经济的对外依赖程度不断提高。80年代初与60年代中期相比，出口在整个经济中的比重，美国提高了4个百分点，加拿大提高了8.3个百分点，澳大利亚提高了2.7个百分点，英国提高了7.1个百分点。

表8—3　　　　　　　　发达的大国经济增长与外部市场关系比较

年份 国别	1953—1960			1960—1965			1965—1970			1970—1975			1975—1980			1981—1986		
	(1)	(2)	(3)	(1)	(2)	(3)	(1)	(2)	(3)	(1)	(2)	(3)	(1)	(2)	(3)	(1)	(2)	(3)
美国	5.9	7.3	5.5	4.7	5.3	6.2	3.2	6.7	8.6	2.4	7.5	1.2	3.6	6.8	7.4	2.5	0	7.2
加拿大	4.8	6.7	6.8	5.8	7.4	6.1	4.7	10.9	7.8	5.0	2.5	8.4	3.3	6.3	3.0	2.4	4.7	3.5
澳大利亚	4.1	1.6	5.3	4.7	5.5	6.4	5.9	9.1	5.9	3.8	3.3	4.0	2.7	3.5	4.3	2.5	5.5	0.7
英国	2.7	5.0	5.7	3.2	3.7	3.4	2.5	6.5	5.0	2.2	4.6	4.2	1.9	4.2	3.0	2.0	1.4	4.2

注：（1）国内生产总值年增长率；（2）出口年增长率；（3）进口年增长率。均按不变价格计算。

资料来源：《世界经济统计简编》，1982年；《国际金融统计》，附册8，1984年；《贸易方向统计年鉴》，1987年；《1987年世界发展报告》。

1981—1986年一栏国内生产总值数字为1980—1985年。

发展中国家也表现出类似的趋势。当然，由于发展中国家的经济结构、经济发展水平差别很大，在进行比较时必须注意这些差别所造成的影响。让我们先比较一下具有类似经济结构和经济发展水平的大国。从表

8—4中可以看出，情况比发达国家复杂得多。印度自70年代以后才出现对外贸易增长快于经济增长的局面，70年代中到末期，对外贸易的增长速度与经济增长速度间的差距缩小。巴西与墨西哥的数字由于按不变价格计算，其货币数次大幅度贬值，使对外贸易数字的计算有较大影响。尽管如此，除个别情况外，两国自60年代中期以后，均出现对外贸易增长快于国民经济增长的趋势。不过，从出口占国内生产总值的比重看，三国均提高较为缓慢，1966—1980年间印度仅由4.2%提高到5.2%，巴西由6%高提到7.9%，墨西哥由5.2%提高到8.4%。①

表8—4　　　　　　　　发展中国家大国经济增长与外部市场关系比较

年份 国别	1950—1960			1960—1965			1965—1970			1970—1975			1975—1980			1981—1986		
	(1)	(2)	(3)	(1)	(2)	(3)	(1)	(2)	(3)	(1)	(2)	(3)	(1)	(2)	(3)	(1)	(2)	(3)
印度	5.3	2.9	9.6	9.9	3.5	3.4	10.8	13.7	4.4	13	22	25.5	11.5	11.7	11.7	5.2	2.9	1.5
巴西	—	-2	-1.2	5.3	7.2	6.2	6.3	11.9	14.8	10.4	8.4	18.7	6.8	5.1	0.6	1.3	2.7	负数
墨西哥	—	3.4	6.2	7.1	5.6	5.6	6.9	6.0	10.4	6.5	4.8	8.2	6.6	12.3	13.4	0.8	0.8	负数

注：印度数字1950—1960年为1953—1960年数字，所有数字均按现行价格计算。巴西、墨西哥的数字按不变价格计算，巴西1960—1965年数字为1960—1970年数字；（1）（2）（3）标号含义同表8—3。

资料来源：同表8—3。

较小国家的情况与此有所不同。从表8—5中可以看出，这些国家的对外贸易增长速度普遍高于上述较大的国家。经济增长所导致的对外贸易增长加快的趋势比较大国家突出得多。尽管表中所列国家的情况有较大差别，但在大多数情况下，对外贸易增长的速度大大快于整个经济增长的速度。以南朝鲜为例，自60年代以后，所有年份的对外贸易经济增长相关系数均大于2，也就是说对外贸易的增长速度高于经济增长速度的一倍还多。以出口相当于国内生产总值的比率来看，60年代中期到80年代初，南朝鲜由6.6%提高到32%，泰国由13.9%提高到19%，斯里兰卡由20.4%提高到24.1%，以色列由13.3%提高到27.2%，约旦由6.1%提高到19.7%，其比率提高速度和绝对值均高于较大国家。中国台湾的例子也是很有说服力的。60年代初以后，台湾地区经济进入高增长时期，1961—1970年国民生产总

---

① 《国际金融统计》1982年，附册4。

值年平均增长率为 9.9%，出口为 21.8%。1971—1981 年间国民生产总值年增长率为 8.8%，出口为 13.5%。1961—1981 年间出口在国民生产总值中的比重由 9.6% 提高到 48.7%，进口比重由 17.4% 提高到 45.7%。显然，对外部市场的依赖增长比整个经济增长的速度快得多。① 当然，还有一些更小的国家或地区的经济是高度外向型的，整个经济的增长几乎主要体现在对外贸易的增长上，像新加坡和香港地区等，这些只可作为特例对待了。

表 8—5　　　发展中国家中较小国家的经济增长与对外部市场关系比较

年份 国别	1960—1965 (1) (2) (3)			1965—1970 (1) (2) (3)			1970—1975 (1) (2) (3)			1975—1980 (1) (2) (3)			1981—1986 (1) (2) (3)		
南朝鲜	5.2	22.6	5.3	12.6	34	32	9	23.6	14.4	7.5	17.5	15.2	7.9	13.2	6.2
泰国	9.3	10.2	10.1	1.6	8	12.1	6.3	5.5	3.5	7.5	14.9	11	5.1	5.8	负数
斯里兰卡	3.9	0.8	-0.1	11	10.7	13.7	14.2	16	18.9	20	24	31.4	5.1	4.9	0
以色列	9.5	12.6	11.7	7.9	14.1	15.3	7.2	7.9	9.8	2.6	9.2	1.2	1.7	6.7	2.3
约旦	11.2	17.4	6.2	2.3	-0.1	11.5	13	46.5	31.4	25.5	31.6	26.1	4.1	2.7	负数

注：泰国 1960—1970 年数字按现行价格计算，约旦、斯里兰卡的数字均按现行价格计算；（1）（2）（3）标号含义同表 8—3。

资料来源：同表 8—3。

对不同经济发展水平的国家进行比较是很有意义的。这里主要进行两种比较：其一，发达国家和发展中国家的比较；其二，发展中国家中处于工业化初级阶段的国家与工业化已得到相当发展的国家相比较。

一般来说，发达国家的经济对外部市场的依赖要高于发展中国家。从表 8—6 中可以看出，发达国家的对外贸易—经济增长相关系数在各个时期均高于发展中国家。我们还可以从对外贸易在整个经济中的地位变动来进行比较。从表 8—7 中可以看出，发达国家中低比率国家的比例减少得比发展中国家快得多，比例低于 10% 的国家，在发达国家中减少了一半，而发展中国家仅减少 1/3，比例在 10%—20% 的国家，在发达国家减少了 55%，而在发展中国家略有增加，差别最大的是比例占 20%—30% 的国家，发达国家中增

① ［美］华尔特·加兰逊：《对外贸易和投资》，威斯康星大学出版社 1985 年版，第 179 页。

加了 80%，而发展中国家没有变动。当然，尽管存在着差别，发达国家与发展中国家都有一个共同的趋势：低比率国家占的比例减少，而中比率和高比率国家占的比例显著提高。

表 8—6　　　　发达国家和发展中国家对外贸易—经济增长相关系数比较

年份	1963—1967	1968—1972	1973—1977	1978—1982
发达国家	1.48	1.91	2.37	2.1
发展中国家	0.87	1.35	1.08	1.41

注：各项系数为出口增长率与经济增长率之比；发展中国家不包括石油输出国组织国家。

资料来源：《国际金融统计》附册 8，1984 年。

表 8—7　　　　发达国家与发展中国家对外贸易在经济中地位变动比较

	年　份	低于 10%	10%—20%	20%—30%
发达国家	1960	20	45	25
	1980	10	20	45
发展中国家	1960	31	29	18
	1980	20	30	18

	年　份	30%—40%	40%—50%	50%—60%
发达国家	1960	10	5	—
	1980	10	10	5
发展中国家	1960	9	3.6	3.6
	1980	12	8	4

注：发展中国家不包括石油输出国组织成员国。

资料来源：《国际金融统计》附册 4，1982 年。

让我们再来看一下发展中国家处于工业化初级阶段与工业化已取得相当发展的国家的情况。处于工业化初级阶段的发展中国家的情况比较复杂。有些国家是简单的自然资源产品出口国，出口收入是国民收入的主要来源，对外贸易在整个经济中的比重会因经济发展而出现降低，在经过一个时期的降低之后才出现回升。因此，比较对象的选择对比较结果影响很大。这里我将对土耳其、巴基斯坦、南朝鲜和墨西哥四国进行比较。从表 8—8 中可以看出，南朝鲜的相关系数要比土耳其和巴基斯坦高得多。墨西哥的情况虽不及南朝鲜，但总的趋势要比土耳其和巴基斯坦为高。当然，进行这类比较也必须谨慎。由于许多发展中国家的币值不稳定，各国间币值贬升差别甚大，在折算成美元时呈现很大差别，因此，增加了统计比较的困难。这里的比较只是证明，一般来说，工业化程度较高的发展中国家经济增长所导致的对外部市场的依赖要比处于工业化初级阶段的国家更显著。

表 8—8　　　　　　发展中国家对外贸易—经济增长相关系数比较

年份\国家	1965—1970	1970—1975	1975—1980
土耳其	1.35	1.07	1
巴基斯坦	1.62	0.27	1
南朝鲜	3.39	2.61	2.33
墨西哥	1.19	1	1.94

注：相关系数为出口对国内生产总值增长速度之比；均按不变价格计算。

资料来源：《国际金融统计》附册 8，1984 年。

当然，这里所表明的是基本发展趋势，在这种总趋势之下隐藏着许多具体特点。比如，贸易发展也出现波动趋势，在低发展年度可能会低于整个经济的增长，对外贸易增长受到贸易政策的影响，当政策变动时可能会使贸易增长出现反常变动，对外贸易值受商品价格变动的影响，在折算成美元时又会受到汇率变动的影响。因此，反映在统计比较上则会形成对正常趋势的扭曲，对此必须格外小心。

第二节　经济发展与外部市场：出口动因

第一节的统计资料已经表明，不论是发达国家还是发展中国家的经济，都有一个共同的趋势：对外贸易的增长随经济的增长而加快，整个经济对外部市场的依赖性增强。为什么会产生这种共同的趋势呢？本节将从出口方面进行分析。

（一）规模因素

经济中的规模因素对经济增长与外部市场的关系产生重要影响。一种是国内市场规模与生产规模增长的离向发展趋势；另一种是规模经济的增长趋势。这两个方面都产生经济发展的外向扩展压力。

所谓国内市场规模与生产规模增长的离向发展趋势是指国内市场规模的增长赶不上生产规模的增长，生产规模增长的内在推动力导致经济更多的依赖外部市场而发展。

一国经济的市场规模从根本上说取决于该国的消费规模，而消费规模则取决于生活消费和生产消费。生活消费规模的基础是人口规模。一般来说，人口规模越大，消费也越大，反之亦然。但是，生活消费规模是生活消费水平的函数，而消费水平是经济发展水平的函数。因此，一国中生活消费水平与经济发展水平成正比，也可以说，生活消费规模与经济发展水平成正比。鉴于此，在现实生活中，由于经济发展水平上的差别，可能会出现小国的消费规模大于大国消费规模的情况。

但是，消费规模存在着内在的消费结构制约。人的生活消费大体可分为基本消费和奢侈性消费。[①] 基本消费的核心构成是为生存所必需的吃、穿、住。尽管基本消费水平和结构可以因经济环境（主要是经济发展水平）的变化而变化，但在一定的环境下，基本消费量的变化是很小的，在一个时期内甚至可以看作是一个常量。奢侈性消费包括的内容比较广泛。从量的变化来说，它是超过基本消费需求之上的收入变化的函数。因此，奢侈性消费的量取决于收入增长的量。除了收入量的限制外，奢侈性消费量还受到人对物品消费能力的制约。在正常情况下，制约物品消费能力的因素一是物品的自然寿命，二是物品的数量。[②] 因此，奢侈性消费的增长也存在着内在的制约，但不像基本消费制约的那样不灵活。

从收入的角度来说，经济学家们早就论证了边际消费递减的规律，即在增加的收入中，人们用于消费的部分所占的比例趋于缩小。[③] 因此，生活消费规模受到以下三个因素的制约，即人口规模、收入水平和消费倾向。这三个因素的制约使生活消费的增长被限制在一定的限度之内。

生产消费的增长也存在着内在的制约因素。从根本上说，生产消费量的变动是生产量变化的函数。但是，在经济增长中，生产消费节约与产出量增

---

① 这里的奢侈性没有贬义，与腐化或堕落没有联系。这里的含义仅仅是指超过生存基本需求以上的消费，我们亦可以把它称之为享受性消费。

② 消费的非物品化是物品消费量限度的一种突破，从市场规模的角度来说，它的发展是对物品消费增长的一个制约。

③ 凯恩斯：《就业、利息和货币通论》（中译本），商务印书馆，第98—99页。

加的统一是生产发展的内在动力。生产效率的提高使得生产消费的增长总是慢于产出量的增长。在经济规模构成中，生产消费的比例是趋于递减的。同时，技术进步对生产消费的增长也产生重要影响。技术进步不仅影响原料消费的结构，而且也影响原料消费的量。随着生产技术水平的提高，单位产品原料消耗绝对下降。因此，在经济发展过程中产出总量的大幅度增长可以与原料消耗的大幅度下降同时发生。设备消费也因技术的提高而降低。① 尤其是信息技术的发展，使得单位产出所占有的设备量大幅度减少。显然，无论从生活消费还是从生产消费的发展趋势来看，一国中市场规模的增长都会受到多种因素的制约。这种制约使得市场规模的增长在一定条件下呈现缓慢或停滞趋势。

生产规模增长的趋势与市场规模增长的趋势不同。按照马克思主义理论，社会物质生产的基本要素是人的劳动、劳动对象和劳动资料，而决定生产力发展的则是人和劳动资料。

在简单生产条件下，人的劳动技能是生产的决定因素。因此，劳动人口的多少在很大程度上决定着生产的规模。但是劳动资料的发展在物质生产上却把人的劳动技能的生理限制打破了，劳动资料越发展，在生产中的作用越大，脱离人的生理限制制约的程度也就越高。因此，劳动资料越发展，一国生产的规模也就越不受人口规模的制约。现代科学技术，尤其是微电子技术的发展，可以把人从直接生产过程中解放出来，从而使生产的发展在一定程度上可以不受人的直接劳动供给的限制。因此，随着技术的发展，一国的人口规模大小越来越不成为决定生产规模大小的主要因素。从理论上讲，在市场规模不成为制约因素的条件下，只要满足必要的生产要素供给，生产规模可以不受限制地增长。这种趋势显然与市场规模受人口规模制约的趋势不同。

在封闭条件下，消费规模即市场规模制约着生产的规模，均衡的条件是生产规模与市场规模相等。在开放条件下，生产规模的国内市场规模界限被冲破，从理论上讲，在生产要素供给不成为制约因素的条件下，只要有足够大的市场，生产规模可以不受限制地增长。

把市场规模的增长趋势和生产规模增长的趋势综合起来考虑，不难发

---

① 这里讲的是长期趋势，在生产发展过程中，也存在着有机构成提高的趋势，但是，技术的进步所导致的劳动生产率提高，不仅会使有机构成的提高减速，而且还有可能使其降低。

现，上述分析表明，技术的发展使生产规模呈现无限增长的趋势，而市场规模的增长却受到各种因素的限制。这样，出口就成了突破国内市场规模制约使生产保持增长的一个关键因素。[①] 因此，生产力的增长本身存在着内在的出口动力。统计资料表明，小国的经济开放度不仅比大国高得多，而且要求高度开放的压力要比大国早得多。绝大多数国家的经济高增长总是伴随着更高增长率的出口。如今，许多发达国家的经济增长主要靠外部市场的扩大来推动，原因是本国市场规模增长缓慢。因此，在世界市场呆滞甚至萎缩的情况下，这些国家经济的下降比世界贸易的下降幅度更大。

规模经济因素使生产的发展呈现规模扩大的趋势。生产的经济效益原则要求一定的生产必须具有一定的生产规模，具备这种规模的就称之为规模经济生产。规模生产的基本前提是生产具备最低适度规模，低于这个规模生产的产出小于投入，生产是不经济的，大于这个规模才能获得效益，即产出大于投入。在其他条件不变的情况下，规模越大，则效益越高。随着生产技术水平的提高，规模经济的界限也随之扩大。事实上，在现代生产中，一些产品的生产规模经济从一开始就大得必须以国际市场为依托。比如在现代条件下，汽车生产的最低适度规模是 100 万辆，低于这个规模就无法盈利，尤其无法在世界市场上竞争。这种规律显然超出大多数国家国内市场的容量。因此，开拓国外市场是满足规模经济生产发展要求的根本途径。[②]

（二）出口的比较优势

从理论上讲，在经济对外开放和存在世界市场的情况下，生产规模的扩

[①] 马克思曾把生产的无限扩大与消费的有限增长作为资本主义生产方式的一个根本矛盾来分析，正如他在《资本论》第三卷里所指出的："因为资本主义的目的不是满足需要，而是生产利润，因为资本达到这个目的所用的方法，是按照生产的规模来决定生产量，而不是相反，所以，在立足于资本主义基础的有限的消费范围和不断地力图突破自己固有的这种限制的生产之间，必然会发生冲突。"（《资本论》第三卷，第 286 页）马克思的分析在于证明资本主义生产过剩的根源。他的分析也可以被作为资本主义企图向国外寻求出口市场的一个佐证。但在本节的分析中，这种过剩推动出口的致因可以被看作是一个方面的原因，且是一个特例。本节的分析在于证明，生产规模增长与市场规模缺口是一个普遍存在的规律，而不仅仅限于资本主义经济。

[②] 以电子计算机的生产为例，主要生产国的生产发展都表现出强烈的出口倾向，据对美国、日本、法国、联邦德国、英国和意大利电子计算机生产情况的研究，1978—1981 年间国内的生产增长率为 20.6%，而出口为 25%，美国分别为 23.2% 和 26.5%，日本分别为 17.5% 和 36.4%，联邦德国分别为 13.3% 和 23%，法国分别为 18.1% 和 20.8%，英国分别为 12.2% 和 12.1%，意大利分别为 30.4% 和 42.1%。见美国《世界发展》（英文版），1985 年第 3 期，第 317 页。

大可以不受国内市场的制约，即生产完全面向国外市场，不过前提是这种面向国际市场的生产可以获得经济利益。因此，按照经济学的利益原则，只有那些在国际市场具有某种优势并由此可以获得利益的生产才能利用国际市场得到发展。

在拥有绝对优势的情况下，通过出口具有比交易对方高的劳动生产率的产品可以获得绝对利益。从交易双方来说，每一方都出口自己拥有比对方具有优势的产品，双方都可以从中获利。在世界范围，如果交易各方都集中生产各自拥有优势的产品，即发展专业化生产，那么各方都可以使总产量提高。亚当·斯密早在 18 世纪就论述了绝对优势在国际贸易和分工中的作用。绝对优势带来的利益是显而易见的。正如萨缪尔森在其经济学教科书中所指出的，在交易各方都拥有绝对优势的情况下，普通人并不需要李嘉图或职业经济学者来告诉，各方会自然要专业化于自己拥有绝对优势的产品生产，出口这些产品换取自己不拥有优势而对方出口的产品。[1] 当然，绝对优势交换法则要求每一方都必须拥有胜于对方的绝对优势，这不仅限制国际贸易的量，也会把许多国家拒之于国际交换之外。大卫·李嘉图的贡献就在于揭示了比较优势的交换原则。他举例证明，即便是一国没有绝对优势生产，而只拥有比较优势的产品，那么也可以从中得到利益，通过获得比较利益要比不利用比较优势能得到更多的总产量。[2] 绝对优势不是所有国家都具备的，而比较优势则是任何国家都可以具备的。这个普遍存在的利益基础为各国经济利用外部市场提供了内在动力。由于存在着比较利益，一国经济中，即便是不存在生产增长与消费规模的缺口，出口的动力也是存在的。建立在比较优势交换基础上的生产的国际专业化分工，把经济增长中的国内界限和国家间界限打破了。外部市场成了国内市场的自然延伸，利用外部市场成为经济发展的一个必然选择。

一国为什么会具有比较优势？怎样利用比较优势？经济学家们有许多分析。李嘉图的分析着眼于生产的成本，而瑞典经济学家赫克赛尔和俄林于 20 世纪 20 年代提出的要素资源比较优势理论则是着眼于天赋生产要素资源的差别。按照该理论，一国比如说在劳动资源方面丰富，那么就集中生产劳动

---

[1]　萨缪尔森：《经济学》（中译本），商务印书馆 1983 年版，第 40 页。
[2]　大卫·李嘉图：《政治经济学及赋税原理》（中译本），商务印书馆 1972 年版，第 114—115 页。

密集型产品用于出口，如果资本资源丰富就集中生产资本密集型产品用于出口。通过出口资源丰富产品和进口资源稀缺产品，从中获得比较利益，从而使总产量增加。① 尽管把这种分工原则绝对化应用于整个经济的发展行不通，但是，在一定范围和程度上加以利用则是一种内在利益基础。在这个基础上，世界经济中各国的生产自然形成以要素资源比较优势为基础的国际生产专业化分工。这种分工和交换构成各国经济间相互依赖发展的一个重要形式。

第二次世界大战后，国际贸易的重点在要素资源差别较小的国家中进行。这并不是对要素资源分工原则的否定。在这些国家中，相近的收入水平和类似的消费结构为同类产品间跨国流通开辟了广阔的市场。从生产的角度来说，这种广阔的市场为规模经济生产提供了基础，是现代制造业得以发展和扩大的一个重要前提。②

（三）产品的消费生命周期

从微观的角度来考察，每一个产品都有一个消费生命周期。产品的消费生命周期不同于产品的生命周期。一般来说，消费生命周期可分为三个阶段：尝试阶段、普及阶段和更替阶段。第一个阶段是产品刚投放市场，消费者开始试用，试图对旧产品进行更替的时期，随着更多的消费者接受，产品的生产逐步扩大。由于存在着逐步扩大的国内市场，在这个阶段中，产品一般以国内市场为基础。第二个阶段是消费者普遍接受，产品在国内市场得到普及的时期。在这个阶段，由于需求潜力得到最大限度的开发，生产达到高潮。这时，消费者对产品的消费接受度达到最大限度的满足，因而需求增长停滞，国内市场达到饱和。第三个阶段是消费者对产品消费倾向发生转变的时期。在这个阶段，由于消费者对产品的需求渴望减低，③ 市场呈现萎缩。在此情况下，生产者面临着抉择：要么削减产量（由于规模经济生产遭到破坏，生产成本会上升，进而迫使生产无法维持）或停止生产，要么开拓国外

---

① 约翰·威廉姆逊：《开放经济和世界经济》，美国基础书籍出版公司 1983 年版，第 38 页。

② 瑞典经济学家林德于 60 年代初著文指出，自然资源初级产品的国际交换以赫克塞尔—俄林论述的要素资源比较优势为基础，而制成品则以各国间的需求结构为基础。见［美］S. B. 林德：《论贸易与转换》，约翰·威利父子出版公司 1961 年版。

③ 这种变化可能取决于许多因素：如产品本身性能的缺陷，消费者收入的变化，尤其是新的替代产品的出现等。

市场创造新的需求。从生产的机会成本因素来考虑，后一种选择当然是最经济的。① 同时由于这时在国外市场该产品仍未开发，输出到国外市场仍会具有优势。这就是产品的消费生命周期在提供出口内在动力上所表现出来的作用。

（四）经济发展模式

一国经济发展模式对经济增长与外部市场的关系影响极大。内向型经济模式以国内市场为基础，对外贸易不是作为推动经济增长的机制，而只是服从于某种既定的目的。因此，经济增长并不一定意味着对外部市场依赖性增强。而外向型经济则不然，由于以国际市场为基础，出口作为经济增长的机制（或称"发动机"），因此，经济增长意味着对外贸易的扩大。

第二次世界大战后，一些发展中国家或地区实行了出口导向发展模式，所建立的是高度外向型的经济结构。所谓出口导向，是指生产的增长以出口为动力，整个经济的增长以出口的增长为先导，最大的特点是生产以国际市场为依托，参与国际分工体系。在这种发展模式下，经济增长往往是出口增长的函数，出口的增长要快于整个经济的增长，② 一个不断扩大的国际市场是出口导向型经济得以发展的必要前提。

在外向型经济中，国内市场规模对生产规模发展的限制不存在了，规模经济生产的潜力可以得到发挥。这对于本国市场狭小的国家来说尤为有利。事实上，大多数采用出口导向模式的都是国内市场规模基础较小的国家或地区。

据世界银行的分类，真正实行"坚定外向型"战略的国家或地区只有中国香港、南朝鲜和新加坡。然而，在经济中，发展外向型部门、行业或企业

---

① 事实上，出口并非是唯一的选择，到国外进行直接投资亦是出路之一。美国经济学家雷蒙德·弗农于 60 年代中期提出了"产品生命周期"理论，用以解释公司（尤其是美国公司）对外投资的原因。他认为，产品首先在发达国家研制并生产，并在这些国家产生需求，随之产品进入普及化阶段，技术扩散，仿制盛行，生产普及化，产品的生产由发达国家转移到欠发达国家，由此公司大量进行对外投资。见美国《经济学季刊》，1966 年 5 月。

② 许多发展中国家都经历了由进口替代发展模式向出口导向发展模式的转变。不同的模式对出口的作用大不相同。以巴西为例，在实行进口替代的 50 年代中期到 60 年代中期，出口增长慢于或接近国内生产总值增长，1955—1960 年出口平均增长为 2.3%，国内生产总值增长率为 6.9%，1960—1965 年间分别为 4.6% 和 4.2%。而实行出口导向的年份则出口大大高于整个经济的增长，1965—1970 年出口平均增长 28.2%，国内生产总值增长率为 7.6%，1970—1976 年分别为 24.3% 和 10.6%。见《金融与发展》季刊，1985 年第 3 期。

却是相当普遍的。建立外向型部门、行业或企业亦是一种发展战略。利用本国所具有的绝对或比较优势，发展出口导向型生产，利用扩大的出口收入为其他部门的发展提供资金（包括用于进口设备、技术等）。在此情况下，出口的增长与整个经济的增长不仅存在着密切的正相关关系，而且整个经济的增长往往导致出口的加速增长。作为一种发展战略，这种外向型生产往往建立在整个经济增长的综合利益基础上的。在许多情况下，只要出口的扩大能够带来整个经济的发展，即创造足够大的整体效益，那么，即便是对于出口部门不合算，或者说亏损，对于整个经济的发展具有综合效益，人们也会组织出口，这就产生了出口增长的绝对动力。

此外，在开放经济条件下，吸收外国直接投资，建立外资独资或合资企业存在着外部市场依赖导向的内在因素。当然出口导向程度因不同类型外资而异。

——原料寻求型生产是高度出口导向的，因为开发当地原料是为着供应母国市场或他国市场的。

——成本寻求型生产也是高度出口导向的，即通过利用当地廉价劳动力降低生产成本，以增强产品竞争能力。尤其是中间产品的生产是从属于国际专业化生产分工的，出口是完成整体生产环节的必要步骤。因此，一国吸收的国际投资越多，参与国际分工的程度越深，则对外部市场的依赖程度越高。

以上从各个方面分析了国别经济发展中存在的外向发展动力。正是这些因素构成了世界经济的"内聚力"，即各国经济间相互联系和依赖的内在机制。当然，在各国经济对外开放中，有些可能是几种因素同时起作用，有些则是一种或两种因素起作用，同时，在不同时期或者说不同的经济发展阶段，起作用的因素也不同，这里的分析只是指明可能起作用的诸因素。

第三节 经济发展与外部市场：进口动因

一国经济与外部市场的联系既包括出口，也包括进口，本节主要分析经济增长与进口增长的内在联系及原因。

（一）稀缺因素

各国所处的自然环境上的差别，尤其是资源分布上的不均匀，是形成各国生产结构上差异和物质余缺上不均衡的自然基础。从这个意义上说,国际贸易交换是"互通有无"和"调剂余缺"的基本途径。稀缺性进口是各国进口中的最基本的形式。然而,正如第七章分析所指出的,自然差别并不是造成稀缺的唯一原因。为了对稀缺因素进行深入的分析,有必要区分自然性稀缺与发展性稀缺。

自然性稀缺起因于资源在各国间的分布不均匀。其缺口随着经济的发展而增大,或者说进口量随经济的增长而增大。像日本,它是一个自然资源比较缺乏的国家,工业生产所需的绝大部分原料均需进口。经济的增长使进口大幅度增加,对于像日本这样的国家来说,没有进口就没有经济的增长。

发展性稀缺起因于经济发展本身,即由于经济的发展产生需求与供给上的缺口。发展性稀缺既可以表现在原料的需求上,也可以表现在对消费品、资本品和技术的需求上。导致发展性资源缺口的原因,一则因经济增长使原有的资源供给产生不足;二则因新的生产发展产生对原料需求的更替或转换,而本国没有或甚少资源储量。在上述两种情况下,进口是保证经济增长的基本条件。从世界经济发展的历史来看,由于经济发展导致对原料需求的增长或由于原料需求转换,一些资源丰足国变为资源稀缺国,或资源贫乏国变为资源丰足国,这种变化使资源进出口国别结构发生变化。美国是世界上资源储量最多的国家之一,也是煤、石油、铁矿石等矿产原料最大的生产国之一,历史上美国曾是最主要的初级矿产品出口国,然而由于经济增长快,规模大,现在变成初级矿产原料和燃料的最大进口国。

发展性消费品和资本品缺口有两种类型:其一,结构性缺口;其二,超前性缺口。所谓结构性缺口是指国际市场上出现更为廉价的同类产品,使生产者放弃原来的生产,从而使本国供给市场上出现结构性空缺,需求转而由进口来满足。结构性缺口所产生的进口倾向促进国际分工的发展,以获得比较利益为前提,因而有着广泛的基础。所谓超前性缺口源于超出国内现有生产能力的需求。在消费品方面因国外消费模式或潮流的导向,产生超前性消费渴求,而国内生产不能满足供应,造成进口压力。在资本品方面,可能会因国际竞争的压力,或出于发展战略上的考虑发展超前性生产,由此产生的对先进设备的需求不能由本国生产来满足,而只能依赖进口。由于进口可以打破资本品供给的瓶颈限制,因而超前性产业的建立成为加速提高经济技术水平的一个重要途径。超前性资本品缺口对于发展中国家尤为突出。从一种产品的进口曲线来考察,一般呈∧形,即在生产发展的初期阶段,生产的增长导致进口的增加，一旦本国具备生产能力，则进口减少，甚至停止。但是，从结构性动态转换的角度来分析，则缺口是经常性存在的，只是缺口的内容不断变化。因此，超前性缺口作为一种进口制导因素在开放经济中总是存在的。

发展性技术稀缺主要表现为超前性缺口，即发展比现有水平高的先进生产，由于对技术的需求超出本国供给能力而由进口来加以满足。在此情况下，技术进口正像资本品进口一样成为生产发展的基础。发展中国家的工业化会造成大量的超前性技术进口。在一些情况下，以价值而论，技术进口的增加速度往往快于生产的增长速度。国际市场上激烈的竞争是促使生产者选择超前性技术的一个重要动力。从技术的供给来源来考察，世界经济技术结构的多层次性，尤其是技术的商品化发展，使超前技术（具有很大的相对性）进口市场得到充分的保证。

（二）进口的比较优势

稀缺并不是导致进口的唯一原因。在具备比较优势的情况下，即便不存在着稀缺，也可以出口具有比较优势的产品，进口具有比较劣势的产品。在这里，进口与出口的安排共同实现比较利益。

按照比较优势原则进行国际贸易交换导致生产的国际专业化分工。在理想的分工结构中，每一个国家都只生产自己拥有比较优势的产品，进口不具备比较优势的产品，这样，每一方都既是进口者，又是出口者；既为对方提供市场，又是对方市场的客户。由于有着共同的利益基础，这种分工在各国经济间形成一种比较稳固的结构性联系，使进口因素在经济发展中作为一个必要前提而刚性化。[1] 比较优势进口的结构可以建立在下述基础之上：其一，放弃本国已失去竞争优势的生产转而由进口来加以满足需求，把生产的重点放在尚拥有竞争优势的生产，或开发"竞争前技术"发展领先产业上；[2] 其

---

① 从国别范围来考察，尽管按照比较优势原则进行的国际专业化分工可以使参加者得到比不参加分工者较多的利益，但是，出于各种原因，如国际市场的不完全性、民族国家的独立意识、实行工业保护、安全利益等，尤其是发展中国家的起步工业完全放开则难以抵挡进口冲击，因此，完全按照比较优势原则建立本国经济结构的国家从来没有。然而，这并不是说按照比较优势原则进行的分工不可行。事实上，比较优势原则只是提供一种可行性原则，至于如何利用这个原则当然要从具体情况出发。

② 比如，到70年代末，美国已完全放弃黑白电视机的生产，1968—1979年间，黑白电视机的进口比率由38%提高到98%。见联合国工发组织《工业与发展》1985年第14期。

二，为利用本身所拥有的资源优势（自然资源和劳动力资源），进口可以发挥这些优势的投入要素，生产竞争性产品。比如在劳动供给充足的情况下进口原料、半成品进行来料加工，在自然资源丰富的情况下进口技术和引进技术人才，在技术和设备齐备的情况下进口资源和引进廉价劳动力等。

从世界经济的发展来考察，稀缺性进口是国际交换的最简单基础，而在比较优势原则指导下的进出口则是世界经济取得一定发展的产物。没有一个开放的、具有竞争环境的世界市场，比较优势原则就无法得到体现。按照比较优势原则为指导的国际交换，以世界市场的发展为前提。因此，世界经济越发展，进口的比较优势因素就越发挥作用，从而经济增长与进口增长的关系也就越密切。

（三）投资导向

跨国直接投资与商品进出口有着不解之缘。它不仅会成为带动出口的重要因素，而且也是导致进口增加的重要原因。

正如对出口导向的作用一样，对进口的导向也因投资目标不同而异：

——市场寻求型投资以占领和扩大投资所在地的商品市场为目标，实际上是以对外投资替代出口。这类投资对当地的进口导向作用在于当地的生产以大量进口设备、技术、原料和中间产品为基础。因此，经营的扩大与进口的增长相关。而对于投资者母国的经济来说则实际上是出口导向的，通过出口设备、技术和中间产品来代替成品出口。

——成本寻求型投资以利用投资所在地的较低的劳动成本为目标，实际上是生产的异地转移。这类生产转移可以是部分的，也可以是全部。部分转移主要采取生产的水平或跨国专业化分工的形式，即由海外投资企业生产某一种或多种产品构件，形成多国有机专业化分工群体企业。如果最终产品的完成仍留在母国，那么，这种投资对于投资国来说是进口导向型的，而对于投资所在国来说，既有出口导向作用又有进口导向作用，因为这类加工生产往往是以进口原料或中间产品为基础，进口是出口的前提，大批零部件源源流入是国内企业生产发展的基本保证。全部转移主要采取把全部生产转移到国外生产，在国外实行多国间的水平专业化分工。由于国内的生产基础不复存在，水平专业化所导致的在分工国间的商品流动只涉及他国而不涉及投资母国。但是，由于全部生产转移到国外，投资国国内市场上会出现供给缺口，这种缺口或则由在国外生产的产品返销来弥补，或则由其他的进口来源来弥补。在大多数情况下则由返销来供给，因而这类投资对于投资国存在的结构性的进口有导向作用。对于投资所在国来说，正像前一种情况一样，设备、技术和中间产品的进口是生产得以进行的基础，即是进口支撑型的生产。

——资源寻求型的投资可分为两类：一类是以开发当地资源为目标的投资，这类投资不一定以供应本国市场为基础，可能主要是为向他国市场出口；另一类以满足本国需求为基础。对于投资国来说，前一类投资只对进口产生很小的影响，后一类投资则会导致大量的进口。从跨国公司在海外生产的产品销往母国的情况来看，矿产资源产品输往母国的比例很大。以美国跨国公司为例，60 年代中期，矿产品的回销率高达 38％，70 年代中期为 1/4。①日本从事资源寻求型投资的跨国公司大多属于后一类型，因此，产品的回销率远比美国为高。对于投资所在国来说，这类投资所产生的进口导向作用相对较小，一般只涉及为生产所必需的设备和技术。

从总的情况来看，外国直接投资是推动投资所在国进口增长的一个重要因素。由于投资企业的生产结构本身存在着进口的内在机制，因此，这部分经济的发展必然伴随进口的增加，尤其是在生产的国际专业化分工格局中，进口是把各分工局部联结成一个整体的关键机制。

（四）"消费冲击波"

无论是发达国家还是发展中国家，消费品的进口都占有不小的比例。以 1980 年为例，进口在发达国家消费品消费量中的比例为 20％，在发展中国家为 21％。② 当然，不同国家间的差别很大。引用这两个数字仅仅为了表明消费品进口所占的地位。在开放经济条件下，一国国民消费结构受到外部消费结构传递的强烈影响。一般来说，在一国范围内消费结构取决于生产结构，消费水平是收入水平的函数，然而，消费倾向的跨国传导和影响会使一国的消费需求结构与该国的生产结构相偏离。消费倾向的跨国传导可以通过多种方式：1. 人员的流动所导致的"示范效应"；2. 商品的流动所导致的"诱导倾向"；3. 各种新闻媒介所导致的"追踪倾向"等。由于上述倾向的形成，在国民消费需求结构中，往往会导致对进口商品的强烈需求。前述超

① 见美国《现代商业概览》1978 年第 3 期。
② 据《国际贸易统计年鉴》1981 年版数字计算。

前性消费倾向即是这种需求的具体反应。"消费冲击波"主要是向下传递的，从而形成低消费结构向高消费结构的追逐，在低收入的国家造成"消费早熟"。[①] 只要不是用强制手段加以制止（如严禁进口），那么这种冲击波就会导致强烈的进口倾向，直到国内能够生产足以满足消费需求的相同产品或足以有强大吸引力的替代产品。当然，在一些情况下，"消费冲击波"也可以向上传递，从而形成高消费结构向低消费结构的转移。比如在高消费结构国消费收入增长缓慢或停滞的情况下，消费者的需求倾向会发生逆转向，更愿意选择比较廉价的产品。[②] "消费冲击波"虽然能在一定的程度上推动本国生产结构的改变，但在一个时期内，它所导致的"进口饥饿症"会对经济造成巨大压力。从世界经济发展的角度来看，"消费冲击波"既是经济发展不平衡的产物，也是经济发展本身的产物。就像世界经济中的其他传递机制一样，消费倾向的传递也是国别经济间相互联系与交织的一个重要内容。

（五）经济发展模式

外向型经济的经济增长与外部市场的密切关系不仅表现在出口的增长，也表现在进口的增长。那些导致出口增长的因素也往往同时存在导致进口增长的基础。[③] 凡是经济开放度高的国家，进口系数也必然高。

当然，不同的经济发展模式对于进口的增长趋势产生不同的影响。从第二次世界大战后发展中国家所实行的发展模式看，进口替代与出口导向在影响进口上有较大差别。进口替代的目标是以在国内生产替代从国外进口，途径是借助外国投资或者技术设备进口。引进外国直接投资意味着向外国公司的产品开放本国市场。从统计上看，这些产品不再归为进口商品。然而，由于外国公司生产所需的设备、技术以及原料（有时是中间产品）需从母国或他国进口，这种进口替代在一个时期内突出地表现为"进口形式的替代"，即以让外国公司把生产转移到国内替代进口制成品。通过后一种途径，实际

---

① 70年代中期以前，在中国消费者的需求结构中，黑白电视机还是属于高档商品，而在实行对外开放后，在很短时间内出现了彩色电视机、电冰箱的"狂热需求"，迫使政府不得不决定扩大进口以缓和供给极度紧张的局面。

② 70年代中后期，在汽油大幅度涨价，消费者实际收入停滞的情况下，美国人纷纷转向购买日本的小型省油汽车，从而造成了日本小汽车进口热。

③ 这方面的关系可以从出口中的进口结构成分所占的比例反映出来。据统计，70年代初，这方面的比例，南朝鲜为26%，中国台湾为25%，以色列为21%，挪威为20%，南斯拉夫为19%。见《世界发展》1985年第12期。

上也是一种进口形式的替代，即以进口生产设备技术（有些情况下亦包括大量的中间产品作为生产原料）替代制成品进口。在上述两种情况下，生产的增长都以进口的增长为基础，因此，进口替代模式下的经济增长本身存在着进口增长的内生因素，在一些情况下，甚至会出现进口快于经济增长的情况。①

　　出口导向的目标是生产面向国外市场，以出口带动整个经济的发展。对于后起发展的国家来说，要跟踪和适应国际市场的发展，尤其是高消费结构市场的发展，则往往主要靠利用国外的资金、设备、技术或原料（主要是中间产品的加工），因为出口导向型生产所需的生产投入必须与所面向的市场居于同一（或近似）水平上。也就是说出口产品生产，需要有适应出口市场的相应设备和技术。要做到这一点，要么自己发展，要么引进。前一种在短时间内难以做到，尤其在创始阶段无法做到，后一种是比较现实的选择。因此，出口导向型模式存在内在的引进机制。在实际发展中，对导向目标市场的出口越多，即生产增长越快，则从该市场上所进口的需求也就越大。在很大程度上说，出口导向是进口带动型的发展。出口导向得以实行的前提条件是一个不断扩大的外部市场。在外部市场出现萎缩的情况下，即便出口受阻，进口仍会继续增长。因为在生产过程中，进口与生产直接相联系，与出口间接相联系。进口的惯性作用和维持生产基本规模的需要，使得进口与出口趋势在此情况下出现背离。这种背离会导致贸易的严重不平衡。

　　当然，导致进口的因素并非都是遵循上述原则的。比如，出于战备或其他应急目的而进行的"战略性进口"，出于满足某些人的特殊需求而进行的进口等等，可以把它们称之为非机制性进口。它们往往与经济发展的进程没有直接的联系。对它们的分析不在本书的分析范围。

---

① 这种情况可能出于多种原因，如生产效率低、不合理的进口价格等。

第 九 章

经济发展与资本的国际运动

本章将从几个方面分析经济发展与资本国际运动的关系。这种分析旨在揭示，在世界经济的发展中资本国际运动发展的内在原因。

第一节　经济发展与资本国际运动的关系:实证资料

在进行理论分析之前，本节先以统计资料为基础，提供有关经济发展与资本国际运动之间关系的证明。这些经验性的统计数据是对现实的概括描述，所能回答的不是为什么，而只是是什么，不过可以作为对其进行理论分析的起点。

从历史上看，资本的大规模国际运动是工业革命的产物。工业革命的发源地英国积累了充裕的资本，一方面伦敦为其他国家提供资金的来源；另一方面为了满足工业革命引起的对原料以及食品的极大需求而大举对外投资。1870—1914 年间，英国的对外投资占到其国民生产总值的 5%—10%，资本流出占英国储蓄的比例高达 25%—40%。较早发展起来的法国和德国也都成为输出资本最多的国家，到 19 世纪末，对外投资额占到国民生产总值的 2%—3%。另外一些国家则在经济发展过程中引进了大量外资。在 19 世纪中，外资流入额占美国国民生产总值的 1%—6%，占加拿大国民生产总值的 7.5%（占投资总额的 30%—50%）。澳大利亚、北欧国家、阿根廷也成为引进外资最多的国家。像阿根廷，在 19 世纪末到 20 世纪初，外资流入占其国民生产总值的 12%—15%。[①]

---

① 《世界发展报告》（中文版），1985 年，第 11 页。

　　两次世界大战期间，尽管资本流出和流入的国别格局发生了许多变化（其中，最突出的是美国成了资本流动的主要来源），但总的趋势是资本的国际流动规模增大，速度加快，经济上发展最快的那些国家，都与资本的国际运动有密切联系。资本主义世界30年代的严重经济危机以及此后爆发的第二次世界大战使世界经济的发展受到严重影响，资本的国际运动也因而停滞。

　　第二次世界大战后，世界经济出现了空前的发展，资本的国际运动也达到了前所未有的规模。

　　从直接投资以及其他长期资本的国际运动与经济增长的比较来看，60年代末到80年代初，前者的增长速度明显快于后者（见表9—1）。

表9—1　　　　　　　　经济增长与资本国际运动（年平均增长率）

（1968—1982年）

	世　界	发达国家	非产油发展中国家
国内生产总值	+11.7%	+11%	+12.5%
直接投资和其他长期资本	+22.6%	-13.8%	+17.2%

　　注：（1）国内生产总值按当年价格计算；（2）"-"号表示净流出，"+"号表示净流入；（3）由于资本国际流动额为净额，这大大降低了实际流动规模。

　　资料来源：国际货币基金组织：《国际金融统计》，附录7和附录8。

　　尽管资本的国际运动是经济发展的产物，然而，资本的国际运动又成为推动世界经济增长的重要动力。经济学家艾里米欧·迈耶（Emilio Mayer）[①] 的概念对世界50个国家进行了考察，发现外部总收入与国内生产总值的比率普遍较高（见表9—2）。

　　外部总收入指标从货币关系上表明了一国经济与世界经济的关系。[②] 如果说外部总收入指标尚不能清楚地表明经济发展与资本国际运动的直接关系，那么外资流入占国内总投资的比例则很能说明问题（见表9—3）。从表中可以看出，无论是中等收入的发展中国家，还是低等收入的发展中国家，

　　① 外部总收入（GER）包括：出口收入、国外劳务收入、外来非贸易收入、私人和官方非交换性转移支付。见《国际放款：国别风险分析》，第150页。

　　② 在外部总收入中，无形贸易收入高者占60%，低者也占10%以上，这方面的研究见《国际放款：国别风险分析》，第151页。

外资流入在国内投资中都起着十分重要的作用。据罗伯特·海勒的一项研究，在他所选择的国家中，国内生产总值每增长 1 美元，则外部流入资金约为 19 美分。

表 9—2　　　　　　外部总收入相当于国内生产总值的比例

（1978—1980 年）　　　　　　　　　　　　　单位:%

国别	比率	国别	比率	国别	比率
比利时	68.3	南朝鲜	36.4	新西兰	25.9
爱尔兰	65.7	南非	36	厄瓜多尔	25.8
以色列	65	芬兰	33.3	埃及	25.4
马来西亚	59.1	委内瑞拉	33.2	危地马拉	24.7
荷兰	56.5	叙利亚	33.1	泰国	24.6
塞浦路斯	54.9	英国	32.9	摩洛哥	24.2
牙买加	54.9	瑞典	31.5	希腊	22.7
挪威	46.3	肯尼亚	30.4	菲律宾	22.4
冰岛	44.2	加拿大	29.7	智利	22.1
瑞士	41.9	意大利	28.9	巴基斯坦	22.0
赞比亚	40.4	联邦德国	28.8	坦桑尼亚	18.8
洪都拉斯	40.2	印度尼西亚	28.8	澳大利亚	17.5
斯里兰卡	39.8	哥斯达黎加	27.8	西班牙	16.7
突尼斯	38.5	法国	26.7	美国	14.1
奥地利	37.2	日本	13.3		

资料来源：〔美〕艾米里欧·迈耶：《国际放款：国别风险分析》，赖斯顿出版公司 1989 年版，第 34 页。

如前所述，现代资本国际运动的重要特点之一是资本在流动方向上双向化。大量输出资本的国家同时也大量输入资本，资本短缺的国家大量吸收外来资本，同时也进行对外投资。资本的流进流出不再是经济运转过程外在的运动，而是变成与经济运转的内在过程相联系。对于这种发展只能从经济发展的内在因素进行分析。

表9—3　　　　　　　　外资流入占国内投资的比例　　　　　　　　单位:%

国别	1950—1960 年	1960—1970 年	1970—1977 年	1977—1981 年
中等收入发展中国家	—	7.4	9.1	11
其中				
南朝鲜	71.5	40.7	19.9	23.1
泰国	1.1	11.6	14.7	21.2
菲律宾	6.4	9.7	14.4	17
巴西	6.1	3.6	15.4	19.9
墨西哥	8.0	9.3	16.7	14
低收入发展中国家	—	15	8.4	19.4
印度	12.1	12.8	6.6	6.8
斯里兰卡	58.2	38.2	42.4	32.4
巴基斯坦	—	32.8	13.4	47.4
扎伊尔	—	0.3	41.5	43.3
埃塞俄比亚	11	16.6	12.9	31.5

资料来源：世界银行：《世界经济表》1984 年。

第二节　经济发展与外资流入

经济发展为什么会导致外资的流入？本节将从经济发展的内部机制来进行分析。

（一）资金供给短缺

从根本上来说，经济增长的源泉来自投资，而投资资金来源于储蓄。在一国经济中，均衡发展的前提是储蓄可以满足投资的需求，即储蓄等于投资。如储蓄小于投资则会出现资金供给不足，或者说存在着投资—储蓄缺口，反之则会出现资金过剩。

在封闭条件下，解决投资—储蓄缺口的出路是，要么提高储蓄率，要么削减投资。前者以直接牺牲消费为代价，后者则以直接牺牲增长为代价。这样做都会导致经济发展的进一步不均衡。在开放条件下，则可以通过借入外资来弥补缺口，从而使经济增长实现均衡。当然，借入外资是有代价的，除了偿还本金外，还要支付利息。从发展的角度看，借入的外资必须能够创造的最低收益是本金加利息。从外资的作用来看，其意义不仅仅在于可以创造高于其借入代价（本金加应付利息）的价值，而且还在于得到了提前使用未来国民收入的手段，弥补现时资金供给不足的缺口，使经济实现均衡增长。

在发展中国家，投资—储蓄缺口，即资金供给不足是一个普遍现象。据世界银行提供的资料，在 1960—1983 年期间，整个发展中国家的投资—储蓄缺口是 1/10。[①] 发展中国家之所以会普遍存在着资金供给缺口，一是因为储蓄率低；二是投资需求增长快，即储蓄的增加跟不上投资需求的增长。

储蓄是收入中满足消费需求开支以后的剩余。一般地说，储蓄水平是现有收入水平的函数，低收入可用于储蓄的部分小，高收入可用于储蓄的部分大。从国家的范围比较来说，低收入国家的储蓄率较低，高收入国家的储蓄率较高。[②] 从发展趋势看，在一定的低收入水平下，收入的增长往往并不能伴随着储蓄率的相应提高。

用于投资的资金虽然来自消费开支后的剩余部分，但是投资需求往往并不完全取决于现有收入水平。对投资的需求主要取决于两个因素：一是现有经营结构，即维持现行结构再生产的投资；二是预期经营结构，即对未来发展的投资。前者与现有的发展水平（可看作现有收入水平）相联系，后者与对未来发展的期望相联系。因此，投资需求有超出以现有收入水平为基础的储蓄水平的倾向，表现在投资与经济增长的关系上则是投资的增长快于经济的增长。

发展中国家处于工业化过渡时期，大量的投资需求不是维持现有结构的再生产，而是建立预期结构的扩大再生产。这种投资会超出现有的收入水平（进一步说是在此收入水平之下的储蓄水平）。加之发展中国家与发达国家间的发展差距造成前者的"追赶压力"，使前者把高增长目标作为一种发展战略，这无疑会增大投资压力。

从投资效率上来分析，发展中国家的较低投资效率抬高了投资水平。据分析，经济发展水平越低，投资/经济增长的比率越高。[③] 因此，从这个意义

---

① 《世界发展报告》1985 年（中文版），第 45 页。

② 储蓄率还受到多种因素的影响，如消费结构、消费习惯等等。正因为如此，同属高收入国家范围的美国和日本却有着差别很大的储蓄率，美国的低储蓄率和日本的高储蓄率形成鲜明的对照。

③ 投资/经济增长比率为投资增长速度与经济增长速度之比。据詹姆斯·里德尔的计算，发展中国家的投资/发展增长比率有提高的趋势，1960—1970 年间为 3.4%，1970—1981 年间为 4.4%。同期，低收入国家为 3.6% 和 5.6%，中等收入国家为 3.4% 和 4.4%，前者比后者为高。见〔美〕里德尔《发展中国家增长的外部限制》，约翰·霍普金斯大学出版社 1984 年版，表 4.1。

上说，在完成同样的经济目标的情况下，经济上越不发达，则投资资金供给缺口可能越大。

显然，从投资增长与储蓄增长的趋势综合来考察，在发展中国家存在着投资资金需求快于储蓄供给的趋势。

发达国家与发展中国家的情况有所不同。在通常情况下，储蓄不仅可以满足国内需求，而且还可能出现过剩。据世界银行提供的资料，1960—1983年间，整个发达资本主义国家的储蓄大约超过国内投资需求的3%。[①] 当然，这并不表明，某个国家在某个时期不会出现资金供给短缺。比如，1974年和1979年，就整个发达资本主义国家的情况而论，曾出现储蓄小于国内投资需求的情况。[②]

值得注意的是政府开支对资金供给缺口的影响。战后以来，各国政府的开支都不仅呈现不断扩大的趋势，而且财政开支的增长快于财政收入的增长，其结果是财政赤字猛增。在发达国家，在凯恩斯主义的赤字财政理论指导下，财政赤字在经济运转过程中制度化了，且形成了不断膨胀的恶性循环。庞大的财政赤字对资金供给市场造成巨大压力。在发展中国家，政府对经济的直接管理，导致了财政开支的大幅度增长。在许多国家，赤字的增长速度比财政开支的增长速度快得多。财政赤字的存在只会进一步加剧已经存在的资金供给缺口。在一些发达国家，庞大的财政赤字不仅吃掉了储蓄大于投资需要的剩余，而且成了创造资金供给缺口的主要原因。[③] 以美国为例，1980—1984年间私人净储蓄增加1293亿美元，净投资增加1258亿美元，储蓄增加余额为35亿美元，然而此间政府的财政赤字增加921亿美元，其结果尚有资金供给缺口886亿美元，这个巨大的缺口只有靠外资流入来加以弥补。[④]

在发达国家，资金供给短缺带有一定的随机性特征，程度亦因国别和时期而异。而在发展中家，资金供给短缺带有经常性的特征，且在工业化发展过程中，资金供给缺口有加大的趋势。

值得指出的是，即便不存在资金供给的缺口，引进外资也是可能的。从

---

① 《世界发展报告》，1985年，第45页。

② 同上书，第46页。

③ 在不考虑政府开支的情况下，资金供给缺口 $Sg = I - S$，在考虑政府开支的情况下，$Sg = (G - T) + (I - S)$。Sg为资金供给缺口，S为储蓄，I为投资，G为政府开支，T为税收。

④ 堪萨斯联邦储备银行：《经济评论》1985年6月号，第30页。

资金供给的角度来看，引进外资使本国资金供给增加，引入的资金可用于投资，亦可用于消费。在用于投资的情况下，假定投资规模既定，则引入的外资起代替储蓄的作用，从而使可用于消费的资金增加。在用于消费的情况下，假定储蓄率既定，则使需求规模增加。因此，引入外资可以被作为一种政策工具，用以缓和社会消费需求不足。当然，这里有两个前提：其一，社会的总需求小于总供给，即社会消费需求不足，或者说是生产过剩；其二，刺激起来的消费需求必然反过来导致生产的增长，即投资的增加。否则，将给经济造成潜在的危险。

（二）进口需求压力

第八章对经济发展中存在的进口致因进行了分析，但那里并没有涉及进口资金的来源问题。

在均衡条件下，一国经济中出口收入等于进口支出，即出口的增长能够满足进口增长对资金的需求。然而，在实际的经济发展中，存在着一系列导致收支不平衡的因素，其中进口大于出口，即出现进口资金供给缺口的情况，既有可能性，又有必然性。

一般来说，发展中国家的进口资金供给缺口比较大。之所以如此，主要基于以下原因：

——工业化对设备、技术进口的需求大，且这种需求随工业化的发展而增大。而出口能力的增长却往往落后于进口的增长。这是因为出口能力并不一定会随进口的增多而增强。即便用进口设备和技术发展出口工业，也有进出口间的时差问题，即出口能力的增长落后于进口需求的增加。

——进出口能力所产生的不平衡，一般来说，发展中国家进口的主要是高价值的"资本货物"和技术，而出口的主要是低价值的初级产品或普通制成品。结构上的巨大差别导致进出口价值上的反向运动，即出口收入易向下滑动，而进口支出易向上浮动，其结果导致进出口间的不平衡。从非石油输出国组织成员国的发展中国家的情况看，1951 年到 1981 年的 30 年中，进出口贸易平衡表上每年都是呈现赤字，且赤字呈不断扩大的趋势。1951 年这些发展中国家的贸易赤字为 17.9 亿美元，到 1981 年增加到 1089.5 亿美元。[①]即便是实行出口导向的南朝鲜，在相当一个时期里，进口快于出口增长的情

---

① 《国际金融统计》贸易附册，1982 年第 4 期。

况亦非常突出，1970—1983 年间，由贸易不平衡所导致的进口资金缺口达
1508 亿美元。同期，以出口制成品为主的发展中国家只有一年出现过贸易盈
余，其余年份均出现进口资金缺口。[①]

　　石油输出国的情况可以看作是一种例外，1973 年石油价格一再猛涨之
后，贸易盈余大幅度增加。当然，有的国家虽然不是石油输出国，在一些年
份也呈现贸易盈余。

　　发达国家虽然不像发展中国家那样需要承受长期进口资金短缺的压力，
但是，进口大于出口，即出现进口资金缺口的情况也会发生。撇开特殊情况
不说，[②] 在通常情况下，起决定作用的是本国产品的竞争力。在国内市场上，
竞争力低会导致对外国产品的需求增大，从而导致进口增加。在国外市场
上，这会导致对本国产品需求减小，从而导致出口减少。其结果，出现贸易
赤字，即进口资金的缺口。美国的情况是一个例证。70 年代中期以前，美国
的对外贸易多数年份都呈现盈余，此后连年呈现赤字。1977—1986 年，贸易
赤字高达 5423 亿美元。[③] 像意大利，在 1970—1986 年间，只有两年呈现贸
易盈余，英国只有四年有盈余。同期，整个欧洲自由贸易联盟区国家年年为
赤字。[④] 在拥有非物品贸易收入的情况下，如果这方面的收入足可以弥补贸
易赤字造成的缺口，则不需要依赖外部筹资来加以补充，否则，对外部资金
的依赖就是不可避免的。

　　值得指出的是，自由外汇的流入对于本国货币不自由兑换的发展中国家
具有特殊的作用。为了满足发展工业化所造成的不断增长的进口需求，筹措
足够的外汇资金是至关重要的。事实上，发展中国家对外汇的需求往往不以
自身创汇的能力为界限，存在"自行"扩大的趋势。因此，在发展中国家，
存在着对外汇需求增长的内在机制。发展中国家的出口收入并不能完全取决
于自己的出口能力，而是在很大程度上取决于外部市场（主要是发达国家）
的需求和由这种需求所决定的价格。我们看到，一方面对外汇的需求有"自
行扩大"的趋势，而收入却决定于外部需求，这无疑是一个矛盾。这个矛盾
是产生外汇短缺的一个重要原因。由于对外汇资金的需求具有不可替代性，
在出口收入不能满足经济增长对外汇资金需求的情况下，不管通过什么形

---

① 《国际贸易和发展统计手册》，第 292 页。
② 如进口商品价格的突然猛涨（如石油），或经济危机等。
③ 《国际贸易和发展统计手册》，1985 年；《贸易方向统计年鉴》，1987 年。
④ 同上。

式，都要有一定数量的外汇资金流入来加以保证。①

（三）国际化筹资

正像内行的经营者不会把经营过程中暂时闲置的资金锁在保险柜里一样，精明的企业家绝不会等到积累足够大的资金规模时才进行投资。银行的出现和金融市场的形成不仅为闲置资金找到了出路，也为资金的筹措提供了来源。从资本运动形式来考察，尽管借贷资金只是对未来收益的提前使用（当然还要为提前使用付出代价，即支付利息），但是，由于借贷投资打破了自有资金规模的限制，提供了对未来收入超前使用的机会，借贷资金往往成为经营资金运动的起点。现代化大生产的一个突出特征是随着生产技术和产品构造的多样化而导致最低起点投资不断增大。以半导体生产的投资为例，50年代中期，所需要的最低起点投资为10万美元，而到80年代初已提高到6000万美元。显然，这样大的一次性投资没有外部筹资是不可能的。事实上，在现代经济中，外部筹资往往是企业经营资本来源的主要构成部分。②

经营者外部筹资所遵循的基本原则是付最小代价，获得最大的收益。在封闭条件下，经营者外部筹资的活动范围是国内资金市场，而在开放条件下，筹资范围则扩大到国际金融市场。从根本上说，在国内外都有资金供给来源的情况下，国内国外市场利率的差异是经营者选择筹资来源的主要考虑。也有其他考虑，比如，汇率、偿还条件、信誉要求、附加条件等。只要国外市场存在着比国内市场更优越的条件，那么，筹资者便会选择国际金融市场。③

正像生产的运动必然冲破国界而向国际化发展一样，资本运动的国际化也是一个必然趋势。在这个意义上说，国际金融市场是国内金融市场的自然延伸。随着商品、生产和资本国际化的不断发展，资金筹措的国别界限已经变得越来越模糊了。尤其是对于那些大公司来说，国际范围的筹资已经成为其正常运行发展的一个基本保证。因此，对于他们来说，区分国内的还是国

---

① 60年代中期，美国学者钱纳里和斯特拉曾就外来资金在发展中国家的作用问题提出了"两缺口理论"。参见厄姗·尼·克巴克特《外来信贷和经济增长运行》，普莱格出版社1984年版，第118—119页。

② 据报道，80年代中期，美国、日本企业的自有资金率大约都只占1/4。见中国《经济日报》1987年7月18日。

③ 以南朝鲜为例，自60年代中期，由于国内外利率存在较大差别，汇率趋势使得从国外筹资有利可图，因此，国外筹资开始大幅度增加。参见《外来信贷和经济增长运动》，第74—75页。

际的资金已经没有什么意义了。从理论上讲，只要债务人被债权人认定具备偿还贷款的必要信誉，只要债务人认定债权人所提供的借贷条件是可以接受的，那么，外部资金的使用就是可行的了。至于资金来自何处是无关紧要的。

（四）结构性空缺机会

以上从资金供给需求的角度分析了导致外部资金流入的原因。事实上，造成外国资金流入的并不一定是资金供给上的原因。

从经济发展的角度来分析，一国之所以能吸引和需要外国直接投资，是因为在经济发展过程中存在着经常性的结构性空缺机会。

——国内的经济结构发展不平衡，资本投向获利条件较好的部门，而使那些低利润率部门出现投资空缺，或投资不足。

——经济结构发生变化，出现获利条件较好的新兴产业，资本从原有的经营部门抽走，转向新兴产业，从而使这些部门出现投资空缺。

——经济发展过程中出现更新性投资和创新性投资机会，这类投资不仅要求资本的投入，而且要求包括技术在内的多种要素投入。因为在缺少技术的条件下，即便有资本，投资也不能进行，这迫使资本转向其他部门或以其他形式运动，从而造成投资空缺。

在上述几种情况下，外资的流入不仅是可能的，也是必要的。必要性自不待言，是出于经济发展的需要，可能性则来自：

——经济发展不平衡，一国的低利润部门可能对他国资本有吸引力。

——世界经济技术结构发展不平衡，一国低经济技术结构可能成为他国的高（或中等）经济技术结构。

——出于竞争的需要、市场动机的需要等，这些空缺成为他国资本的可乘之机。

结构性空缺机会是一个动态概念，随着经济发展的结构性变动，投资的结构也发生变化。这种特征使投资的结构性空缺机会会不断地出现，从而导致对外来直接投资流入的经常性要求。从一国的角度来说，引进外国直接投资可以弥补经济发展过程中的投资结构性空缺，达到经济均衡发展的目的。从企业角度来说，引进外国直接投资可以达到借用外部生产投入要素，实现规模增长的目标（例如，通过合营建立合资企业）。在外国投资者独资经营的情况下，引进直接投资是借助外国投资者的力量实现经济增长，而输入一方则为此付出比单纯借入资金高的代价，即要为技术、管理等要素的使用支付费用（因此，直接投资的利润要高于借贷的利息）。只要引进直接投资可以创造比所付费用高的净收益，那么就具备使直接投资流入的前提和动因。在一些情况下，假如外国投资能比国内投资创造更高的效益，则会导致以外资代替本国投资。在合资经营的情况下，引进外国直接投资实际上是实现分散生产投入要素的聚合，达到分散的较小的生产投入要素所不能达到的规模发展。事实上，这种聚合在国内范围内不断地发生，国际范围的运动亦应看作是国内运动的自然延伸，即一旦存在着跨越国界运动的可能和条件，那么，直接投资的跨国界聚合就必然会发生。

当然，直接投资的流入并不都是输入一方自觉或自愿引进的结果。比如在外国投资者占有竞争优势或垄断优势的情况下，外国投资会进行"侵入性"流入，以优势占领当地资本居劣势的部门、行业（通过投资建立新企业或兼并当地现有企业）。因此，外国投资或作为当地投资不足的补充，或作为对当地投资的替代，在"侵入性"投资的情况下，后者更占上风。从经济关系的角度来考察，不管外国投资是对当地投资不足的补充，还是对当地投资的替代，它们都会通过各种渠道，把当地经济增长与外资流入直接联系起来。不过，"侵入性"投资会造成更直接的外资流入需求，使经济增长与外资流入间的关系变得更密切。这种经济增长可以被称之为外资供给型增长。因此，国际直接投资的扩大和发展会使一国经济增长中的外资导入因素增加。

第三节　经济发展与对外投资

以上分析了导致经济发展与外资流入的因素，问题的另一方面是经济发展是否与资本的流出有内在联系。从一国范围来考察，资本的流出与流入也许没有直接关系，然而，从世界范围来考察，则资本流出与流入只是资本运动过程的不同存在形式。

（一）资本过剩

资本为什么会流出国界？最简单的解释就是资本供给过剩。正像国内存在资本供给缺口必须引进外资加以补充一样，资本供给过剩必然促使资本流出。

在经济发展过程中，造成资本供给过剩的原因是多方面的。为了便于分析和认识其特征，有必要区分绝对过剩和相对过剩。

资本绝对供给过剩是指资本的供给量超过国内经济的需求量，即不能为资本提供运动的机会和场所。资本绝对供给过剩不是经济发展过程中所必然产生的现象，但却是可能出现的现象。资本供给绝对过剩往往是由一些特殊的原因或环境所造成的。比如，70 年代中石油价格的大幅度上涨曾使石油输出国的石油出口收入猛增，外汇资金拥有急剧膨胀。以沙特阿拉伯为例，1974—1981 年间，出口收入总额高达 4559 亿美元，贸易盈余高达 3154 亿美元，即便所有的资本构成都来自出口收益，还有 1833 亿美元的剩余。[①] 其他的主要石油输出国的情况也与此类似。显然，这样突然增加的资本拥有量已大大超过国内经济的容纳量（或者说吸收能力）。这种发生在不发达经济中的资金过剩亦可称之为简单资本供给过剩，即在不发达条件下经济不具备吸收大量资本的能力。80 年代的日本是另一个突出的例证。1980—1986 年间，日本的出口收入高达 11788 亿美元，贸易盈余高达 3535 亿美元。显然，这样庞大的盈余已经超出日本国内的容纳能力，从而出现资本的绝对过剩。

从历史上看，资本的大规模绝对供给过剩曾发生在工业革命领先的英国，也曾发生在第二次世界大战后爬上霸主地位的美国。资本的绝对供给过剩都伴随着大规模的资本外流。过剩资本以各种方式寻找它们得以保值和增值的场所，英国是如此，美国是如此，日本也是如此。

资本相对供给过剩是指由于国内不能提供相当于或优于国外的经营条件，而造成资本流向国外，投向资本增值条件更好的场所。造成资本相对过剩的原因是多种多样的。就一国范围内的原因来说，可以因为整个经济发展的水平低、部门或行业结构性调整或危机等。就国别间的比较来说，则主要是发展上的不平衡。在封闭条件下，资本寻求较好增值条件的运动只是在打破部门行业或区域界限的范围内进行。当缺乏资本转移的最低条件时，资本的供给就变得相对过剩了。因此，在封闭条件下，资本供给的相对过剩只可存在于部门或区域界限的范围。在开放条件下，资本的运动范围超过国界，不同国家间增值条件的差别促使资本总是向条件较好的场所流动。从理论上说，只要存在着国别间资本增值条件的差别，资本供给的相对过剩就会存在。因此，资本供给的相对过剩是资本运动的一种存在形式，与在国内范围

① 《国际金融统计》，1984 年附册 8，1982 年附册 2。

运动的区别仅仅在于它们超越了国界。①

马克思对资本主义制度下过剩资本的输出给予过深刻的分析。他指出："如果资本输往国外，那么这种情况之所以发生并不是因为它在国内已经绝对不能使用。这情况之所以发生，是因为它在国外能够按更高的利润来使用。"② 马克思这里所指的显然是资本供给的相对过剩。在资本主义制度下，资本的相对过剩是资本输出的主要来源。资本追逐最大限度增值的本性使得资本主义条件下的资本供给相对过剩变得畸形化了。在许多情况下，国外的实现更高利润条件是被强制性开拓出来的，这使得国内本来可供投资的场所闲置起来。资本输出成了资本最大限度增值的一个极为重要的途径。从而资本普遍地、大量地输出构成了世界经济中资本跨国流动的一个主要内容和形式。然而，如果把资本的相对过剩看作是资本运动中的一种带有普遍意义的存在形式，那么，这里所说的资本输出只可能是资本相对过剩条件下资本流向国外的一种特殊形式。从一般意义上说，资本的相对过剩可以存在于一切国家的经济，不论其经济的属性特征如何。

（二）生产国际化

尽管我们可以把所有因寻找较好增值条件而流出国外的资金都称之为资本的供给相对过剩，但是，仅仅用"过剩"的概念来说明对外投资已远远不够了。事实上，在许多情况下，促使企业到国外投资的原因并不取决于资金的供给情况，而是经营国际化本身发展的要求。

典型的经营国际化发展是生产的国际专业化分工和国际化合作。从分工形式上来考察，生产的国际专业化分工可分为垂直分工和水平分工。如果把生产过程分为原料生产、中间产品生产和成品生产三个阶段，那么垂直分工的格局一般往往是中间产品生产留在国内，建立以国内为基础的直接核心生产，而把原料生产（包括原料的开采和加工）和成品生产移向国外。原料生产外移的动力是国外有丰富的原料资源和廉价的生产条件。通过对外投资进行原料生产，要比通过直接贸易渠道进口原料更能保证供应上和价格上的稳定。对于原料缺乏的国家来说，对原料生产的投资往往更注重于作为一种战

---

① 这里的分析没有涉及资本所赖以代表的货币形式，在这里假定所有的货币都是可以自由兑换的。

② 《资本论》第三卷，人民出版社 1975 年版，第 285 页。

略考虑。对于有原料资源的国家来说，只要国外存在着更廉价的生产成本，那么，进行对外投资就具备了内在动力。以美国的石油生产为例，当油价大幅度上涨时，国内石油的开采扩及到生产成本较高的地区，而当石油价格下跌时，生产成本高的油井就立即大量关闭。成品生产主要是指生产的最后工序，即成品的组装。组装工序技术要求比较简单，容易分割外移。成品生产的外移可以出于多种考虑。其中成本动机与市场动机是两个主要因素。成品组装往往是劳动密集型生产，把这类生产转移到拥有劳动力供给比较充足且工资水平较低的国家就可以大大降低生产成本，使产品在国内外市场上具有竞争力。市场动机是指以当地组装就地销售代替当地出口，这是对外投资中市场寻求型投资的一个重要内容。其原因往往是成品出口受到当地贸易政策（如高关税、配额等）的限制。当然，在很多情况下，成本动机和市场动机是紧密结合在一起的。垂直分工不仅仅能够保证原料供给、降低生产成本和进入当地市场，而且还可以克服生产要素资源供给（如劳动力、土地等）的国内限制，实现和扩大规模生产，提高劳动生产率。

　　水平分工是同一生产阶段内的再分工，其中主要是中间产品的进一步专业化。水平分工的国际化动力主要是直接成本动机和规模动机。随着生产的发展，产品构造越来越复杂，中间产品的生产也越来越要求精加工，即多工序化。生产的这种趋势要求生产的进一步专业化以提高劳动生产率。正像其他的发展导致了国际化发展一样，水平专业化分工以多种方式突破国界而向国际化的方向发展。

　　直接成本动机是为了寻找生产的低成本而把生产的专业化分工扩大到国外，即进行成本寻找型投资。中间产品加工上的多工序使这种分工可以在许多国家间进行。实现低成本动机的两个基本条件，一是低工资，二是高效率。一旦国外具备这样的条件，生产的水平专业化国际分工就可以进行了。当然，方便廉价的运输条件是水平专业化分工的基本保证。从生产布局上来说，水平专业化分工的国际化无非是把属于不同车间的（甚至是原属于同一车间的）生产工序分散到不同国家罢了。相对于分散化所得到的高效率来说，远距离所造成的运输成本往往是微不足道的。因此，只是有了通信（管理的要求）和运输技术的高度发展，水平专业化的国际分工才变成现实，特别是在出于直接成本动机的条件下更是如此。

　　规模动机是为了实现必要的规模生产或扩大生产的规模而把生产的专业化分工扩大到国外。实行中间产品的分工往往会遇到要素供给的限制，使得规模生产难以实现。这就促使经营者把目光转向国外，进行对外投资。事实上，规模动机往往是与成本动机密切联系的。只有当实行国际化分工的机会成本较小时，即以国外生产代替国内生产变得更有利可图时，规模动机才是可以考虑的。

当然，生产的国际专业化分工并不一定意味着进行对外投资，因为分工可以在企业外部进行。比如，公司通过建立生产上的联系企业，把许多专业化工序交由那些股权并不属于自己的局外企业来进行。分工上的联系是由具有法律效力的契约来加以固定的。另外，跨国公司国外分公司企业主要依赖国外筹资和利润再投资，而不是从公司所属国进行投资。还有国外分公司间内部资金交易往往在很大程度上代替从母公司流出资本以保证经营活动的进行。尽管如此，对外投资毕竟是实现生产的国际专业化分工的基本形式。

通过国际合作实现的经营国际化与生产的国际专业化分工不同。如前所述，其基本出发点是实现分散的生产要素的聚合。通过聚合实现分散条件下所不能进行的经营。国际化合作经营可以是在两个或两个以上的经营者之间进行，主要的动机有规模上的、市场上的和技术上的：

——通过合作途径实现必要的规模生产，以降低成本、提高效益，使产品具有竞争力。这种合作所集中的不仅是资金，还有技术、设备和管理。通过对外投资（事实上也可以通过引进外来投资来实现），可以打破国内条件的制约，使生产获得深入发展的新疆界。从经营的角度来讲，国际范围的合作与国内范围的合作的区别往往在于前者是在国外进行的，从而使投资变成了对外投资。

——通过与当地企业合作获得当地市场份额。这与前述成品组装向销售市场转移一样，区别只是在于所采取的方式不同。尤其是在出口受到当地贸易政策限制和存在对外资企业歧视性政策的情况下，合作经营便是有效的手段。至于合作经营采取什么样的分工方式则决定于双方的意愿。表面上看来，国际合作的市场动机与经济发展的内在要求似乎没有直接联系，实际上并非如此。在这里，凡是出口与经济发展的内在联系都可以作为以市场动机为导向的对外投资与经济发展间的内在联系，只是出口的增长是通过对外投资带动而不是直接的成品出口罢了。

——通过合作打破自身技术缺乏或技术开发利用能力不足的限制。通过对外投资进行国际合作，可以从事技术的联合研制、技术的联合开发和技术的联合利用。从技术本身的发展来说，规模上的巨型化和构成上的复杂化趋势使得技术的开发和利用越来越向国际联合的方向发展。因为，在许多情况下不仅企业规模、而且国别规模都成为限制了。事实上，在现代经济中，技术发展的国际化趋势更强烈。

在经济发展进程中，存在着生产国际化发展的内在动因，而生产国际化必然与对外投资相联系。至于这种投资是由跨国公司进行的，还是由其他的机构进行的，对于这里的分析是无关紧要的。具有意义的是，在这里，对外投资成为生产运动的一个构成环节，而生产资本的国际运动则是生产过程国际化的货币表现形式。在这个意义上说，对外投资不过是国内投资的一种自然延伸。

第四节　经济发展与国际金融市场

从历史发展来考虑，国际金融市场最初是作为世界商品交换市场的附属物而产生的。大量的商品交换所导致的货币流通需要由专门的机构来从事货币的结算和汇兑。同时，对货币余缺的调剂和不同货币间的兑换导致了货币交易的出现。这样，专门从事国际交易职能的机构出现了，以货币的国际流通和交易为基础的金融市场就逐步发展了起来。

国际金融市场的出现打破了国别货币"割据"对国际商品交换的限制，促进了以货币为媒介的国际交换的发展。同时，也使商品交换的量突破了交易双方自身货币拥有量的限制。因此，国际金融市场虽然是在商品的国际交换基础上发展起来，但却反过来成为促进商品国际交换发展的强大杠杆。

就国际金融市场的构成基础而言，它们可以被看作是国别金融市场外延的集合，但是国际金融市场有自己独立的运转机制。

国际金融市场运转机制的主要构成是：

——吸收各种流出国界的资本；

——为流入到国际金融市场的资本寻找活动机会；

——为资本在各金融机构间的交叉流动疏通渠道；

——管理国际性企业经营资本（主要是跨国公司）。

这些机制的完善和发展使流出国界的资本有一个更广阔的场所，也使越来越多的资本的活动变成国际性的了。

国际金融市场的突出发展不仅仅表现在其运转机制的自我完善，更重要的是它们成为整个经济活动国际化发展的重要支柱。在这里，资本运动的国际化不仅仅是与商品国际交换相联系，而且是与整个经济活动相联系。从经济发展的角度度来说，各国经济间的交往越发展，资本活动的可延伸范围也就越大，从而资本运动的国际构成也就越成为必要组成部分。在这里，国际金融市场不只是为国内资本提供了比国内市场更大的场所，而且为它们提供了在更广范围内运动的机制。由于这种发展，不仅处于供给过剩状态的资本和暂时闲置的经营资本会流向国际金融市场，就是经营中的资本也会因国际金融市场可提供更好的增值条件而游离出经营过程。这些流出国界的资本，或则游转于国际金融市场，变成投机性国际资本，或则被疏导到被认为最能获得最大限度增值的场所。国际金融市场在调节资本运动的国际环境上作用的加强，是一个突出的发展。从本质上讲，这种调节也是对国别经济发展的国际环境的调节，那些经济发展迅速、增值保险系数高的国家总是吸引着最多的资金。从筹措资金的角度来说，国际金融市场不仅仅是为经济的发展提供补充资金，而且是正常筹措资金的重要来源。正如国别资本的流出把国际金融市场作为正常运转的自然疆界一样，国别经济发展所必需的资金筹措也把国际金融市场作为自然的可供选择的场所。

当然，一国资本运动（包括资本的流出和筹措）与国际金融市场的相关程度，与该国经济发展的水平、经济对外开放的程度（一般来说两者是一致的）有关。从理论上讲，一国经济越发达，从而经济的开放程度越深，则流入国际金融市场和取自国际金融市场的资本也就越多。从实际情况来看，与国际金融市场相联系的资本的大规模双向流动，是发达国家经济的突出特征。

目前，大多数国家的经济都不同程度地卷入国际金融市场，尽管各国在资金流出和流入的结构上存在着很大的不同，但是，国际金融市场的存在已经成为大多数国家经济发展的一个不可缺少的外部条件。国际金融市场虽然是国别经济发展的产物，且前者的发展以后者的发展为基础，然而，国际金融市场的存在和发展反过来对各国经济的发展产生重要的影响。对于立足于国内的企业来说，国际金融市场是一个重要的外部条件，对于国际性的企业来说，国际金融市场成为它们生存和发展的基础。它们经营中的闲置资本在那里流转，又从那里不时地取得流动资本。这样，国际金融市场不仅仅管理商业资本和借贷资本，也管理生产资本了。

第 十 章

经济发展与技术的国际化

本章将从理论上对经济发展与技术国际化趋势的关系进行分析，通过这种分析旨在回答为什么技术要素必然成为世界经济中相互依赖关系的链条。

第一节　技术的外向传播趋势

在经济发展过程中，为什么技术能向外传播和必然向外传播，对这方面问题的分析是了解由技术要素所构成的相互依赖关系的起点。

（一）技术外向传播的基本途径

概括来说，技术要素有三种存在形式：技能、工艺和知识。所谓技能，是人与技术的结合形式。技术一旦被人掌握之后，便成为人所特有的一种技术能力。工艺是技术与物品结合的形式，技术被应用到物品的生产，便使该物品具备特有的技术特性。知识是技术作为信息存在的形式，技术在未变成技能和工艺之前是作为知识的形态存在的。

事实上，技术的传播，或者说是技术的扩散，就是通过以上三种形态进行的。技能的传播途径主要有：

——技能传授，像师傅带徒弟式的传授，可称之为直线式传播；也可以通过教育、训练，这样的传授可称之为放射式传播。不管哪种方式，技能的传播是在不同的人之间进行的，即技能由一些人向另一些人扩散。

——人员流动，拥有技能的人异地流动，必然会把技能同时带走。随人的流动而一起流动的技能扩散，并没有发生量的增多，而只是在区域范围上的扩大，只有在进行流动的人员进行技能传授时，技能才实现了异地的真正传播。

当然，上述两种传播方式往往是相互联系的，或者说是相互结合的。在许多情况下，技能形式的技术传播在区域上的扩大，往往伴随着人员的流动，或者说是人员流动与技能传授相并行的结果。不过在现代条件下，由于电信技术的发展，即使没有人员的跨区域流动，技能传播在区域范围上的扩大也能进行。

工艺的传播主要是由物品的流动来实现的。但是，物品的流动本身并不能进行工艺的传播。只要工艺不从该物品中被剥离出来，或者说以工艺形式存在的技术没有变成另外一些人（非同一制造者）的技能，则工艺的传播就不会发生。工艺传播的途径是仿制，即通过仿制使仿制者拥有生产该产品的技能，仿制不仅是在过去，就是在今天，在技术的工艺形式的传播中也起着十分重要的作用。

知识的主要传播途径有：

——大众传播媒介。以知识形式存在的技术可以作为信息刊登在报刊上，亦可以成为电视、广播等的信息资源。这种信息通过信息传播渠道加以扩散，一旦作为知识形式的技术为人们所掌握，就会变成他们的技能，进而被加以利用。

——技术交易，并非所有的知识都可以自由传播。许多专门技术知识是以专利的形式存在的。专利知识亦称为技术诀窍（Know—how），可以通过贸易方式进行，即由技术专利拥有者出售。前一种途径可称之为放射式的传播，从理论上讲是不受时间和空间限制的，后一种途径可称之为直线式的，是技术的所有权的易主转让。[①]

技术的上述传播既可以在一国范围内进行，也可以在不同国家间进行。技术在不同国家间的传播，即技术的跨国传播，与技术在一国范围传播的区别，只是前者跨越了国界。从这个意义上说，技术的跨国传播只是范围上的扩大，是技术传播的一个自然发展。

我们说明技术通过什么形式传播，旨在揭示技术为什么必然会发生外向传播，因此，以上历数技术传播的形态，可以作为分析技术外向扩散规律的一个起点，在此基础上，我们就可以深入分析技术跨国传播的致因了。

---

① 与物质形态的商品交易不同，技术知识的所有权转让只是所有者扩大，原所有者仍然可以继续拥有技术。

（二）技术的自然传播

技术的自然传播，是技术外向传播的重要形式。技术的自然传播是世界各国交往关系的产物，交往越发展，关系越密切，则传播越扩大。

这里所说的国际交往，包括各国间的人员流动、商品交换和文化交流。技术就是通过这些交往途径进行传播的。

人员的流动有多种形式：迁移（移民）、访问、学习、交流以及旅游等。人员的流动既可以导致技能的传播，又可以导致知识的扩散。技能的传播可以通过技能的扩散，即技能传授，也可以通过技能的转移。尤其是出于各种原因造成的人口迁移（移民）是造成技术大规模扩散和转移的重要途径。在历史上，据认为，英国的毛纺织业是佛兰德的移民把技术带进英国后才开始发展的。[①] 欧洲人向美洲、大洋洲的大量移民使欧洲的技术随移民一起流入这些地方。欧洲技术的传入成了美国工业革命的基础。不过，在当今世界上，技能的传播不是主要通过大规模的人口迁移来进行的，而是通过非迁移性的人口流动来进行的。比如，访问、合作交流、援助等等。知识扩散的主要途径是流出人员带出信息，通过讲演、授课、交谈等方式加以扩散。比如，各种各样的国际会议，就是知识交流和扩散的重要场所。非迁移性人口的流动在很大程度上是经济发展的产物。随着经济的发展，以访问、交流、旅游为目的的人口流动必然随之增加。一般来说，人口流动的增加与技术传播的扩大成正比。

商品交换之所以会导致技术的传播，其原因有：

——工艺本身的复制，即作为资本品使用的商品可以再生产出同等工艺的商品来。从技术扩散的角度来说，生产设备的出口是作为工艺形态的技术的水平扩散。

——工艺仿制，工艺仿制是技术传播的重要途径，尤其是比较简单的工艺，仿制起来非常容易。在美国经济学家雷蒙德·弗农所提出的"产品生命周期"假说中，仿制是生产技术扩散的一个主要因素。尽管从交换关系来说，交换动机是排斥仿制的，然而，技术扩散的规律又会使商品交换与工艺仿制同步发展。

经济学对商品交换与技术扩散的直接联系往往很少给予注意。事实上，

[①] 查尔斯·P. 金德尔伯格：《经济发展》（中文版），上海译文出版社1986年版，第165页。

商品交换必然伴随着技术的传播。商品的国际交换之所以成为促进世界经济发展的重要因素，其中技术的传播起着突出的作用。

　　文化交流包括各种形式的非人口流动所进行的信息交往关系，其中以出版物的交流为最主要的形式。技术的知识形式多存在于出版物之中。出版物的外流则必然伴随技术知识的外泄。尤其是潜技术知识的传播，出版物是主要的媒介。所谓潜技术是指处在形成过程中的技术，它们往往最初以科学知识的形式被广泛加以探究。这种探究本身就是传播过程。在当代条件下，由于微电子技术的发展，信息储存和加工手段得到巨大发展。信息库和把信息库联结起来的信息网成了向外传播技术知识的辐射中心。

　　我们之所以把技术的上述传播称之为自然传播，是因为：从技术外向传播的角度来说，它们是非自觉的，存在于国际交往的自然发展过程之中，且随国际交往的加强而扩大。从一国角度来说，技术的自然传播是外向的，从世界各国的角度则是交叉的，多维的。这种交叉和多维的技术扩散，构成世界技术发展总体关系的一个方面。技术的自然外向传播构成世界经济发展中技术扩散和发展的一个自然基础。

（三）技术的有偿传播

　　技术的自然传播是非经济动机的，因此亦可称之为无偿传播。与此相对应，以经济利益为动机的技术传播则称之为有偿传播。有偿传播，即技术作为商品出售，是专门技术外向传播的主要形式。技术的有偿传播主要是通过技术专利来进行的，是技术的知识存在形式的传播。世界技术贸易的迅速发展表明，技术的有偿传播在当今世界的技术传播中起着越来越重要的作用。

　　与技术的自然传播不同，技术的有偿传播是出于技术拥有者的主动动机。因此，我们要研究促使技术有偿传播发生的内在动因究竟是什么，在经济发展过程中是否具有必然性。就技术发展来说，概括地讲，促使技术外向传播的原因主要有：技术的更替、技术的过剩和技术生产的分工。

　　技术的更替过程即是技术的发展过程。正像其他的物品一样，技术也有生命周期。一项技术从被发明出来到被更替的时间，即是该技术的生命周期长度。① 一项技术被其他技术代替，这项技术就失去存在的价值，也就是该

---

　　① 决定技术生命周期长度的因素很多，其中主要是技术本身的发展速度、市场竞争和经济发展。

技术生命周期的完结。现代技术发展的一个重要趋势是技术的发展速度加快，技术的更替时间，即技术的生命周期长度缩短。

就一定范围来说，技术的生命周期长度是绝对的，就扩大的范围来说，则是相对的。在技术发展不平衡的情况下，通过技术的转移，可以使生命周期延长。如果把世界划分成技术发展上的高位区、中位区和低位区，那么，在高位区被更替的过时技术可以向中位区转移，在中位区过时又可向低位区转移。技术的这种级差式转移以世界技术发展的不平衡为前提，正是这种不平衡成为技术级差式传播的一个重要基础。为了分析上的方便，我们把世界技术发展的结构简单地分为高、中、低区。事实上，技术的发展结构是多层次的，且在各国间层次分布是交叉的。这种特征既为技术传播的多样性提供了条件，同时也造成了各国间技术传播的交叉性。

技术发展的上述特征使技术的外向传播具备基本的条件：技术在一国被认定过时，这形成技术外向转移的内在压力，而在国外有着继续使用该技术的空间，这为技术的外向转移提供了可能。剩下的就是以什么样的条件和以什么样的方式来进行转移了。

向外转移过时技术可以通过两种途径：一是进行对外直接投资，使在本国过时的技术在新的环境下继续使用。在此情况下，技术外向转移的动机是延长技术的使用生命周期。二是出口技术。在此情况下，技术拥有者的直接动机不是延长技术的使用生命周期，而是利用技术发展上的级差空间补偿技术更替使技术过时所带来的损失（尽管客观上起到延长技术的生命周期的作用）。① 在上述两种情况下，技术都实现了外向传播，尽管它们的动机和效果对于接受技术一方来说是非常不同的。

一般来说，因技术更替所导致的技术过时亦可称之为技术过剩。但是为了区分不同性质的过剩，我们把技术的过剩仅仅定义为发明出来的新技术不能找到可被使用的场所。新技术之所以会产生过剩可能有多种原因。其中最主要的可能有：

——经济结构（部门结构、生产结构）上的空缺，即在现有结构布局中缺乏使用该技术的基础，这可能因技术超前，也可能因技术落后；

——缺乏使用技术的效益基础，即该技术的投入使用不能带来应有的利

---

① 由于竞争的作用，在一些情况下不等技术过时就可能被出售，以便及早引入新技术，并利用使用中技术的优势获得较高的售价。

益，这可能因技术投入的要素供给代价太高，也可能因缺乏必要的生产规模。在此情况下，技术就只能以知识的形式被闲置起来。技术上的这种闲置不仅在经济利益上是不合算的（技术发明的成本不能收回），而且还会造成技术价值的无形贬值，甚至完全失去价值。

上述因素促使技术拥有者到国外寻求技术使用的市场。技术拥有者可以到适宜的场所进行投资，为技术的使用提供条件，亦可以以商品交易方式出售专利知识。只要国外存在着使用技术的条件和环境，技术的外向传播就是不可避免的。在此情况下，技术的外向传播是技术本身运动的唯一出路。

技术生产的专业化是生产专业化分工的深入发展。所谓技术生产的专业化是指在生产的社会分工中，技术的生产独立出来，成为专门的过程。技术生产专业化的一个突出特点是技术的发明摆脱了直接依附于特定生产过程的状态而转为面向社会生产。在此情况下，技术的生产本身就具有外向传播的性质。从理论上讲，技术的外向传播是无边界的，唯一的决定原则是在哪里能够找到获得最大收益的买主。因此，从技术外向传播的角度来说，生产力越发展，从而技术生产的专业化程度越高，则技术的外向传播规模也就越大，技术的外向传播规模越大，则其国际化趋势也就越强。从这个意义上讲，技术的国际化传播寓于经济发展规律本身，是一个必然趋势。

事实上，技术的有偿传播是技术作为商品参与国际交换，是商品的国际交换的深入发展。尤其是技术生产的专业化并参与国际交换，是世界经济交换高度发展的重要标志，也是世界经济高度发展的必然结果。正像有形商品的生产必然超出国界向国际化方向发展一样，技术的生产也必然会越来越国际化。

第二节　技术的引进动因

在分析了经济发展过程中技术外向传播的原因之后，还必须对技术的引进动因进行分析，因为技术的外向传播和技术的内向引进是一个问题的两个方面，它们共同构成技术国际化的全过程。

（一）技术差距与技术短缺

技术差距与技术短缺是两个不同的概念。前者是指与外部比较所呈现出来的结构差别，而后者是指自身发展所存在的结构性缺陷。在封闭经济条件下，只有经济发展上的技术短缺，而没有技术差距。这里之所以把两者放在一起进行讨论，一是因为我们这里所讨论的是开放经济条件下的经济发展；二是它们都导致对外部技术的需求。

就世界范围来说，技术差距亦可以称之为世界技术发展的不平衡，是世界经济发展不平衡的一个主要构成内容。世界技术发展的不平衡的特点是：

——水平上是多层次的。从各国的技术总体水平来比较，技术差距的结构是多层次的，即存在着许多技术的等级。这些等级构成世界技术发展水平的阶梯结构。

——结构上是交叉的。从各国技术的门类结构来比较，技术差距的分布是分散的。在总体上处于高层次的国家中，也可能会存在着低层次的门类。因而在一国范围内，技术的水平是多层次的，或者说存在着部分的技术差距。从世界范围看，不同层次的技术差距交叉地存在于各国之间。

——格局上是变化的。技术差距层次的分布随着各国技术发展的变化而变化。处于高层次的国家（或一国中的技术门类）可能因一个时期内发展缓慢而退到较低层次。同样，处于较低层次的国家（或一国中的技术门类）亦可能因发展加快而跃到高层次。

——技术短缺在一国范围内表现为技术结构组成上的不平衡，在世界范围内则表现为技术分布上的不平衡。从世界经济的角度来分析，技术分布的不平衡也具有多层次、交叉性和变动性的特征。只是技术短缺往往不主要表现为世界范围的比较概念，而是表现为一国经济结构中的绝对概念。因此，技术短缺的多层次，表现为技术短缺结构上的多样性，交叉性则表现为短缺与过剩的并存，而变动性则表现为短缺结构的变化。

技术发展和技术分布上的上述不平衡特征决定了技术在世界范围的运动格局，同时也为技术的传播提供了广泛的基础，使得它们不是仅局限于少数国家、少数领域的现象。

技术的外向传播主要是由高层次向低层次扩散，而技术的引进则主要是低层次从高层次吸收。当然，从技术扩散的角度来说，技术外向传播的渠道同时也是技术引进的渠道。因此，第一节所述技术外向传播的动因及方式就成为本节分析技术引进的前提了。

在经济发展过程中，解决技术差距和技术短缺的途径无非是两条：自身发展和从外部引进。从根本上说，外部引进之所以会发生，前提条件必须是引进优于自身发展。因此，必须分析在什么条件下外部引进会优于自身发展，或者说，在什么情况下用引进技术来弥补技术差距或技术缺口才会成为有利的选择。

技术的自然传播为技术引进提供了现成的基础。通过自然传播的技术是一种"公共财富"。对于技术引进者来说，是一种无偿资源。获取自然传播技术的大门对任何国家都是开着的，但能否利用这些资源和利用的程度如何则取决于引进者的吸收能力。

通过大众媒介传播渠道吸收技术知识，可以成为实用技术发明的较高起点。它们可以为引进者带来时间和开支上的节约，从而缩短弥补技术差距的时间和代价。事实上，通过大众媒介传播渠道获取技术知识，既是发现技术差距的重要途径，也是发展技术，缩小或弥补技术差距的途径。在此情况下，技术信息本身既是动力，也是资源。

通过仿制引进技术是廉价的。有形商品既是物质构成的实体，又是工艺的体现。附其之上的工艺的被剥离，即仿制，犹如"从一头牛身上剥下两张皮来"。[①] 从输出的角度来说，工艺仿制是一个技术传播过程。从输入的角度来说，仿制是一个技术引进过程，但它不需要再为技术的引进而支付一份费用。鉴于仿制是吸收现成的技术，因此往往可以成为自身发展技术的较高起点。当然，工艺仿制受到许多限制，比如，商品的技术构成（即技术复杂程度）。一般地说，商品的技术构成越复杂，仿制就越困难。同时，仿制的能力亦取决于仿制者的技能拥有水平。仿制者的技能水平与被仿制工艺水平的差距越小，则仿制能力越强。在一些情况下，技术进步的基础可以由仿制的工艺建造起来。仿制可以实现时间上和开支上的节约。[②]

人员的流动之所以会被作为获取技术知识或接受技能传授是因为它们是更直接的技术引进。就技术发展而论，一方面，人对信息的积累是技术发明的基础，因此，知识的直接传导是使接受者技术发明能力提高的方式，它与通过教育和训练所起到的作用是一样的。另一方面，技术只有为人所掌握，变成人的技能，才可变为生产力因素。在可能的条件下，人员交流所实现的

---

① 汤姆·斯托尼尔指出："工具和机器非但是劳动的储存，而且更重要的是，它们也是信息的储存。"见斯托尼尔《信息财富——简论后工业经济》（中文版），中国对外翻译出版公司1986年版，第5页。

② 查尔斯·P. 金德尔伯格指出："模仿是廉价的，只要可能模仿，其花费通常要少于有关的发明和革新工作。"然而，他没有指出时间上节约的重要性，以及仿制与发明和革新的关系。见《经济发展》（中文版），第159页。

知识和技能的引进要比其他形式的引进更成为优先的选择。

　　技术的有偿引进，即购买技术，从形式上来看，是弥补技术差距或技术短缺的最简单，最快捷的途径。因为买入技术可以实现技术的转移，使引进一方的技术拥有水平结构发生跳跃式的变化。技术有偿引进的根本动因就在于此。具体来分析，决定技术有偿引进的因素大体有以下两个方面：其一，自身发展技术弥补技术差距或技术短缺的能力。技术发展，就其本身的特征而论，一方面表现为一个渐进的过程；另一方面要求有多方面的技术发明基础。前一个方面规定了技术进步的时间要求，后一个方面规定了技术发明的素质要求。尤其在技术差距较大的情况下，如发展中国家与发达国家间的差距，如果等待具备技术发明的基本素质，且从低起点研究开始，那么技术的差距非但不会缩小，反而会加大，因为具备低素质的技术发明较之具备高素质的技术发明，前者速度要比后者慢得多。技术的有偿引进虽然要为获得技术支付费用，但却至少实现了时间上的节约，时间上的节约所带来的经济效益，即经济在技术水平上的跳跃发展所带来的效益，是与技术引进所花费的开支不成比例的。且在很多情况下，引进费用要比自身研制小得多。技术短缺往往是结构性的，本身就是缺少发明能力的结果。在一国范围内，技术短缺有时是技术发展结构均衡的形式。[①] 倘若把人力物力组织到解决技术短缺部分的发明，则会影响其他具有优势方面的发展。进一步说，有偿技术引进与自身发展技术并不矛盾。正像其他的引进渠道一样，在一定条件下可以成为自身发展的高起点。在世界经济发展中，利用引进技术，加速自身技术发展的例子是很多的。日本、南朝鲜可以说是两个突出的典型。日本的汽车制造技术、电子产品技术主要是从美国引进的。技术引进不仅使日本的技术差距大大缩小，而且为日本提供了发展新技术的基础，在短短 10 年的时间里，许多方面不仅成为美国强有力的竞争对手，而且超过了美国，居于世界领先地位。就是在此情况下，日本仍然大量引进技术。[②] 60 年代初，南朝鲜还是一个技术上极度落后的国家，通过引进具有先进水平的制造业技术，只用了十几年的时间，就发展起现代制造业体系，像电子产品在国际市场上已具有较强的竞争力，一

---

　　① 在一个总体结构中，均衡不等于各构成部分的均等分布，均衡表现为在一定时空环境下各部分的合理分布，即在一些部分存在短缺是合理的。

　　② 据报道，1986 年日本签订引进外国技术的合同达 2361 项，其中技术竞争激烈的电子计算机技术达 699 项。《人民日报》1988 年 2 月 8 日。

跃成为一个中等发达的工业化国家。其二，自身发展与进口技术的成本比较。在具备一定的技术发明素质的情况下，如果自身研制与发明的成本大大高于引进技术的费用，则技术引进会成为优先的选择。同时，技术引进所实现的时间上的节约，会使技术引进的实际成本大大降低（在节约的时间内创造出倍增的经济效益）。如果把引进技术作为进行高起点发明的基础，那么，引进成本会被自身研制和发明所实现的节约进一步降低。当然，单就技术引进而论，它与技术发展的最大区别在于引进只是技术的添加，而发展则是技术的生产。前者只是取得了一个局部的使用权，任何使用权的扩大，都必须再支付费用。就技术的运动方式来说，技术的转让只是技术使用权的分割，技术的所有权基础仍在转让者手里。因此，技术的引进本身往往只与技术的使用有联系，因而技术引进是与技术依赖相联系的。不过，只要技术的供给是有保障的，引进技术的利用是有净效益的，则这种依赖并非是坏事。正像经济发展过程中存在着技术外向传播的必然趋势一样，对外部技术引进的依赖也存在于经济发展过程的必然趋势之中。当然，这里存在着引进什么样的技术和如何引进与使用技术的问题。

（二）技术发展的国际分工

本章第一节从技术输出的角度对技术生产的国际专业化分工进行了分析，然而，从输出角度的分析应该说只涉及了技术生产专业化分工问题的一面。技术生产的专业化包含两层意思：其一，大力发展自己具有优势条件的技术；其二，放弃发展自己不具有优势条件或者说居于劣势的技术。前者导致技术输出；后者则导致技术输入。[①]

在技术的专业化生产中，比较优势原则也是一个重要的基础。如果一国相对集中发展具有优势的技术面向出口，而进口那些不具有开发优势的技术，则所取得的总收益要比全面发展所需技术取得的效益高得多。技术生产分工的这种优势不仅是导致技术输出商品化的重要动因，也是导致技术引进经常化的一个重要原因。从世界经济的发展来分析，既然存在技术生产专业化分工的合理利益基础，那么技术的交换就必然发生。技术的引进也就成为经济发展中的一个正常机制。

就技术的分工格局而论，可以把它们区分为两种类型的分工。第一种可

---

① 前面所述的技术短缺，也可能是技术生产专业化分工的结果。

称之为自然分工，亦可称非自觉分工。我们之所以把它称之为自然分工，是因为这种分工并不是各国发展政策或战略的结果，而是反映了他们所处的自然地位。因此，这种分工是由各国经济在世界经济中的地位决定的，反映了世界经济中技术分布的总格局。具体来说，一些国家处在技术发展水平的高层次，另外一些国家处在较低层次。如果以世界技术在某个时点的最高水平为最高层次，那么按照一定的标准，可以把世界技术的发展状况分成许多层次（或者说是等级），每一个国家都处在一个特定的层次上，在这个层次上发展技术。比如，处在高层次上的美国发展居世界技术前沿的高技术，而处在低层次上的索马里则只可发展远离技术前沿的低技术。这里我们并不去分析这种分工格局形成的原因，而只是把这种格局作为一个前提，指出在构成国际经济关系中它们所起的作用。由于技术发展是一个渐进过程，一般来说，超越层次的发展是困难的，但并非是绝对不可能的。在借助外部较高层次技术的情况下，如果配之以其他必要条件（特别是人的必要素质），取得跳跃式发展就可以变为现实。这正是技术引进的动力所在。第二种可称之为发展分工，亦称为自觉分工。之所以把它称之为自觉分工，是因为它们反映了各国利用分工优势所形成的格局，或者说，这种分工是各国发展政策或战略的结果。在封闭条件下，技术发展政策和战略以目标发展为基础，往往不考虑实现目标的成本、净效益等。在做法上则凡是能发明的即是有效益的，发明本身成为目的。在开放经济条件下，经济效益原则成为技术发展政策和战略的指导。因此，利用本身优势，实行技术发展的专业化分工就成为必然的选择。发展分工与自然分工的区别在于后者是现实的强制赋予，而不是自我选择，而前者则是在现实状态下的选择。在选择的基础上，每一方都以充分发挥自身优势，利用国际分工和交换来达到发展的目的，至于采取什么样的选择战略，以及具体来说，引进什么样的技术，则从本国的实际条件和发展需要出发。不管怎么说，技术的引进被作为选择整体的一个有机组成部分。因此，在这种分工格局下，外部技术关系作为经济的内部机制而起作用。也可以说，技术引进的机制存在于经济发展的过程之中。在世界范围内，各国间的技术引进构成世界经济中的一个重要相互联系、相互依赖机制。一般来说，经济发展的水平与实行自觉分工的程度正相关，经济越发达，利用技术发展分工的自觉性越高，从而各国经济发展中的技术联系也就越紧密。

第三节　技术发展的国际联系与协作

技术发展的国际化趋势应该包含两个意思：一是技术的外向传播和引进；二是技术发展的国际联系和协作。以上所分析的是第一个方面，这里将对第二个方面进行分析。

所谓技术发展的国际联系，是指一国技术发展与外部的关系以及外部因素对其所起的作用。概括地说，技术发展的国际联系主要体现在：

——科学知识的交流；

——现有技术的示范和启发；

——技术竞争的推动。

从技术发展的规律来看，技术发展水平的提高与技术复杂程度的增大同步进行。技术越复杂，技术发明所要求的科学知识构成也就越高。现代技术的发明已经发展到这种程度，几乎每一次重大的发明都具有国际联系的性质。发明的准备，即科学理论上的突破，往往是许多国家的科学家共同努力的结果。理论研究上的成果越来越多地变成国际社会的共享财富，各种理论上的进展越来越相互联系、衔接和渗透。公开发表的论文、论著和大量的国际会议，成为各国了解发展信息、交换研究成果和进行发明选择的重要途径。信息的交流和人员的频繁接触和切磋，已经成为现代科学技术发明的一个必要条件和过程。①

如果把技术的发展区分为技术的发明和技术的革新过程，那么，不仅技术的发明需要越来越多的国际联系，而且技术的革新也是如此。技术发明以科学理论的突破为前提，技术革新则以对现有技术的改良为基础。现有技术的示范和启发是技术革新的重要条件。技术的革新与技术的仿制不同，前者是技术的进步，是质的发展，而后者是技术的传播，是量上的水平扩大。从技术革新的角度来说，外部技术的发展既是一种推动力，又是一种源泉，即一方面外部技术的发展造成一种竞争局面，促使自身加速技术发展的步伐；另一方面发展起来的外部技术为从事技术的革新提供了可资利用的现成基础。因此，世界科学技术在竞争的推动下表现为"赶潮流"的加速发展趋

---

① 像近年迅速发展的超导研究，处于前沿的美国、中国和日本都先后召开了由众多国家科学家参加的国际会议，并派自己的科学家频繁出访，以了解信息，交流成果，推动研究。

势。在这里，外部的竞争变成了内部的发展动力。同时，由于技术的扩散和传播，技术作为革新基础的国别属性变得模糊，由此，外部现有技术成为技术进步的一个内在基础。技术发展上的国际联系是技术国际传播的结果，反过来也成为技术国际传播的重要推动因素。事实上，这两个方面共同构成技术国际化趋势的一个基本内容。

技术发展的国际协作与技术的国际分工密不可分。尽管国际协作主要表现为各参与者的联合，但在很多情况下是以分工为前提的，实行分工基础上的协作。

导致技术生产国际协作必然发生的动因有：

——技术本身的要求。技术发展的基本趋势是技术越先进，构成越复杂。现代技术在理论构成上往往是多学科的，在组织结构上往往是多子系的。这样的技术发明（甚至是革新）不仅要求有雄厚的物质与知识基础，而且需要比较长的时间，从而使得独立的发明变得十分困难，甚至不可能。

——技术生产的经济动机。即便是在发明者有能力从事技术发明的情况下，国际协作也会进行。因为协作不仅能分散投资负担，缩短时间，而且还能为参加者提供发挥各自优势，取得利益上优化分配的条件，这无论从总体上，还是从各参加者角度来说，都实现了技术发明的节约。

应该说，技术发明的协作在一国范围内由个人之间到集团之间，再由一国范围发展到国际范围的集团、政府以及国际机构之间，是技术发展的一个引人注目的变化。技术国际协作必要性的充分体现是技术发展国际化趋势的一个重要内容。

事实上，技术的国际协作可以是多层次的和多样性的。既可以在理论研究领域进行，也可以在技术发明领域里进行；可以进行整体技术的分工和协作，也可以在局部环节进行。在分工安排上，各参加者所承担的任务也不一定是均等的。有时可以是以一家为主，承担高层次的研制，多家参与承担低层次领域的研究。因此，分工和协作为具有不同技术能力的参加者提供了机会。从协作范围和形式来说，可以是世界范围的，也可以是区域的，可以在公司间进行，也可以由政府出面组织或由国际组织进行协调。一般来说，实用技术发明的分工和协作多在公司间进行，基础研究多由政府出面组织，而国际组织进行协调的多集中于涉及全球共同利益的项目，或带有援助性质的项目。在当今世界上，既有从事综合理论研究的无国籍世界实验室和多国籍的研究中心，也有几家大公司联合建立的研究发明机构。技术的国别属性特征更多地体现于技术使用的方式和效益，而不是发明的过程。

公司间进行的分工和协作可分为公司内部和公司间两类。前者主要是在跨国公司内部进行的，它们虽然主要是一种国际化了的公司内部活动，但由于实现了技术生产要素资源配置的国际化，因此，是一种特殊形式的公司内部分工和国际分工。在一些情况下，这种内部分工亦往往可以与外部相联系或相结合，造成一种混合分工和协作。后一种是由公司集团进行的，它们或者有着股权上的参与，或者是有着生产上的联系。在多数情况下，带有联合研制和联合利用的特征。事实上，这种联合趋势已成为80年代大公司国际竞争的一个重要战略。

政府间的技术协作有些是在一体化组织内部进行的，有些则不是。技术生产的分工和协作是一体化组织活动的高级形式。一般地讲，一体化组织的发展先由贸易领域开始，进而到生产领域，再到技术领域。迄今，只有欧洲共同体才进行了较多的区域内技术生产的分工和协作。不属于一体化组织内部的技术分工和协作则是国别间的联合或合作。在有些情况下，它们是出于利用各自的优势条件，把分散的力量集合起来，为复杂的技术生产提供必要的条件。

国际组织作为技术生产分工和协作的组织者和协调者而起作用，是技术生产国际化发展的一个重要体现，有其内在的必然性。随着世界经济一体化趋势的加强，国际社会的共同利益不断增多。这里所说的共同利益，不仅包括与国际社会共同利害密切相关的生态、环境、气候、资源，也包括国际社会成员国的发展及其由此而形成的发展格局。因此，由国际机构所组织协调的技术生产的分工和协作实际上包括很多方面，有不断扩大的趋势。人们对全球性的资源、生态、人口等共同生存环境越来越关心，在这些领域的国际协作不断加强。至于后一个方面，即各国经济协调发展方面，往往主要是对落后国家的发展援助。它们包括用于这些国家的实用技术，如农业、基础工业、资源开发等方面的技术推广。

技术发展上的国际联系与协作使得技术生产的传统的独立性、保密性和民族性的特征有很大的改变。在这种发展中，传统的方式和思维，在技术发明、利用和竞争等方面都越来越不适应了。技术发展方式的变革推动着技术发展传统观念和方式的变革，而这种变革又会成为技术国际化发展的强大动力。

第 三 编

相互依赖关系的结构

导　言

一

　　世界经济中的相互依赖关系被看作是一个体系，其意义在于各个分散的、不同的因素构成一个相互影响、相互牵制和相互制约的有机整体。从一个国家的角度来说，似乎并非每个国家都构成相互依赖的因素。比如，像发达的荷兰这样的小国，无论在贸易，还是在投资上都更依赖于外部市场，没有一个开放的、不断扩大的外部市场，其经济就会停滞、下降，但却很难说外国对荷兰的依赖性究竟有多大。然而，如果把该国放在一个世界相互依赖的体系里来考察，那么该国所提供的商品、资本以及技术就都作为整个体系中的有机构成内容来起作用了。因此，在一定程度上说，相互依赖关系体系似乎是一个模糊的整体，不能机械地把相互依赖理解为双方或多方关系的对应性，更不能把它们只看成是对称的。

　　由于世界经济中各国经济发展水平不同，实力不同，外部参与的内容和结构不同，从而在相互依赖体系中造成了关系结构上的不同层次和格局。从总体上来看，大体可分为以下层次：

　　——经济发展水平差别所造成的不同层次，即所说的发达国家与发展中国家之间；

　　——制度差别所造成的不同层次，即习惯上划分的东西方经济之间；

　　——一体化差别所造成的不同层次，即一体化组织内部以及内部与外部之间。

　　事实上，每一种层次之内都形成自身的特有关系特点和格局，同时，在不同层次之间又形成双边的和多边的有别于内部关系的特有关系特点与格局。不同层次之间只体现出关系格局的差异，并没有存在着把它们分割开来的鸿沟。

对于相互依赖关系结构的分析可以从多种角度进行。从区域角度，可以有全球性依赖关系和区域性依赖关系；从国别角度，可以有两国关系或称双边关系和多国关系或称多边关系；从构成要素角度，可以有单要素关系（如投资关系、贸易关系、资源关系）和综合要素关系（把多方面的要素综合起来，进行加权综合）；从关系构成方式角度，可以有水平关系（同类的交往）和垂直关系（各类间的联系）；从关系格局角度，可以有对称关系和非对称关系；从关系影响角度，可以有相亏关系和相余关系等等。上述每一个方面的分析都构成相互依赖关系理论的重要组成部分。比如，对全球相互依赖关系的分析是全球制度主义理论的一个重要基础，在这种分析中，全球被作为一个有机整体，着眼点是分析构成全球整体的机制，而国别因素则只作为构成全球整体的无差别因素对待。对区域相互依赖的分析则着重分析区域经济体系的内在构成机制，在这里，区域经济一体化被作为分析的基本构架。

本编的分析主要是把要素分析和关系格局分析结合起来。在这种分析中，相互依赖关系格局的对称与非对称性将贯穿其间。所谓对称结构，即一种均衡对等形式。比如，贸易市场结构，Ａ Ｂ两国，Ａ国对Ｂ国的出口占Ａ国出口的 1/3，而Ｂ国对Ａ国的出口亦占Ｂ国出口的 1/3，那么，双方各自对对方市场的依赖程度均等，从而形成相互依赖的对称格局。当然，实际上的格局并非如此简单，因为还有产品构成上的差别。事实上，真正的对称结构，无论是市场结构，还是在产品结构上，都很难找到。所谓不对称结构，是指双方各自对对方的依赖程度不均等，形成一种非均衡关系格局。在上例中，如果有任何一方的比例大或小，则在市场关系结构上形成非对称格局。就双方所处的地位来考察，一般来说，总是对对方市场依赖程度更大的一方处于不利地位。当然，从整体而言，如果一国在某一种或两种产品关系上处于不利地位可以由其他方面的优势地位所平衡，那么，总体上并不一定处于不利地位。一国在与他国的相互依赖关系中处于什么地位，往往取决于多种因素。因而，从一国角度来考虑，相互依赖关系中的地位不能仅以一个或几个方面的指标来确定，既要考虑多种因素，又要考虑各因素所起的作用。

不对称关系是相互依赖关系整体的有机组成部分，因此，正如海瓦德·R. 阿尔卡教授所指出的，一项全面的相互依赖指标，不仅应表明相互关系密切的程度，即双方是怎样相互依赖的，也应包括不对称程度，即在主要方面双方关系上的不平衡性。① 研究相互依赖关系中的不对称性具有特别重要的意义，这不仅因为现实的相互依赖关系是由大量的不对称关系构成的，更因为不对称结构的程度、变动趋势等对各国产生不同的影响，体现着世界经济中经济关系格局的基本特征。

二

第二次世界大战后，世界经济中的一个突出发展是发达国家经济体系的逐步形成。这个体系以美国、西欧和日本为核心，包括了所有资本主义国家。这个体系的基本特征有：

——相近的经济结构，即同具有"后工业化"的结构特征；

——相近的生产技术结构，主要体现在技术发展和使用能力上的接近；

——相似的生产组织和管理方式；

——相近的人均收入水平和消费需求结构；

——相似的宏观经济政策调节方式等。②

上述特征为商品、资本和技术在这些国家的活动提供了广阔的市场，尤其为生产提供了规模经济发展和深入分工的条件。加上战后在商品交换领域大大消除了工业品关税限制，在资本流动领域开辟了货币自由兑换和资本自由活动的有利环境，以及有像欧洲共同体那样的高度一体化区域经济组织，从而使得国际贸易交换，国际资本流动以及技术的跨国转移大量向发达经济体集中。这种向发达经济体集中的趋势，一方面大大推动了发达国家内部经济关系的发展，使得各国经济间的交往日益密切，相互依赖空前增强；另一方面也深刻地改变了这些国家与其他国家之间的经济交往与相互依赖的形势及结构。

当然，发展中国家经济作为一个相对独立的具有真实含义的范畴而存在，亦是第二次世界大战后世界经济中的一个重要现象。这里，之所以说发展中国家的经济是具有真实含义的范畴，主要基于以下几个方面的特征：

———————————

① 《对全球相互依赖的分析》，第 40 页。

② 评论家大前健一称美国、西欧和日本为"三角合一地区"。他在描述这个地区的人们的生活方式趋于一致的特征时写道："他们的生活方式、抱负和愿望都十分相似，以至于可以将他们称为'经合组织人'或'三角合一地区人'，这可能比用他们的所在国籍称呼他们更为确切。"大前健一：《鼎势之争——未来全球商业竞争的格局》（中文版），中国经济出版社 1987 年版，第 22 页。

——政治上的独立使各国经济具备独立发展的前提；

——处于一个有别于发达国家的经济发展层次；

——相近的经济结构，主要体现在向工业化过渡的基本结构。

就发展中国家的内部关系特征与格局来分析，他们与发达国家不同。首先，由于这些国家处于经济发展层次上的过渡时期，在经济结构内部存在着向发达国家靠拢的前进引力。因此，无论在商品、资本还是技术等方面，它们更多地依靠发达国家的市场。再则，在向工业化过渡的进程中，发展中国家之间的经济发展水平差别加大，其中那些发展较快的国家已迈入新兴工业化国家行列，它们与发达国家经济的交往与联系更加密切，在生产技术结构、收入水平和消费结构以及宏观经济管理手段与方式上，进一步向发达国家靠拢。对于这些国家来说，它们与发达国家经济间的关系胜过它们之间内部的交往与联系以及与其他发展中国家的联系。

发展中国家经济外向发展中向发达国家市场导向的趋势，一方面加强了世界经济中交换进一步向发达经济体系集中和靠拢的趋势，另一方面使得发达国家与发展中国家关系上的不对称性变得更为突出。尽管具体的关系格局与特征因国而异，但指出这个总的趋势还是有意义的。当然，这种趋势并非完全否定南北之间相互依赖关系的存在。如果认为只存在发展中国家的单向依赖那是不正确的。在60年代发达经济体系处于高度繁荣产生强大的自生增长动力时，北方对南方发展的依赖性被掩盖了，而当"石油危机"发生之后，以及发展中国家因债务危机及其他原因陷入经济停滞或下降之时，发达国家就强烈地感到对发展中国家的依赖性了。美国前总统福特在第26届联大上曾指出："无论发展中国家与发达国家，市场国家与非市场国家——我们都是一个相互依赖经济体系中一个组成部分。"[①] 这样的话在60年代是不会出自一位美国总统之口的。

社会主义国家的经济，即东方经济，在战后的发展也形成了一个体系，这个体系建立在以下几个基础之上：

——相近的经济发展水平，尤其具有相似的经济体制；

——通过一体化组织在各国间建立起直接的相互交往和依赖机制；

——多数国家经济的外向发展主要集中在社会主义国家内部。

在战后相当长的时间内，由于多方面的原因，经互会国家经济的外向发

---

① 转引自《对全球相互依赖的分析》，第6页。

展虽然有着与西方发达国家及发展中国家不断增长的联系，但是，体系内的发展占据主导地位，从而使得以经互会为主体的东方经济在世界经济中成为一个相对独立的部分。

然而，社会主义经济的自我封闭发展是不正常的。第二次世界大战后，社会主义国家经济一体化的发展虽然有着合理的基础和前提，但是，以内部一体化代替外向交往与参与世界范围内的国际分工是不正常的。当然，造成这种状态的原因既有内部指导思想上的原因，也为外界形势所迫，即西方国家的封锁。70 年代以来加快发展的东西欧经济交往，尤其是 80 年代社会主义国家经济的改革，为社会主义国家经济进一步全面开放提供了新的动力。在这种动力推动之下，不仅社会主义经济体系内部，而且也包括社会主义国家与外部的交往必将进一步扩大，随着商品、资本和技术交往的增多，以及各种形式的合作深入发展，东方经济与整个世界经济的结合会日趋紧密，从而在东方经济与其他国家经济之间建立起日益加强的相互依赖机制。

三

在世界经济相互依赖体系内部关系结构中，不平衡或者说不对称是经常的，绝对的。从物质的运动来说，差别本身就是构成运动的内在动力。世界经济中的国际交换、资本流动、技术转移乃至人员流动等也是如此。在不同国家之间，优势上的差别形成了生产要素利用上的跨国选择和分工，利益上的差别产生了跨国活动的动力，而结构上的差别则提供了要素资源跨国转移的空间……因此，那种只把对称或均匀才看作是合理的观点，不仅是脱离实际的，也是形而上学的。

当然，差别或者说是非对称性有一个程度问题，也有一个结构问题。过度的不对称对相互依赖关系机制的正常运转是一个限制，尤其是对于处于"相亏地位"的一方来说，往往受到许多不利的影响。[①] 在一些情况下，不仅不能使他们从交往中得到相应的利益，而且还会产生负效应，即遭受损失。对这方面的问题当然是在研究相互依赖关系中所必须加以分析的。不过，不应对一国的"相亏"或"相余"地位简单地下结论，在全面分析中

---

① 这里借用阿尔卡教授的用语，他把处于有利地位者称之为相余（Surplus），处于不利地位者称之为相亏（deficit）。见《对全球相互依赖的分析》，第 19 页。

必须考虑到下列因素：

——局部与整体的关系，比如，一国在某个或某些方面处于"相亏地位"，但在其他方面处于"相余地位"，且对"相亏"方面拥有一定的替代能力，那么，整体上就不一定居不利地位。

——长期与短期的关系，比如，若一方在某些方面虽然居"相亏地位"，但经过一个时期可以发生向对称或"相余地位"的转变，那么，暂时的"相亏"就不会成为阻碍交往的因素。反之，若"相亏地位"长期得不到改变，且对于整体有举足轻重的影响，那么，不利的因素就会起主导作用。

——外加致因与内在需求的关系，外加致因是指外向依赖关系是由外部因素决定的，而内在需求则是自身经济发展的反映。如果外加致因是造成外向依赖的主导因素，那么，这种关系就会带来不利的影响。反之，一国的外向依赖关系是由经济发展的内在需求所致，即便处于"相亏地位"，也可能会带来整体或长远的利益，是有可能发生由"相亏"向对称或"相余"地位的转变。

显然，世界经济中相互依赖关系的结构和各方在一定结构中利益的确定是一个十分复杂的问题。既不能因存在相互依赖机制而否定其中的不对称，又不能因存在不对称而否定相互依赖机制在世界经济发展中的意义。

第十一章

发达国家:系在一起的经济

发达国家,这里指西方主要资本主义国家,既是当今世界经济的重心,也是当代国际经济关系中起主导作用的部分。本章主要对发达国家间的经济关系在当代国际经济关系中的地位以及他们间经济关系的结构进行分析。

第一节　发达国家间经济关系的发展

发达国家间经济关系的发展对于第二次世界大战后世界经济发展具有深刻的影响。战后,世界经济发展中的一个突出特征是主要资本主义国家的经济经过整顿、调整和恢复取得了一个较长时间的稳定与高速增长,导致了历史上少有的"黄金时代"。

美国免遭战火,又有战时繁荣的基础,进一步增强了实力。战后不仅成了世界经济中居主导地位的国家,而且成为带动世界经济增长的火车头。美国的资金、技术和市场成为其他国家经济赖以增长的重要依托。

对于战后世界经济的发展来说,尽管美国经济的增长起着十分重要的作用,但是,具有突出特征的不只是美国的实力地位及作用,而且还有一大批主要资本主义国家经济得到普遍的发展。

由于连年的战争,西欧主要国家的经济遭到严重破坏。50年代初,联邦德国、法国和意大利三国工业生产的总和,以及国民生产总值的总和都只相当于美国工业生产和国民生产总值的1/4,后来属于欧洲共同体的9国的国民生产总值的总和还不及美国一国的1/3。经过短时期的整顿和恢复,西欧各国的经济走上了迅速和稳定发展的轨道。经济结构的调整,新技术的广泛应用以及西欧共同市场的建立等等,使得西欧国家的生产技术水平逐步接近和赶上美国，经济发展速度超过美国，经济实力得到迅速增强。1950—1968年美国国内生产总值增长 1.95 倍，联邦德国同期增长了 34.5 倍，法国增长了 18.9 倍，属于欧洲共同体的 9 国增长了 26 倍，到 1979 年欧洲共同体 10国的国民生产总值的总和超过了美国。

日本经济的迅速崛起是战后世界经济发展中的一个突出事件。战后初期，日本还被称之为资本主义中的不发达国家。经过 50 年代到 70 年代的高速增长，一跃成为举足轻重的经济大国，步入发达国家行列。1951—1980 年间，日本的国内生产总值年平均增长率高达 8.1%，为美国经济年增长速度的 2.5 倍，为英国的 3.4 倍，与增长速度较高的联邦德国、法国和意大利相比也分别高出 3.1 个百分点、3.6 个百分点和 2.3 个百分点。[1] 就生产技术水平来比较，到 70 年代后期，日本不仅在主要方面已赶上美国和西欧，而且还在一些方面跃居领先地位。就经济实力相比较，50 年代中期，日本在世界国民生产总值中的比重仅为 2.2%，仅与意大利相当，到 70 年代中期日本所占的比重已超过 8%，是意大利的 2.9 倍，为美国的 1/3。到 80 年代中期，日本的国民生产总值已达 12808 亿美元，相当于欧洲共同体的 39%，美国的 42%。[2]

其他主要资本主义国家，像加拿大、澳大利亚，也都取得了较快的发展。在经济结构、生产技术水平等方面，逐步缩小了与美国及西欧国家的距离，成了发达国家中具有巨大发展潜力的大国。

由于上述发展，在世界经济中，不仅是发达国家的经济地位大为提高，而且形成了一个经济结构、市场结构以及技术水平等方面趋于接近的发达经济体系。在这个体系里，商品、资本、技术等高度交织和流转，使各国经济在发展上高度相互依赖。日本评论家大前健一把这个体系称之为"三角合一地区"。[3]

世界经济中发达经济体系结构的形成，对主要资本主义国家的对外经济关系产生深刻的影响，其中最主要的趋势是对外贸易、资本流动以及技术扩散等越来越多地在发达经济体系内进行。第二次世界大战前那种商品输出和资本输出主要面向不发达国家的趋势出现了逆转，发达经济体系内的活动成

---

[1] 《世界经济统计简编》，1982 年。

[2] 《世界经济统计简编》，1978 年，1982 年；经济合作与发展组织：《主要经济指标》1987 年第 5 期。

[3] 《鼎势之争》，第 21 页。

了整个国际经济关系活动的中心。

从国际贸易的发展来看，1950—1970 年间，发达国家的出口占世界出口总额的比重由 62.9% 上升到 77.4%，进口由 67.1% 上升到 76.1%，此后虽有下降，到 1980 年出口比重仍为 66.3%，进口比重仍为 71.2%，到 1986 年又回升到 72.7%。引人注目的倒不是发达国家在国际贸易中占如此大的比重，从历史上看，主要资本主义国家一直是国际贸易的主要力量，[1] 而是发达国家间贸易的比重不断增大。从表 11—1 中可以看出，发达国家间的出口贸易一直超过其出口贸易总额的 70% 以上。西欧国家对外贸易向发达国家的转移更为突出。以欧洲共同体国家的出口为例，1965 年向发达国家的出口占其出口总额的比重高达 79%，1970 年升到 80%，1980 年降为 78%，1986 年仍为 70.7%。加拿大的对外贸易在很大程度上以美国为主要市场，因此，对发达国家贸易的比重常年保持在 80% 以上，有些年份高达 88%—90%。美国与发达国家的贸易所占的比重不及加拿大、西欧国家那样高，但也保持在 60%—70%。日本的传统对外贸易重点在亚太发展中国家，但是其发展趋势也许更能说明问题。第二次世界大战前，日本向欧美的出口仅占 20%，到 1965 年升到 50%，到 1985 年进一步升到 59%。明显的趋势是，经济越发展，与其他发达国家的经济水平越接近，则贸易对象重点越转向发达国家。[2]

表 11—1　　　　　发达国家内部贸易地位（占出口总额的百分比）

年份	1965	1970	1975	1980	1984	1985
总额	74.5	77.0	70.0	71.0	73.0	74.0
机械及运输设备	70.0	74.0	63.6	66.5	71.0	72.6
交通工具及零部件	83.3	90.0	87.4	86.4	90.0	91.3
其他制成品	77.5	79.3	72.2	80.0	74.4	74.9

资料来源:《统计月报》1983 年第 2 期, 1986 年第 2 期, 1987 年第 5 期。

如果考虑到发达国家的对外贸易在整个国民经济中所占的重要地位，那么，上述趋势对于发达国家间经济的联系所起的作用就不言而喻了。除少数

----

[1]　19 世纪末，欧洲和北美在世界贸易中进口占 77% 和出口占 76%，1913 年分别占 76.6% 和 73.7%，1937 年分别占 69.7% 和 64.4%。见［英］A. G. 肯伍德和 A. L. 格格布德《国际经济的增长 1920—1980 年》，乔治·艾伦和厄文出版社 1983 年版，第 93、223 页。

[2]　《统计月报》1983 年第 2 期。

国家外，大多数发达国家的对外贸易在国民生产总值中的比重都很高，有
1/3的国家的比重在20%—29%之间，有1/4的国家的比重在30%—49%之
间，有的国家的比重高达60%以上。也就是说，发达国家中由贸易渠道所构
成的经济联系系数可达20%—40%。[①] 这样高的交织度无疑会使发达国家的
经济发展产生很深的相互依赖性。因此，贸易上的大量联系把发达国家紧紧
地系在了一起。[②]

国际投资向发达国家集中的趋势比国际贸易还要突出。战后，国际投资
领域的一个显著变化是，发达国家不仅是提供对外直接投资的主体，也是吸
收对外直接投资的主体。从表11—2中可以看出，发达国家每年吸收了3/4
以上的国际直接投资资金。这表明，由发达国家进行的对外直接投资大部分
是在发达国家间进行的。从表11—3中可以看出，在进入80年代以后，从
发达国家流出和流入发达国家的国际直接投资额逐步接近，1982年后，后者
超过前者。这充分表明了国际直接投资向发达国家进一步集中的趋势。[③]

表11—2   发达国家吸收国际直接投资的情况（占世界总额的百分比）

年份	1970	1972	1974	1976	1978	1980	1982	1984
流入发达国家的比例	77	80	97	80	75	78	65	78

资料来源：《跨国公司在世界发展事业中的作用，第三次调查》，第324页；联合国经社理事会：
《跨国公司与国际经济关系的最新发展》E/C，1989年，第6页。

美国是国际投资的最大提供国，第二次世界大战后美国的对外直接投资
方向经历了由发展中国家向发达国家的转变。1950年美国的私人对外直接投
资只有48%投在发达国家，到1962年提高到62%，1970年提高到68%，
1979年为72%，在80年代仍保持在70%以上。[④]

英国是仅次于美国的最大投资国。1962年投在发达国家的资本占
63.5%，1971年占73.6%，1878年占80%。联邦德国的对外直接投资集中

---

① 这里的系数计算是贸易占国民生产总值的比重乘以与发达国家贸易所占的比重。一国与他
国的联系系数可以通过这种方法计算，这种系数只是表明一国与整个发达国家经济的联系程度。
② 哈佛大学的普特曼教授写的一本关于发达国家关系的书就题名为"系在一起"。见［美］罗
伯特·D.普特曼：《系在一起》，哈佛大学出版社1984年版。
③ 《跨国公司与国际经济关系的最新发展》，第5页。
④ 《现代商业概览》1960年第8期，1963年第8期，1972年第11期，1980年第8期。

于发达国家的情况更为突出。1970 年投在发达国家的资本所占的比重为
75%，1975 年为 79%，1979 年为 80%，1986 年达 94%。[1] 日本是后起的对
外投资大国。日本的传统投资重点在发展中国家。然而，随着其对外投资规
模的迅速增长，投资重点也明显转向发达国家。到 1984 年，日本投在发达
国家的对外直接投资占到 56%，到 1985 年进一步提高到 65%。[2]

表 11—3　　　　　　发达国家提供和吸收国际直接投资的情况　　　　　　单位：亿美元

年份	1970—1971	1979	1980	1981	1983	1983
提供投资						
总计	125	494	475	444	263	288
美国	76	252	194	66	49	49
西欧	42	182	207	254	156	150
其他	7	60	74	124	58	89
吸收投资						
总计	81	294	367	373	271	290
美国	9	119	169	246	149	113
西欧	47	141	170	126	109	128
其他	25	34	28	1	13	49

资料来源：联合国跨国公司中心：《对外直接投资与其他资本流动的趋势和问题》（英文版）
1985 年，第 18 页。

　　按跨国公司国外分公司的地区分布统计，1980 年，发达国家的跨国公司
的分公司有 76.1% 是设在发达国家的（按平均数），设在发达国家的分公司
规模大，大多集中于在经济中居关键地位的制造业。尤其是 70 年代中后期
以后，跨国公司向发达国家转移的趋势明显加强。[3]
　　直接投资不同于国际贸易，前者所导致的经济联系是直接的，而后者是
间接的。作为直接投资执行者的公司（主要是跨国公司）是当地从事直接经
营的经济法人实体，它们的生产和经营活动构成当地生产和经营活动的一个
组成部分。因此，直接投资的迅速发展从经济体系内部把发达国家更紧密地
联系在一起。

---

[1] 《经济参考》1987 年 6 月 22 日。
[2] 《世界经济统计简编》，1982 年；日本《时事解说》1987 年 5 月 1 日。
[3] 《跨国公司在世界发展事业中的作用，第三次调查》，第 40 页。

技术高度集中于发达国家的情况更为明显的。这体现在两个方面：一是技术的发明和应用；二是技术的传播。发达国家集中了世界绝大多数的科学家和工程师，构成了最雄厚的技术发明基础。1970 年、1975 年和 1980 年发达国家所拥有的科学家和工程师人数占世界科学家和工程师总人数的比重分别为 92.1%，91.1% 和 89.4%。研究和发展开支占的比重分别为 97.7%，96.1% 和 94%，[①] 在此情况下，新技术的发明和应用高度集中于发达国家是毫无疑问的。由于发达国家间存在着广泛吸收新技术的相似基础，技术贸易及其他形式的技术传播越来越多的在这些国家间进行。发达国家间的技术流动成为世界技术传播的主流，尤其是新技术流动，几乎全部集中于发达经济体系之内。技术在发达国家间的集中传播促进了各国间技术水平的接近，加强了发达经济体系的内聚力，使得经济上的相互联系进一步深入。事实上，技术的传播加强了技术上的竞争，使得它们成为推动技术不断更新和升级的一个强大动力。

由于上述发展，发达经济体系的内部结构越来越具有实质性的内容。如果说战后世界经济一体化得到了前所未有的巨大进展，那么首先，而且也主要是发达经济体系内一体化的深入发展。

当然，发达国家间的一体化发展是不平衡的，形式也不尽相同。[②] 按一体化形式和程度来说，大体可区分为四种类型：第一种是像欧洲共同体那样的高度一体化组织；第二种是像欧洲自由贸易联盟那样的贸易优惠同盟；第三种是像美国和加拿大那样的高度参与经济；第四种是除此而外的其他国家。

欧洲共同体的建立是战后世界经济发展中的一个重要现象，其发展特征使其有别于一般的一体化组织：

——共同体内部实行商品的高度自由流动，成员国的对外贸易关系交由共同体来进行。

——由贸易共同市场向经济共同体过渡，其中不仅包括逐步向商品、人

---

① 联合国教科文组织：《科学与技术统计》（英文版），1983 年，第 28 页。此处统计包括苏联。

② 按照理查德·库珀教授的分类，一体化可以用行为上的，而不是法律上的事实来加以定义。凡具备下述三个条件的便可看作是一体化：（1）经济间实行非歧视性交往；（2）实现了最适度的国际经济合作；（3）国家要素高度流动所必需的要素价格一致。[美] 库珀：《相互依赖的经济学》，麦克格劳·希尔图书公司 1968 年版，第 10 页。

员、资本、服务自由流动过渡,而且包括建立货币体系,建立共同体银行和发行共同体货币。

——共同体组织具有超国家调节管理职能,在资金、管理和调节上拥有实际职能和行使实际权力,在资金方面,欧洲共同体有自身的预算,预算开支涉及部门发展调节、区域发展调节、科研投资等等。在管理方面,欧洲共同体拥有制定法律的权力,在涉及贸易、投资及其他经济事务的关系上,欧洲共同体的调节和裁决具有法律效力。上述构成使得欧洲共同体国家经济的一体化程度大大高于其他国家,按照《一体化文件》设定的目标,共同体内部的商品、服务、资本和人员将自由流动,共同体国家经济间的一体化将达到一个新的高度。在贸易方面,欧洲共同体内部贸易一直占其对外贸易总额的一半以上,内部市场的发展成为共同体经济发展的主要动力。在投资方面,除私人公司间投资的高度交织(包括合营投资)之外,属于欧洲共同体一级的合作成为西欧高技术工业发展的强大动力。像在原子能的利用、航天事业的发展、大型飞机(包括商用和军用)等方面成员国的联合投资、联合研制和联合利用成为占主导地位的趋势。在经济政策方面,由于各方面的紧密联系和一体化组织的制约,任何一个国家都难以自行其是,尤其不能采取有损于他国经济利益的政策,财政和货币政策上的磋商和协调(尽管充满着激烈的讨价还价)通过各种途径(共同体首脑会议、部长理事会议等)经常地进行。显然,欧洲共同体的建立和发展把各成员国的经济联结成一个高度一体化的有机整体(它的发展并不以取代国别经济为前提)。

欧洲自由贸易联盟的经济一体化形式和程度与欧洲共同体不同,它是以开拓成员国间的优惠贸易市场为宗旨的贸易协调组织。通过降低成员国间的贸易关税及其他限制,发展和利用自由贸易联盟内的市场。因而,通过自由贸易联盟的作用所促进的经济一体化是以贸易的较高程度的交织和依赖为特征的。当然,从实际发展来看,尽管有着贸易联盟的内部优惠市场,成员国的主要贸易并不是在联盟市场内部进行的,在大多数年份,内部贸易一般只占其贸易总额的1/7—1/6,与欧洲共同体的贸易占其贸易总额的1/2以上。[①]按贸易结构来说,欧洲自由贸易联盟国家的经济更多的与欧洲共同体一体化。

美国和加拿大的经济主要是属于非制度化(noninstitutionalized)的高度

---

① 《统计月报》1980年第2期,1987年第2期。

一体化典型。一体化的结合主要是以美国公司向加拿大经济中大量进行投资（独资经营或与当地公司合营）和加拿大的进出口高度依赖美国市场构成的。在制造业部门和资源开发部门，美国公司往往扮演主要角色，美国的资金和技术成为加拿大经济发展中的关键组成部分。从另一方面来说，在加拿大的投资经营对为数众多的美国公司的生存和发展起着十分重要的作用。在这个意义上说，加拿大经济的兴衰对美国经济产生着直接的影响。同时，由于加拿大近80%的出口是依赖美国市场的，美国经济的发展（直接支配着进口市场的规模）则直接影响着加拿大经济的增长。由于经济上的高度交织，双方政府采取的经济政策及公司采取的经营战略的任何变化都立即在对方经济中产生反应。值得注意的是，1988年美加开始实施进出口商品互免关税（除农产品外）的一体化市场协议，此举必将使两国的市场更加相互渗透和交织。

当然，尽管发达国家经济间存在着不同形式和不同程度的一体化，但突出的特征是它们的多层次发展并没有造成对整个发达经济体系间经济关系的障碍，或者说，发达国家间并没有分割成完全对立或排斥的集团。

发展上的同步性是发达经济体系内各国经济一体化深入发展的一个重要体现。这里所说的同步性并非指划一性，而是指趋势上的同向，或者说变化上的关联性。第二次世界大战后，主要资本主义国家的经济发展起步相差甚大。美国得力于战争中建立起来的雄厚基础，经济拥有很好的发展条件。西欧多数国家的经济处于破产边缘，基础设施和生产设备惨遭破坏，资金和技术严重缺乏。第二次世界大战后的日本经济更是一个烂摊子，本来就不发达的经济基础几乎被破坏得支离破碎了，与其他主要资本主义国家相比可以说是不处于一个发展层次上。然而，经济上的密切交往和联系使各国间的发展差距迅速缩小。西欧、日本以及其他许多主要资本主义国家利用美国的资金、技术以及市场取得迅速发展，而这种发展也为美国的商品和资本提供了广泛的市场。从而导致了被称之为"美国支配下的和平"时期的共同繁荣。在这个时期，各国的发展动力通过不断增强的经济联系渠道进行交叉传递，对每一个国家来说，外部增长环境变成了内部发展的条件。60年代到70年代初的繁荣环境就是这种发展的直接结果。当然，发展上的同步性不仅表现在增长上，也表现在危机上。有人认为，战后发达资本主义国家经济危机并非具有同步性，其实这不是事实。如前所述，同步性是指一种趋势，而不是指时间上的划一。由于各国经济结构不同，与外部联系的程度不同等，危机会有先有后。能够说明问题的是,一国经济(或几国经济)的危机会带来连锁反应,导致危机冲击波和形成危机群发。第二次世界大战后以来,由于美国经济所处的地位,往往是美国经济危机成为其他国家发生经济危机的导因。发达国家间危机的同步性,最突出的证明莫过于 1973 年以后的经济危机了。整个西方发达国家无一例外地先后进入以停滞或缓慢增长为特征的危机时期。在这个时期,美国的危机成了加重西欧国家危机的重要因素,西欧经济的停滞又成为制约美国经济复苏的因素,而美国和西欧经济的停滞又使得日本经济结束了高速增长,陷入危机。有人把"一荣俱荣"描绘为 60 年代至 70 年代初的国际经济关系特征,而把"一损俱损"描绘为 80 年代以来的特征,① 尽管这种描绘太笼统,需要做具体分析,但在某种程度上反映了发达经济体系间一体化发展的深度和由此所造成的各国经济发展上的同步性特征。

对外部变动的敏感性(Sensitivity)是发达经济体系内各国经济相互渗透和依赖的直接结果。在国际经济关系的分析中,国别经济对外部变化的敏感程度是衡量经济开放和与世界经济相融合的尺度。经济越是开放,与世界经济的融合程度越深,则对外界变动的敏感度越高。在贸易方面,最能引起敏感反应的是价格的变化和汇率的变动。价格的升降不仅直接影响国内市场的销售价格水平(进而影响需求变动),而且直接影响生产成本(进而影响竞争能力),二者都最终影响经济增长的总水平。从贸易角度来看,汇率的变化必然反映到商品价格上来,因此,汇率变化直接关系到竞争能力,进而影响到整个经济的增长。尤其是在浮动汇率制下,汇率变化成为牵动各国经济发展脉搏的制动器。像 1985 年 9 月以后美元对日元的大幅度贬值,使日本商品的生产成本上升,大大影响了日本企业的盈利水平(日本出口商品不是用大幅度提价,而是用维持原价牺牲利润的办法促进出口的),致使大批中小企业为此而倒闭,使日本经济陷入低增长状态。在投资和资本的跨国流动方面,对利率和汇率的变化是最为敏感的。因为它们直接影响到资本的流向和投资的规模。像 80 年代初美国的高利率,不仅吸走了西欧的大量资金,而且还迫使西欧国家提高利率,这些都成为抑制西欧经济摆脱停滞的因素。再如,美元对日元的大幅度贬值直接影响日本资金向美国流动,从而对于急需大量外资弥补财政赤字的美国构成严重威胁,迫使美国不得不提高利率和

---

① 中国社会科学院:《世界经济》1987 年第 6 期,第 10 页。

采取措施稳定美元。

对外部变化的敏感性还反映在对他国宏观经济政策的变化上。因为各国的财政政策和货币政策必然直接作用于那些国家经济的需求水平、价格水平、资金供求水平、利率以及汇率的变化等等。这些内部变化会立即通过各种联系机制传递到外部，因此一国的内部变化不仅同时成为他国经济的外部环境，而且成为他国宏观经济政策变动的重要依据（反过来也是一样）。以往，人们常常用"美国患感冒，西欧得肺炎"的比喻来说明美国和西欧经济之间的关系。事实上，这种关系也非常形象地反映了西欧经济对美国经济变动的敏感性。当然，现在虽然还不能倒过来说明两者间的关系，但至少可以说"西欧患感冒，美国也要打喷嚏了"。

第二节 发达国家间相互依赖关系的结构

以上我们分析了发达国家间相互依赖关系的总趋势。这种总趋势只能反映发达国家间经济关系的一般特征。本节将对发达国家间相互依赖关系的结构作比较具体的分析。

（一）贸易关系结构

尽管对外贸易存在着向发达国家集中的趋势，但是具体到各国家来说，集中的趋势和方向是有差别的，这种差别导致了相互依赖关系结构上的不对称性。

让我们首先分析美国和西欧国家间的贸易关系发展趋势和格局。从总体来看，美国与西欧在贸易关系上的结构是不对称的。美国对西欧市场的依赖大大超过西欧对美国市场的依赖。从表11—4和表11—5中我们至少可以得出以下结论。

表11—4　　　　　　　美国和西欧贸易关系格局，1965年
（占各自进出口总额的百分比）

国别		美国	西欧	欧洲共同体	联邦德国	法国	英国	意大利
美国	出口	—	31.0	25.0	6.2	3.5	5.9	2.2
	进口	—	28.1	23.3	6.2	2.9	6.6	2.9

续表

国别		美国	西欧	欧洲共同体	联邦德国	法国	英国	意大利
西欧	出口	7.8	64.2	46.0	12.6	7.7	6.3	5.4
	进口	9.8	58.8	42.1	14.2	6.1	6.4	4.0
欧洲共同体	出口	7.8	64.3	46.3	16.5	9.8	4.9	7.2
	进口	9.4	57.2	41.1	16.6	9.7	5.4	5.9
联邦德国	出口	8.1	65.6	43.2	—	10.9	3.9	6.2
	进口	13.0	56.9	44.0	—	11.2	4.4	9.3
法国	出口	5.9	62.0	47.5	19.3	—	4.6	7.3
	进口	10.5	50.7	44.5	18.5	—	5	7
英国	出口	10.5	43.3	22.4	5.3	3.7	—	2.3
	进口	11.7	31.8	20	4.6	3.3	—	2.0
意大利	出口	8.6	58.9	47.8	21.2	10.3	4.7	—
	进口	13.5	45.5	37.3	14.8	9.8	4.6	—

资料来源:《统计月报》1983 年第 8 期;《国际贸易统计年鉴》1967 年。

表 11—5　　　　　美国和西欧贸易关系格局,1984 年
（占各自进出口总额的百分比）

国别		美国	西欧	欧洲共同体	联邦德国	法国	英国	意大利
美国	出口	—	25.8	21.4	4.1	2.7	5.5	2.0
	进口	—	20.4	16.7	5.0	2.7	4.8	2.9
西欧	出口	9.2	65.2	52.5	8.8	9.0	8.0	5.9
	进口	7.2	63.4	50.6	13.4	7.5	7.2	5.3
欧洲共同体	出口	9.4	65.5	52.2	9.9	8.3	7.0	5.7
	进口	7.1	60.0	48.3	10.8	6.2	6.6	5.3
联邦德国	出口	10.0	61.0	50.1	—	12.6	8.3	7.7
	进口	6.5	44.1	53.2	—	10.5	7.6	7.9
法国	出口	8.6	57.2	54.4	14.0	—	7.6	10.4
	进口	6.4	68.8	59.2	16.3	—	8.2	9.9
英国	出口	15.2	56.8	49.5	10.5	10.0	—	4.1
	进口	13.3	58.3	47.4	14.1	7.5	—	5.1
意大利	出口	12.3	54.5	48.3	16.1	14.0	6.7	—
	进口	6.4	53.4	47.2	15.9	12.4	4.3	—

资料来源:《统计月报》1987 年第 2 期;《主要经济指标》1987 年第 5 期;《共同体基本统计》第 24 版;《贸易方向统计年鉴》1986 年。

其一，美国对西欧市场的依赖性较高。60 年代中期与 80 年代中期相比，出口依赖程度有所降低。不过，较之出口，进口依赖程度降低得较多。这说明美国对外贸易向发达国家市场集中的趋势主要是通过向西欧以外的国家进行的。

其二，西欧对美国市场的依赖程度较小，西欧内部是其主要的进口市场。60 年代中期与 80 年代中期相比较，西欧对美国的出口所占的比重仅稍有提高，进口依赖反而降低了。显然，西欧内部市场的扩张是西欧国家对外贸易向发达国家市场集中的主要因素。

其三，以 60 年代中期的情况与 80 年代中期比较，西欧对美国的进出口结构发生了逆转，前期进口依赖大于出口依赖，后期出口依赖大于进口依赖。另外，美国对从西欧进口的依赖程度的变化远大于出口的变化。这反映出双方更多以对方为出口市场。这种变化实际上深刻地反映着双方经济发展上的变化和双方经济关系结构的变化。[①]

国别关系格局尽管服从上述总的趋势，然而也有各自的特点。从美国与联邦德国、法国、英国和意大利四个主要国家的贸易关系来看，较之 60 年代中期，80 年代中期美国对四国出口市场的依赖都无一例外地降低了，其中降低较多的是对联邦德国和英国的出口。进口中降低较多的是从联邦德国和英国的进口。如果进一步比较各国对美国市场依赖和美国对各国市场的依赖格局及变化，就可以看出总体比较所不能反映的特征。其中最突出的有以下两点：其一，西欧国家对美国市场的依赖均高于美国对这些国家的依赖。其二，在美国对西欧国家市场依赖程度降低的同时，西欧国家对美国市场的依赖程度却显著提高，尤其是出口更是如此。60 年代中期，联邦德国对美国进出口市场依赖的程度要比美国对联邦德国市场依赖的程度分别高出 109% 和 29%，而 80 年代中期则分别高出 143% 和 30%。上述同类比较，法国 60 年代中期分别高出 68% 和 262%，80 年代中期分别高出 218% 和 137%；英国 60 年代中期都高出 77%，80 年代中期分别高出 176% 和 177%；意大利 60 年代中期分别高出 168% 和 366%，80 年代中期分别高出 515% 和 120%。通过上述比较可以明显看出，联邦德国对美国出口市场的依赖程度提高，双方

---

① 仅以食品饮料的贸易为例，1960 年美国向西欧的出口是西欧向美国出口的 32 倍，而 1984 年西欧向美国的出口是美国向西欧出口的 1.7 倍。1965 年美国这类产品出口的 40% 依赖西欧市场，到 1984 降为 25%。

的出口依赖结构变得更加不平衡,而进口的依赖结构不平衡缩小了,其中主要是联邦德国对美国的进口依赖降低。在出口方面,法国与美国的相互依赖结构变得更为不对称,其中法国对美国出口市场的依赖明显提高。在进口方面,相互依赖结构差距缩小,其中法国对美国进口市场的依赖降低起主导作用。英国对美国的进出口市场依赖程度均显著增大,且双方的依赖结构不平衡加大。意大利对美国出口市场依赖的增长是几个国家中最突出的。其结果,双方的依赖结构的不平衡进一步加深。而进口却与此相反,意大利对美国进口市场依赖程度的大幅度降低,使得不平衡显著减轻。当然,如果以各国进出口中的产品结构进一步进行比较,那么,还会显示出更多的结构特征。值得注意的是,总量上的结构比较有时并不能反映出实际的相互关系本质特征,质的特征和结构则是由产品结构关系体现出来的,这一点在分析美国与西欧国家在50—60年代的贸易关系时尤为重要。

从表11—4和表11—5中还可以看出,西欧内部市场是西欧国家相互依赖的主要纽带。在60年代中期到80年代中期的20年间,西欧内部贸易市场的容量呈增长趋势,它反映出西欧国家对外贸易的扩大在很大程度上是靠西欧国家间加强贸易往来实现的。在这一点上,欧洲共同体内部市场的扩大起了主导作用。1965年与1984年相比,欧洲共同体内部市场中,出口比重提高了12.7%,进口比重提高了16%。从表中所列的几个国家的情况看,各国贸易关系都无一例外地加强了与欧洲共同体内部市场的关系。英国的情况最为突出,1965年向欧洲共同体的进出口份额只有其进出口总额的约1/5,而到1984年猛增到约占1/2。两个时期相比,法国对欧洲共同体的出口依赖程度提高了22.5%,进口依赖程度提高了24.6%,联邦德国分别提高了15.9%和23.1%,意大利分别提高了1%和26.5%。这种发展趋势无疑是欧洲共同体的成立为共同体内部消除了关税及其他贸易壁垒的结果。事实上,欧洲共同体经济的一体化首先是以贸易市场的一体化为基础的。

从国别情况看,在西欧,联邦德国是最大的贸易市场。1986年联邦德国的进出口贸易额占欧洲共同体进出口总额的比重分别为23.7%和30.5%。因此,联邦德国成为其他国家的最大贸易伙伴。各国对联邦德国市场的依赖均大于联邦德国对这些国家的依赖。从表11—4和表11—5中可以看出,最不对称的是联邦德国与意大利的贸易结构。60年代中期,意大利1/5以上的出口是依赖联邦德国市场的,而联邦德国只有不到1/15的出口是销往意大利的。进口结构的不对称不像出口那么严重,但意大利的依赖程度比联邦德国高出近 60%。80 年代中期，意大利对联邦德国进出口依赖程度比联邦德国对意大利的依赖程度高出一倍还多。法国与联邦德国的贸易关系是属于相互依赖程度较高，且不对称较轻的类型。尤其是到 80 年代中期，由于联邦德国的出口比重较前提高和法国对联邦德国出口市场依赖程度较前降低，两者差距只有 1/10 稍多。在进口结构中，虽然双方对各自市场的依赖较前均有降低，但法国的依赖程度仍比联邦德国高出 53%。变化最大的是英国与西欧其他国家的贸易关系结构和其他西欧国家与英国的贸易关系结构。60 年代中期，无论是联邦德国、法国还是意大利都处在英国对外贸易关系的边缘，而以上三国对英国进出口市场的依赖程度也较低。到 80 年代中期，英国的对外贸易重点明显转到欧洲共同体内部市场。英国对联邦德国、法国和意大利的进出口市场依赖程度分别达到 26.7% 和 24.6%，这比 60 年代中期分别高出 1.69 倍和 1.17 倍。由于这种发展，英国对三国市场的依赖程度均高于三国对英国市场的依赖程度（尽管不对称比较轻）。当然，读者还可以用表 11—4 和表 11—5 进行更细的相互依赖关系结构比较。

北欧国家的贸易关系结构值得单独进行一些分析。从表 11—6 中可以看

表 11—6　　　　　　北欧国家贸易关系结构，1984 年

（占各自进出口总额的百分比）

国别		丹麦	挪威	瑞典	联邦德国	英国	美国
丹麦	出口	—	6.3	6.4	16.0	12.9	9.8
	进口	—	4	14.8	21.4	9.6	3.7
挪威	出口	3.5	—	9.9	16.5	36.4	5.1
	进口	7.6	—	20	14.9	9.7	6.4
瑞典	出口	8.3	9.2	—	11.6	7	8.6
	进口	7.2	7.4	—	18.1	15.3	6.1
联邦德国	出口	2.0	1.0	2.6	—	8.1	9.3
	进口	1.8	2.2	2.3	—	6.9	6.3
英国	出口	1.7	1.4	4.1	10.5	—	14.6
	进口	2.0	6.9	3.0	14.4	—	12.3
美国	出口	0.2	*	0.7	4.1	5.6	—
	进口	0.5	*	1.0	5.1	4.3	—

* 小于 0.01。

资料来源：欧洲共同体：《欧洲经济》1987 年第 31 期。

出，在北欧的丹麦、挪威和瑞典之间，瑞典所提供的市场最大，尤其是进口，丹麦和挪威的依赖程度都较深，这就形成了瑞典对两国和两国对瑞典市场依赖程度的不对称。瑞典从丹麦和挪威的进口依赖程度只有两国的48%和37%，出口的依赖结构要比进口较对称些。如果拿北欧三国与西欧两个最大的贸易伙伴联邦德国和英国贸易关系格局相比较，不对称的情况特别突出。从北欧三国方面来说，联邦德国和英国都是其最大的贸易市场，像丹麦从联邦德国的进口依赖程度达21.4%，挪威向英国的出口依赖程度高达36.4%，如果加上向联邦德国的出口，占其出口总额的53%。但从联邦德国和英国方面来说，三国在他们对外贸易中都不占重要地位。因此，北欧国家对联邦德国和英国市场的依赖要比后者对前者市场的依赖大得多。北欧国家对美国市场的依赖虽不及像对联邦德国和英国那样大，但不对称性却更为突出。其原因主要是美国对北欧国家市场的依赖程度几乎微不足道。这种情况在发达国家间的贸易关系中是很不寻常的。

　　美日贸易关系是属于高度相互依赖的类型，双方都对对方市场具有较高的依赖程度。然而，存在着严重的不对称，且不对称具有不同于美国与西欧国家的特征。从表11—7中可以看出，双方的不对称贸易结构突出地表现在出口关系上。60年代中期到80年代中期，日本对美国出口市场的依赖程度增加了近8个百分点，市场份额接近40%，而同期，美国对日本出口市场的依赖程度虽有增加，但仍保持较低水平。1965年日本对美国出口市场的依赖程度是美国对日本出口市场依赖程度的2.9倍，1985年为2.6倍。如果从出

表11—7　　　　　　　　美国与日本贸易关系格局
（向对方进出口占其对外贸易总额的百分比）

国别		1965 年	1975 年	1985 年
日本				
	出口	29.7	20.2	37.5
	进口	25.0	16.3	16.6
美国				
	出口	7.6	8.8	10.5
	进口	12.8	15.8	18.7

资料来源:《统计月报》1983年第2期;《主要经济指标》1987年第5期。

口值来看，结构上的不对称亦尤为明显。1965—1985 年间，日本向美国的出口由 25 亿美元增到 660 亿美元，增长了 25.4 倍，而美国向日本的出口由 20 亿美元增到 216 亿美元，增长了 9.8 倍，其结果，日本方面的贸易顺差由 5 亿美元猛增到 444 亿美元。[①] 进口关系的变动与出口大不相同。日本对美国市场由高度依赖到较轻度依赖，而美国却呈反向发展。其结果，1965 年日本的依赖程度为美国的近 2 倍，而到 1985 年则变成美国的依赖程度超过日本了。

日本和西欧的贸易关系格局与美国的不同，它们间的严重不对称特别突出。从表 11—8 中可以看出，日本向西欧国家的出口在其出口总额中占比较重要的地位，且其重要性随着时间的推移而相应增长，然而西欧向日本的出口在其出口总额中的地位却只占微小的比重，尽管在表中所列的两个时间间隔中其重要性有所增长（在欧洲共同体出口中的地位却进一步降低），但所占比重仍小得可怜。1965 年日本对西欧的依赖程度高出西欧对日本的依赖程度 17.2 倍，1984 年仍为 10 倍，与欧洲共同体相比较，其不对称程度分别为 12.5 倍和 38 倍，不对称反而大大加剧了。从日本与西欧最大的两个国家联邦德国和英国的贸易关系发展来看，1965—1984 年间，日本向联邦德国和英

表 11—8　　　　　　　　　　日本和西欧的贸易关系结构
（占各自进出口总额的百分比）

年份 国别	1965	1984	1965	1984	1965	1984
日本						
出口	~	~	12.8	14.0	8.8	11.4
进口	~	~	7.5	6.8	6.0	5.1
西欧						
出口	0.7	1.3	64.2	65.2	46.0	52.5
进口	1.2	3.2	58.5	63.4	42.0	50.6
欧洲共同体						
出口	0.7	0.3	64.3	65.5	46.3	52.2
进口	0.9	3.1	57.2	60.0	41.1	48.3

资料来源：同表 11—7。

[①] 《统计月报》1983 年第 2 期；《主要经济指标》1987 年第 5 期。

国的出口在其出口总额中的份额分别提高了 23.1% 和 13.5%，而同期联邦德国对日本出口的份额只提高了 2.7%，英国却下降了 1.4%。[①] 在进口方面，日本对西欧市场的依赖程度没有出口那么高，且随着时间的推移依赖程度有所降低。这表明日本扩大与西欧的贸易关系主要是靠扩大向西欧出口进行的。西欧从日本的进口虽然在其总进口中仍占较小比重，但明显的趋势是提高幅度较大，且与日本从西欧进口依赖程度相比，不对称显著降低。到 1984 年，日本的依赖程度仅比西欧高出 59%，这与出口的不对称结构大不一样。这表明，西欧从日本的进口在其总进口中占的地位提高，或者说，从西欧方面，与日本贸易关系的增强主要是靠从日本进口的扩大来进行的。

在发达国家间的贸易关系中，美国和加拿大的关系是属于高度相互依赖典型的。尤其是加拿大，其对外贸易如此集中于一国，这在发达国家中是独有的。从表中可以看出，美国 1/5 左右的进出口依赖加拿大市场，而加拿大 2/3 左右的进出口依赖于美国市场，两者的贸易关系格局存在着严重的不对称。如果对产品结构做进一步分析，那么不对称则更为突出。在表中所列时间间隔内，美国对加拿大市场的依赖程度几乎没有什么变化，而加拿大对美国的出口市场依赖程度却显著增加，这就使本来不对称的格局变得更为突出。因此，美加的贸易关系既是高度相互依赖的典型，也是高度不对称的典型。

表 11—9　　　　　　　　　美国和加拿大的贸易关系格局
　　　　　　　　　　　　（占各自进出口总额的百分比）

国别		1965 年	1975 年	1984 年
美国	出口	20.3	20.1	21.0
	进口	20.1	20.1	19.2
加拿大	出口	57.6	65.7	75.4
	进口	63.1	59.0	60.2

　　资料来源：联合国《统计月报》1983 年第 2 期，1987 年第 2 期。

贸易结构是决定各国间贸易及整个经济关系的一个主导因素。一般来说，一国在与他国的经济关系中所处的地位与该国对对方市场的依赖程度有

---

① 《欧洲经济》1987 年第 31 期，第 102 页。

密切关系。在对称结构中，双方关系的制约机制比较均衡，一方难于对另一方行使支配性的影响，且双方依赖程度越深则相互牵制和制约越强。在不对称结构中，双方关系的制约机制不均衡，依赖程度大者对市场及其他与贸易有关的变动的承受能力显然会小于依赖程度低者，或者说依赖程度低者往往拥有对依赖程度高者施加影响的能力。

然而，关系的制衡程度还决定于下列诸因素：

——综合国力的大小以及对外贸易在整个国民经济中的地位。一般地说，大国拥有较大的回旋余地和施加影响的力量，小国则不然。对外贸易在整个国民经济中的地位大者对外部冲击的反应要强烈，冲击所波及的范围要大。比如，像荷兰这样一个对外贸易在国民生产总值中占很大比重的小国，对于外界经济的任何变动都是非常敏感的，而像美国这样一个对外贸易在经济中的比重较低，在世界市场上占最大比例的国家对外部冲击的承受力和对外部市场的冲击影响都很大。

——贸易结构及贸易机会的转变弹性。一般地说较高依赖程度的单一结构往往经不起大的变动。鉴于这样的结构在机会转变上弹性小，易受依赖市场的制约，因此，贸易种类的不对称往往比整体比重的不对称对贸易关系造成更敏感的影响。以美国和加拿大的贸易关系为例，1985 年加拿大的铜和铁出口中 90%，有色金属出口中 61% 是依赖美国市场的，这些产品的出口机会转变弹性很小，因此，加拿大对于美国市场的需求变化、美国对进口的管理等都缺乏对抗能力，双方的关系在很大程度上以后者的变动为转移。美国与日本的贸易关系也是如此。日本汽车出口的 90% 以上是销往美国的，美国市场的需求变化、市场上的竞争格局以及美国出于各种原因对汽车进口的管理不仅在很大程度上制约着日本汽车的出口，也严重影响着日本整个汽车业的发展。当美国采取措施限制汽车进口的时候，日本只好被迫接受，像日本听从美国的"劝告"对汽车出口采取"自动限制"就是例证。

当然，贸易关系在多大程度上对整个经济产生影响，以及贸易各方对来自对方的压力如何应对，以及在多大程度上做出反应，这取决于贸易关系所构成的经济关系格局。从表 11—10 中可以看出，在各国间，由贸易关系所构成的经济关系格局存在着严重的不平衡。这种相互交错的不平衡关系构成了发达国家间的复杂经济关系，也是各国对贸易领域所发生的任何一种变动采取不同态度和政策的重要基础。以美国和联邦德国的贸易为例，按 1985年的数字计算，美国的进口每增加 1% 将会导致联邦德国国民生产总值提高

0.02％，而联邦德国的进口增长 1％，则只会导致美国的国民生产总值增加 0.003％。[①] 可见，一则，两者同幅度变动对对方的经济增长的影响不同，虽然联邦德国经济对美国经济状况的反应要比后者对前者明显得多；二则，这种变动对整个经济发展的影响都很小，较小幅度的变化都不会影响整个经济的发展。从表中我们还可以进行更为详细的分析。比如，日本对美国经济发展的反应要比联邦德国大得多，而欧洲共同体内的经济发展对每一个成员国来说都是至关重要的，等等。

表 11—10　　　　　　　发达国家间的经济关系格局，1982 年
（贸易占国民生产总值的百分比）

国别		美国	联邦德国	日本	欧洲共同体	其他发达国家	其他国家	总计
美国	出口	—	0.3	1.7	1.6	1.6	3.1	7
	进口	—	0.4	1.3	1.4	1.9	3.5	8.1
欧洲共同体	出口	1.7	2.9	0.2	12.9	3.1	7.0	24.4
	进口	2.2	3.3	0.8	12.9	3.4	7.4	26.9
日本	出口	3.4	0.5	—	1.6	1.1	6.8	13.0
	进口	2.3	0.2	—	0.7	1.4	7.9	12.3
联邦德国	出口	1.8	—	0.3	12.8	4.6	7.2	26.6
	进口	1.8	—		11.2		6.3	23.4
法国	出口	0.9	2.5	0.2	8.0	1.7	6.3	17.1
	进口	1.7	3.6	0.4	10.2	2.1	7.0	21.4
英国	出口	2.8	2.0	0.2	8.6	2.9	6.1	20.6
	进口	2.5	2.6	1.0	9.3	3.7	4.6	21.1

资料来源：［美］吉利斯·奥迪斯和杰弗里·萨克斯：《工业化经济中的宏观经济合作》，布鲁金斯学会经济问题论文 1984 年第 1 期，第 6 页。

（二）投资关系结构

投资关系结构的不对称性要比贸易关系的不对称更为突出。由于统计资料缺乏，对于投资关系结构的分析存在着一定困难。尽管如此，这里的分析对于深入认识发达国家间的全面经济关系还是不可缺少的。

---

① 据《主要经济指标》1987 年第 5 期，《统计月报》1987 年第 2 期数字计算。

表11—11列出了美国向西欧的对外直接投资情况。从表中可以看出，西欧是美国进行对外直接投资的主要场所，且随着时间的推移其重要性不断增大。第二次世界大战后，美国跨国公司的扩张主要是以向西欧扩大投资为基础的。在很大程度上说，西欧成了美国跨国公司成长和发展的温床。尽管表中所显示的美国投资在西欧国家国民生产总值中的比重并不高，但是，实际的地位远比这种过分简单的比例数字大得多。这是因为，一则，直接投资不同于国际贸易，它是对经济活动的直接参与，不仅涉及商品（商品生产额要比投资额大几倍），而且涉及生产、投资、就业、科研等；二则，直接投资在经济中的分布不均匀，在有些部门非常集中，尤其是在作为经济核心的制造业中，可能会占主导地位。[①] 从西欧国家方面来说，在一个时期内，美国公司的投资为其恢复和发展经济提供了重要帮助。尽管法国人在60年代末发出了"美国的挑战"的警告，[②] 但是，美国公司在西欧的投资（包括法

表11—11　　　美国向西欧的直接投资（按投资累计额计算）

年　份		西欧	欧洲共同体	联邦德国	英国	法国	荷兰
1960	(1)	20.3	8.0	3.1	9.9	2.2	0.8
	(2)	2.0	1.4	1.4	4.5	1.2	2.5
1970	(1)	33.4	26.6	8.3	10.6	3.5	2.0
	(2)	3.3	4.1	1.5	5.7	1.4	2.9
1975	(1)	37.2	29.3	4.3	10.5	2.5	2.5
	(2)	2.8	2.8	2.0	6.6	1.8	3.2
1980	(1)	44.7	35.8	7.1	13.2	4.3	3.7
	(2)	2.8	2.8	2.5	6.1	1.8	6.2
1982	(1)	45.1	35.4	7.1	13.9	3.5	4.0
	(2)	2.9	2.6	2.2	5.6	1.3	5.9
1985	(1)	45.9	35.4	7.3	14.3	3.4	3.2
	(2)	3.8	3.4	2.7	7.2	1.5	5.8

注：（1）占美国对外直接投资额的百分比；（2）美国的投资占当地国民生产总值的百分比。

资料来源：《美国统计摘要》1966年，1983年，1985年；联合国《国民收支统计年鉴》1971年第2卷，1979年第2卷，1981年第2卷；《现代商业概览》1987年第8期；《世界发展报告》，1987年。

————————

[①] 如美国公司在英国的电子计算机、汽车等行业中占30%—50%的比重。参见法明基斯：《科学技术革命对资本主义世界经济的影响》（中译本），北京出版社，第200—203页。

[②] 1968年法国学者施莱伯出版了《美国的挑战》一书，对美国公司在西欧的扩张进行了大量的揭露。

国在内）仍有增无减，西欧国家并没有采取行动限制美国的投资。把表11—11 和表11—12 加以比较，可以看出，80 年代以前，西欧对美国的投资和美国对西欧的投资是很不对称的。这种不对称突出地表现在各自在对方经济中的地位上。在各个年份，美国投资在西欧经济中的地位要比西欧投资在美国经济中的地位高出一倍多。当然如果不是把西欧作为一个整体与美国加以比较，而是在国别间进行比较，这种不对称就更为突出了。就以向美国投资最多的英国与美国关系来说，1970 年和 1975 年，英国对美国的投资在美国经济中的比重只有 0.4%，而美国的投资在英国经济中却分别达 5.7% 和6.6%。尽管西欧本土是西欧多数国家对外直接投资的主要目标，然而，由于美国是除西欧以外的国家中最主要的投资场所，因此，各国对美国的依赖程度往往并不低。以美国和联邦德之间的投资依赖关系格局为例，1970 年和1975 年，美国对联邦德国的依赖程度分别为 8.3% 和 7.1%，而联邦德国对美国市场的依赖程度分别为 8.5% 和 10.0%，联邦德国的依赖程度略大于美国。同期，美国和英国比较，前者分别为 10.6% 和 10.5%，而后者分别为11.9% 和 12.7%，英国明显高于美国。① 到 80 年代中期，上述趋势变得更为突出。西欧国家对美国投资加快，各国对美国投资市场的依赖程度进一步加强了。1984 年，英国、联邦德国、法国和荷兰对美国的直接投资占各自当年

表 11—12　西欧向美国的直接投资情况（按投资累计额计算）

国别	1960 年		1970 年		1975 年		1980 年		1982 年		1985 年	
	(1)	(2)	(1)	(2)	(1)	(2)	(1)	(2)	(1)	(2)	(1)	(2)
西欧	68	0.9	12.0	1.0	67.2	1.2	9.1	2.0	67.0	2.7	65.8	3.0
联邦德国	1.5	*	5.1	0.06	5.0	0.09	9.1	0.2	7.8	0.3	8.0	0.4
英国	32.5	0.4	31.1	0.4	22.9	0.4	17.0	0.5	22.9	0.7	23.6	1.1
荷兰	13.7	0.1	16.2	0.2	19.3	0.3	23.0	0.7	21.0	0.8	20.0	0.9
瑞士	11.1	0.1	11.6	0.1	7.7	0.1	6.1	0.2	5.2	0.2	5.7	0.2

　*小于 0.01；(1) 占在美国的直接投资总额的百分比；(2) 直接投资额占美国国民生产总值的百分比。

　资料来源:《美国统计摘要》1966 年，1983 年，1985 年；《现代商业概览》1987 年第 8 期。

———————————

① 据《世界经济统计简编》1982 年版的数字计算。

对外直接投资额的比例分别高达 51.4%，56.2%，45.4% 和 29.8%，[①] 显然美国和西欧国家的投资关系格局存在着两个不对称：一是美国投资在西欧国家经济中占的比重大于西欧国家的投资在美国经济中的比重；二是西欧国家对美国投资市场的依赖程度大于美国对西欧国家投资市场的依赖程度。这两个特征显然使美国处于更为主动的地位。

美国和加拿大的投资关系，正像贸易关系那样，也是高度相互依赖的。从表 11—13 中可以看出，美国对加拿大投资市场的依赖程度相当高。尽管随着时间的推移对其依赖性有所降低，然而其依赖程度仍然高于对任何其他国家的依赖程度。从加拿大方面来说，尽管加拿大在美国投资的地位没有美国在加拿大经济中那样高，但加拿大依赖美国市场的程度比美国依赖加拿大投资市场的程度高。到 80 年代初，加拿大在美国的直接投资为 120亿美元，占加拿大对外直接投资的 60% 多。值得注意的是，自 70 年代后期，加拿大向美国的投资逐年增多，对美国投资市场的依赖程度有增大的趋势。如果按人均投资额比较，加拿大在美国的投资要比美国在加拿大的投资高 3 倍。[②] 表 11—13 中有关美国投资在加拿大国民生产总值中地位的数据更能深刻地反映两国之间的关系程度及格局。美国的投资在加拿大经济中占有如此高的比重，足可见美国投资对加拿大经济渗透和直接参与的程度之深，或者说加拿大经济对美国投资依赖程度之深。事实上，美国公司在加拿大的主要经济部门中都占有十分重要的地位，在许多行业，美国

表 11—13　　　　　　　　　美国和加拿大的投资关系　　　　　　　　单位:%

国别		1970 年	1975 年	1980 年	1982 年	1985 年
美国	(1)	27.8	25.0	20.9	20.1	20.5
	(2)	22.9	20.9	18.6	16.1	13.6
加拿大	(3)	0.2	0.3	0.4	0.3	0.4

注：(1) 美国在加拿大的投资占其对外直接投资总额的百分比；(2) 美国投资相当于加拿大国民生产总值的百分比；(3) 加拿大在美国的投资相当于美国国民生产总值的百分比。

资料来源：同表 11—12。

---

① 日本《时事解说》1987 年 5 月 1 日。
② ［苏］安德烈·D. 包罗那耶夫斯基：《加拿大与美国：北美经济一体化中的问题与矛盾》，进步出版社 1987 年版，第 133—135 页。

表 11—14 美国和日本的投资关系结构

国别		1970 年	1975 年	1980 年	1982 年	1985 年
美国	(1)	1.9	2.7	2.9	3.1	4.0
	(2)	0.5	0.6	0.6	0.6	0.7
日本	(3)	—	25.9	26.9	30.5	44.1
	(4)	0.02	0.04	0.16	0.3	0.5

注:(1)美国在日本的直接投资占其对外直接投资总额的百分比;(2)美国的投资相当于日本国民生产总值的百分比;(3)日本在美国的投资占其对外直接投资的百分比(按当年投资额计算);(4)日本的投资相当于美国国民生产总值的百分比。

资料来源:《美国统计摘要》1981 年,1982 年,1985 年;日本《时事解说》1987 年 5 月 1 日;《世界经济统计简编》1978 年,1982 年;美国《现代商业概览》1987 年第 8 期。

公司的投资和经营扮演着主要角色。加拿大投资对美国经济的渗透和直接参与情况却是另一幅图景。从表中可以看出,加拿大对美国的直接投资在美国经济中所占的地位是微不足道的。这种情况清楚地反映着两国间投资关系的严重不对称。值得指出的是,70 年代初以前,当西欧和日本向美国的投资尚未得到较大发展时,加拿大的投资曾是仅次于英国的最大投资国,其份额占到 1/4 以上,但是到 80 年代初,其份额降到 10% 以下,到 80 年代中期其份额进一步降低,也就是说,美国投资市场对加拿大投资的依赖变得越来越小,这种情况不能不影响到双方投资关系的格局。在一定程度上,这更进一步加强了美国在双方投资关系中的主导地位。

日本和美国的投资关系具有一些不同于其他国家间投资关系的特征。60 年代中,日本的对外直接投资规模尚小,且投资重点在亚太发展中国家,在美国的投资市场上日本投资只占不到 1%。而在此时期,美国对日本的直接投资因日本市场的封闭性亦微乎其微。70 年代以后,日本的对外直接投资规模逐步扩大,投资重点开始向美国市场转移。从表中可以看出,到 1985 年,美国的投资市场吸收了日本对外直接投资的 44%,日本的投资占到当年所有外国对美国直接投资的 1/3 还多。美国向日本的直接投资虽然有较显著增加,但是日本的投资市场仍然处在美国对外直接投资的边缘,所占比重没有多大提高。由于这种发展,在投资依赖关系上呈现严重的不对称,日本对美国投资市场的高度依赖与日本对美国投资提供的小得可怜的市场形成鲜明的对照。然而,日本对美国投资市场的依赖与日本在美国外来直接投资市场上的地位同时增长，这就加强了日本在美日投资关系中的地位。当然，从直接投资在各自经济中的地位来看，尽管美国的投资在日本经济中的地位要比日本的投资在美国经济中的地位大，但是，从表中可以看出，它们在双方经济中都不占重要地位。从这个方面来说，与双方的贸易关系相比，投资关系的重要性要小得多。①

当然，投资关系格局不仅取决于投资资金的分配比例，还取决于部门分布。比如，美国在西欧和加拿大的投资多集中于制造业，且较多投资于技术领先领域或高技术行业，而外国在美国的投资迄今多集中在商业、不动产业，即便在制造业中也较多地投资在不居于技术领先地位的领域。1985 年日本向美国的直接投资达 55 亿美元，然而投资于制造业的仅有 2.2 亿美元，占 4.4%。投资于制造业比投资于其他部门对经济的影响更大，这不仅是因为制造业居整个经济活动的中心，而且还因为这类投资与技术交流是密切联系的，由资金、技术和产品构成的经济活动贯穿于整个经济运转的过程。

不过，分析发达国家间的投资关系格局仅以国家为单位是不够的，因为投资者大多是跨国公司。如前所述，跨国公司的典型特征是以世界为市场，建立国际专业化分工为基础的国际一体化生产体系。那些最大的跨国公司年生产额往往达数百亿美元，实际上是一个个经济王国。它们在多个国家从事经营，但并不从属于任何国家，它们的经营体系是由各分公司的资金、技术和生产的内部分工联系起来的。也正是跨国公司遍布各国各部门的投资企业，成为发达国家经济紧密连接在一起的重要机制。因此，发达国家间由国际直接投资所构成的关系更多地表现为公司间的投资关系。第二次世界大战后的一个较长时期，在这种投资关系格局中，跨国公司占绝对优势。美国公司的投资构成各国投资关系中的支配因素。自 70 年代初以后，西欧国家跨国公司的力量显著增强。自 80 年代初以后，日本的跨国公司也迅速扩张。西欧跨国公司对美国的投资，日本跨国公司对美国、西欧及其他发达国家的投资，在一定程度上改变了发达国家间公司的投资关系格局。不过，虽然美国公司的垄断地位受到挑战，但在主要投资领域，

---

① 自 80 年代中期以来，美国的投资市场对日本具有特别重要的意义。每年保持大量贸易盈余的日本大大加快了对外投资的步伐。到 1985 年，按当年投资流出额计算，日本成了第一投资大国，美国成了日本最主要的海外投资场所。

美国公司仍居优势地位。

以上我们仅仅分析了发达国家间的贸易关系和直接投资关系格局。事实上，构成和影响发达国家间经济关系格局的因素很多，其中经济实力、货币地位起着十分重要的作用。在高度交织的发达经济体系中，一国经济变动对他国经济的影响与该国的经济实力成正比，即经济实力越大则所能产生的影响越强，反之亦然。其原因不仅因为该经济有着大规模的对外联系和参与，而且也为其他经济体提供大规模的联系和参与市场。在发达经济体系中，如果说60年代美国经济是带动他经济发展的火车头，那么，如今则是美国、日本和联邦德国。60年代中期，美国一国的国民生产总值占发达国家国民生产总值的近1/2，80年代中期，美国、日本和联邦德国的国民生产总值占发达国家国民生产总值的90%多。美国的进口市场相当于所有发达国家进口市场的近1/4，美国、日本和联邦德国的出口占所有发达国家出口的45%。[①]因此，美国经济增长的快慢，日本和联邦德国对外贸易的增长不仅对三国，而且对整个发达经济体都产生决定性的影响。

货币地位之所以在发达国家间的经济关系中特别重要，是因为货币是各国间经济交往的主要媒介。在世界经济中，流通中的国际货币实际上是可自由兑换的国别货币。第二次世界大战后，通过布雷顿森林协定确立了美元作为唯一国际货币的特殊地位，导致了美元在国际交易、国际储备及各种形式的货币跨国流动中的垄断地位。在此情况下，美元的供应以及美元地位的稳定不仅极大地影响着各国间的经济交往，也极大地影响着各国经济的发展。各发达国家的货币相继实行自由兑换，为使用中的国际货币多元化提供了条件，尤其是马克、英镑以及日元在国际流通、国际储备中的比重逐步增加。然而，迄今，美元的垄断地位仍没有得到根本的改变。在货币关系上，因为固定汇率制的崩溃，使得汇率变动成为起重要作用的因素。由于美元的地位，美元汇率的变动当然是牵动其他货币汇率变动的主导力量。如前所述，汇率变动的影响通过货币关系的变化直接或间接地作用于贸易、投资以及整个经济的活动。因此，美元的贬值和升值就成了牵动发达国家间整个经济关系的重要因素。美元的贬值和升值可以是外部压力的结果，亦可以是美国货币政策的结果，在后一种情况下，他国经济的变化以及由此引起的各国间经济关系的变化就从属于美国的利益目标了。

---

① 《主要经济指标》1987年第5期;《国际贸易与发展统计手册》1985年附册。

第三节　欧洲共同体统一大市场的
建设及其世界意义

　　在谈到发达国家的经济关系时，有必要对欧洲共同体正在从事的统一大市场建设做一些专门分析。就本书的主题而言，当然，我们不可能过细地论及大市场建设的本身的问题，而只能把重点放在其对经济一体化发展的影响上。

　　1985 年欧洲共同体执委会提出了关于建设欧洲共同体统一大市场（Single Market）的白皮书，提出了到 1992 年完成消除各方面障碍的 300 项立法的时间表。1986 年欧洲共同体成员国签署了单一法（Single Act），从而开始了建设统一大市场的进程。

　　事实上，建设统一大市场是罗马条约（成立欧洲共同体的条约）的既定目标，条约明确规定最终要建成商品、资本、人员和服务在共同体内自由流动的真正内部市场。但是，在 60 年代末提前实现建立关税同盟的目标之后，进一步推进经济一体化的进程因非关税壁垒增多而停滞不前。因此，80 年代后半期开始的统一大市场进程只不过是前一个进程的继续。欧洲共同体统一大市场的建设之所以引起全世界的广泛关注，是因为它的发展不仅会对欧洲共同体内部经济产生重大影响，而且对于整个世界经济都会产生影响。

　　就欧洲共同体内部而言，通过真正实现商品、资本、人员和服务的自由流动，使各国经济进一步相互渗透、结合，从而过渡到更高程度的一体化，建立起世界经济中的第一个区域经济全面一体化的体系。在这种体系中，各国经济将更广泛，更深刻地依赖整个体系的机制和运转，国别经济在构成机制和运行方式上将更多地失去国别属性特征，传统的民族的（或者说是国家的）支配因素更多地让位于共同体一体化体系所构成的支配因素。当然，很难说未来的欧洲共同体统一大市场会把国别经济"融化"，使整个共同体变成一个单一的经济体系，但是，这种由商品自由交换向生产要素自由流动、配置和组合的转变，是当今时代世界经济发展中的一个具有深远意义的发展。

　　全世界都在谈论欧洲共同体统一大市场。许多人担心，它的出现将使世界经济分裂成更多的区域集团，从而有可能破坏已经发展起来的相互依赖机制。未来世界经济的"集团化"趋势所带来的是福音还是灾祸？这当然不可等闲视之。

欧洲共同体统一大市场建设的意义超出欧洲共同体经济本身,这是毫无疑问的。从世界经发展的角度来分析,一方面,由于欧洲共同体经济在世界经济中占有举足轻重的地位,其发展本身亦成为世界经济增长的重要组成部分;另一方面,欧洲共同体高层次一体化的成效将成为一种推动力,对整个世界经济发展产生重要影响。欧洲共同体统一大市场的作用可以通过以下几种方式体现出来:(1)示范效应,即欧洲共同体高度一体化作为一种榜样,推动其他国家在一体化上采取行动。比如,美加自由贸易区的开辟可以被看作是一种仿效,亦可被看作是一种对应。显然,欧洲共同体统一大市场的建立对于推动其他区域经济一体化组织的发展也会起到巨大影响。(2)外延效应,即通过欧洲共同体与其他一体化组织的联合或合作,使一体化的范围外延,最突出的是欧洲共同体与欧洲自由贸易联盟协作关系的进一步发展。①(3)吸入效应(或称参与效应),即他国为利用欧洲共同体一体化市场而加强对其参与(投资及其他形式的参与),突出的是美国、日本及其他国家为利用统一大市场优势而大量增加对欧洲共同体的直接投资。显然,这三种效应在欧洲共同体统一大市场建设过程中将继续发挥作用,并会随着欧洲共同体一体化的深入而使其作用加强。

如前所述,世界经济一体化可分为制度性一体化和非制度性一体化。制度性一体化是通过各种形式的一体化组织来进行的。初级的一体化组织是贸易联盟,而高级的一体化组织是经济全面联合体。欧洲共同体统一大市场的建设无疑是欧洲共同体经济一体化由初级形式向高级形式的过渡。尽管区域性一体化组织是制度性一体化的主要形式,是在局部范围内进行的,但是,由于上述三个方面的效应,使得它与外部的联系以更深入的方式进行。一方面,世界经济中区域性一体化组织增多,意味着世界经济一体化向更深层次发展,在这里,世界经济一体化的深入是诸多一体化集团发展的集合;另一方面,由于各区域经济一体化集团之间有着密切联系,这种交织联系构成一体化的更深层次。开放型一体化组织与封闭型贸易保护集团不同,前者是建立在对外联系与交往基础之上的,而后者则是与对外开放与协作相排斥的。像欧洲共同体,尽管其有着内外有别的对外贸易政策,但其基础是建立在与世界经济其他部分紧密相关的基础上的,它以各种方式与外部世界建立起密

---

① 外延效应还应包括更多的国家要求加入欧洲共同体。

切的协调、合作和交往。对外联系是欧洲共同体生存与发展的一块基石，贸易保护主义尽管存在，但不是欧洲共同体的基本特征。显然，那种把区域性一体化与世界经济一体化对立起来的观点是不对的。现在看来，世界经济中的集团化，即制度性一体化将得到进一步发展。这种趋势应该被看作是世界经济一体化深入发展的一个重要组成部分。担心这种发展会导致世界贸易保护主义加剧，从而形成贸易保护主义集团对抗是没有充分根据的。

非制度性一体化是由正常市场交换及其他非组织机构形式在各国经济间建立的相互交织和依赖机制。非制度性一体化是由存在于大量贸易、投资及其他交往关系的机制构成的，这些机制像一只只无形的手，支配着整个世界经济的运行。事实上，世界范围的经济一体化主要是由非制度性联系机制构成的。当然，制度性一体化与非制度性一体化并不是没有联系的，前者往往是推动后者发展的一个重要因素。

从世界经济格局来分析，欧洲共同体统一大市场的建设对世界经济实力结构的变化将产生重要影响，而这种结构变化亦将成为推动世界经济发展的一个重要动力。差别结构的动力源来自两个方面：一是优者的领先作用，二是后进者的追赶力。领先者通过各种方式把其先进方式向外扩散，导致对旧方式的更替，这突出地体现在技术领先所起的拉动作用上。领先技术形成一种强大的推动力，通过技术竞争和扩散把世界的技术发展导向高层次。在差别结构中，弱者亦分为不同的层次。接近领先层次者主要体现在技术追赶，而较下层次则主要是通过学习和引进升级更替。第二次世界大战后，美国的领先地位曾作为"西欧经济奇迹"的主要外部因素而起作用，美国的技术是西欧技术更新的主要来源，追赶美国是西欧国家经济发展战略的一个重要出发点。如前所述，80年代，美日在高科技领域的领先地位是西欧"破釜沉舟"、推动统一大市场计划的一个重要因素。如今，欧洲共同体在建立统一大市场上的振兴前景已经成为推动世界经济发展的一个重要因素，"对付欧洲的挑战"成为美、日及其他国家未来经济发展战略的一个重要出发点。

具体来分析，欧洲共同体统一大市场的影响将体现在以下几个方面：

其一，欧洲共同体本身发展的作用。如前所述，一个富有生机的、繁荣的欧洲共同体经济构成世界经济增长的强大动力。欧洲共同体执委会对统一大市场所能带来的利益组织了各方面专家进行广泛研究。研究结果表明，潜在总收益可达2000亿欧洲货币单位。事实上，最重要的不在于这个数字，而是统一大市场对欧洲共同体经济体制、结构及发展潜力所产生的内在影响。从微观角度来考察,大市场的建立将导致下列结果:(1)实现生产和交换的规模经济,从而大幅度降低成本;(2)加强竞争,提高效率和效益;(3)使资源配置更加合理;(4)产品和生产工艺创新加快。从宏观经济效益角度来分析,其影响主要体现在:(1)通货膨胀进一步降低;(2)政府财政形势进一步改善;(3)就业显著增加;(4)在国际市场上的地位提高。总之,将出现一个更加强大的和富有挑战性的欧洲共同体。

其二,一个富有挑战性的欧洲共同体对世界经济发展的影响是多方面的,其中最突出地体现在竞争对抗加强和由此导致的新关系格局上。主要竞争对手美国和日本已经把警觉转变为行动,一方面,加强自身的发展,提高内在竞争力;另一方面,制定新的对外关系战略,其中最突出的是进一步打入欧洲共同体内部市场和扩大在其他市场上的势力。发展中国家也不可能在这种新的发展面前无动于衷。具有一定竞争优势的新兴工业化国家和地区正在寻求利用欧洲共同体统一大市场的机会,除采取试探性投资外,更重要的是调整技术产品结构,面向未来的统一大市场。在欧洲,与统一大市场相联系的引人注目的变化已经或正在发生,除欧洲自由贸易联盟与欧洲共同体进一步靠拢和联合外,东西欧的经济交往已开始出现突破性进展。在亚洲,日本除对欧洲共同体市场加紧渗透外,正在推动亚太经济联合,力图使亚太经济一体化组织由蓝图变为现实。除此以外,在美加自由贸易区建立的同时,美日之间亦就达成自由贸易协议进行探讨。显然,这种新竞争形式和格局的出现将对国际经济关系、国际分工和世界经济发展产生深刻影响。

其三,统一大市场的建设将推动世界经济中的调整和改革趋势进一步发展。在一定意义上说,欧洲共同体统一大市场的建设本身就是一场重大的调整和改革,一方面,统一大市场建设所涉及的近300项立法都将会引起各成员国经济管理方式的重大改变;另一方面,一个没有边界的统一大市场环境将使欧洲共同体经济形成许多新的运转机制,对于各成员国的经济管理和运行体系来说,这无异于一场重大变革。[①] 对于外部世界来说,一方面,欧洲共同体内部调整和改革会为他国提供一种现成的经验,激励人们从调整和改革中寻求发展的动力源泉;另一方面,统一大市场所建立的新法规、新机制

---

① 这种变革并不仅限于经济,其影响是广泛的。事实上,西欧人的观念也将发生重大变化,那种传统的狭隘民族观念会更多地为"欧洲观念"所代替,这种观念包括利益、保障、价值等多个方面。

会迫使他国作出相应调整，从而与之建立一种新的关系，这些应变调整会与统一大市场本身所导致的调整与变革一起，构成一种合力，推动世界经济的发展。

当然，不可否认存在着导致贸易保护主义对抗增强的危险，但是，各种制约因素和协调机制将使得这种危险难以造成不可收拾的局面。人们对此危险担心并采取必要的预防措施是可以理解的，然而如果把欧洲统一大市场、世界经济区域集团化的趋势当作现实的灾难，并试图把自己置身于外，那是不对的和有害的。关于制约因素和协调机制的分析将在第十五章里进行。

第四节　发达国家间的协调与合作

发达国家间日益加深的相互渗透、相互参与、相互交织和相互牵制使得发达经济体系内的共同基础加强，而这个不断加强的基础则成为各国在经济发展上进行广泛协调和合作的重要前提。

这里所说的共同基础，实际上是各国经济构成及运行上的相互交织，用几何术语来说，则是他们的相交或重合部分，其主要表现是：

其一，在发展上互为市场和互为条件。在发达经济体系内，一国经济的变动具有很强的国际化性质。一方面，这种变动的影响扩展到外部，另一方面，这种变动也同时可能是外部变化的结果。正是在这个意义上说，各国经济需要共同的发展环境，像贸易市场环境（包括管理、设施、需求格局及趋势等）和资本流通环境（包括利率、汇率及管理等）的变化，对各国的经济发展来说，都具有诸多的利害关系。就贸易环境来说，外部市场对一国经济运行所起的作用与影响程度远大于该国对外贸易比例数字所表明的对外部市场的参与程度。其原因不仅在于对外贸易的生产涉及很多经济活动领域，而且还在于对外贸易在经济中所处的特殊地位，尤其是国内市场缺乏需求弹性的情况下，外部市场的扩大或缩小往往成为制约经济增长的关键因素。

其二，在经济政策上相互影响和制约。一国的宏观经济政策本来是该国的内部事务，然而，经济活动的高度国际化使一国的宏观经济政策越来越具有国际性。这既包括政策的制定必须越来越多地受到外部环境的影响，也包括政策的作用也越来越多地扩大到国外和受到国外环境的制约。以美国的税制改革为例，美国大幅度降低个人所得税和投资收入税。这个看来纯属于美国国内范围的政策，事实上也具有高度国际化的特征。因为设想如果西欧不随之实行减税，那么比美国高得多的西欧的税率就会导致大量资金流向美国，大量资金流向美国必然会减少在西欧国家的投资机会。这样，美国的政策就成为西欧国家政策的外部制约因素了。

发达经济体系中日益加强的相互渗透、相互影响和相互牵制要求各国经济采取协调发展的步骤，这也是各国经济间存在共同利益基础的客观要求。不过，协调具有被动协调和主动（或自觉）协调之分。在实际发展中，前者是主要的，但后者得到不断发展。在发达经济体系内，居支配地位的仍是国别经济。发达经济体系的运转秩序从根本上来说是在国别经济运转的基础上建立起来的。协调发展的要求大量的是通过市场机制的作用来达到的。市场机制作用受制于各国经济的实力格局，因此，拥有支配影响力国家的经济发展总是迫使其他国家作出从属性的协调。还以美国的税制改革为例，西欧无力迫使美国放弃降低税率的政策。西欧国家的唯一选择是相应降低本国的税率。事实上，法国、英国和联邦德国等国都先后降低了公司所得税率。[①] 这样的例子不胜枚举。然而，除非一国经济处于绝对或高度垄断地位，否则，一国任意迫使他国做出从属性协调是有困难的。况且在经济相互交织的情况下，迫使他国做出以损害其利益为代价的从属性协调，反过来也会损害自身利益。尤其是在那些直接涉及（或关系非常密切）对外经济联系的领域，各国利益上的联系和共同点使得主动协调行动变得非常必要。

当然，主动协调也有为外部环境变动所影响的因素，但区别在于主动协调不是在造成矛盾激化之后。主动协调的发展也可以被看作是对被动协调弊端的一种纠正。主动协调虽不能消除实力格局的烙印，但是，较之被动协调更能照顾到各方的利益，从而符合共同利益基础的要求。第二次世界大战以后，发达国家间在经济上所采取的各种形式的协调和合作得到不断深入发展。尤其是协调和合作的经常化、制度化不仅成为发达国家经济一体化高度发展的一个重要标志，而且也成为发达经济体系运行的一个必不可少的条件。

发达国家在经济发展上的协调和合作大体可归纳为完善制度、政策协调和交换信息。

完善制度主要是指通过各国间的协商建立和完善利于国际经济交往的体制。第二次世界大战后，主要的努力集中在贸易和货币领域。在贸易方面，

---

① ［美］《华盛顿邮报》1986 年 7 月 7 日。

主要是在关税及贸易总协定安排之下，通过协商逐步降低关税，建立有利于商品交换发展的国际贸易秩序。经过多次谈判，一个基本没有关税壁垒的工业制成品贸易交换制度基本上建立起来。有关农产品及服务行业的贸易制度仍在谈判之中。在货币领域，主要是通过布雷顿森林协议建立国际货币体系，以美元为中心的国际货币体系维持了 20 多年。该体系的解体反映了旧制度不适应变化了的新的经济关系格局，但从此以后，围绕建立新的货币体系的努力一直没有停止。

政策协调主要是 70 年代以后逐步发展起来的。十几年来，协调的广度和深度都取得很大进展。政策协调主要通过两种方式来进行，一是临时性的，二是制度化的。① 前者主要是解决随时出现的应急问题，后者主要是就发展中的问题进行检讨和对未来制定协调行动步骤。属于临时性协调的如 1973 年石油大幅度提价导致"能源危机"之后，发达国家间进行了一系列频繁协商，采取了共同节能（包括控制消费、发展替代能源、发展节能技术等）措施，并为此建立了国际能源组织。这对于后来扭转石油市场的供需形势、迫使油价大幅度下跌起到了重大作用。属于制度化协调的主要有大国首脑会议和大国财长会议。② 迄今，通过制度化的协调已就反通货膨胀、降低利率、迫使美元贬值以及稳定美元汇率方面取得了明显的协调效果。比较有代表性的例子莫过于 1985 年 9 月美国、英国、法国、联邦德国和日本 5 国财长及中央银行行长会议确定对外汇市场实行联合干预，迫使定值过高的美元贬值和日元升值。自此以后，首脑及财长会议又就采取协调步骤降低贴现率（以降低利率、刺激经济）、稳定美元汇率（不使其出现暴跌）以及协调财政政策（减少美国的财政赤字、其他国家适度增加财政开支）等方面进行了大量的合作。这种制度化的协调和合作被称为一种"新的组织形式"和"新的国际经济协调体系"。③

交换信息，即互通情报，在发达国家的经济协调和合作中起着十分重要的作用。信息交流已经发展了许多形式：

——事先通报，即在采取重大政策之前向他国预先通报（派员访问、发

---

① 《金融与发展》季刊，1987 年 6 月。

② 罗伯特·D. 普特曼认为首脑会议有四个方面的作用：1. 相互启发，即相互间通报经济政策方向；2. 相互支持，即在国内发展发生矛盾时采取合理的政策；3. 相互调整，即协调或改进不一致的政策；4. 相互妥协，即采取旨在都从中受益的联合行动。见《系在一起》，第 202 页。

③ 《世界经济》1987 年第 38 期，第 11—12 页。

布消息等);

——提供有关经济发展的详细数据,包括对未来的预测;

——利用经济合作与发展组织或其他机构进行综合分析和预测等等。

自 1986 年 4 月起,经济合作与发展组织通过自己办的《世界经济展望》对主要发达国家宏观经济政策变化的影响进行研究,并对宏观经济协调提出可供参考的方案。1987 年 2 月 6 国财长会议正式确认利用主要经济指标对经济发展进行评估和提出解决发展上不协调的合作方案。日趋健全的信息交流体系成为各国了解外界发展、进行宏观经济协调的重要依据。特别是由现代信息技术和设备建立起来的国际信息网,不仅能把各国的经济活动指标及时显示出来,而且把复杂的经济关系变动整理成系统的模型,这就为发达国家间的协调和合作提供了比较准确的信息依据。

当然,绝不要以为发达国家间的协调是和谐的,任何协调都带有实力较量的烙印,充满着讨价还价。① 在发达经济体系中,一方面,还是大国决定居支配地位,大国首脑会议和财长会议本身就体现着这种格局;另一方面,各国的协调态度取决于所涉及的自身利益大小。表 11—15 列出了美国、日本和联邦德国的财政政策和货币政策之间的相互影响。表中的关系是假设一国财政开支连续三年递增相当于 1% 的国民生产总值、贴现率每年降低 1 个

表 11—15   **财政与货币政策的相互影响**

执行政策国家		美国	日本	联邦德国
美国	财政政策	0.00	0.78	0.18
	货币政策	0.00	0.13	0.03
日本	财政政策	0.02	0.00	0.01
	货币政策	0.05	0.00	-0.03
联邦德国	财政政策	0.01	0.53	0.00
	货币政策	0.00	0.10	0.00

注:财政政策按连续三年每年财政开支增长幅度相当 1% 的国民生产总值。货币政策按贴现率连续三年每年降低 1 个百分点。

资料来源:《工业化经济中的宏观政策合作》,第 41 页。

———————

① 普特曼认为,首脑会议是一种混合动机的博弈,既包含解决问题的动机,又有激烈讨价还价的动机。见《系在一起》,第 202 页。

百分点时，各国财政政策和货币政策对他国国民生产总值增长的影响。从表11—15中可以看出，美国的财政政策和货币政策对日本的影响都较大，而在对联邦德国的影响中，财政政策较为显著。联邦德国和日本的财政政策和货币政策对美国的影响都很小。在日本和联邦德国之间，日本对联邦德国的影响微乎其微，而联邦德国对日本的影响却较为显著。这种格局必然影响着各国对政策协调的态度。比如，日本和联邦德国（尤其是日本）对美国财政政策和货币政策改变的关心要比美国对这两国政策变化的关心大得多。同样，日本对联邦德国财政政策变化的重视要比联邦德国对日本财政政策变化的重视大得多。因此，在财政和货币政策的协调和合作上，各国对同一问题的态度往往大相径庭，且要求协调的内容也不尽相同。

对于发达国家在经济上的协调和合作的本质特征的认识来看应基于以下两点：第一，它们是建立在经济共同利益基础之上的，其根本原因在于日益发展的经济一体化，因此，协调和合作可以被看作是一体化本身的内在要求，一体化愈深入则协调和合作愈加强；第二，它们是在民族经济利益矛盾冲突基础上进行的，由于各国经济间的高度交织，发展上的不协调损害着各国的利益。因此，协调也可以被看作是矛盾冲突的产物。我们看到，广泛和频繁的协调正是在发达国家的经济陷入危机和矛盾冲突加剧的情况下开始并不断扩大的。上述两点既是发达经济体系发展的两种趋势，也是发达国家间在经济发展上进行合作的两个基础。在这个基础上，谁也离不开谁，谁也不轻易对别人做出让步。

第 十 二 章

南北:不对称的相互依赖

在南方（即发展中国家）与北方（即发达资本主义国家）经济之间是否存在着相互依赖关系？它们间的关系格局如何？这些都是颇有争议的问题。本章将对这些问题进行分析，以期对南北经济间关系的实质、格局和特征有一个比较全面的认识。

第一节 南北经济间的相互依赖关系

看过国际发展问题独立委员会所写的《北方和南方：争取生存的纲领》一书的人都会对封面那条把世界分成南方和北方的又黑又粗的线留下深刻的印象。世界经济本来是一个有机的整体，然而地理上的南北之分却把当今世界经济的基本结构最简单和最鲜明地揭示了出来，即发达的北方和发展中的南方。南北之间的经济关系，也就是发达国家和发展中国家的关系，是国际经济关系的一个重要组成部分。

贸易关系是发达国家与发展中国家经济关系的主要联系机制。从表12—1中可以看出，发达国家是发展中国家对外贸易的主要市场。进入80年代以后，尽管发展中国家与发达国家的贸易占其对外贸易总额的比重下降，但仍占2/3左右。发展中国家的市场对于发达国家来说，没有后者对前者的地位那么重要，自60年代以后，由于发达国家间的贸易市场扩大得更快，发达国家从发展中国家的进出口占其进出口总额的比重都下降了。70年代中期发生的石油大幅度提价，曾使按进口值计算的发达国家从发展中国家的进口份额显著提高，不过随后出现的油价下跌，又使所占份额降下来。目前，发展中国家为发达国家的进出口提供了大约1/5的市场份额。

表12—1　　　　　　　　发达国家与发展中国家的贸易关系

（占各自进出口总额的百分比）

		1958 年	1965 年	1970 年	1980 年	1983 年	1986 年
发展中国家与 发达国家贸易	进口	74.7	71.3	72.9	63.3	60.2	63.6
	出口	72.2	71.7	73.8	70.1	64	60.2
发达国家与发 展中国家贸易	进口	26.3	20.6	18.3	29.2	24.6	21.9
	出口	28.8	21	19	23.3	22.9	21.8

资料来源：《国际贸易统计年鉴》，1970 年、1985 年；《贸易方向统计年鉴》，1987 年。

当然，表12—1 只是对南北贸易关系提供了一个大概的轮廓。事实上，具体到每个国家来说，南北所居的地位和所起的作用是有很大差别的。在发展中国家中，既有依赖发达国家市场程度很高的国家，其依赖程度甚至高达80％—90％，也有依赖程度较低的国家。大多数国家 50％—60％ 的进出口依赖发达国家的市场（进口依赖程度一般高于出口依赖程度）。① 在发达国家方面，情况也有差别。像日本，进出口的 1/2 以上要依赖发展中国家的市场，美国进出口的以 1/3 上是与发展中国家进行的，而像挪威、丹麦和比利时进出口对发展中国家市场的依赖程度只有10％—15％，大大低于发达国家的平均水平。

事实上，发达国家与发展中国家的贸易关系还不能仅从量的尺度上进行认识，从发展中国家来说，与发达国家的贸易具有特殊的意义：

——向发达国家的出口是发展中国家获得经济增长的重要动力。从出口的作用来说，由于发展中国家的经济发展水平低，自身消费能力小（包括生产性消费和生活性消费），在许多部门，出口是生产扩大的重要基础。在初级产品方面，原油、稀有贵金属等几乎全部向发达国家出口，在制成品方

① 以 1981 年为例，向发达国家出口占出口总额 3/4 以上的有 20 多个国家，如沙特阿拉伯、阿拉伯联合酋长国、菲律宾、巴拿马、阿曼、尼日利亚、尼日尔、墨西哥、毛里塔尼亚、马耳他、利比亚、利比里亚、牙买加、印度尼西亚、加纳、哥伦比亚、喀麦隆等；依赖程度低于 1/3 的有 10 个国家，如巴林、孟加拉、缅甸、乍得、塞浦路斯、约旦、黎巴嫩、索马里、民主也门等。不过，出口依赖程度较低的大多数国家，其进口依赖发达国家市场的程度大大高于出口。见《国际金融统计》1982 年，附册 4。

面，新兴工业化国家的大部分生产主要是面向发达国家市场的。

——向发达国家的出口是获取外汇的主要来源。外汇对于发展中国家的工业化进程尤为重要，因为它们从根本上决定着设备和技术进口的规模。

——通过进口引进设备和技术是发展中国家加快工业化步伐、取得较快发展的必由之路。在这方面，发展中国家对于发达国家市场的依赖带有不可替代性的特征，因此可以说是结构性的。

人们往往把对外贸易称之为经济增长的发动机。按照美国学者里德尔的说法，发展中国家经济发动机的传动齿轮是与发达国家的市场咬合在一起的。[1]

发达国家与发展中国家的贸易尽管总的来说不占其主导地位，但对于其经济发展仍具有举足轻重的地位。从进口方面来说，原料和燃料的进口一直是发达国家工业依赖生存和发展的一个重要基础。据现有的资料，在 20 种最重要的工业矿产品中，33％在发展中国家，44％在发达国家，23％在社会主义国家。[2]尽管随着科学技术的进步，单位产品消耗的原料和能源趋于降低，但是，原料和燃料的供给仍然是不可短缺的。发达国家原料和燃料的快速消耗，加上许多国家天然矿产资源缺乏，使得大多数国家主要依赖从发展中国家进口，尤其是高技术工业所需要的稀有贵金属更是如此。基本消费品的生产虽然具备技术上的可能性，但由于国际分工和国际竞争的发展，在效益上失去了可行性。从发展中国家的进口既是对整体经济结构的一种补充，又是对不可缺少的消费需求的一种满足。从出口方面来说，发达经济体系的形成和发展使得发展中国家市场的重要性降低，然而，向发展中国家的出口亦存在着结构上的非替代性，即许多方面的产品主要面向发展中国家的市场。发展中国家市场需求的变化往往成为影响发达国家经济增长的重要因素。

南北之间在贸易上的相互依赖性突出地体现在：

——双方互为市场，在结构上具有互补和不可替代性。从而使得双方的贸易构成各自成为对外贸易整体中不可缺少的有机组成部分。

——贸易是各国经济发展中的重要动力机制，双方贸易的增长直接牵动

①　［美］詹姆斯·里德尔：《发展中国家经济增长的外部限制》，约翰·霍普金斯大学出版社1986 年版，第 12 页。

②　［美］克里斯托弗·桑托斯编：《东—西—南：三个世界的经济联系》，圣·马丁出版公司1985 年版，第 26 页。

着整个经济的增长。正如经济合作与发展组织在一份有关南北关系的研究报告里所指出的,发达国家与发展中国家间的贸易构成是世界经济的一个最有活力和最为积极的特征。重要的是,南北关系不再是以往被认为的那种单向关系。①

投资关系是南北经济关系中最重要的联系机制之一。从表12—2 中可以看出,国际直接投资主要分布在发达国家,一般占到国际投资总额的3/4 左右,发展中国家所提供的投资市场约占1/4。当然,上述比例仅反映了双方在国际投资分布格局中的地位,并不能表明二者之间的内在关系。投资关系上的特征不同于贸易关系,它们间的相互依赖机制以特有的方式表现出来。发达国家是国际直接投资的主体,即投资资本的主要供给者。从投资关系上来说,发达国家与发展中国家间主要是投资与被投资的关系,或者说,发展中国家基本上接受来自发达国家的投资。

表12—2　　　　　　国际直接投资分布（按年流出额计算）　　　　单位：10 亿美元

		1970—1971 年	1977 年	1980 年	1981 年	1982 年	1983 年	1984 年
发达国家	(1)	8.1	16.5	36.8	38.0	25.8	30.0	37.8
	(2)	77	73	78	73	65	73	78
发展中国家	(1)	2.4	6.1	10.5	14.2	14.2	10.9	10.7
	(2)	23	27	22	27	35	27	22

注：(1) 年流进额；(2) 占世界总额的百分比。

资料来源：联合国经社理事会：《跨国公司与国际经济关系的近期发展》,1985 年,第6 页。

然而,这只是问题的一面,仅从这个角度看还不能反映双方投资关系的基本特征。

发达国家的投资是生产国际化的表现形式。不管导致对外直接投资的具体动机有多少,它们都受制于经济发展的内在规律,构成各国经济整体运动的有机组成部分。发达国家在发展中国家的投资的作用主要是：

——获取资源。获取资源是发达国家进行投资的传统动机。不过现代大

---

① 经济合作与发展组织：《世界经济的相互依赖与南北关系》,巴黎,1983 年,第10 页。

公司的投资并非只是为了满足国内市场的需求,而是面向世界市场的。因此,在发展中国家的投资是大公司赖以生存和发展的一个重要基础。

——扩大市场。进行投资既可绕过当地对进口的限制,又可以利用当地条件提高竞争优势。尤其是在东道国推行"进口替代"或"国产化"政策的情况下,投资成为扩大出口的特殊手段。

——实现国际分工。生产的国际专业化分工的重要动机是实现生产要素的合理配置,以及利用发展中国家充足而廉价的劳动力资源,为发达国家对付国内高劳动成本而把劳动密集生产环节转移出去提供了条件。其重要性往往不以在整个生产投资中占的比重为标准。

——实行经济结构调整性的转移。经济结构的变化和调整是经济发展过程中经常发生的运动。世界经济的多层次结构为国别经济结构的调整提供了可供利用的广阔余地。具体来说,发达国家与发展中国家经济发展层次上的差别为前者向后者的结构性转移提供了基础。发达国家把那些在国内已变成"夕阳工业"的生产转移到正在进行工业化的发展中国家,既避免了经济上的损失,又为"夕阳工业"的复生提供了机会。在这个意义上说,在发展中国家的投资经营是发达国家经济结构疆界的延伸。

从发展中国家来说,尽管来自发达国家的投资首先是为其自身利益服务的,然而,它们对于发展中国家的发展具有积极意义:

——外资的投入在一定程度上弥补了投资的结构性空缺,并使因投资力量不足而不能发展的部门得到发展。

——导致生产技术和管理技术向发展中国家转移。不管是以国际分工为动机还是以结构转移为动机的投资,它们都往往构成发展中国家经济中技术和管理领先的部分。

——发展中国家由被动接受外资向主动吸引外资的转变,使得外来投资被纳入整个经济发展的体系之中。这样吸收发达国家的投资就成了引进先进技术、推动工业化进程的一种途径和战略,从而为外来投资者的目标与东道国的发展目标协调提供了基础。

如果说国际贸易是从外部把发达国家与发展中国家的经济联系起来,那么,投资则是从内部把双方直接结合在一起。由于这种直接的结合,发达国家与发展中国家的经济在结构上的相互交织和联系,在发展上的相互依赖就变得更为紧密了。

借贷资本流动在发达国家和发展中国家的经济关系中也起着十分重要

的作用。借贷及其他形式的外来资金成为发展中国家支持进口、增加投资和推动经济增长的重要因素。尤其是经济中的现代化发展项目，依赖外资的程度很大，在很多情况下，外资的流入成为它们得以发展的前提条件。从表12—3中可以看出，外资在发展中国家的经济中占有十分重要的地位。随着经济的发展，各国经济中越来越大的部分直接与外资的利用相联系。这种发展使得发展中国家的经济与外资之间建立起一种内在的渗透和结合机制。

表12—3　　　　　　　发展中国家未偿公共债务在经济中的地位

（债务占国民生产总值的百分比）

	低收入国家	其中撒哈拉以南的非洲国家	其他国家
1970 年	17.4	18.0	21.3
1983 年	22.5	52.3	42.3

	中等收入国家	其中中上等收入国家	中下等收入国家
1970 年	12.7	11.5	15.3
1983 年	34.2	31.7	33.6

注：低收入国家指人均国民生产总值低于400美元，中等收入国家指400美元以上。

资料来源：《世界发展报告》，1985年，表16。

从发达国家方面来说，发展中国家作为资本投放场所的重要性是不容置疑的。就其地位来说，虽然不像第二次世界大战前那样一直是吸收过剩资本的主要场所，然而双方之间的联系机制通过下述两个方面固定起来：一是长期建立起来的债权债务关系；二是发展中国家在调节发达国家资本周转运行上所起的特殊作用。这两个方面在70年代中期以后表现得特别明显。以1975—1978年为例，发达国家每年的过剩资本达120亿美元，这些过剩资本源源流向发展中国家。1975—1982年间，每年流入到发展中国家的商业性借贷资金由88亿美元猛增到270亿美元。正如世界银行报告指出的，没有这种流动（它们会转换成发展中国家向发达国家的进口），发达国家的经济危机还会更加严重。[①] 1982年以后，银行对发展中国家的贷款大幅度减少，发

———————

① 《世界发展报告》，1985年，第32页。

达国家的大量过剩资本主要由美国来吸收。但是,值得注意的是,如果美国不得不调整其政策,削减其经常性逆差,那么,发达国家的大量过剩资本由何处来吸收就成了突出的问题。有人认为只有流向发展中国家。[①] 同时,目前,发达国家在发展中国家的债权达 10000 多亿美元,这些资本的正常周转(包括它们的利用和正常偿还)与发达国家经济的发展有着重要的利害关系。正因为如此,70 年代中期以后,南北之间的相互依赖才引起发达国家的高度重视。

南北经济间的相互依赖关系通过经济增长的传递体现出来。发达国家的经济增长,亦即实际收入的增加,会导致进口市场的扩大。发达国家进口需求的增大不仅为发展中国家提供了更多的出口机会,而且会使其出口价格条件改善,而发展中国家出口的扩大和收入的增加立即会转变成为经济增长的动力。用现实的例子也许更有说服力。按照 1982 年的贸易关系,若发达国家的进口提高 1 个百分点,那么,就会使发展中国家的出口增加 30 亿美元,这相当于发展中国家的国内生产总值提高 0.15 个百分点。实际上,增加的这种出口将使国民生产总值得到数倍于该数字的增长。因为由于贸易乘数的作用,增加的出口对国民经济增长的作用会成倍增大。联合国工发组织的贸易影响模型清楚地说明了这种关系。反过来也是一样,发展中国家的经济增长也会导致从发达国家的进口增加,进而转换成经济增长的动力。当然,经济增长的减速或负增长也会造成相反效果的传递。70年代中期以来发达国家的经济危机向发展中国家的传递和发展中国家经济危机对发达国家经济增长的影响充分反映了这种关系。[②] 按照联合国工发组织的计算,如果发达国家的经济增长速度低于 2.5%,那么发达国家对发展中国家的进口需求就会停止增长或下降,这种停滞或减少的需求会使发展中国家的出口停止增长或下降,出口的停滞或减少则以负乘数的作用影响发展中国家的经济增长。[③]

---

① 《金融与发展》季刊,1985 年 9 月号,第 13 页。

② 由于 1982 年的债务危机,拉丁美洲国家实行紧缩政策,使发达国家的增长率至少降低了一个百分点,使美国在 1982—1985 年初的时间里损失了 40 万个就业机会。据世界银行的报告,此间美国向拉美国家出口减少是使美国贸易赤字剧增的一个主要因素。见《金融与发展》季刊,1985 年 9 月号,第 15 页;《世界发展报告》,1985 年,第 31 页。

③ 《工业与发展,1985 年全球报告》,第 20—21 页。

表 12—4 发展中国家向发达国家出口增加 10000 美元
对经济增长的影响

单位：美元

	按 1975 年贸易关系	按 1979 年贸易关系
起始出口增加	10000	10000
进口增加	7000	7400
国内生产总值增加	28800	34000
累积出口增加	25900	28100
进口增加	17400	19500
国内生产总值增加	73700	89100

资料来源：《工业与发展，1985 年全球报告》，第 29 页。

南北经济增长双向传递的发展是南北经济关系深入发展的一个重要标志。它表明发展中国家经济在世界经济中的地位和作用增强。长期以来，发达国家似乎感觉不到其经济的增长也受到发展中国家经济增长的制约。尤其是在第二次世界大战后发达国家经济处于高增长的"黄金时期"，发展中国家经济增长对发达国家经济增长的作用被遮掩起来了。在发达国家经济陷入长时期的停滞或缓慢增长之后，发展中国家经济增长的作用才凸显出来并为人们所认识。正如经济合作与发展组织在一份研究报告里所承认的："国际的传递是双向的。的确，世界经济中相互依赖结构的一个重大变化是，当着工业化国家对发展中国家起着传统的增长发动机作用的同时，实际经济活动的国际传递的不对称性（即只有从发达国家向发展中国家的传递——引者）越来越小了。"[1] 这里所说的不对称性减弱即意味着相互作用的增强，或者说是经济发展上的相互依赖性提高。

第二节 南北经济相互依赖关系的不对称结构

国际发展问题独立委员会的报告指出："现在，人们刚刚开始比较清楚地认识到人类社会是相互紧密联系的，北方和南方在单一的世界经济里面是相互依存的。可是，这时候居然还存在着这样不平等的现象，而且在某些方

———————————

[1]《世界经济的相互依赖与南北经济关系》，第 22 页。

面还越来越严重，这是我们这个时代的一个很大矛盾。"① 的确，南北经济关系既是相互依赖的，又是不对称和不平等的。相互依赖中的严重不对称是南北经济关系的一个基本特征。

（一）市场依赖结构

从表 12—1 中可以看出，南北之间各自对对方市场的依赖程度是很不对称的。南方对北方市场依赖的程度远大于北方对南方市场依赖的程度。第二次世界大战后，国际贸易的发展呈现出两个明显的趋势：第一是发达国家间贸易市场迅速扩大，发达国家的贸易向发达国家集中。第二是发展中国家的对外贸易显著增长，扩大的贸易主要集中在发达国家市场。1958—1965 年间，发达国家的年出口增长了 80%，其中在发达国家间进行的增长了 100%，向发展中国家的出口增长了 32%，其结果，发达国家间的出口份额由 67% 提高到 75%。同期，进口增长了 86%，其中来自发达国家的进口增长了 100%，从发展中国家的进口增长了 46%，其结果，发达国家间的进口份额由 70% 提高到 76%，从发展中国家的进口份额由 26% 下降到 21%。这种趋势一直持续到 70 年代初。1966—1972 年间，发达国家间的出口份额由 71% 提高到 73.7%，进口份额由 71.7% 提高到 74.5%，而向发展中国家的出口份额却由 25.2% 下降到 22%，从发展中国家的进口份额由 24.9% 下降到 22.1%。发展中国家的进出口贸易方向与发达国家的正相反。1958—1965 年间，发展中国家的出口增长了 47%，其中向发达国家的出口增长了 46%，在发展中国家间进行的增长了 34%，其结果，向发达国家的出口所占的份额维持在 72%，发展中国家间的出口份额由 23% 下降到 21%。1966—1972 年间，在发展中国家向发达国家的出口份额中，石油输出国组织为 78%—78.5%，其他国家为 65.1%—61.7%，从发达国家的进口份额，石油输出国组织为 81.3%—80%，其他国家为 69.9%。可以看出，与发达国家的进出口贸易比重有所下降，不过，仍保持很高的比例。70 年代初到 80 年代初，发达国家间的进出口贸易所占份额出现了下降趋势，1973—1981 年间，发达国家间的出口份额由 72.4% 降到 65.1%，发达国家间的进口份额由 73% 降到 63.7%。同期，发展中国家中的石油输出国组织向发达国家的出口份额由

---

① 国际发展独立委员会：《争取世界的生存——发展中国家和发达国家经济关系研究》（中文版），中国对外翻译出版公司 1981 年版，第 27 页。

77.7%降到72.5%，不过进口由76.7%升到78.2%，非石油输出国组织国家向发达国家的出口份额由61.7%降到56.6%，进口由62.8%降到58.4%。80年代初以后，情况发生了逆转。1982—1986年间，发达国家间的出口份额由69.3%提高到74%，进口由65.7%提高到68.6%。同时，发展中国家向发达国家的出口由59%提高到60%，进口由61.2%进一步提高到64.4%。① 显然，到80年代中期，发达国家间进出口贸易所占的份额又回升到70年代初的水平，发展中国家对发达国家市场依赖的程度也大致恢复到70年代初的水平。这表明，发达国家高度依赖发达国家内部市场和发展中国家高度依赖发达国家市场的基本格局又得到了加强。

从表12—5和表12—6中可以进一步看到发达国家和发展中国家对对方

表12—5　　　　　　　发达国家与发展中国家贸易市场依赖格局
（占各自进出口总额的百分比，1984年）

	发展中国家 其中：		非洲		拉美		中东		亚洲其他国家		发达国家	
	(1)	(2)	(1)	(2)	(1)	(2)	(1)	(2)	(1)	(2)	(1)	(2)
西欧	16.3	16.3	4.9	5.4	1.6	2.8	5.6	4.3	3.3	3.3	78.7	76.9
美国	32.5	34.8	2.7	2.9	10.4	9.9	4.4	1.5	11.9	16.8	61.6	63.8
日本	36.7	55.3	2.6	0.7	2.0	4.2	7.5	23.2	21.6	23.2	57.0	26.4
发达国家	21.5	24.1	3.9	4.0	3.1	4.7	5.3	5.1	7.6	9.0	72.9	71.1

注：（1）出口；（2）进口。

资料来源：《统计月报》1986年第5期，1987年第2期。

表12—6　　　　　　发展中国家与发达国家贸易市场依赖格局
（占各自进出口总额的百分比，1984年）

	发达国家		西欧		美国		日本		发展中国家	
	(1)	(2)	(1)	(2)	(1)	(2)	(1)	(2)	(1)	(2)
发展中国家	65.2	60.6	25.4	26.9	23.2	15.7	13.5	14.3	28.3	30.3
其中：非洲	81.8	73.6	64.3	54.7	14.7	8.6	1.4	6.7	13.1	18.7
拉美	67.5	67.5	23.4	19.8	35.3	38.5	5.5	13.9	26.4	30.2
中东	58.8	66.6	28.8	41.4	4.3	9.4	24.2	13.0	37.0	26.9
亚洲其他地区	63.1	56.2	13.1	14.3	29.0	15.2	16.7	22.0	30.7	35.8

注：（1）出口；（2）进口。

资料来源：同表12—5。

---

① 《国际金融统计》1982年，附册4；《统计月报》1986年第5期，1957年第2期；《国际贸易统计年鉴》1970—1971年；《贸易方向统计年鉴》1987年。

市场依赖严重不对称的情况。如表中所示，除日本与中东以外的亚洲发展中国家的相互依赖比较对称外，其他地区或国家间的市场依赖结构都极不平衡，不对称系数很大。[1] 以非洲发展中国家与西欧的市场依赖结构为例，出口的不对称系数为 13.1，进口的不对称系数为 12.5，拉美发展中国家与美国之间的贸易关系是非常密切的，且后者对前者的依赖程度一向是较高的，但出口的不对称系数仍为 3.4，进口的不对称系数接近于 4。中东与发达国家间虽然存在着密切的相互依赖关系，然而，其不对称结构也是非常突出的，出口的不对称系数达 11.1，进口的不对称系数达 13.1。

市场依赖结构的不对称对于双方的经济关系产生严重的影响:

——导致抗衡力量的严重不平衡。由于发展中国家对发达国家市场的依赖远比发达国家对发展中国家市场的依赖大得多，从而就使得发展中国家对发达国家针对贸易制定的利己政策或采取的利己行动缺乏抗衡力。而发展中国家在自己的市场上对发达国家所能支配的力量甚小。[2] 在南北贸易关系中，发展中国家之所以处在被动地位，显然是与双方对对方市场依赖格局的严重不平衡有直接的关系。

——使双方承受冲击的能力出现严重不平衡。发展中国家经济或贸易方面变化冲击的承受力要比后者对前者在经济或贸易方面变化冲击的承受力小得多。鉴于发展中国家的大部分进出口是与发达国家进行的，发达国家经济形势恶化（意味着进口能力降低、保护主义增强）或商品价格变动（可能因利率变动、汇率变动或其他原因）都会对发展中国家的贸易条件产生重大影响。比如，发达国家进口价格压低或实行贸易保护主义限制进口，会使发展中国家出口严重受阻、出口收入大幅度减少，进而使国际收支、债务形势乃至使整个经济形势恶化。而发展中国家的经济形势恶化虽然也会对发达国家产生影响，但由于所占份额较小，在大多数情况下不至于成为使整个贸易和经济严重恶化的主导因素。事实上，发达国家的经济危机对发展中国家贸易和整个经济所造成的打击要比后者的危机对前者贸易及整个经济所造成的打击严重得多。譬如，1980—1983 年间，因发达国家经济形势不佳，保护主义增强，石油价格大幅度下跌，石油输出国组织向发达国家的年出口值减少

---

① 不对称系数为二者依赖程度（即市场份额）之比。这里仅从量的角度进行比较。

② 石油大幅度提价也许对这里的论点提供反证，但是，只要联系一下 80 年代初发生的石油价格暴跌，就足以看出发展中国家的制约能力多么有限了。当然，造成这种变化的还有其他因素，下边分析将涉及。

了 1118 亿美元，非洲发展中国家向发达国家的年出口值减少了 300 亿美元，拉美向发达国家的年出口值几乎没有增加（除拉美外的其他美洲发展中国家向发达国家的年出口值减少 30 亿美元），[①] 出口减少或停滞是导致发展中国家国际收支严重不平衡、债务发生危机和经济形势恶化的一个重要原因。

（二）贸易品类结构

南北贸易关系的不对称突出地表现在各自进出口商品结构的重大差别上。基本的格局是，发展中国家向发达国家的出口以初级产品为主。从发达国家的进口以工业制成品为主。从表 12—7 中可以看出，在 1970—1982 年的 10 多年间，尽管发展中国家的制成品有显著增加，但是向发达国家出口初级产品为主和进口制成品为主的基本格局没有得到根本的改变。

表 12—7 发展中国家与发达国家的贸易结构（占总额的百分比）

发展中国家贸易		1970 年	1975 年	1982 年
进口	食品	11.8	11.5	11.0
	农业原料	2.6	1.9	2.1
	矿石和金属	8.8	10.3	7.7
	燃料	1.5	1.4	3.0
	小计	24.7	25.1	23.8
	制成品	72.1	72.0	74.8
出口	食品	27.2	14.1	10.2
	农业原料	8.7	3.3	2.6
	矿石和金属	15.6	6.6	5.1
	燃料	34.2	63.6	61.1
	小计	85.7	87.6	79
	制成品	13.9	12.0	20.2

资料来源：《金融与发展统计手册》，1985 年，附册。

当然，在发展中国家内部，不同地区、不同国家间的情况有不少差别，尤其是向发达国家的出口结构，差别甚大。从表 12—8 中可以看出，石油输出国组织和非洲发展中国家向发达国家的出口几乎全部是初级产品，美洲发展中国家向发达国家出口的初级产品占的份额也接近 90%（1970 年为

---

① 《统计月报》，1986 年第 2 期。

93%），只有南亚和东南亚国家出口的制成品份额较高，超过50%（1970年略高于40%）。①

表12—8　　　　　发展中国家与发达国家的贸易结构
（占发展中国家贸易总额百分比，1982年）

	食品	农业原料	矿石和金属	燃料	初级产品小计	制成品
出口						
非洲发展中国家	10.1	2.5	5.8	78.1	96.5	3.4
南亚和东南亚发展中国家	9.8	4.9	4.7	22.7	42.1	55.7
美洲发展中国家	24.0	2.5	11.1	50.4	88.0	11.9
石油输出国组织	1.1	0.7	0.9	96.4	99.1	0.9
进口						
非洲发展中国家	15.9	1.6	6.5	3.7	27.7	71.3
南亚和东南亚发展中国家	9.2	3.9	9.8	2.5	25.4	73.4
美洲发展中国家	11.1	1.5	6.5	3.7	22.8	75.7
石油输出国组织	9.8	1.1	8.2	2.2	21.3	77.4

资料来源：同表12—7。

贸易品类结构的不对称对南北经济关系造成严重影响，具体来说，则是发展中国家处于不利的地位。从表12—9中可以看出，作为发展中国家初级产品出口主要商品的价格一直很不稳定；下降幅度远比制成品为大（只有石油在1975—1985年间是一个例外，但1985年以后开始大幅度下跌）。到1986年年底，一些初级产品的出口价格已降到历史最低水平。主要出口商品价格大幅度下跌是一些发展中国家贸易条件恶化的主要原因。从表12—10中可以看出，在大多数年份，发达国家的贸易条件都大大优于发展中国家。出口购买力的比较亦能说明问题。发达国家的出口购买力一直呈上升趋势，而发展中国家的出口购买力不仅起伏不稳，而且进入80年代以后呈下降趋势。

贸易品类结构上的不对称之所以对发展中国家不利与下列几个方面的因

① 1970年数字的资料来源同表12—7。

素有关：

其一，供求趋势和供求弹性的变化。从初级产品的供给趋势来说，鉴于初级产品是大多数发展中国家出口起步和扩大出口的基础，因此，随着越来越多的发展中国家进入世界市场和扩大出口，初级产品的供给具有加速增长的趋势。如果加上发达国家初级产品出口数量的增长，世界市场上初级产品供给扩大的趋势更为突出。从对初级产品的需求来说，随着工业生产的技术进步，单位产品的原料消耗系数大幅度降低，因此，工业产量的增加不仅

表 12—9　　　　　　　初级产品价格指数变化趋势　　　　　　1980 = 100

种类	1960 年	1970 年	1975 年	1981 年	1982 年	1983 年	1984 年	1985 年①
糖	10.9	12.8	71.3	58.9	29.3	29.5	18.2	13
咖啡②	17.5	26.7	39.5	86.0	68.8	68.4	71.7	74.2
橡胶	54.8	28.3	39.9	76.3	59.4	74.1	65.9	52.3
铝	27.2	32.6	46.1	87.4	75.5	75.9	78.0	65.1
铜	31.6	56.9	62.7	82.6	71.9	76.4	65.8	62.9
锡	13.1	21.9	40.4	84.3	76.4	77.4	72.9	66.0
矿石和金属	28.4	44.2	61.6	86.4	77.8	77.0	73.0	69.2
石油	5.2	4.5	37.4	113.4	116.8	102.2	99.3	97.7
制成品③	30.0	34.3	63.3	94.0	92.0	88.0	85.0	82.0

　　①1985 年数字为第一季度数字；②巴西和阿拉伯出口价格；③发达国家市场价格。

　　资料来源：《国际贸易与发展统计手册》，1985 年，附册，第46—49 页。

表 12—10　　　　　　发展中国家与发达国家贸易条件比较　　　　　1980 = 100

	1960 年	1965 年	1970 年	1975 年	1981 年	1982 年	1983 年	1984 年
发展中国家：								
贸易条件	51	44	42	79	106	103	99	99
出口购买力	23	29	43	70	99	90	87	97
发达国家：								
贸易条件	117	120	122	109	98	100	101	100
出口购买力	28	41	66	80	100	101	104	113

　　注：贸易条件指出口价格指数与进口价格指数之比；出口购买力指在出口价格指数中消除进口价格上涨因素。

　　资料来源：同表 12—9，第44—45 页。

不一定引起对原料消耗的相应增加，反而可能绝对减少。80年代初到80年代中期，世界初级产品供给增长速度明显快于消费增长速度。1980—1985年间初级产品供给量年增长率为2.1%，而消费量年增长率为1.5%，这种局面无疑会导致初级产品的价格下跌。初级产品供求发展的这种离向趋势将会随着技术的进步而加剧。① 工业制成品的供求形势与初级产品不同。一方面，制成品有着发达国家市场的巨大需求为基础，另一方面，制成品的品类更替快，制成品的增长是处于一个动态更替的过程，因此，制成品供给的增长不仅有量的增长，也有质的增长。制成品价格的下降主要是成本下降的结果。单位产品收入的减少所造成的影响由总量的增加所抵消。因而以制成品为主的贸易结构要优于以初级产品为主的贸易结构。

其二，生产技术与生产结构的变化。随着技术的巨大进步，许多发展中国家靠天然资源条件所拥有的初级产品供给优势可能会削弱或完全消失。比如粮食和副食品的生产，由于发达国家使用先进设备和技术，使其产量大幅度提高，单位面积产出和农业劳动力人均供养人口数倍于发展中国家，由此，发展中国家不仅失去粮食出口优势，而且产量增长慢于人口增加所导致的需求增长而变为粮食进口国。再如，人工合成材料的迅速发展打破了发展中国家的天然资源垄断优势。像人造橡胶、塑料、化学纤维等的迅速发展一则成为传统天然矿产品的替代品，二则对天然矿产品的价格形成有力的竞争。同时，生产技术的进步也导致生产工艺的革新，这不仅使得原料消耗大规模节约，也使得原料需求结构发生变化，即大量使用替代原料。② 上述发展都无疑会对初级产品的价格产生影响。传统初级产品出口所受到的挑战在很大程度上根源于发达国家生产技术和生产结构的变化。这种变化会使以向发达国家出口传统初级产品为主的发展中国家处于不利的地位。

其三，经济结构的变化。从发达国家经济的要素构成结构来考察，其发展经历了从"资源型"经济到"资本型"经济的转变，现在又在进行着

---

① 这里是指总趋势，并非说初级产品的价格会一直下降或直线下降。当某个时期需求增大或供给减少时，价格会上升。同时，也有阻碍初级产品价格下跌的因素，如发展中国家初期工业化对原料需求增加等。J. 巴格瓦蒂对供求弹性及供求趋势进行了分析，提出发展中国家初级产品增加和进口国需求缺乏弹性导致发展中国家贸易条件恶化。参见《世界经济》1987年第6期，第17页；中国《经济日报》1987年11月6日。

② 塑料对钢铁的替代、光导纤维对铜导线的替代等等，无疑都使原料需求结构发生革命性的变革。

从"资本型经济"到"信息型经济"的转变。在资源型经济中，原料的投入量是产品增长的基础，因此，产量的增长与原料投入的增长成正比。在资本型经济中，资本的投入量是生产发展的基础，因此，产量的增长与资本投入的增加成正比。资本的投入会带来劳动生产率的提高和原料的节约，从而使得生产的增长不与对原料的需求增长同步。在信息型经济中，不仅生产的结构发生变化，而且整个经济的结构也发生变化。在生产结构上，信息技术的应用会使原料消耗进一步节约。在经济结构上，非物质产品生产占越来越重要的地位，从而使得整个经济中的初级产品消耗系数大为降低。

事实上，南北贸易品类不对称结构及其所造成的对发展中国家的不利影响为下述几个方面的情况所进一步加剧：

——发展中国家的单一出口结构，即出口中少数几类商品占据主导地位。据联合国贸易和发展会议提供的材料，在发展中国家中，10 种出口商品集中系数超过 0.5 的，1970 年有 20 个，1982 年有 10 个，20 种出口商品的集中系数超过 0.5 的，1970 年有 47 个，1982 年有 33 个。引人注目的是，有些国家一两种出口商品的集中系数就高达 0.9。[①]

——单一收入结构。发展中国家的单一收入结构不仅表现在少数出口商品构成整个对外贸易的主要收入和商品出口是外汇收入的最主要的或唯一的来源，而且还表现在少数商品出口在国民生产总值中占据重要甚至是主导地位。石油输出国组织成员国的经济大多是单一收入结构，非洲和中美洲的一些以单一初级产品出口为主导的国家也是如此。

——单一贸易方向结构。许多发展中国家的进出口贸易方向都过度集中到少数国家。尤其是那些曾经沦为殖民地的国家，传统的殖民主义联系使他们的对外贸易与原宗主国保持着特殊的关系。品种单一使出口国易遭两个方面的冲击：一方面是该类商品价格的大幅度变动，另一方面是国际市场对该类商品需求量的大幅度变动。若二者均向下大幅度浮动（前面的分析已说明其趋势），则出口国会受到严重影响。收入单一会使出口国因出口收入减少而影响整个经济。对象国单一会使出口国的出口乃至整个经济发展严重受制于对象国的贸易政策和经济发展形势。三者都会使发展中国家单方面受到发达国家进口需求、贸易条件、经济发展等方面的制约，而

---

① 《国际贸易与发展统计手册》，1985 年，附册，第 243—246 页。

本身缺乏反制约的能力。

（三）资本流动结构

发展中国家和发达国家间资本流动的不对称要比贸易上的不对称严重得多，且不对称的结构也大不相同。

就资本流动本身来说，尽管在本书第一篇里曾指出过资本国际流动来源多元化的趋势（其证据之一是发展中国家也输出资本），但是，其不平衡格局的基本特征并没有改变。在发展中国家与发达国家间，资本流动的不对称结构至少体现在：

——资本流动的规模。尽管70年代后期以后的一个时期内石油输出国组织对外进行了大规模的投资，一些新兴工业化国家加入对外投资的行列，但是其规模不能与发达国家的对外投资规模相比。[①] 从资本来源来说，发达国家是最主要的提供者，而发展中国家长期以来是资本输入国（目前，除石油输出国组织成员国外）。发展中国家需要发达国家的资本，而发达国家的资本需要发展中国家的市场，这是一种交叉型相互依赖关系。从资本流向来说，如前所述，自第二次世界大战以后，发达国家是资本国际流动的最主要场所，而发展中国家退居次要地位。表12—11和表12—12分别列出了国际直接投资分布和银行跨国放款及吸收存款的情况。从表中可以看到，发达国家与发展中国家间资本规模及分布的不对称。

表 12—11　　　　　国际直接投资的分布（占总额的百分比）

年　份	发达国家	发展中国家
1970—1977	77.1	22.9
1980	77.6	22.4
1981	71.9	28.1
1982	67.0	33.0
1983	74.3	25.7

资料来源：《对外直接投资及其他资本流动的趋势和问题》，第7页。

---

① 1973—1974年和1979—1980年石油价格暴涨，使石油输出国组织成员国收入激增，1974—1982年间累计对外投资达4522亿美元；1983年，这些国家国际投资额就开始呈负数了，对外存款余额开始大幅度减少。参见《世界发展报告》，1985年，第89页。

表 12—12　　　　　　　　　银行跨国放款与吸收存款①　　　　　　　单位：亿美元

	1982 年	1983 年	1984 年
发达国家			
放款	1240	930	1170
吸收存款	1500	880	1330
发展中国家②			
放款	510	380	160
吸收存款	40	280	230

①包括银行内部资金交易与银行外部资金交易。②不包括发展中国家的免税金融中心，如巴哈马等。

资料来源：国际货币基金：《国际资本市场：发展与展望》（英文版），不定期论文，1986 年，第 43 号。

——资本流动的形式。发展中国家向发达国家的资本流动的主要形式是把资金存入当地银行或者在当地进行投资（包括购买债券），但前一种形式占比例大。而发达国家流向发展中国家的资本则主要是银行放款，直接投资和援助。这种结构表明，发展中国家的很大一部分资本是为发达国家的银行提供资本来源的，一旦存入银行，它们就变成了银行掌握的资本（这些资本也会被用来向发展中国家提供放款）。因此，由发展中国家流入发达国家的资本与由发达国家流入发展中国家的资本对各自经济所起的作用及在对方经济中的地位和影响有着很大的不同。在很大程度上说，发展中国家的资本运动是从属于发达国家资本运动的。只要看一看"石油美元"是怎样通过发达国家的银行变成了对发展中国家的债权，使发展中国家陷入债务危机就可以清楚其关系了。

就大多数发展中国家来说，在资本需求上，他们是单方面依赖发达国家的。资本短缺是发展中国家经济发展过程中的一个经常现象，除了以各种形式吸收来自发达国家的资金用于弥补短缺、促进经济的发展外，别无他择。发展中国家在资本需求关系上对发达国家的单方面依赖，对于南北经济关系造成一系列不利于发展中国家的影响。首先，发达国家资本供给的满足状况直接影响甚至决定着发展中国家经济发展的状况。比如，1982 年墨西哥债务危机发生之后，发达国家的银行大幅度减少了对发展中国家的放款。1984 年与 1983 年相比，银行向非洲发展中国家的放款由 73 亿美元减少到 7 亿美元，对美洲发展中国家的放款由 158 亿美元减少到 73 亿美元,对中东发展中国家的放款由 33 亿美元减为零,只有对亚洲发展中国家的放款减少最轻,由 84 亿美元降为 58 亿美元。① 获得贷款大幅度减少是许多国家经济形势恶化的重要原因。经济形势恶化也影响到直接投资的流入。1981—1986 年,流入发展中国家的国际直接投资本由 150 亿美元减少到不到 80 亿美元。② 出现了这样的情况,越是在发展中国家经济遭到困难急需资金的时候,发达国家的资本却放慢甚至停止流入。再则,资本供给的条件取决于发达国家。对发展中国家放款利率的变动不仅取决于国际资本市场的形势,而且还取决于放款者对借贷国信誉的认可,越是资金缺乏的国家被认定的信誉就越低,从而借贷条件也就越严。同时,汇率的变动也往往使发展中国家处于十分被动的地位。一方面,利率的升高和借贷货币汇率的升高都会给发展中国家的债务国造成重大损失;另一方面,利率和汇率的不确定因素为发展中国家对经济的管理造成巨大困难。还有,在直接投资方面,以下因素可能使发展中国家处于十分不利的地位:

——发达国家投资市场不断扩大,投资机会和环境优于发展中国家。这为国际投资增加了选择余地,使得向发展中国家投资变得更具有伸缩性,对投资的条件和投资环境的要求变得更为严厉。在一些情况下,由于存在着选择余地,即便发展中国家提供比以往优惠得多的条件,发达国家的公司也不愿前往,这无疑增加了发展中国家利用发达国家投资的代价。

——发达国家大公司的垄断实力和地位使得发展中国家难以与之抗争和缺乏对之实行监督管理的能力。大公司利用各种手段攫取高额利润。比如,利用收取较高的技术费用,利用转移价格转移利润(逃避纳税或在合营的情况下抽走利润),利用对市场的垄断规定垄断价格等等。因而,在发展中国家的投资利润率往往比在发达国家的投资利润率高得多。③ 表 12—13 列出了 14 个发展中国家吸收国际直接投资和利润汇出的情况。从表中可以看出,除个别年份、个别国家外,绝大多数发展中国家,大多数年份的利润汇出额都

---

① 《国际资本市场:发展与展望》,第 40 页。

② [英]《经济学家》1987 年 6 月 20 日。

③ 据美国《现代商业概览》杂志提供的资料,美国公司在发展中国家的投资利润率与在发达国家的投资利润率相比,1957 年前者是后者的 1.9 倍,1960 年为 1.5 倍,1968 年为 1.9 倍,1976 年为 2.2 倍。见《现代商业概览》1967 年第 9 期,1971 年第 10 期,1974 年第 8 期,1977 年第 8 期;美国《总统经济报告》,1979 年。

大于直接投资流入额，差额最大的是沙特阿拉伯和印度尼西亚，汇出额分别比流入额大 115.5 倍和 12.6 倍。从表中所列 14 个国家的总额比较，流入额为 430 亿美元，汇出额为 1066 亿美元，汇出是流入额的 2.5 倍。这就是说，如果单从资本流动来看，在表中所列的年份内，发展中国家反而在吸收国际直接投资的过程中成为净流出资本的一方。这对于发展中国家不能说不是个比较严重的问题。事实上，不仅是直接投资，就是其他方面的资金也出现这种情况。自 1985 年开始，到 80 年代后期，从发展中国家流到发达国家的资金（支付债务本息、资本外逃等等）一直大于从发达国家流到发展中国家的资金。

（四）技术转移结构

南北技术关系的不对称比资本关系更突出。在技术上，基本上是发展中国家单方面依赖发达国家。① 相互依赖关系只是在下述意义上才有意义，即从技术转移作为技术分工和技术贸易的角度，发展中国家的市场是一个不可分割的有机组成部分，就相互依赖关系的特征来说，正像资金关系一样，这也是一种交叉型的相互依赖。然而，一般地说发展中国家依赖发达国家的技术，而发达国家依赖发展中国家的市场似乎是没有多大意义的，关键的问题是这种依赖特征对南北关系产生什么样的影响。从理论上讲，在交叉型相互依赖关系中，若技术输出一方处于技术生产过剩，而市场方向又别无选择时，则输入一方处于有利的地位，即拥有讨价还价的力量，或者若输入一方拥有大量的选择机会，且自身又具有一定的替代能力，则局面也会有利于技术输入一方，否则，技术输出一方便处于有利的地位，即输出者在技术上拥有垄断地位，在市场上拥有选择余地，而输入者在需求上迫切，并且缺乏替代能力。南北间的技术关系基本上是后一种情况，而不是前一种。这不仅造成南北技术上的不对称格局，也造成技术关系上的不平等。

南北技术关系的不对称所带来的影响至少通过下述几个方面体现出来：

——发达国家对技术转移条件的控制。这里所说的技术转移条件包括：技术的使用范围、技术的管理与扩散、技术的改进，以及产品的销售方向等

---

① 道尔曼（Antony J. Dolman）为技术依赖定义如下："一个国家的主要技术来自国外则称之技术依赖。对于发展中国家来说，其主要的（或者说是全部的）技术来自工业化国家。"见［荷兰］安托尼·J. 道尔曼：《类型相同的国家以及第三世界的工业和技术转变》，莱格曼出版公司1979年版，第12页。

等。由于发达国家的大公司控制着技术,因而它们可以凭借对技术的高度垄断做出不利于发展中国家的规定和要求。比如,实行技术的分割转让(即只转让一部分),限制技术在当地的扩散,利用技术控制产品销售市场(即规定市场份额)等等。从而使得发达国家的许多技术只发生空间上的转移,而不能成为当地经济的有机构成要素并促进当地技术的发展。

——发达国家利用技术垄断实行垄断转让价格。技术市场不同于商品市场,前者基本上是一个高度垄断的市场。对技术资源的垄断必然导致技术交易的垄断价格。在当今世界经济中,没有比技术的垄断再为发达国家所独有的了。发展中国家对先进技术的需求并没有削弱其垄断优势,反而为其延伸和维持垄断提供了市场。尽管发展中国家可以利用发达国家公司间的竞争进行一定的讨价还价,削弱个别公司的独占,迫使其降低垄断价格,但是,由于垄断的国际化和大公司间的国际垄断联合,发展中国家拥有的对抗能力有限。

——发达国家的技术转移首先以自身分工和利益为出发点,从而导致了对发展中国家的技术非适宜性。技术由发达国家向发展中国家转移主要有两个途径:一是通过发达国家的跨国公司在发展中国家投资;二是通过技术贸易。在通过直接投资转移技术的情况下,跨国公司的主要考虑是,向当地的技术转移是否符合国际专业化分工和能否带来最大的或长远的利润机会。因此,技术的适宜性主要是以公司的利益为标准,而不主要是以当地经济的需求为标准。尽管发展中国家通过制定投资政策使投资目标与当地吸收投资的目标相靠拢,但是,从根本上说来,投资者在很大程度上握有进行不进行投资和进行什么样的投资的主动权。因此,在许多情况下,跨国公司的投资所带进的技术往往并不一定符合发展中国家发展经济的需要,即它们对于当地经济结构来说可能是非适宜技术。[①] 在技术贸易的情况下,发展中国家拥有较多的选择权,买者至少可以决定买不买和买什么样的技术。然而,发达国家对技术的垄断,使得卖者可以利用诸如技术分割转让、技术专利乃至技术欺骗等手段,往往把买者置于从属地位。

当然,技术转移的不对称还体现在南北在获取和利用国际技术信息的巨

---

① 技术适宜性问题是一个复杂的问题。发展中国家间的经济发展水平有很大差异,不同的国家,处于不同的发展阶段和不同的发展目标,对于技术水平的要求不同,从而技术适宜性的标准也不同。

表12—13　投入发展中国家的直接投资和从发展中国家汇出利润比较

单位：百万美元

国家	1970—1971年 投入	1970—1971年 汇出	1977年 投入	1977年 汇出	1978年 投入	1978年 汇出	1979年 投入	1979年 汇出	1980年 投入	1980年 汇出	1981年 投入	1981年 汇出	1982年 投入	1982年 汇出	1983年 投入	1983年 汇出	总计 投入	总计 汇出
阿尔及利亚	-52	111	179	804	135	730	26	373	349	687	13	717	-54	707	—	569	594	4998
尼日利亚	246	498	439	858	213	480	310	517	-739	1598	546	923	430	381	354	359	1799	5614
象牙海岸	24	36	15	114	84	169	75	142	95	169	54	124	50	123	50	139	447	1016
墨西哥	315	359	556	401	829	680	1335	947	2184	1384	2541	1893	1390	1322	490	308	9640	7294
委内瑞拉	94	651	-4	292	68	304	88	313	55	322	184	350	257	401	92	202	834	2835
阿根廷	11	61	144	377	250	282	204	444	681	665	823	737	225	320	184	429	2522	3255
巴西	479	401	1830	1332	1999	1541	2415	1460	1913	955	2526	1332	2922	2437	1557	1450	15641	10908
秘鲁	-64	62	54	55	25	84	71	390	27	293	129	251	46	118	37	137	325	1390
沙特阿拉伯	8	657	22	4079	54	4512	88	2064	36	6916	35	9600	62	6211	28	4429	333	38468
印度尼西亚	111	149	235	1615	279	1941	226	2380	184	3230	133	4034	226	3908	289	3985	1683	21242
马来西亚	97	169	406	604	500	851	574	1136	935	1190	1265	1098	1398	1102	1371	1468	6546	7618
菲律宾	-13	25	209	159	164	148	74	138	39	197	289	190	16	202	104	179	882	1238
南朝鲜	54	17	93	57	89	56	36	48	8	64	101	78	68	66	70	96	519	472
泰国	41	19	106	32	51	26	50	36	186	38	291	41	191	25	349	31	1265	248

资料来源：《对外直接投资及其他资本流动的趋势和问题》，第93—96页。

大差别上。本书第六章曾论述过技术及信息的非贸易跨国转移趋势。从理论上讲，对于那些通过大众媒介传播的技术信息，每个国家的获取机会是均等的。但是，实际上，由于获取信息的多寡取决于获取信息所具备的必要条件，因此，条件具备的程度决定了获取技术信息和利用技术信息的多少。这里所说的必要条件至少包括：人才、设备和资金。它们的水平程度与经济发展的水平和实力相联系。因此，较之发达国家，发展中国家获取和利用国际技术信息的能力要小得多，从而使得国际技术信息主要在发达国家间传播和利用。①

南北经济关系中的不对称还有很多方面。限于篇幅在这里不可能都给以较详细的论述，以上的分析旨在表明南北相互依赖关系的不对称结构和这种结构对各自造成什么样的影响，而并没有追溯产生这种结构的历史的和现实的原因。值得指出的是，本节对南北相互依赖关系的严重不对称的分析不是旨在（也没有）否定相互依赖关系本身，而是为了指出它们的基本特征。

当然，在分析南北经济关系中，必须对发展中国家发展不平衡的状况给予足够的注意。在发展中国家中，经过战后几十年的发展，出现了步入工业化阶段的新兴工业化国家。在新兴工业化国家中，出现了以制成品出口为主的出口导向型经济。这些国家与发达国家的贸易品类结构发生了很大变化，贸易条件得到很大改善。他们的地位与那些欠发达国家已有很大不同。这不仅是发展中国家经济发展中的重大变化，也是南北经济关系中的新因素。事实上，发展中国家与发达国家是一个变化着的动态关系。经过长期的发展，一些国家由不发达变为发达国家。在如今发展中国家的行列中，少数新兴工业化国家再经过一个时期的发展，有可能跃入发达国家的行列。这种发展是世界经济发展的一个自然过程。这里之所以没有对这种发展做更具体的分析，是因为本节的分析旨在揭示发展中国家与发达国家作为世界经济中两种类型的经济结构所呈现的一般经济关系特征。新兴工业化国家的出现虽然部分地改变了发达国家与发展中国家间经济关系的旧格局，然而，从总体上来说，南北之间的不对称和不平等关系格局并没有发生根本性的改变。

---

①　奥布里恩指出：“获得信息上的不平等为相互依赖关系上的不对称增添了新的内容。”见《信息、经济学和权力：南北分析》，第10页。

第三节 关于国际经济新秩序

南北经济中的相互依赖格局是极不对称的，这种不对称是导致双方经济关系严重不平等的一个重要根源。对于发达国家来说，维持这种不对称格局是保持其优势地位的一个重要前提，而对发展中国家来说，改变这种不对称所导致的不平等关系则是扫除其经济发展障碍的一个重要条件。由此，在围绕如何认识和处理这种不对称格局，一直是一个时期以来南北经济关系的中心议题和斗争焦点。

第二次世界大战以后，在世界经济中，深刻影响南北经济关系的两大发展，一是以发达国家利益为核心的国际经济活动机制的确立，二是发展中国家的独立和发展。

前一个发展主要包括：

——建立国际机构，其中国际货币基金、世界银行和关税及贸易总协定被称为国际机构体系的三个支柱；

——建立国际经济关系秩序，其中主要是建立以美元为中心的货币体系和建立发达国家间的贸易一体化市场。

这两个方面是构成战后国际经济秩序的基础。在这种国际经济秩序中，发达国家的统治和利益占主导地位。在国际货币体系中，布雷顿森林国际货币体系的垮台虽然宣告了以美元为中心的固定汇率体制破产，但并没有改变发达国家货币占支配地位的基本格局。不论是在布雷顿森林货币体系中，还是在随之形成的浮动汇率体系中，发展中国家并没有地位，他们的货币只是受制于发达国家货币变动的附属品。[①] 在国际货币基金组织和世界银行中，按实力分配权力的格局使得实力国可以把自己的意志强加给别国，尤其是发展中国家（通过机构的活动）。在国际贸易体系中，战后很长时期内，关税及贸易总协定的主要活动集中在减少发达国家间贸易的关税壁垒，而对于不利于发展中国家对外贸易的障碍则未采取什么措施。由于发达国家贸易地位的加强，发展中国家在许多方面甚至处于更不利的地位。

后一个发展，即发展中国家的独立和发展对于改变发展中国家的地位和

---

① 由于发展中国家的货币汇率大多是采取盯住发达国家货币或"一揽子"货币的，因此，发达国家货币的变动影响和决定着发展中国家货币的价值。

世界经济的格局有着深远的影响。由于殖民制度的崩溃,殖民地半殖民地国家不仅赢得了政治上的独立,而且获得了发展民族经济的权力,从而在世界经济中,发展中国家的经济作为一个相对独立的范畴而具有其实质性的含义。然而,尽管发展中国家的经济在战后取得了显著发展,但是,发展中国家深深地体会到,现行的国际经济秩序严重地限制和损害着他们的发展利益。在此情况下,要求改变现行国际经济秩序,建立一个有利于发展中国家的新的国际经济秩序无疑是发展中国家的愿望。

石油输出国组织在 1973 年及其之后对石油的大幅度提价,以及收回外国石油公司股权的行动,应该被看作是发展中国家力图改变不合理的现行国际经济秩序的一个尝试。长期以来,原油价格被压在极低的水平,大公司的控制使许多东道国不能从巨大的石油财富中得到应得的收入。在"石油危机"的冲击下,整个发达国家的经济受到了影响,严重的经济危机以及接着出现的长时间停滞或缓慢增长,使发达国家第一次感到发展中国家的分量和北方经济对南方的依赖。这种形势为发展中国家提出全面改革现行国际经济秩序,建立新的国际经济秩序提供了启示。因此,自 70 年代中后期,关于建立国际经济新秩序的斗争,成了南北关系的一个热点。

发展中国家的斗争促成了联合国通过了两个划时代的文件:一是关于各国权利和义务宪章,二是关于建立国际经济新秩序的宣言。两个文件导致了南北对话,这是很了不起的发展。它们至少表明,发展中国家的正当要求得到了国际社会的公认。发展中国家的斗争受到了发达国家的正视,总的来看,发展中国家关于建立国际经济新秩序的要求主要体现在:

——改变发展中国家在国际事务决策中无参与权的地位。比如在国际组织中改变传统的分配权力的办法,增加发展中国家参与决策的分量等。

——改善发展中国家的贸易条件。比如在关税及贸易总协定组织的多边贸易谈判中维护发展中国家的利益,稳定初级产品的价格,稳定发展中国家的出口收入,向发展中国家提供出口市场等。

——为发展中国家的经济发展创造必要环境和条件。比如,提供优惠资金,加快技术转让,限制跨国公司的垄断等。

——增加对发展中国家的援助,尤其是增加对最不发达国家的援助。[①]

应该说,发展中国家关于建立国际经济新秩序的斗争是取得了一些进展

---

① 参见［美］保罗·罗杰斯《未来资源与世界发展》,普莱那姆出版社,第136—137 页。

的。比如，在国际货币基金中，成立由发展中国家参加的 20 国委员会，制定了增加对发展中国家提供资金的措施（如设立中期贷款、补充贷款、补贴账户以及信托基金等），在国际贸易多边谈判中吸收发展中国家参加，考虑发展中国家的一些利益和要求，发达国家实行普惠制等等。但是，"石油美元"的回流，石油价格的暴跌，债务危机以及接踵而来的多数发展中国家的经济发展缓慢或停滞，不仅使这些进展的实际效果大为降低，而且使建立国际经济新秩序的斗争陷入困境。南北经济关系中的对比朝着不利于发展中国家的方向发展了。在货币金融领域，汇率、利率的大幅度变动使缺乏应变和承受能力的发展中国家遭受到严重损失，处于十分被动的地位。债务危机的爆发促使发达国家的银行大幅度削减甚至停止了提供贷款，债务国的资金短缺成了抑制经济发展的主要因素。在国际贸易领域，发达国家的贸易保护主义使发展中国家的出口受阻、出口价格下跌（尤其是初级产品）。这些变化实际上使发展中国家关于建立国际经济新秩序的口号不再具有实际意义了。发展中国家的紧迫要求不得不转向找出解脱债务危机和经济形势恶化的可行办法。南北对话和全球谈判也不被发达国家所理会，发达国家的注意力集中于调整现行国际经济活动机制，解决与自身经济发展有关的紧迫问题。

　　发展中国家建立国际经济新秩序斗争的夭折表明，南北经济关系的不平等是根深蒂固的，要改变这种格局是不容易的。尽管目前南北都面临着各自的困难，且发达国家已经认识到南方危机对北方造成的威胁，但是，北方并不希望，也不会牺牲自己的传统优势和利益而使南方得势。幻想通过南北对话和合作"创造出一个生气勃勃的世界，使每一个国家都能在这个世界上得到发展，各国之间彼此都能互相尊重，而且每个国家都尊重这个共有的星球上的各项要求"，那是不现实的。① 同时，发展中国家这个概念太笼统，在许多重要问题上表现出极大的不一致性，因此，对于国际经济新秩序的理解和要求也差之甚远。随着各国经济发展差距的拉大，他们与发达国家间的经济关系构成越来越多的差别层次。因此，实现国别发展上的利益不是主要通过集体斗争，而是通过分别争取。这使得通过激进方法创建一个新秩序的重要性相对降低，在一定程度上甚至会遭到那些"既得利益者"的强烈反对。

---

① 参见勃兰特委员会《争取世界的生存》，第 28 页。

第 十 三 章

南南合作与不平衡发展

南南之间，即发展中国家之间的关系是当代国际经济关系的一个重要组成部分。事实上，发展中国家的经济关系作为一个相对独立的范畴在世界经济中占有一定的地位是第二次世界大战以后，尤其是 60 年代以来的现象。发展中国家之间的经济关系得到了哪些发展？发展中国家之间存在着相互依赖关系吗？发展中国家间的经济关系有哪些基本特征？这些问题都值得做专门的分析。

第一节　发展中国家间经济关系的发展

在相当长的历史发展进程中，发展中国家的外部经济关系主要是与发达国家相联系的，在殖民时代，它们主要表现为殖民地与宗主国间的关系，殖民地的经济是依附于宗主国经济的。发展中国家政治上的独立、殖民体系的彻底崩溃，使得发展中国家的经济有了自身的含义，成为世界经济中具有实质内容的一个有机构成部分。随着发展中国家经济的发展，其对外经济关系也逐渐发展起了新的内容和形式，它们不仅包括与发达国家间的关系，也包括与发展中国家的关系。

发展中国家间经济关系发展的主要标志是发展中国家各国间内部贸易的发展。从表 13—1 中可以看出，自 70 年代以后，发展中国家间的贸易关系得到显著发展，无论是进口还是出口，发展中国家间的贸易所占的比重都提高了。尤其是自 70 年代初以后，发展中国家对外贸易增长已经成为发展中国家外贸增长的重要动力。1974—1984 年间，发展中国家的出口总值增长了 1. 26 倍，其中向发达国家的出口增长了 1 倍，而向发展中国家的出口增长了 1.28 倍。发展中国家的进口总值增长 3.16 倍,其中从发达国家的进口增长了 1.50 倍,而从发展中国家的进口增长了 2.5 倍。[①]

表 13—1 发展中国家的贸易(进出口总额的百分比)

年份	1960	1970	1975	1979	1983	1986
出口	22.1	19.7	23.0	24.8	29.6	29.4
进口	22.2	18.6	24.2	29.9	30.4	27.8

资料来源:《国际贸易统计年鉴》,1962 年、1974 年、1976 年、1982 年、1984 年;《贸易方向统计年鉴》,1987 年。

发展中国家内部贸易的地区分布是很不平衡的。从表 13—2 中可以看出,在发展中国家的内部贸易中,无论是出口还是进口,亚洲占最大的份额,不包括中东地区在内,出口亚洲占 45% 左右,进口占近 40%。其次要数中东地区了,在进口中(无疑受到石油价格的影响)所占比重最高达到近 40%,平均约占 30%。值得注意的是西半球占的比重不仅较小,而且呈下降趋势,这与 80 年代以后拉美国家经济发展中出现的严重困难不无关系。非洲占的比重最小,且呈下降趋势,其根本原因在于非洲的经济发展水平较低,本身所提供的进出口市场都很小。显然,发展中国家内部贸易的地区分布格局是经济发展格局的一面镜子。亚洲发展中国家,尤其是东亚和东南亚

表 13—2 发展中国家内部贸易的地区分布(百分比)

	1970 年		1978 年		1980 年		1982 年		1984 年		1986 年	
	出口	进口	出口	进口	出口	进口	出口	进口	出口	进口	出口	进口
发展中国家 *	—	—	24.9	24.3	27.6	30.0	32.0	30.3	30.1	31.1	29.4	27.8
其中:非洲	9.7	13.7	2.2	2.0	2.4	2.4	2.7	2.1	2.4	2.1	2.3	1.9
亚洲	19.0	18.3	9.3	7.1	10.3	7.8	13.0	8.7	13.6	11.9	14.3	12.7
欧洲	—	—	2.8	2.3	3.3	2.2	3.3	2.7	3.2	2.6	3.7	3.1
中东	—	—	4.3	8.1	4.4	11.5	6.2	10.5	5.4	9.0	4.8	5.7
西半球	18.9	18.8	4.5	4.8	3.7	4.2	4.1	3.9	4.0	4.0	4.3	4.2

* 发展中国家内部贸易占其贸易总额的比重。

资料来源:《贸易方向统计年鉴》,1985 年、1986 年、1987 年。

---

① 资料来源同表 13—1,进口增长受石油价格上涨的因素影响颇大。

国家和地区，是发展中国家经济增长最快、最富有活力的，因而所提供的市场是最大的，也是最有潜力的。

如果从贸易的种类来分析，在出口中，发展中国家间内部贸易占比例最大的是化学制品，其次是机械及运输设备。从表13—3中可以看出，这两类商品的出口，发展中国家内部贸易占40%—50%。在表13—2中，发展中国家的内部贸易占比例最大的是金属、原料和石油，其中石油输出类的比例最大，占80%以上，有的年份接近90%；其次是金属，一般占40%以上；原料类所占的比例也平均接近40%。进一步来分析，表13—3至少可以反映出以下趋势：

表13—3　　　　发展中国家内部贸易品种结构（占进出口总额的百分比）

	1970 年		1975 年		1980 年		1983 年		1985 年	
	出口	进口	出口	进口	出口	进口	出口	进口	出口	进口
食品饮料	15.2	28.2	22.8	28.7	23.1	26.5	23.5	28.7	24.0	31.8
原料	15.5	41.9	18.7	37.7	24.8	40.6	27.6	39.1	29.7	40.7
纺织品	15.5	36.2	20.2	30.6	22.4	26.9	27.4	29.1	29.5	28.6
金属	5.9	53.6	5.0	33.4	9.8	44.5	10.8	42.3	11.2	37.1
石油	20.5	82.4	20.9	89.7	21.7	88.1	29.5	83.1	32.1	82.0
化学	40.1	0.8	46.3	10.3	46.7	11.8	51.7	14.9	45.9	13.9
机械及运输设备	44.2	3.3	49.0	4.9	46.2	8.5	34.2	9.6	29.8	10.6
钢铁	46.4	8.2	51.4	5.0	48.5	11.3	45.9	17.0	40.1	17.0

资料来源：《国际贸易统计年鉴》，1984 年；《统计月报》1987 年 5 月号。

——在表中所列的时间序列内，向发展中国家的出口取得明显增长，各类商品的出口都无一例外地增长了。这表明发展中国家的市场在不断扩大。原料和燃料的增长是非常引人注目的。1973—1982 年间，发展中国家的原料内部市场吸收能力提高了 12 个百分点，石油提高了 9 个百分点。其原因是与发展中国家工业化发展导致对原料和燃料需求增长分不开的。长期以来，发展中国家的原料和燃料绝大部分是提供给发达国家的，本身几乎没有什么消费能力。随着发展中国家工业化进程的深入发展，这种局面已经有了很大改变。当然，发展中国家的工业品内部市场的扩大，不仅体现出发展中国家对工业品的消费能力增大，而且也反映出生产能力提高。以化学产品为例，1970—1982 年间，发展中国家的内部出口市场所占的比例就由 40.1%增长到 51.7%，提高了近 12 个百分点。与发达国家向发展中国家出口的化学品价值额相比，仅在 1980—1984 年间，发展中国家的出口值相当于发达国家的出口值的比例就由 14.5% 提高到 19.5%，提高的速度是非常显著的。

——从发展中国家内部进口工业品的比重显著提高。长期以来，发展中国家的工业品几乎全部依赖从发达国家进口。从表中可以看出，直到 1970 年，化学品和机械及运输设备还几乎全部或绝大部分从发达国家进口，而到 1983 年，发展中国家内部进口比例就分别提高到 14.9% 和 9.6% 了。发展中国家工业制成品进口更多地依赖自身内部市场这个事实，清楚地反映了发展中国家制造业的迅速发展。

——除少数类别商品外，发展中国家的进出口仍主要依赖发达国家的市场，其中工业制成品的依赖程度尤为突出。然而，从发展趋势来看，由于发展中国家在内部市场的进出口比例都明显增加，对发达国家市场的依赖有所降低。尤其是发展中国家发展起来的普通工业制成品出口，发展中国家的内部市场占据越来越重要的地位。① 一些地区的某些商品甚至主要依赖发展中国家的市场。以机械和运输设备的出口为例，发展中国家向中东地区的出口占的比例 1970 年为 52.8%，1983 年为 74.8%。化学品的出口虽然对发展中国家市场的依赖不如上述商品那样高，但是，也存在越来越多地依赖发展中国家市场的趋势。拉美发展中国家出口占的比例 1970 年为 39.5%，1985 年提高到 43.2%，非洲发展中国家向发展中国家出口占的比例由 1970 年的22.9% 提高到 1983 年的 47%（1980 年曾达到 49.4%）。②

我们还可以对不同地区进行一些比较分析，从表 13—4 中可以看出，在出口方面，东盟、拉丁美洲是依赖发展中国家程度最高的地区。1960—1983年间，东盟向发展中国家的出口占出口总额的比重由 32.8% 提高到 37.7%，安第斯条约国的比重由 28.8% 提高到 37.1%，中美洲共同市场国家的比重由 10% 提高到 30.8%，这的确是非常引人注目的发展。从地区发展的特点来分析，明显地表现出一种趋势，即工业化程度愈高的地区，利用发展中国家市场的程度愈高。这似乎是不难理解的。经济结构的变化必然导致出口商品结构的变化，而出口结构的变化必然导致出口地区结构的变化。由于发展

① 对于这里的结论要小心对待。这种趋势可能取决于许多原因，其中以下三个方面的因素可能单独或综合起作用：(1) 发展中国家对工业品的消费能力扩大；(2) 产品在发达国家市场上缺乏竞争力；(3) 发达国家在发展中国家的跨国公司扩大市场。

② 《国际贸易统计年鉴》，1984 年。

中国家的制造业发展，许多原由发达国家垄断的工业品市场无疑会被替代，尤其是发展中国家的低级或中级技术工业品，更适合发展中国家的需求结构。同时，拥有较低劳动成本优势的发展中国家，在劳动密集型产品方面对发达国家更具有竞争优势。

表 13—4　　　　　　不同地区发展中国家内部贸易结构比较
（向发展中国家出口占其出口总额的百分比）

	1960 年	1970 年	1976 年	1980 年	1983 年
东盟	32.8	31.7	30.3	35.6	37.7
中非关税与经济联盟	8.3	11.9	15.0	22.5	10.0
中美洲共同市场	10.0	29.6	29.2	30.8	30.8
加勒比共同体	12.2	16.6	17.6	20.0	22.5
拉美一体化协会	19.4	21.2	26.9	28.1	27.5
其中：安第斯条约国	28.8	29.3	36.2	31.6	37.1
西非经济共同体	14.8	15.1	13.6	19.5	20.7

资料来源：《国际贸易与发展手册》，1985 年，附册第 37 页。

当然，发展中国家间的内部贸易还受到许多因素的限制：

——发展中国家中各国经济发展的不平衡，使得贸易分布也不平衡，为数众多的国家因经济发展处于较低的水平而市场狭小。

——发展中国家的经济发展很不稳定，市场的容量受到经济波动的限制。

——发展中国家工业生产的结构很不完整，这使得内部出口的商品结构也带有这个特征。因此，发展中国家工业品出口和进口都对发达国家的市场拥有不可替代的依赖性。然而，尽管如此，发展中国家内部贸易的迅速发展对于国际经济关系的格局仍然产生深刻的影响。

发展中国家间投资和金融关系虽然不及贸易领域规模那么大，发展那么快，但也已经成为发展中国家间经济关系深入发展的一个重要组成部分。

发展中国家间投资和金融关系自 70 年代以后才有了迅速发展。导致这种发展的主要因素一是石油输出国的对外投资和其他形式的资本输出猛增，二是新兴工业化国家的对外投资增加。由于石油大幅度提价，石油输出国的外汇收入猛增。石油输出国把大部分资金投向发达国家，或者存入银行，或者购买当地债券，不动产或企业。但同时，也有数额不小的资金流入到发展中国家。这些资金主要以三种形式投放：一是援助，二是直接投资，三是放款。仅 1977—1983 年间，石油输出国组织成员国向发展中国家提供的援助就达 547 亿多美元。① 从表 13—5 中可以看出，石油输出国提供的援助资金在发展中国家接受的官方发展援助资金中占有十分重要的地位。据世界银行提供的资料，1974—1977 年间，石油输出国提供的援助占到世界官方发展援助的比例达到 30%。② 石油输出国银行向发展中国家的放款也大幅度增长。1977—1983 年间，仅阿拉伯国家的银团向发展中国家的贷款就达 262 亿美元，占其对外放款总额的 3/4，相当于此间欧洲货币银团向发展中国家放款总额的 10.4%。③ 石油输出国向发展中国家的直接投资主要采取购买当地公司股份，与当地公司或在当地的外国公司合营的方式进行的。由于这些投资通常都是由金融控股公司进行的，与投资国的公司生产结构大都没有直接关系，因而，投资的部门分布比较广泛。像阿拉伯国家在印度的投资从计算机到旅馆业不等。④ 显然，石油输出国的资金与当地的技术相结合，亦是石油输出国在发展中国家发展直接投资的一个重要基础。不过由于石油输出国的对外放款和投资全部依赖石油出口收入，石油价格的大幅度下跌使其对外放款和投资的能力大为降低。自 1983 年以后，无论是石油输出国对发展中国家的援助、放款，还是直接投资都大大减少。因此，石油输出国在发展中国家建立起的投资和金融关系带有很大的突发性和不稳定性，对它们在一个时期的迅速发展不能看作是一种长期趋势。

表 13—5　　　　1975—1983 年间石油输出国组织成员国提供的援助资金
（净支付额，单位：百万美元）

	1975 年	1980 年	1981 年	1982 年	1983 年
提供金额	6239	9589	8525	5891	5476
占世界官方发展援助的百分比	28.3	24.0	22.7	15.9	15.1

资料来源：世界银行：《世界发展报告》，1985 年，第 102 页。

---

① 《国际贸易与发展统计手册》，1985 年，附册第 384 页。
② 世界银行：《世界发展报告》，1985 年，第 102 页。
③ 世界银行：《世界发展报告》，1985 年，第 113、118 页。
④ 《跨国公司在世界发展事业中的作用，第三次调查》，第 37 页。

　　新兴工业化国家在发展中国家的投资主要是直接投资关系。自 70 年代中期以后，一些在工业化上已取得巨大进步的发展中国家开始加快了对外投资的步伐，他们既向发达国家投资，也向发展中国家投资。向发展中国家的投资主要是为了利用一定的技术和生产优势进入当地市场、降低成本、利用资源等方面的好处，同时也有出于冲破当地进口市场壁垒，以投资代替出口的考虑。[①] 新兴工业化国家在发展中国家的投资有着许多优势：

　　——经济结构相对来说比较接近，因此，投资的技术、产品和生产管理等结构都易于为东道国接受。

　　——投资公司的规模不像发达国家的跨国公司那样大，对当地市场和经济活动难以建立起较大程度的垄断，因此，对当地生产和发展不构成严重威胁。

　　——在那些资本密集或技术密集程度较低的生产领域，新兴工业化国家的公司可能会比发达国家的跨国公司更具有竞争优势，因此，容易战胜竞争对手。由于关于发展中国家直接投资的统计资料很不完整，尤其是比较详细的投资分布资料很少，要对发展中国家的内部投资进行比较系统的分析是困难的。从零散的统计数据来看，新兴工业化国家在发展中国家的投资具有自己的显明特点：

　　——投资者与收吸投资者比较集中，他们既是主要的投资国，也是主要的东道国。像巴西、墨西哥、阿根廷、印度、南朝鲜、菲律宾、新加坡以及中国香港地区和中国台湾地区等不仅提供了发展中国家和地区的绝大部分投资，也吸收了绝大部分投资。[②]

　　——投资分布上带有区域性，即很大部分投于邻国或所在地区。以阿根廷、智利和哥伦比亚三国的对外直接投资为例，投资于拉丁美洲地区的份额分别为 98.7%、94.8 和 52.3%。[③] 在斯里兰卡，外国直接投资中来自印度的就占 2/3。在东南亚，来自本地区内的占 14%，在马来西亚的外国直接投资，来自新加坡的就占 1/5。[④]

　　事实上，进入 80 年代以后，新兴工业化国家向发展中国家的投资出现

---

　　① 《跨国公司在世界发展事业中的作用，第三次调查》，第 38 页。
　　② ［美］布赖达·帕维克编：《南南合作的挑战》，西方观点出版公司 1983 年版，第 332 页。
　　③ 据《跨国公司在世界发展中事业中的作用，第三次调查》，第 361 页数字计算，所列数字为70 年代中期的情况。
　　④ 为 70 年代末数字，见《南南合作的挑战》，第 332 页。

了加快发展的趋势，其原因主要是一些国家的产业结构向高层次转变，出现了转移性投资的动力。有些劳动密集程度较高的加工制造业随着技术升级和劳动成本提高而转移到相对来说经济发展水平较低的国家。发生在发展中国家的这种"级差型"技术和生产转移，对于推动发展中国家经济的发展和加深发展中国家间的相互依赖关系有着重要的意义。当然，新兴工业化国家的对外投资能力受到本身资金能力的限制，同时，在许多投资领域，其兴趣是在能够提供更大市场机会和得以吸收先进技术的发达国家，这些都影响到新兴工业化国家在发展中国家投资关系的迅速发展。

发展中国家间贸易、投资和金融关系广泛发展无疑会加深发展中国家经济间的相互依赖关系。与南北经济关系相比较，发展中国家经济间的相互依赖关系有着自己的特征和内在机制，概括地说，发展中国家经济发展中的相互依赖关系主要由以下几种类型构成：

第一，互补型或称交叉型的相互依赖关系。这种相互依赖关系可以建立在两种基础之上，一是以资源分布上的差异和对资源需求上的差异为基础；二是以经济上的差异为基础。前一个基础在很大程度上可以说是一种自然基础，但也与经济的发展相联系。① 拥有资源的国家可能对该资源缺乏需求或甚少需求，而工业化得到发展，对资源需求甚大的国家可能缺少资源或资源生产不足。这种差异在资源需求和供给之间建立起相互依赖关系。后一个基础可能由经济发展水平上的差异和生产的部门结构上的差异构成。这两种不平衡都使得发展中国家间存在着巨大的互补市场。以发展中国家经济中部门结构的差异为例，由其所导致的产品上的分布不平衡在各国间构成复杂的供给需求网。事实上，生产分布上的差异可以建立在发展中国家间生产的国际分工基础之上。在这个基础上所构成的互补关系就不再是一种简单的余缺调剂关系，而是一种分工的联系机制了。

第二，发展型的相互依赖关系。所谓发展型，是指随着发展中国家经济的发展，各国经济间的相互联系和渗透自然加深，在经济发展的过程中不断建立和加强的依赖关系。经济的发展为发展中国家间经济交往和联系既提供市场，也提供机会。经济的发展不仅使发展中国家间的互补型依赖基础扩大，而且也创造新的依赖基础。从需求角度来分析，发展中国家经济的发展产生着不断增长的需求：

---

① 关于这方面的分析见本书第八章。

——对工业原料需求迅速增长。统计分析表明，前期和中期工业化阶段，对原料和燃料的要求呈加速增长的趋势，因为大多数劳动密集型和资本密集型工业都在很大程度上是原料消耗型生产。因此，随着发展中国家工业化的发展，各国对工业原料和燃料的需求也必然随之增大。

——对工业品需求迅速增长，不仅包括资本品，也包括消费品的需求。在对资本品的需求中，对于大多数发展中国家来说，中等以及初等技术设备占不小的比重。消费品的需求必然随着人民生活水平的提高而增大，尤其是基本工业消费品的消费市场可能要比资本品的需求市场增长得更快。

——对外来投资需求增长。前面的论述已表明发展中国家在经济发展过程中存在着对外资的内在需求机制，这不仅是出于对资金的需求，也是出于对技术的需求。

从供给角度来分析，发展中国家内部在满足上述不断增大着的需求方面不仅具有潜在的能力，而且也具有许多优势。对于工业原料的供应自不待说，就对工业品的供应来说，发展中国家较之发达国家至少有着经济结构相似，生产结构与需求结构相近的优势。尤其是中初等技术设备和基础消费品的供给，会越来越转向发展中国家。

值得注意的是，发展中国家间不仅存在着级差市场，也形成了同类市场。所谓同类市场是指因经济发展水平、生产技术结构和消费结构相近所导致的同类市场结构，或相似市场结构。这些显然是指新兴工业化国家的出现。事实上，在发展中国家中，相互依赖关系发展最快的是新兴工业化国家之间，它们间的贸易和投资占发展中国家内部贸易和投资的大部分，这充分说明，经济发展对发展型依赖关系有着助推作用。

第三，合作型相互依赖关系。这种相互依赖关系主要是由发展中国家间各种形式的经济合作所构成的。大体上来说，发展中国家的经济合作体现为两种形式：一种是建立经济合作组织，另一种是实行局部联合。在建立经济合作组织的情况下，初级的形式是建立关税同盟，发展内部贸易市场。合作组织内部贸易的扩大成为加深各国经济发展相互依赖关系的主要机制。较高级的形式是建立包括贸易、投资、金融及主要经济活动在内的内部优惠市场，各成员国间通过各种经济活动的交织，建立起比较全面的相互依赖关系。发展中国家经济间的局部联合也有多种形式，其中最有影响的是建立联合公司，在参加国或在别的国家进行投资经营。从已经发展起来的情况看，有些是为了联合开发矿产资源，有些是为了联合发展制造业，有些甚至是为了到别国去投资，变成联合跨国公司。无论哪一种类型，都会把各参与国的利益紧密联系起来。特别是在前两种经营中，不仅通过公司本身的组合，而且通过公司的活动，把参与国的经济直接或间接地联系起来，在一定范围建立起相互依赖的经济机制。

当然，以上对几种类型的分析只是旨在指出构成发展中国家经济相互依赖关系的基本特征和机制，并未具体涉及它们在多大程度上起作用。事实上，存在着上述基础和机制并不意味着它们已在发展中国家的对外经济关系中占主导地位。从总的来说，发展中国家经济发展上的相互依赖关系尚处于初始发展阶段，许多联系机制可以说才刚刚建立，有待进一步发展。对于多数发展中国家来说，在重要领域，现在还不能说发展中国家间的相互依赖关系对其经济发展有着举足轻重的地位，各自内部经济的发展和经济政策的变化等都还难以成为对他国经济起重要影响的因素。

第二节　发展中国家的经济合作

发展中国家经济间相互依赖关系的发展主要受到两个因素支配：一是发展中国家经济发展本身所产生的交织联系，二是发展中国家间的合作所创立的制度性联系。尽管二者之间有着不可分割的关系，但其间的区别是非常明显的。前者是一种自然机制，随着经济的发展而扩大，但相互联系的程度并不一定与经济发展的速度成正比。后者是一种制度性机制，受到参加者各方的意愿和需要的制约。关于前一种机制对发展中国家相互依赖关系格局的影响，将在下一节中加以分析，本节则集中分析第二种机制及其对发展中国家相互依赖关系格局的影响。

发展中国家间的经济合作已经有了较大发展，尽管在发展中有很多波折，有些方面成效并不显著，但是，联合与合作的趋势将继续得到发展。如前所述，发展中国家的经济合作主要有两种形式：其一是建立合作组织；其二是实行各种形式的局部联合。这两种形式在两次大战后，特别是自60年代后得到显著发展。

发展中国家的合作组织可分为两大类：一是区域性经济合作组织，或称一体化经济组织；二是行业性合作组织。发展中国家的区域性经济合作组织为数众多，分布广泛。在拉丁美洲，有安第斯条约组织、中美洲共同体市场、拉美一体化协会、加勒比共同体以及几乎包括所有拉丁美洲国家的拉丁美洲经济体系。在亚洲有东盟、南亚联盟以及海湾合作委员会。在非洲，有西非国家经济共同体、东非共同体以及中非关税及经济联盟等。这些区域性合作组织大都成立于 60 年代和 70 年代。它们一般从建立关税同盟、创立成员国内部优惠贸易市场开始，逐步扩大经济合作的内容和范围。

80 年代以来区域性的经济合作又有新的发展。比如像 1986 年 7 月巴西和阿根廷一体化协议的签署，取消了两国间的资本货物关税。1987 年年底，阿拉伯海湾国家合作委员会 6 国通过了建立"海湾国家共同市场"计划，决定取消各国物品贸易关税，在成员国间实行内部经济特惠，协调经济发展政策、财政货币政策等。加强一体化成为发展中国家缓解发达国家经济危机造成的影响、抵制贸易保护主义、促进经济发展的一个重要选择。

尽管发展中国家的区域性经济合作组织活动方式和程度各异，但从总的来看，一般致力于下述几个方面的活动：

——削减内部关税，建立内部贸易优惠市场，并实行统一对外的关税。内部贸易优惠市场的建立无疑有助于促进本组织内部贸易的发展。从对 7 个发展中国家的区域性一体化组织内部贸易发展的统计看，1970—1980 年间以美元计的贸易额由 26.8 亿美元增长到 246.4 亿美元，增长了 8 倍多，年平均增长率达 24.8%，高于它们的区外贸易增长速度，内部贸易占其整个对外贸易的比重由 8.8% 提高到 12.9%。当然，各一体化组织间发展不平衡，内部贸易增长最快的是东盟，期间，内部贸易额增长了 12.9 倍，年平均增长速度超过 30%，内部贸易占其整个地区对外贸易的比重由 14.7% 提高到 17.8%。中美洲共同市场、拉美自由贸易协会的区内贸易也占有重要地位，在此期间，前者虽然比例有所下降，但仍占 1/5 以上，后者由 10.2% 提高到 13.5%。[①]

——加强生产合作，制定内部投资优惠条例、建立联合投资公司和促进区内金融合作。在促进合作组织内部的投资方面，东盟采取了许多促进本组织内公司联合和进行"互补生产分工"的措施。安第斯条约组织则具体制定了进口替代生产规划，在本组织内部实行生产分工，其主要宗旨在于利用当地技术，资金和生产能力，促进区内经济的平衡发展。安第斯条约组织还专门制定了促进成员国内部投资优惠条例。同时，为了克服一国

---

① 《世界经济》1986 年第 7 期，第 7 页；《国际资料手册》，人民出版社 1977 年，第 140 页。

资金不足、技术力量有限的问题，多数合作组织都建立了许多联合公司，从事本地区的资源开发和发展制造业。这些联合公司采取"集体所有"（各国均摊股份或自愿认购股份），独立经营的方式，在许多领域发挥突出的作用。当然，在联合公司中，还有从事服务、运输、航运、销售等方面的公司，如加勒比多国海运公司、阿拉伯联合航运公司等都非常活跃。在金融合作方面，主要措施是建立合作银行、设立发展基金和创建汇兑机构。像伊斯兰银行、中美洲一体化银行、非洲阿拉伯经济发展银行、阿拉伯经济和社会发展基金、中美洲经济基金、西非清算银行等，在对本地区经济发展筹资、提供发展基金、为贸易提供结算、汇兑和流动资金等方面发挥一定的作用。

——举办公共工程，发展教育和文化交流，促进技术转让。在举办区内公共工程方面，主要是联合修建公路干线、码头、通信设施等等，如西非国家经济共同体不仅合作修通了连接各成员国的公路干线，而且还沿几内亚湾铺设了海底电缆、兴建了连接港口的铁路线。海湾合作委员会在修建连接成员国的高速公路、铁路以及开辟航线等方面也取得了一定成效。在发展教育和文化交流以及促进技术转让方面，主要是建立联合教育机构，如学校、技术培训中心、技术转让中心等等，像加勒比共同体为训练当地渔业技术人员就开办了加勒比渔业学校，为了提高当地教育水平，制定了改革教育结构的措施。

——制订共同发展计划，协调发展战略和政策。许多合作组织都根据本地区的特点和需要制订共同发展计划，像加勒比共同体制订的区域食品计划，旨在促进当地农业发展，减少粮食进口。安第斯条约组织制定的区域制造业工业发展计划，石油化工业发展计划等等，都得到了一定程度的落实。在协调发展战略和政策方面，内容包括协调部门发展战略、协调宏观经济政策、协调对外经济政策等等。像拉丁美洲经济体系，其主要宗旨就是协调该地区各成员国间的经济发展和在对外经济关系上采取共同的立场和战略。

发展中国家建立区域性经济合作组织的目的是通过实现经济的一体化加速本地区的经济发展。因此，这类组织的活动涉及范围比较广泛，且随着经济的发展而一体化程度加深。因此，区域性经济合作组织是在发展中国家中建立直接组织纽带、加深经济相互依赖的重要机制。从实际的发展情况看，迄今，发展中国家的区域经济合作组织都在促进本地区经济合作方面取得一定进展。

发展中国家的行业性合作组织比区域性合作组织的数目还多，主要集中于初级产品生产的各个领域，有些以区域为基础，有些则是世界性的。属于以区域为基础的像阿拉伯石油输出国组织、拉丁美洲国家石油互助协会、非洲国家咖啡组织，加勒比食糖出口国集团、非洲花生理事会、非洲油料生产国组织、非洲木材组织、东南亚木材生产者协会等，属于世界范围的像石油输出国组织、国际铝土协会、铜矿出口国政府联合委员会、铁矿砂出口国协会（有澳大利亚、瑞典等发达国家参加）、国际水银生产者协会（有意大利和西班牙参加）、钨生产者协会（有法国、葡萄牙、澳大利亚参加）、世界磷酸盐协会、可可生产者联盟、香蕉出口国联盟、天然橡胶生产国协会等等。这些行业性联合组织的主要活动集中于以下几个方面：

——协调出口价格，以避免生产国之间发生"价格战"，在国际谈判中协调立场，采取联合行动。成效最突出的莫过于石油输出国组织70年代初进行的石油大幅度提价了。像可可生产者联盟自70年代以后在联合成员国保护可可出口价格、在国际谈判中采取一致立场方面发挥了重要的作用。

——进行生产协调，必要时制定生产限额，以便在供大于求的情况下，防止因盲目增产而导致出口价格暴跌，像石油输出国组织在80年代初油价出现暴跌之后就实行了生产限额，按照各自生产能力和出口需要在成员国间分配生产限额。东南亚木材生产者协会自1975年起在成员国中实行了木材出口限额，铜矿出口国政府联合委员会自1974年也为防止铜价大幅度下跌一再实行联合减产措施。

——进行信息和技术交流，促进成员国的生产发展。像国际水银生产者协会，其主要宗旨之一就是开展成员国间的技术合作，帮助成员国提高生产的技术水平和合理开采。

行业性合作组织与区域性合作组织不同，前者主要是一种经济活动（主要是出口活动）上的协调和合作。其意义在于使各成员国的利益紧密联系起来，因为个别的利益越来越依靠国际范围的协调才能得到维护；而后者主要是一种经济活动上的结合，在范围上可以涉及整个经济活动的各个方面，其意义在于通过经济的一体化使各成员国的经济相互交织，从而产生在发展上的相互影响和相互依赖。因此，行业性合作组织的目标主要是协调对外的，它们在成员国间所导致的相互依赖关系主要是通过利益上的休戚相关而影响到各自的生产活动。

发展中国家间的局部联合和合作也得到一定发展，这些局部性的联合和合作有很多形式，主要类型有：

——提供援助。不仅有像石油输出国提供的大额无偿援助、优惠贷款，也有提供技术援助（技术咨询、技术培训、技术转让等等），比如中国向非洲国家派出大批农业、工业方面的专家，帮助当地修建铁路、水利设施、港口、机场、发展农业、改善种植，建立适合当地需要的加工、制造业等。

——组建联合企业，除了像加勒比多国海运公司、阿拉伯联合航运公司这样的大型联合公司外，还在采矿、加工、销售等许多领域成立了联合企业。通过私人企业联合组建的合营公司也发展很快。

——开办合作项目，像交通、采掘以及制造业等，如中美洲国家和巴拿马的政府之间就电讯、肥料生产、水力发电等方面联合举办十几个项目。阿根廷、巴西和巴拉圭就建设大型水力发电工程进行技术合作，像这样的合作项目真是不胜枚举。

除此而外，值得指出的是 77 国集团在促进发展中国家经济合作上所起的作用。尽管 77 国集团主要致力于协调发展中国家在南北经济关系上的立场，为发展中国家争取一个较为有利的国际环境，但在促进发展中国家在国际贸易、国际投资、技术转让、资源开发、工业发展等领域进行分工、联系和合作方面同样起到重要作用。

当然，尽管发展中国家在经济联合与合作方面采取了许多措施，取得了明显的成效，促进和加强了发展中国家经济间的联系和发展上的相互依赖，但是，对于这种发展的程度及作用不能估计太高。从区域经济合作组织的发展来说，虽然取得一定成效，但多数没有得到深入发展，尤其是在经济一体化方面效果不够突出。以作为区域经济一体化的主要标志之一内部贸易的发展来看，一则主要依赖外部市场，尤其是依赖发达国家的市场；二则有些组织的内部贸易停滞甚至下降。1970—1980 年间，西非经济共同体、加勒比共同体的区内贸易额虽然都有增长，但内部贸易占各自对外贸易总额的比重却分别由 9.1% 下降到 6.9% 和由 7.3% 下降到 6.4%[①]。1980—1984 年间，拉美一体化协会内部贸易额下降了 21%，内部贸易占其对外贸易的比重由 13.8% 下降到 10%。[②] 显然，一方面区内贸易占如此小的比重反映了经济相互渗透程度很小，另一方面内部贸易比重下降则说明合作组织内部的经济一

———————————

① 《南南合作的挑战》，第 31 页。
② 《统计月报》1986 年第 5 期。

体化在此期间内退步了。出现这种情况是不足为怪的，它们起因于发展中国家经济本身的制约因素。这种制约因素不仅表现在内部贸易，也体现在内部投资、金融、技术合作等许多方面。

从市场方面来说，发展中国家的供需结构和市场容量形成了深入合作的限制。从供给结构方面来分析，多数发展中国家仍是初级资源生产和出口国，只有少数新兴工业国家才初步形成了制造业生产和出口结构，而生活消费品又占举足轻重的地位。从需求结构上来看，在工业化过程中发展中国家对原料的需求虽会增长，但需求量受到经济规模的限制，对于工业品的需求主要表现为对资本品的需求。这样，在初级产品的供求格局上，主要表现为供给量与需求量之间的严重不对称，在制成品的供求格局上，则主要表现为供求结构上的不对称，即能够提供的缺乏需求，[①] 而有需求的却缺乏供给能力。[②] 像阿拉伯产油国间的合作，本身所创造的一体化市场很小，97％的石油需要出口，97％的制成品需要进口，这个格局通过本身的合作难以改变。同时，在许多情况下，即便有需求，也受到需求量的限制，即大多数发展中国家的市场容量有限。这些都大大限制了发展中国家内部贸易市场的发展。[③]

在技术合作方面，其内在限制比商品交换更大。诚然，在发展中国家中，存在着由发展程度较高的国家向发展程度较低的国家转让技术和在具有相似发展水平国家之间转让技术的机会，且这种技术转让有着适宜度较高和价格较便宜的优势。但是，一则发展中国家进行技术转让的能力有限；二则在发展中国家的技术转让结构与需求结构之间存在着很大的不对称，大部分的技术需求要依靠发达国家来满足。尤其是在区域经济合作组织内，这种结构性差距往往表现得更为明显。在大多数情况下，内部合作所制造的技术转让机会只可作为对技术需求总体结构中的一种补充。

在投资和金融领域，主要的问题在于资金能力。除石油输出国外，绝大

---

① 这里的需求实际上是指能够形成的实际购买能力。

② 这里"缺乏供给能力"包括两层意思：一层是供给能力不足，或者说是不能满足需求；另一层是没有供给。如对资本品的供给，并非发展中国家一点不生产设备产品，而是指在有供给的情况下，不能满足需求和生产的品种结构与需求结构不相一致而导致供给上的结构性空缺。

③ 诺贝尔经济学奖获得者阿瑟·W.刘易斯曾指出，鉴于发达国家经济自70年代中期以后陷入长期下降，发达国家通过国际贸易对发展中国家经济增长的发动机作用已不能发挥，发展中国家必须通过内部贸易的扩大来推动经济增长。见阿瑟·W.刘易斯《经济增长发动机快停下来了》，载《美国经济评论》1980年第9期，第555—594页。

多数发展中国家都是缺乏资金的。这种情况决定了发展中国家间的投资量不可能很大。同时，除资金上的问题外，对外直接投资需要有必要的技术基础。从根本上来说，经济上较落后的国家缺乏进行较大规模对外投资的能力。因此，能够在投资上起作用的主要是少数新兴工业化国家，且这些国家所能提供的投资并不能满足发展中国家的需求（新兴工业化国家的投资也不会全部投到发展中国家）。金融合作的限制表现在大多数国家都是期望通过合作获得所需资本，而资本供给却缺少来源。随着石油价格的大幅度下降，石油输出国的过剩资本急剧减少，就每年的收支来看，自 80 年代中后期以来，多数国家已是入不敷出了。靠石油输出国提供资本来实现南南金融合作，满足发展中国家对资本的需求是不现实的，且不说石油输出国的大部分资本一直是投放到保险系数较高的发达国家的。呼吁了很长时间的南方银行之所以没能成立，其原因就在于上述原因。

上述限制表明，尽管发展中国家的经济合作在促进经济发展上能够起到一定的积极作用，但是，这种合作并不能成为对南北经济关系的替代。从市场来说，无论是供求结构，还是市场容量，发展中国家的内部市场都无法替代南北间的市场。因此，试图通过"组织一个新的发展中国家贸易集团"来摆脱发展中国家对发达国家市场的依赖、克服国际贸易中的不平等现象是行不通的，也是不利的。[①] 技术方面也是如此，发展中国家对发达国家技术的需求是无法以发展中国家间的合作来替代的，无论是区域性的经济合作，还是其他形式的合作，所导致的技术上的相互依赖关系都是很薄弱的。

显然，这里有一个如何评价和认识南南经济合作的性质和作用的问题：

其一，发展中国家间经济关系的加强是发展中国家经济发展的必然结果。在发展中国家间的经济日益增多的对外经济联系中，当然也包括发展中国家。从这个角度出发，发展中国家间的经济关系是整个国际经济中的一个有机组成部分。发展中国家间经济关系的发展作为国际经济关系发展的一个积极因素而起作用。

其二，发展中国家间的各种形式的经济合作具有双重意义：一是发展中国家间通过开拓市场，促进投资和转让技术在发展中国家间创造一个有利于经济发展的环境；二是发展中国家间通过联合、增强内部的对抗力量，在南

---

① 英文《中国日报》1986 年 5 月 24 日。

北间创造一个有利于自身经济发展的国际环境。① 无论从哪个方面说，发展中国家的合作都具有积极的意义。但是，这两个方面并不是势不两立的。从发展的角度来说，无论是发展中国家的发展本身，还是这种发展作为一种对抗力量，都会有利于南北经济关系的深入和均衡发展，担心南南经济合作会削弱南北经济关系那是没有必要的。

其三，尽管发展中国家间的经济合作有着发展中国家对南北经济关系的发展不满而采取"集体自力更生"的背景，② 但是，发展中国家间的经济合作，如前所述，不可能，也不应该是对南北经济关系的替代。这一则因为发展中国家间经济合作质和量上的限制，二则是因为南南与南北经济关系间存在着结构性差异。如果从替代的角度来分析，发达国家的经济发展及其之间的经济关系的加强对于南北经济关系的替代程度，要比发展中国家的经济发展及其之间的经济关系的加强对于南北经济关系的替代程度大得多。在一定程度上来说，加强南北关系比加强南南关系对于发展中国家具有更大的作用。至少对于部分发展中国家来说是如此。关于这一点，本章第三节的分析将提供进一步的证明。

第三节　发展中国家的不平衡发展

发展中国家是一个非常笼统的概念，它可以作为除发达国家之外的国家的一种统称，也可以从发展的角度指哪些处于工业化发展过程中的国家。毫无疑问，发展中国家间的差别是很大的，经济上的不平衡发展是一种自然的现象。由于发展上的不平衡和由其所导致的巨大差别，发展中国家间的经济关系也是复杂的，从相互依赖的角度来说，其结构是多层次的。

发展中国家经济的不平衡发展和由此所造成的巨大差别表现在各个方面。从发展趋势看，各方面的差别将进一步加大。从表13—6中可以看出，无论是国内生产总值的总量，还是人均国内生产总值，不同类型的国家差别非常悬殊。表内所列的是综合数字，如果按国别比较，则更为明显。1985

---

① 譬如，80年代以后拉美国家的严峻形势（外债和经济停滞）就促使8个拉美国家的政府首脑于1987年11月第一次坐在一起召开最高级会议，商讨推动拉美一体化的问题和协调在偿还外债上的立场和对策。

② 厄尔文·拉斯罗：《非洲与阿拉伯国家的发展合作》（英文版），蒂库利国际出版有限公司1984年版，第9页。

年，国内生产总值最小者只有 6 亿美元，最高者达 2600 多亿美元，按人均
国内生产总值最低者为 110 美元，最高者达 19270 美元。按人均国内生产总
值的年增长率来比较，1965—1985 年期间，在 100 个发展中国家中，有 16
个国家为负数，下降幅度最大者为年平均 −2.6%，而增长最高者达
8.3%。[1] 尽管在发展中国家存在着资源和原有基础的差别，但是，不平衡主
要表现为发展上的不平衡和由这种不平衡所导致的各方面的差别。

表 13—6　　　　　　发展中国家经济发展的不平衡，1965—1985 年

（年平均增长率）

	国内生产总值 *（百万美元，1985 年）	人均国内生产总值	
		增长率（%）	平均额（美元，1985 年）
低收入国家	587020	2.9	270
其中			
最低收入国家	40970	0.7	155
中等收入国家	1439960	3.0	1290
其中			
中下等收入国家	509630	2.6	820
中上等收入国家	930330	3.3	1850
高收入石油出口国	170300	2.7	9800

　*国内生产总值为各类国家的总数字，低收入国家为 37 个国家，中等收入国家为 59 个国家
（其中中下等国家为 36 个，中上等国家为 23 个），高收入石油出口国为 4 个国家。最低收入国家按
人均国内生产总值不足 200 美元的国家计算，共 10 个国家。

　资料来源：《世界发展报告》，1987 年，第 202—207 页。

　　经济结构上的差别更能反映发展中国家经济发展上的不平衡。从表 13—
7 中可以看出，不同类型的国家间经济结构存在着很大的差别。低收入国家
总的来说带有农业型经济的特征，制造业占的比重很小，且在十几年中没有
什么明显增长。而中等收入国家的农业占的比重较小，制造业居重要地位，
尤其是中上等收入国家，制造业占国内生产总值的 1/4，已接近发达国家制
造业在国内生产总值中所占的比重。[2] 至于高收入石油出口国，农业和制造
业均在经济中占很小的比重，主要是石油及与石油生产有关的服务业居主导

---

① 资料来源同表 13—6。
② 这里的比较要小心，因为发达国家的服务业比重上升使制造业比重下降。

地位，是典型的资源型经济结构。当然，这样概括的分类掩盖了许多特征，比如，在低收入国家中并非全是农业型经济结构，尤其是像中国和印度这样的人口众多的国家，经济结构与中等收入国家类似，制造业所占的比重属于中上等收入国家的类型。而有些国家，像孟加拉、索马里、尼日尔、马里等，制造业在经济中的比重只有 5% 左右。在中下等收入国家中，也有工业化取得相当进展的国家，如土耳其、菲律宾、泰国、秘鲁等，也有农业或资源型经济为特征的国家如利比亚、尼日利亚、刚果人民共和国等。被列入中上等收入的都属于新兴工业化国家，其经济结构已基本上完成了由农业或资源型经济到工业化经济的过渡。像南朝鲜，1965—1985 年间，农业在经济中的比重由 39% 降到 14%，而制造业的比重由 19% 升到 28%。到 1983 年，巴西、阿根廷、墨西哥的制造业在经济中所占的比重分别达到 27%、28% 和 22%。① 这样的结构与前面所列举的那些工业化仍处在起步阶段的国家有着巨大差别。

表 13—7　　　　　　　　　　发展中国家经济结构不平衡比较

（各部门占国内生产总值的百分比）

	农业		制造业		服务业	
	1965 年	1985 年	1965 年	1985 年	1965 年	1985 年
低收入国家	41	32	14	14 *	32	35
中等收入国家	20	14	20	21 *	50	52
其中：						
中下等收入国家	29	22	16	17	47	47
中上等收入国家	15	10	22	24 *	51	54
高收入石油出口国家	5	2	5	8	30	39

* 分别为 1983 年数字。

资料来源：世界银行：《世界发展报告》，1985 年，1987 年附表 3。

发展中国家对外贸易结构上的差别也是体现经济发展不平衡的一个重要指标。表 13—8 中所列的数字由于以人均收入为标准分类，只可大致显示出石油输出国与其他国家的结构差别以及中上等收入国家与其他国家的结构差别。事实上，在发展中国家中，进出口结构，尤其是出口结构存在着很大差

---

① 世界银行：《世界发展报告》，1985 年，1987 年。

别。有些国家或地区的出口结构以制成品为主，到 1985 年，像南朝鲜制成品出口占其出口总值的 91%，中国香港的制成品出口占 92%，新加坡的制成品出口占 69%，巴西的制成品出口占 41%，菲律宾的制成品出口占 51%，印度的制成品出口占 49%，中国的制成品出口占 54%，巴基斯坦的制成品出口占 63%。引人注目的是，在 1965—1985 年间，上述国家或地区的出口结构都发生了重大变化。像南朝鲜，1965 年初级产品出口占 40%，到 1985 年降到 9%；同期，巴西的初级产品出口由 92% 下降到 59%，土耳其的初级产品出口由 98% 降到 46%。而此间，大批国家主要依赖初级产品出口的状况几乎没有什么改变。1985 年在有统计数据的 86 个国家中，初级产品出口占 75% 以上的仍有 59 个国家。[①] 出口结构是经济结构的一面镜子，一般地说，制成品出口为主的国家制造业在整个经济中必然占主导地位，反之亦然。

表 13—8　　　　　　发展中国家对外贸易结构比较，1985 年

（占进口贸易的百分比）

	初级产品		制成品		其中：机械运输设备		其他制成品	
	进口	出口	进口	出口	进口	出口	进口	出口
低收入国家	33	60	67	40	27	4	40	36
中等收入国家	36	59	64	41	31	14	33	27
其中：								
中下等收入国家	38	80	62	20	28	3	34	17
中上等收入国家	34	53	66	48	32	18	34	29
高收入石油出口国家	16	98	84	2	44	1	40	1

资料来源：据世界银行《世界发展报告》，1987 年，第 222—223 页数字计算。

如果不是按人均收入水平，而是按经济发展水平来分析，发展中国家的经济大体可分为三种类型：一是基本工业化国家，即被称之为新兴工业化国家的部分国家；二是半工业化国家，或称正在向工业化过渡的国家；三是非工业化国家，或称初始工业化的国家，即那些被称之为最不发达的国家。新兴工业化国家的出现是第二次世界大战后世界经济中一个引人注目的发展。

---

① 《世界发展报告》，1987 年。

由于这些国家适时地利用了战后世界经济稳定和迅速发展的大好形势，大力引进发达国家的技术和投资，在较短时间内建立并发展起了现代制造业，取得了经济的高速增长。其中少数国家在一些基本指标上已接近发达国家，在发展中国家中，新兴工业化国家的经济是开放度最高的，或者说是与外部联系最密切的。它们在发展中国家的对外贸易、金融和投资等方面居主导地位。以发展中国家的制成品出口为例，到 70 年代中期，10 个新兴工业化国家就占了所有发展中国家的 1/2 以上。至于对外投资，则比对外贸易的集中程度更高。[①]

正在向工业化过渡的国家在发展中国家中占多数。这些国家间的差别甚大，无论是收入水平，还是经济结构、对外经济关系结构都很不平衡。他们的共同特点是，在经济结构中，工业尤其是制造业的比重正在增加，对外贸易的单一初级产品结构已有不同程度的改变，出口创汇、引进技术和设备成为取得工业化进一步发展的必要条件。

至于最不发达的国家，几乎没有从战后世界经济的大发展中获得多少好处。由于缺少资金、缺少技术、缺少经济正常发展的基本条件和环境，工业化进程甚至难以说已真正起步。尤其是 70 年代中期以后，随着整个世界经济发展环境的恶化，这些国家的处境变得更为严峻。像埃塞俄比亚、马里、海地、加纳等国家，1980—1985 年间，连赖以生存的最主要基础部门——农业也连年不景气，按人平均的国民生产总值显著减少。[②]

发展中国家经济的不平衡发展，正像世界经济发展的不平衡一样，是一种自然现象。[③] 由于发展上的严重不平衡，笼统地把上述三类国家都归入发展中国家之列，往往掩盖了很多重要特征，对本书关于相互依赖关系的分析来说尤其如此。

经济发展上的严重不平衡必然导致经济利益获得和要求上的巨大差别。这些差别充分反映到各国对外经济关系的态度，立场和政策上，其中，无可否认也反映到对待发展中国家间的关系及发展中国家间的经济合作上。

在贸易市场上，不同的进出口结构决定着各自对市场趋势、价格水平等

①　[美] 安尼德亚·K·布哈塔卡尔雅：《中外贸易与国际发展》，列克星敦图书公司 1976 年版，第 38 页。

②　《世界发展报告》，1985 年，1987 年附表 1。

③　但是，发展中国家经济发展上这样的严重不平衡不是正常的，造成这种不正常的原因既有国内本身的因素，也有国际外部的因素，尤其是后者，是我们分析国际经济关系的一个重点。

方面的不同态度。那些依赖进口原料发展加工制造业的新兴工业化国家，一方面希望原料和燃料的价格不上涨（显然，原料和燃料价格的下跌为其带来了直接的利益），另一方面要求发展中国家减少工业品的进口限制，因此，发展中国家组织行业卡特尔维持或提高初级产品价格以及建立贸易内部优惠市场、实行工业和市场保护，都不符合其利益。而正在进行工业化的国家则不同，多数国家都依赖出口初级产品支撑资本品的进口，这些国家既希望维持初级产品的较高价格水平（至少是价格水平的稳定），又希望对本国处于发展中的工业实行保护，因此，利用发展中国家的联合，维护初级产品的价格和建立内外有别的关税同盟比较符合这些国家的利益。至于最不发达的国家，很难通过国际市场的竞争从中得到好处，这些国家迫切希望通过参加发展中国家的联合使自己的一些利益得到照顾，希望发展中国家提供有利于自身经济发展的资金和技术援助，而本身所能提供的市场却十分有限。

　　由于上述差别，发展中国家对待经济合作和南北经济关系的态度必然不同。在对待发展中国家的经济合作或经济一体化上，新兴工业化国家的主要兴趣在于通过合作能够创造有利于扩大出口的市场，为资本的流动打开道路，为其部分劳动密集型生产的转移创造有利条件。尤其是在发达国家贸易保护主义加强的情况下，开辟和扩大出口的"第二市场"具有特殊的意义。因此，从切身利益上来说，新兴工业化国家对于与穷国，尤其是与最不发达国家实行经济一体化并不积极。新兴工业化国家经济从"起飞"之始就与发达国家的经济有着不可分割的联系，发达国家的资金、技术和市场是其发展的基础。因此，在很大程度上说，新兴工业化国家经济的兴衰与发达经济体系紧密联系在一起。在对待南北经济关系上，新兴工业化国家更倾向于在维护现行基本秩序的前提下求得一些有利于自身发展的改革。但是，任何过激的变革要求和行动都会引起这些国家的担心，怕破坏其依赖发展的基本秩序。因此，关于建立国际经济新秩序的斗争，这些国家的态度是矛盾的。他们支持和推动发展中国家间经济联系与合作，希望通过这种合作扩大其在发展中国家的利益，加强其在南北经济关系中的地位，但不希望这种合作会损害其与发达国家的密切经济关系。

　　正在进行工业化的国家对发展中国家的经济合作与一体化寄予莫大希望，这些国家希望通过各种形式的经济合作实现资源、市场、资金和技术的相互补充、相互支持，以克服工业化进程中的困难。比如，通过开辟内部市场为在国际市场上缺乏竞争力的商品找到出路，利用易货贸易"互通有无"，解决外汇短缺，通过集资合作或组建联合公司弥补单一国家资金或技术不足等等。总之，区域经济一体化或其他形式的合作被看作是打破现行国际经济秩序对经济发展所造成的障碍的有效途径。[①] 在对待南北关系上，这些国家把现行的不合理国际经济秩序看作是阻碍其经济发展的主要障碍。因此，他们是建立国际经济新秩序的积极推动者，希望以此改变南北关系格局，创立一个有利的国际经济环境。从这个角度出发，他们把发展中国家的经济合作看作是"集体自力更生"。

最不发达国家处在国际经济关系中的最不利地位。他们希望发展中国家的联合与合作能给其带来在现行国际经济秩序下所得不到的发展机会。但是，这些国家间的经济合作所能创造的活动余地甚小，而发展中国家中较为发达的国家不能，也不指望从与这些国家的合作中获得多少市场机会。对于南北关系，尽管这些国家希望彻底改变现行的不平等关系，但是，他们在国际事务中的影响力很小，最现实的要求则是能从发达国家获得更多的援助，以解"燃眉之急"，从目前的困难境地中解脱出来。但是，这些国家的严重困难绝非靠援助所能从根本上解决得了的。

在作了上述分析之后，我们应该对发展中国家经济的相互依赖关系的地位和格局有一个比较清楚的认识了：

——发展中国家经济间的相互依赖随着发展中国家经济的发展而不断加深，这个大趋势是无可置疑的。但是，对于大多数国家来说，在经济发展过程中，发展中国家对发达国家的依赖要比对发展中国家的依赖大得多。尤其是那些新兴工业化国家，其经济发展的动力将是依靠与发达国家不断扩大经济上的联系。因此，南南关系不可能取代南北关系的发展。

——由于经济发展不平衡，发展中国家经济间的相互依赖关系存在着不同层次、不同结构上的差别。因此，相互依赖程度和相互依赖关系在各国经济中的分量和对经济发展的影响也不同。贸易是构成相互依赖关系的主要机制。拿东盟国家和非洲国家间的贸易关系来比较，前者的相互依赖度要比后者大得多。70 年代末到 80 年代中期，在东盟五国的进口和出口中，与发展中国家的贸易大约分别占 14%—1/3，而在与发展中国家的贸易中 60%—

---

　① 区域合作组织内部的发展不平衡也是对合作和一体化发展的一个制约。比如，在拉美自由贸易协会内，巴西、墨西哥、阿根廷占去了内部贸易的一半以上，内部优惠市场无疑会给这些国家带来最大的利益。这种利益不均成为引起成员国矛盾冲突、阻碍一体化深入发展的一个重要原因。这方面的分析见王琴《拉丁美洲经济一体化运动》，载《世界经济》1987 年第 6 期。

70%是在东盟内部进行的，因此，东盟国家与发展中国家间的相互依赖关系主要体现为东盟国家内部的关系。而非洲发展中国家却不同，在非洲发展中国家的进出口中，与发展中国家的贸易约分别占1/6—1/5，而其中非洲国家内部的贸易却只占与发展中国家贸易的1/4左右，因此，非洲发展中国家间的相互依赖关系在其与发展中国家间的相互依赖关系中并不占重要地位。这种结构无疑会影响各自区域经济一体化的发展。[①]

发展中国家经济发展上的不平衡将会进一步增大。少数国家在今后十几年内有可能步入发达国家的行列。因此，发展中国家间的经济关系是一个发展的、动态变化的关系。从发展趋势看，发展中国家间的相互依赖关系将主要建立在三种层次上：一是经济发展过程中所产生的不断增加的联系，生产的增长、生产结构的升级、需求的扩大（包括需求结构的多样化）等等必然提供一个不断扩大的市场，这使得各国经济间相互联系和交织的机会范围和量都会扩大；二是经济结构变化所导致的转移和传递关系。70年代发达国家劳动密集产业向一部分发展中国家的转移也将在发展中国家间的不同发展层次上继续发生，从而造成各国经济间的内在结合；三是经济合作所导致的经济一体化发展，在此情况下，区域性经济的相互依赖将可能得到较快的发展。

---

① 《贸易方向统计年鉴》，1983年。

第 十 四 章

东西：挡不住的交往潮流

如果说南北是以经济发展水平上的差别作为区分的话，那么东西之分则是以政治制度上的不同为基础。尽管这种政治上的画线与经济发展上的原因没有直接关系，但是，这种划分对于国际经济关系的分析却有着现实的意义。本章的分析旨在揭示东西方经济关系发展的趋势，东西方经济间的相互依赖关系特征。①

第一节 东西方经济关系的发展

第二次世界大战结束以后，在政治上形成了东西方两个对立的集团，双方在经济上基本上中断了正常的交往。西方对东方的封锁禁运，加上东方建立独立经济体系的指导思想，使得东西方经济变成了带有明显界限的两个体系和两个市场。这种分割一直持续到50年代后期。②

自60年代初，东西方经济关系开始松动，双方均采取步骤缓慢地打开了长期冻结的坚冰，从贸易交往入手，逐步扩大经济联系。尤其是60年代后期的"缓和"之风，更为东西方经济关系的进一步发展带来新的机会。尽管此间美苏经济关系没有取得突破性进展，但东西欧间的经济关系却引人注目地扩大了。60年代初，西欧甚至打破美国坚持的信贷限制，开始向东欧国家提供出口信贷。60年代末，波兰加入关税及贸易总协定，保加利亚成为观

---

① 本章分析不包括中国。但统计数字中凡"中央计划国家"综合数字中国均包括在内。

② 据经合组织的一份材料，西欧一直不像美国那样实行严厉的禁运，早在1954年西欧就开始单方面放松对东欧国家的禁运。见经济合作与发展组织《东西方的技术转让》，1980年，巴黎，第44页。

察员，随后不久，罗马尼亚和匈牙利均正式加入该组织。

　　70 年代是东西方经济关系深入发展的年代，其标志不仅体现在贸易取得显著增长，而且体现在除贸易以外的其他经济联系扩大，"工业合作成为东西方经济关系中的一个重要问题"。① 1972 年，美苏经济关系的发展出现了一个重要转折点，是年，双方签署了以美苏互惠关系为基础的文件，建立了促进双方商业关系的常设委员会，与此同时，苏联把发展同西方的经济关系放在重要地位。② 东欧国家在扩大与西方国家贸易关系的同时，开始采取有效步骤吸收来自西方的直接投资和利用西方金融市场上的资金。进入 80 年代，东西方关系的发展增添了新的动力。其主要原因是东方所开始的新思维和进行的经济体制改革。在苏联方面，戈尔巴乔夫不仅在对外政治关系方面，而且在对外经济关系方面提出了许多新的思想。苏联在处理与西方的经济关系方面采取了一些突破性的步骤。比如，改变第二次世界大战后长期坚持的不允许西方公司进行拥有股权直接投资的政策，同意与西方公司开办合营企业，改变不与欧洲共同体直接打交道的立场，开始认真考虑和积极推动经互会与欧洲共同体建立正式关系。看来，以下因素将使东西方经济关系得到比以前更快的发展：

　　——东方经济的现代化和在此过程中所进行的改革。这必然使得东方经济日益开放，或者说越来越深地参与世界市场和国际分工。

　　——政治和军事上的进一步缓和。这必然为东西方之间的贸易及其他方面的经济交往提供进一步宽松的气氛和环境。尽管制度上的对立和为此而设置的各种障碍（如巴黎统筹委员会对贸易所设置的禁运单）仍将对东西方经济关系的发展形成重大限制，但是，东西方经济间的交往、联系与合作将得到更深入和广泛的发展，这个大趋势是不可阻挡的。

　　贸易是东西方经济关系的最早突破口，也是东西方经济间最主要的交往形式。从表 14—1 中可以看出，东方国家与西方国家的贸易自 50 年代末得到比较迅速的发展，无论是出口还是进口，与西方国家贸易的比重都显著上升，到 1980 年，所占比重约达到 1/3。从贸易值的增长来看，1958—1983 年间，东方向西方的年出口额由 21.8 亿美元增长到 597.5 亿美元，增加了

---

　　① ［美］阿尔伯特·马斯那塔：《东西方经济合作，问题和解决办法》，萨克森图书公司 1974 年版，第 135 页。

　　② 美国于 1964 年放松了对波兰和南斯拉夫的贸易限制，见《东西方的技术转让》，第 54 页。

近27倍,年平均增长速度达14%,年进口额由22.7亿美元增长到518.7亿美元,增加了近22倍,年平均增长速度达13%。在此期间内,东方内部贸易市场所占的比重显著降低,出口比重由71%降到53.7%,进口比重由73.2%降到56.1%。从西方国家与东方国家的贸易来看,尽管所占比重增长幅度远没有东方国家与西方国家的贸易比重上升得大,但是趋势也是提高的。而且,由于西方的贸易总额很大,比例上稍有提高便代表着较大的数值。比如,1970—1980年间,西方对东方的出口所占的比重虽然只提高了一个百分点,但是,出口值却由89亿美元猛增到611亿美元,增长了近6倍,年增长速度达21%。[①]

表 14—1 东西方贸易发展趋势 单位:百万美元

	1958 年	1963 年	1970 年	1975 年	1980 年	1983 年	1985 年
东方向西方出口(1)	2180	3530	7840	23090	56367	59750	55018
西方向东方出口(2)	3270	3740	8430	33781	61162	53072	60810

(1)东方指联合国统计中所列中央计划国家;(2)西方指发达的资本主义国家。

资料来源:《国际贸易统计年鉴》,1970—1971年,1984年;《统计月报》1987年第2期、第5期。

在东西方贸易的发展中,东西欧的贸易占据主导地位。60年代初,在西方向东方的出口中,70%是由西欧向苏联东欧出口的,到70年代初,这个比例为71%,到80年代初升到90%。从另一方面来看,60年代初,在苏联东欧向西方的出口中,向西欧的出口占91.6%,从西欧的进口占80.1%。到70年代初,上述两个方面的比例分别为88.6%和84.1%,到80年代初分别为93.5%和76.9%,到80年代中期分别为92.9%和74%。显然,西欧的市场在苏联东欧与西方的贸易关系中具有特别重要的意义。尽管进口的地位有所降低,但仍占主导地位,而出口则一直保持在90%以上,较之60年代初,80年代中的地位反而变得更重要了。相比之下,美日与苏联东欧间的贸易占的比重很小。直到1970年,美国向东方的出口只有7亿多美元,向苏联东欧的出口只有3.5亿美元,日本向东方的出口为11亿多美元,其中向

----

① 资料来源同表14—1。

苏联东欧的出口仅占 1/3 稍多。进入 70 年代以后，美国向东方国家的出口和从东方的进口都呈现加快增长的趋势，尤其是出口，1970—1975 年由 7 亿美元增到 33 亿美元，1976—1980 年间又由 36 亿美元增到 76 亿美元，不过，1981—1985 年间却由 78.7 亿美元降为 70.3 亿美元。日本与东方的贸易关系比美国发展得快。在上述三个阶段中，日本向东方国家的出口分别由 11.9 亿美元增到 47.2 亿美元，由 47.3 亿美元增到 91.5 亿美元和由 95.1 亿美元增到 161.9 亿美元。仅 1980—1985 年间，日本占东方国家从西方进口的比重由 15% 提高到 27.6%，而美国所占的比重由 12.5% 降为 12%。不过，值得注意的是日本向苏联东欧的出口不仅没有增加，反而下降，由 1980 年的 63.6 亿美元降为 60.6 亿美元，而此间美国向苏联东欧的出口却由 53.6 亿美元增到 56.6 亿美元。① 这表明，在 80 年代上半期，尽管苏美政治关系出现了紧张对峙的局面，但贸易关系还是继续发展的。美国与苏联东欧的贸易关系比日本与苏联东欧的贸易关系发展得快些。如果考虑到此间苏联东欧国家因支付能力上的问题从整个西方的进口额下降，那么美国的出口额能保持增长，则表明美国与苏联东欧国家贸易关系出现了新的趋势（实际上，主要是对苏联出口增长的结果）。随着美苏政治关系上的改善，苏联的贸易将会更多地转向美国市场，美苏贸易关系的加强将可能成为东西方贸易关系进一步深入发展的一个有力推动因素。

东西方间的金融和投资关系也随着贸易关系得到不断发展。在东方国家从西方获得的资金中，主要由两部分构成：一是西方提供的出口信贷，二是私人银行的贷款。在 70 年代初以前，出口信贷占很大的比重，以后私人银行提供的贷款显著增加。表 14—2 所列的数字大体反映了东方国家从西方国家获得资金的情况，尽管数字并不十分准确，但是，至少可以表明一个大致的趋势。② 从表中可以看出，获得资金最多的波兰和苏联都从 70 年代中期以后大大增加了对西方资金的利用。只是到 80 年代初以后，由于债务危机的影响，西方银行减少了对苏联和东欧的放款。

事实上，出口信贷是推进东西方贸易的重要工具。由于东方国家硬通货支付能力有限，出口信贷往往是完成大宗贸易的必要保证。譬如，70 年代初

　　① 资料来源同表 14—1。
　　② 另据卡罗·鲍弗托提供的资料，东欧 6 国对西方银行的负债，1977 年年底为 248 亿美元，1981 年年底为 463 亿美元，1983 年年底为 342 亿美元。见 ［英］贝拉·西科夫·纳吉编《变化的全球环境中的东西方经济关系》，麦克米伦公司 1986 年版，第 289 页。

和 80 年代初，联邦德国为向苏联提供大口径钢管设备，就分别向苏联提供了 13 亿美元和 16 亿多美元的信贷。70 年代中期，意大利仅为向苏联提供石油化工成套设备所提供的信贷就达 6 亿多美元。自 60 年代初到 80 年代初，苏联从西方获得的贷款约达 300 亿美元。其中最大的项目要数西欧国家与苏联达成的天然气协议了，单此一项，欧洲共同体就向苏联提供 140 亿美元的贷款。这样大规模的资金交易在东西方经济交往中是前所未有的。[①]

表 14—2　　　　　　　　　东方国家对西方的负债　　　单位: 10 亿美元，按年终数字计算

	1974 年	1975 年	1976 年	1980 年	1981 年	1982 年	1983 年	1984 年
捷克斯洛伐克	1.1	1.5	2.1	3.5	3.3	2.8	2.9	2.4
民主德国	3.6	4.9	5.8	9.9	10.7	8.9	8.4	8.4
波兰	4.9	7.8	10.4	16.2	15.2	13.9	10.9	8.7
苏联	5.9	11.4	14.4	13.4	16.3	14.6	15.6	15.8
其他	8.5	11.2	12.6	4.6	4.6	3.4	3.3	3.0
总计 *	24	36.8	45.3	48.4	50.1	43.6	40.9	38.3

　　* 1974—1979 年数字仅指苏联东欧国家; 1980—1984 年包括所有被称为中央计划的国家。两个时期的数字为不同的统计口径，难以准确表明实际数字。

　　资料来源: 英国《金融时报》1977 年 5 月 5 日;《国际资本市场发展与展望》1986 年第 43 期。

　　西方国家向东方国家的直接投资也有一定发展。南斯拉夫于 1967 年开始允许在国内与西方的公司建立合营企业。此后，匈牙利、罗马尼亚、波兰以及保加利亚先后制定了吸收西方公司的投资，在国内建立合营企业的政策。第一家东西方大型合营企业是意大利的菲亚特汽车公司与南斯拉夫汽车厂于 1968 年 4 月建立的。从 1968—1977 年间，南斯拉夫与西方国家建立的合营企业达 160 多家，经营范围涉及汽车、机床、电器等许多领域。这些合营企业成了南斯拉夫国内的技术领先企业。在波兰、罗马尼亚，合营企业的生产涉及化工、拖拉机、电子计算机等领域。到 1984 年，在波兰建立的合营企业达 500 多家，年销售额近 4 亿美元。在匈牙利，自 70 年代初允许西方公司开办合资企业以后，到 1986 年年底，外国投资额已达 1 亿多美元，开办合营企业 70 多家，自 1986 年年初，不仅进一步放宽了外国公司拥有股

　　① 李琮主编:《西欧经济与政治概论》，高等教育出版社 1988 年版，第 367 页。

权比例的限制，而且提供更多的优惠待遇。除在制造业和服务业吸收西方公司的投资外，匈牙利还于 1979 年年底与 6 家西方银行联合在布达佩斯建立了中欧国际银行（Central Europen International Bank），其中西方银行拥有多数股份。1986 年年初，花旗银行在匈牙利新开的一家银行中占 80% 的股份。据统计，到 1984 年，东欧国家与西方建立的境内合营企业大约有 650 家，其中绝大多数是 80 年代以后建立的。① 在苏联，直到 1987 年初才正式宣布关于允许西方公司在境内进行直接投资，与当地公司建立合营企业的政策。在此之前，西方公司在苏联的投资都是采取补偿贸易的方式进行的。自 70 年代初到 80 年代初，苏联同西方国家签订的补偿贸易协定有 130 多项，范围涉及化工、石油、天然气，其次是汽车、冶金等。当然，从总的看来，西方在苏联东欧国家的直接投资规模尚小，且进展比较缓慢。在罗马尼亚，合营企业都是在该国宣布吸收西方直接投资政策的最初几年建立的，自 70 年代中后期便没有进展，主要原因不在于政策上的限制，而在于经营上的障碍。截然不同的经营环境和管理方式，使得西方公司往往在扩大投资上遇到困难。

值得指出的是，东方国家也在西方进行少量的投资。像民主德国在联邦德国的投资，波兰、匈牙利、苏联在联邦德国、奥地利、加拿大、美国的投资，南斯拉夫在美国的投资等都得到一定的发展。据统计，到 70 年代中期，东欧国家在联邦德国的投资大大超过联邦德国在东欧国家的投资。除了双边投资外，东西方还联合在第三国投资。到 70 年代中期，这类投资发展到了 130 多项，投资额达 21 亿美元，其中 80% 以上在制造业领域。②

在东西方经济关系的发展中，技术合作与技术转让也取得一定的进展。东西方技术合作与技术转让有多种方式。在技术合作方面，通过在政府间签订技术合作协定，在理论研究、应用开发、技术交流等方面进行合作是主要的形式。早在 1966 年，法国就与苏联签订了科学技术和经济合作协定，后这项协定一再修订顺延，补充进新的条款。合作协定不仅涉及科学研究、信息交流，而且也涉及工业部门的合作。在基础和应用科学方面，广泛涉及核能、空间、环境保护、电子、半导体、医疗卫生、生物等等。英国、意大利、瑞典、联邦德国、加拿大、日本、澳大利亚等都于 60 年代末或 70 年代

① 《变化的全球环境中的东西方经济关系》，第 265 页。

② ［美］弗里德里希·莱维克等：《东西方间的工业合作》，M. E. 夏普出版公司 1979 年版，第 126—127 页。

初先后与苏联和东欧国家签订了类似的协定。美国于 1972 年与苏联签订了科学与技术协定，此后又分别在环境保护、医疗、卫生、空间、农业、运输、核能、能源、住房与建设等方面签订了合作协议。仅从 70 年代初到 70 年代中期，被批准的合作项目就有 200 多项。① 由政府协议所推动的技术合作是双向的或多边的，其深远的影响不仅在于合作成果的本身，而且更在于所建立起来的联系渠道和机制，尤其是人员间的交流与联系。

在技术转让方面，主要是通过商业渠道进行的。一种方式，也是最主要的方式，是通过正常的国际贸易渠道。据联合国的一项研究，60 年代初到 70 年代中期，在苏联东欧国家从西方的进口中，技术密集的产品占 1/2 左右，尤其是成套设备的进口，往往是东方国家从西方国家获得先进技术的主要渠道。② 另一种方式是技术交易合同，其中包括技术专利、交钥匙合同、技术培训、技术咨询等。这类交易往往被称之为工业合作。据不完全统计，到 70 年代中期，仅在公司一级，西方与苏联东欧之间就签订了 1500 多项协定，主要集中在汽车、机床、化工等方面的生产。像法国的雷诺汽车公司，先后于 80 年代初和 80 年代中期与苏联签订了技术和设备转让合同，帮助苏联的小汽车企业更新设备和进行新型发动机设计。80 年代中期，法国、联邦德国和意大利与苏联达成提供大型天然气管道协议，协议规定，西方不仅向苏联提供设备，也提供有关天然气输送等方面的技术。当然，西欧国家与苏联签订的天然气管道协议不仅是一种设备和技术转让，而且还建立了更深刻的经济关系，因为作为条件，苏联将向西欧供应天然气。③ 在技术转让方面，主要的流向是由西方向东方国家转让。这种转让对于东方国家的经济发展起着非常重要的作用。在 80 年代初，经互会国家在机器和设备方面所获得的新技术中，通过东西方渠道进行的占 28%（其他主要在经互会内部），70 年代中期曾高达 41%。当然，东方国家，主要是苏联也向西方转让技术，譬如，在 70 年代里，美国公司就从苏联购买了 125 项技术专利，价值达 5000 万美元。日本也从苏联购买了为数不少的技术专利。④

---

① 《东西方的技术转让》，第 93—96 页。

② 通过进口渠道获得的大多是普通技术设备（按西方标准），高技术设备占的比例较少。据一项研究的结果，70 年代初到 70 年代末，高技术设备占西方向东方国家出口的比例一般为 11%—14%，在仪器仪表类只占 6% 左右。这里的高技术实际上是指比较先进的技术。见《东西方的技术转让》，第 60—73 页。

③ 《金融时报》1985 年 10 月 3 日。

④ 《在变化的全球环境中的东西方经济关系》，第 256 页。

东西方经济关系的发展虽然常常因政治气候的变化而大受影响，且实行的规模尚不太大，但其突出的特征是，经济关系的发展毕竟冲破和超越了政治上的障碍而不间断地、逐步扩大地得到发展，"经济上的而不是意识形态或政治上的考虑在东西方的经济合作中愈益占主导地位"。[①] 除了在尖端技术领域外，东西方经济关系全面发展的基础已经基本上奠定起来。随着东西方政治关系上的缓和，东西方经济间的交往与合作将可能发展到一个新的阶段。

第二节 不对称与相互依赖特征

东西方经济间的交往与联系存在着严重的不对称结构，这种不对称首先突出地体现在双边贸易在各自对外贸易中的地位相差甚大。从表14—3 中可以看出，一方面，东方国家向西方的出口和从西方的进口在其整个对外贸易中所占的比重迅速提高，而西方向东方的出口和从东方的进口所占的比重却只有很少增加。另一方面，东方国家与西方国家的贸易在其对外贸易中所占的比重远比西方与东方国家的贸易在其对外贸易中所占的比重为高。到 80 年代，在东方国家对外贸易中所占的比重已达到约 1/3，而在西方国家对外贸易中所占的比重只占 4.5%—5%。显然，东方国家对西方市场的依赖程度要比西方国家对东方市场依赖程度大得多。当然，在东西方国家中，不同国

表 14—3 　　　　　　　　　东西方贸易不对称结构比较

（占各自对外贸易总额的百分比）

	1958 年	1963 年	1970 年	1975 年	1980 年	1983 年	1985 年
东方与西方贸易							
出　口	18.0	18.9	23.8	27.3	27.3	32.2	29.1
进　口	19.4	21.0	26.9	36.8	36.8	36.7	33.2
西方与东方贸易							
出　口	3.2	3.6	3.8	5.9	4.9	4.5	4.6
进　口	3.2	3.4	3.6	4.0	4.2	5.1	4.3

资料来源：《国际贸易方向统计年鉴》，1970—1971 年，1984 年；《统计月报》1987 年第 2 期。

---

① 《世界经济中的相互依赖和冲突》，第 97 页。

家间的格局亦有较大差别。表14—4列出了苏联及三个东欧国家对西方市场的依赖情况。从表中可以看出，苏联、南斯拉夫和罗马尼亚的出口对西方市场的依赖程度相差不大，一般都占1/3左右，但80年代中期以后，苏联与西方贸易的比重大幅度提高，非常引人注目。只有匈牙利较低，从未超过30％。从进口情况看，除罗马尼亚外，其他国家的进口依赖程度均大于出口依赖程度。南斯拉夫对西方市场的依赖程度最大，80年代以前超过50％，此后比重虽有下降，但仍高于表中所列其他国家。自80年代以后，罗马尼亚的进口显著转向苏联和其他东欧国家，70年代末到80年代初，从西方进口所占的比重降了一半，由36.5％降到17.9％，而从苏联和其他东欧国家的进口提高了10个百分点，由34.4％升到44.5％。究其原因，主要是用于从西方进口的硬通费短缺，不得不把所需进口转向经互会市场。

表14—4　　　苏联东欧国家对西方市场依赖格局比较（占进出口总额的百分比）

	1970年		1978年		1980年		1982年		1984年		1986年	
	出口	进口	出口	进口	出口	进口	出口	进口	出口	进口	出口	进口
苏联	21.2	25	27.5	37.1	35.2	38.9	33.8	38.7	32.8	35.9	53.2	52.5
南斯拉夫	56.4	69.1	35.1	55.6	34.5	51.9	26.7	49.3	34.5	43.3	34.3	47.2
罗马尼亚	35.1	41.4	30.6	36.5	32	30.2	29.5	21.4	33.9	17.9	29.8	17.7
匈牙利	30.5	30.9	26.4	37.9	29.3	38	24	34.6	28.3	32.7	29.0	36.1

资料来源：《贸易方向统计年鉴》，1985年，1987年；《统计月报》1986年第5期。

西方国家对东方市场依赖格局的差别比东方国家大，少数国家依赖程度较高，多数国家很低。从表14—5中可以看出，对经互会国家市场依赖程度最高的是芬兰，其次是奥地利和希腊。引人注目的是，在表中所列的期间内，无论是出口还是进口，芬兰对东方市场的依赖程度都显著提高了，这突出地表明了芬兰与经互会国家（主要是苏联和东欧国家）间的密切关系。联邦德国、法国和意大利对经互会国家市场的依赖程度相差不大，三国共同的特点是在比例上没有较显著的上升。联邦德国的出口比例自70年代中期较大幅度提高后便下降了，且进口比例转而高于出口比例。意大利自70年代末出口比例明显下降，而进口比例却显著上升，其原因主要是从苏联进口的能源增加。美国、英国、加拿大对经互会市场的依赖程度很低。美国和加拿大的突出特征是进口比重很小，且呈下降趋势。英国的比重虽比美国和加拿大为高，但是，进口和出口的比重均呈显著下降趋势。

表 14—5　　　　西方国家对经互会市场依赖格局比较（占进出口总额的百分比）

	1970 年		1975 年		1978 年		1980 年		1982 年		1983 年		1986 年 *	
	出口	进口	出口	进口	出口	进口	出口	进口	出口	进口	出口	进口	出口	进口
芬兰	15.7	16.1	23.9	20.6	20.4	22.7	19.8	24.5	28.6	27.5	27.8	28.4	21.5	16.6
奥地利	12.9	9.4	17.0	10.2	13.7	8.8	12.0	9.7	11.1	11.1	12.0	10.4	6.2	5.4
希腊	12.8	5.8	11.7	7.0	11.7	10.5	10.4	5.8	6.1	4.9	5.2	4.4	3.6	4.3
联邦德国	3.8	3.7	7.2	4.3	5.4	4.8	4.9	4.6	4.3	5.1	4.6	5.1	2.6	2.9
法国	3.6	2.4	4.9	3.1	3.7	3.1	4.0	3.9	2.9	3.7	3.5	3.8	1.8	2.6
意大利	5.3	5.5	6.2	5.0	4.3	5.2	3.5	5.3	3.3	6.0	3.7	6.5	2.4	3.0
日本	2.3	3.1	3.9	2.4	3.3	2.1	2.8	1.5	3.2	1.4	2.4	1.4	1.9	1.9
美国	0.8	0.6	2.6	0.8	2.6	0.9	1.7	0.6	1.7	0.5	1.4	0.5	0.7	0.2
英国	3.2	4.0	2.9	2.8	2.6	2.9	2.3	2.5	1.5	2.0	1.6	2.0	1.2	1.2

＊1986 年数字来自《1987 年贸易方向统计年鉴》，受统计计算变化影响，数字偏低。

资料来源：《贸易方向统计年鉴》，1985 年，1987 年。

　　当然，东西方贸易的不对称还突出地体现在商品的结构上。从总的来说，西方从东方的进口是以初级产品为主，出口则以工业制成品为主，东方从西方的进口以工业制成品为主，出口则以初级产品为主。从表 14—6 中可以看出，东方国家向西方出口的初级产品比重呈上升趋势。[①] 如果进一步对东西方初级产品商品结构进行分析，那么就会发现，在西方向东方出口的初级产品中，70％以上的是食品、饮料和谷物，而东方向西方出口的初级产品70％以上是矿物燃料。[②]

　　在资本流动和技术转让方面，不对称结构比贸易更为突出。在资金流动方面，尽管有少量的资金从东方流向西方金融市场，但主要是从西方流向东方。东方对西方资金的要求和东方利用西方金融市场上的需要（即把一部分资金投放到西方金融市场进行经营活动）都实际上反映了同一性质的不对称

---

　　① 据西柏林经济研究所提供的资料，在 1983 年苏联向西方国家的出口中，96％是石油、原料和半成品，在东欧国家向西方出口中，石油、原料和半成品占65％，这方面的比例均大大高于1970年。见英国《金融时报》1985 年11 月14 日。

　　② 资料来源同表 14—6。

关系,即东方国家对西方资金和金融市场的单向依赖。在技术转让方面也是如此。尽管前面提到,东方国家也向西方国家出口少量技术,但是迄今无论是从量上,还是从需求结构与迫切性上,都基本是单向的,即主要是西方向东方转移技术,这种严重的不对称在很大程度上决定着东西方经济关系的基本格局。

表 14—6　　　　　　　　　东西方贸易的商品结构比较

（占贸易总额的百分比）

	1970 年	1975 年	1980 年	1982 年	1983 年	1984 年
东方向西方出口						
初级产品	53	58	65	67	72	68
工业制成品	47	42	38	33	28	32
西方向东方出口						
初级产品	33	39	42	44	37	41
工业制成品	67	61	58	56	63	59

资料来源:《国际贸易统计年鉴》,1985 年;《统计月报》1986 年第 5 期。

当然,在东方国家内部,与西方的技术交往关系也不平衡。在西方国家中,与东方国家的交往程度也有不小的差别。表 14—7 和表 14—8 提供了这方面的基本情况。从表中可以看出,在东方国家中,苏联和匈牙利是与西方签订工业合作协议最多的国家。在西方国家中,占比例最大的是联邦德国,其次是意大利和美国。这种不平衡格局在一定程度上决定着各国在东西方经济关系中的地位、利益和对待东西方经济关系发展的态度。

要进一步分析的是导致东西方经济关系不对称结构的基本因素和这种不对称对经济关系的影响。概括地说,东西方经济关系中的不对称结构取决于两个主要因素:一是各自的经济结构,二是双方的政治关系。从根本上来说,前者是起主导的、经常性的作用,后者起次要的、暂时的作用,但是,由于东西方关系的特殊性和长时期处于不正常状态,政治关系的形势往往起着决定性的影响。

所谓经济结构,当然包括很多内容,这里仅是指由经济发展的内部组织结构(部门结构、技术结构、管理结构等等)所决定的经济技术水平结构。在东西方之间,基本的格局是西方比东方经济发达,二者发展上的差别结构

表14—7 东欧各国参加工业合作的部门分布情况 单位:%

工业部门	七国总计	保加利亚	捷克斯洛伐克	民主德国	匈牙利	波兰	罗马尼亚	苏联
化工(1)	100.0	2.2	3.3	2.7	29.0	9.3	7.1	46.4
冶金(3)	100.0	3.8	—	3.8	17.0	22.6	7.5	45.3
运输(4)	100.0	3.3	8.7	9.8	27.2	16.3	14.1	20.6
车床(5)	100.0	4.4	24.4	6.7	31.1	4.4	—	28.9
机械工业(6)	100.0	9.4	12.8	5.1	29.1	15.4	—	28.2
(5)+(6)	100.0	8.0	16.0	5.6	29.6	12.3	—	28.4
电子(7)	100.0	8.3	3.3	5.0	36.7	20.0	3.3	23.3
电力(8)	100.0	4.4	14.7	—	60.3	7.3	1.5	11.8
(7)+(8)	100.0	6.2	9.4	2.3	49.4	13.3	2.3	17.2
农产品出口工业(1)	100.0	7.3	12.7	1.8	47.3	7.3	1.8	21.8
轻工业(9)	100.0	10.2	9.1	3.4	52.3	6.8	2.3	15.9
(1)+(9)	100.0	9.1	10.5	2.8	50.3	7.0	2.1	18.2
其他部门(10)	100.0	1.9	3.8	1.9	39.6	9.4	3.8	39.6
全部	100.0	5.4	8.5	4.0	35.7	11.8	4.7	29.8'

资料来源:法国《经济问题》1986年至1996年。

表14—8 西方主要国家与东方国家签订的各类工业
合作协议及其部门分布情况 单位:%

国 家	协定类型和部门分布	全部	A–F总计	其 中					
				A	B	C	D	E	F
联邦德国		25.6	100.0	22.0	10.8	39.3	5.2	14.1	8.5
意大利		11.7	100.0	9.3	12.2	39.6	1.4	25.2	12.2
美国		11.6	100.0	26.1	6.5	32.6	5.1	26.1	3.6
法国		9.7	100.0	14.6	20.7	38.8	0.9	17.2	7.8
英国		7.3	100.0	24.1	9.2	28.7	3.4	31.0	3.4
奥地利		7.1	100.0	27.1	15.3	28.2	1.2	15.3	12.9
日本		5.7	100.0	16.2	26.5	22.0	—	11.8	23.5
瑞典		5.2	100.0	14.5	9.7	50.0	—	22.6	3.2
瑞士		4.3	100.0	13.7	3.9	33.3	2.0	22.7	19.6
其他西欧国家		11.8	100.0	12.8	11.3	31.9	—	24.8	19.1
总计		100.0	100.0						

说明:A. 许可证;B. 提供工厂或设备;C. 合作生产和专业化;D. 副加工;E. 合作经营;F. 合作投标或共同设计工业部门。

资料来源:法国《经济问题》1986年。

决定了西方的先进技术设备对东方国家具有强大的吸引力。在双方的经济交往中,西方的资本和技术密集产品、丰裕的资金和先进的技术等等,构成了其向东方国家输出的主要组成部分,而这些也正是东方国家最需要进口和加以利用的。然而,由于西方经济发达,自身市场容量很大,这使其可以不把东方作为重要市场。而东方国家则不然,西方的先进技术设备和资金具有非代替性特征,与西方的经济联系对于经济的发展,尤其对于生产技术设备的更新具有重要意义,这使得西方市场在东方国家对外经济关系中的地位要比东方市场在西方国家对外经济关系中的地位重要得多。从政治关系的角度来说,两次大战后,冷战以及不时发生的政治紧张关系使得东西方经济交往不仅发展缓慢,而且时常出现倒退。政治关系上的不正常对经济关系的发展形成障碍,也使经济关系的格局发生扭曲。① 比如巴黎统筹委员会的限制以及因政治关系紧张而实行的禁运,是使西方,尤其是美国对东方的贸易占很小比重的重要原因。因此,长期以来,东西方经济关系是不正常的,是在受压抑的状态下发展的。

从现实的格局来说,虽然东西方经济发展间具有某些相互依赖的因素,尤其是在东西欧经济之间,但是,只能把现实的关系格局称之为比较松散的相互依赖。确切地说,它们基本上是一种带有一定程度单向依赖特征的关系,即东方国家较多地依赖于西方市场。这种特征突出地反映在东西方经济的内部变动对对方的传导和影响的不对称格局上。随着东方国家经济与西方国家经济越来越多的联系,经济发展中也越来越多感觉到西方经济变动的冲击。70 年代中期和 80 年代初西方经济危机所导致的市场萎缩及初级产品价格下降使东方国家的出口收入受到严重影响。自 1983 年,苏联和东欧国家向西方的出口和从西方的进口都出现下降,其中,能源价格的下降对苏联的出口收入下降影响最大。这种影响扩散到国内投资、债务形势和整个经济的增长。正如赫威特所指出的,东方经济把自己独立于世界经济的重大变动,尤其是波动之外的想法只能部分地、暂时地奏效。② 现在国际金融市场上的利率和汇率的变动、商品市场上价格的变动以至于西方的经济政策变动都会很快波及东方国家的经济之中。比如,波兰的债务危机、南斯拉夫的通货膨

---

① 正如美国学者艾德·A. 赫威特所说的,在对东方的贸易中,西方更多地考虑政治的因素。见《变化的全球环境中的东西方经济关系》,第 41 页。

② 《变化的全球环境中的东西方经济关系》,第 43 页。

胀等均无不是这种变动的直接结果。这种变动也间接地影响到东方国家内部的关系。譬如，由于世界市场商品价格变化的影响，1982年东欧国家与苏联的易货贸易条件比1970年恶化了30%。苏联因世界市场油价提高而部分停止执行向东欧国家的供应合同。而另一方面，由于西方对东方市场的依赖程度很低，且替代和回旋余地很大，东方经济的变化难以对西方经济产生重大影响。这种由不对称结构所产生的不对称依赖是东西方经济关系发展中的一个显著特征。

由于东西方经济关系是处在不正常的、受压抑的状态，因此对于双方经济间的相互依赖关系的分析就不能仅基于现有的规模和格局。从经济本身发展的规律来考察，正如本书第二编中的分析所指出的那样，不论一国的政治制度如何，都存在着内在的外向联系动力和机制，只是这种外向联系可以由政治的作用而形成各种不同的联系方式和机制。事实上，不正是联系上的不同方式和机制构成了国际经济关系的时代特征和性质吗？譬如，资本的跨国流动是各国经济间交往的一种正常机制，在世界经济中寻求最理想的流动场所是资本本身运动的规律，但是，在殖民时代，资本的输出变成了宗主国控制和剥削殖民地国家的有力工具，在此基础上所生成的资本输出也就成了国际经济关系的时代特征。当然，也只有在这个条件下，资本的跨国流动才变成了特殊形式的资本输出。

显然，东西方经济作为世界经济中的有机构成部分，本身都存在着相互交往联系的动力和机制。这种动力和机制的发挥虽然会受到政治关系的干扰和制约，但它们会以各种方式超越干扰和制约而得到发展。东方国家曾设想建立一个与西方国家市场平行的社会主义大市场，使自己的发展独立于资本主义体系之外，然而，事实上的发展却证明这种设想是不符合世界经济发展规律的。南斯拉夫率先与西方发展经济关系，东欧国家加入国际货币基金和关税及贸易总协定，允许西方公司在本国建立拥有股权的合营企业，以及苏联改变不许外国公司在本国进行直接投资的传统立场等等，都反映了发展同西方的经济关系的必然趋势。西方国家的政府也曾用各种方式限制或禁止与东方国家的贸易、技术、资金以及其他形式的交往与联系。但是，商人们总是通过各种途径与东方国家开展贸易，转让技术和设备。美国向苏联提供技术设备建立起卡马汽车制造厂，西欧不顾美国的反对与苏联签订大口径钢管合同和天然气供应协议，日本违反巴黎统筹委员会规定向苏联提供先进设备从而导致了"东芝事件"等等，都反映了东西方经济交往是挡不住的潮流。

事实上，东西方经济间存在着有利于广泛发展经济关系的基础。从市场规模和市场机会来说，东方国家的市场是有潜力的，无论是西方从东方国家的进口还是向东方国家的出口都存在着很大的发展余地，市场机会和条件是有吸引力的。在一些方面，西方国家已经发现和利用着这些机会和条件。譬如，到 70 年代末，联邦德国约 60% 的钢管、64% 的自动化机床都是向苏联出口的。① 奥地利 25%—30% 的钢材、40% 的化学品、25% 的机器和汽车是向经互会国家出口的。② 80 年代初以后，尽管苏联和东欧国家因外汇短缺放慢了从西方进口的速度，但是，在西方市场本身吸收能力难有扩大和发展中国家市场增长缓慢的情况下，东方市场成为西方国家开拓机会的重要目标，西方在东方市场上的竞争变得进一步激烈起来。比如，一向对向东方国家转让技术持强硬态度的撒切尔政府，为了扩大对东方的出口，加强竞争能力，扩大对东方的出口，于 1987 年通过法令放宽向苏联东欧和中国出口电子产品的管制。

如果进一步考察东西方相互需求的结构，可以看出，以下几个方面为双方经济关系的广泛发展提供了基础:

——需求上的互补型结构。双方经济上的差距使东方对西方的先进设备、技术和资金存在着广泛的需求，这种增长着的需求为西方的商品和资金提供了一个现实的和潜在的巨大市场。东方国家的初级产品资源，其中主要是苏联和中国的自然资源为西方国家提供了重要的供应来源。特别是在西欧、日本和苏联、中国之间，地理上相近以及供应上的稳定性和可靠性提供了发展贸易与合作的特殊优势。从实际的发展趋势看，尽管存在着各种障碍，东方国家从西方进口的机器设备亦增长很快。1970—1983 年间，苏联从西方国家进口的机器运输设备和不包括化学品与交通运输工具在内的制成品（SITC 6 和 8）总额由 21.37 亿美元猛增到 164.1 亿美元，年平均增长速度达 16.5%，东欧国家从西方进口的此类产品由 46.75 亿美元增到 244.9 亿美元，年平均增长速度为 14%。这种增长应该说是非常引人注目的。从西方国家从东方国家的进口来看，比如在西欧与苏联之间已经建立起了不可分割的关系。1970—1984 年间，西欧从苏联进口的矿物燃料从 6.8 亿美元增到 232.5

---

① 《西欧经济与政治概论》，第 356 页。
② 《变化的全球环境中的东西方经济关系》，第 158 页。

亿美元，占西欧进口的这类产品总额的比重由5%提高到15%。^① 在70年代末，联邦德国进口的55%的浓缩铀、43%的钯、27%的钼、23%的铬和21%的钛都来自苏联。预计，到1990年，西欧从苏联获得的天然气占其全部天然气消费的比重，法国可达30%—35%、联邦德国可达30%、意大利可达35%、奥地利可达80%、芬兰将达100%。[②]

——进行国际分工的基础。东西方经济间的分工至少可以建立在三种基础之上：一是转移性分工基础，即把那些在西方国家已失去或即将失去竞争优势的生产转移到东方国家，鉴于多数东方国家的经济发展水平较高，一些难以向发展中国家转移的生产可以向东方国家转移，这样，世界经济中技术转移的级差梯级可以变得更合理；二是补充性分工基础，即对那些在各自经济结构中存在空缺或不足的生产进行相互补充，以实现生产的系统结构配置；三是协作型分工，即实行自觉地分工协作，尤其是在综合技术研究和开发、复杂生产的配置方面。从理论上讲，凡是在发达国家间和发达国家与发展中国家间能进行国际分工的领域，在东西方之间也能进行，问题的关键不在于是东方还是西方，而在于哪里存在着分工的优势和条件。事实上，这样的分工型关系已经得到了一定发展（尽管规模不大、范围尚小）。比如，早在60年代末，联邦德国的机床厂家威华格公司就与波兰公司开始了转移性分工生产。由威华格公司提供全套技术，在波兰生产和开发机床，产品主要在联邦德国及世界市场上销售。[③]

——开展合作的要求。东西方之间已经开展了一些方面的合作。如前所述，通过政府间的合作协定，在环境、空间、能源、医疗卫生、基础理论等方面进行着多种形式的合作。出于政治和军事上的敏感性，尽管东西方之间比西方国家之间或东方国家之间的合作有更多的限制，但是，广泛合作的基础和可能性都存在。譬如，在60年代中，苏联先后与澳大利亚、奥地利、比利时、加拿大、丹麦、法国、联邦德国、希腊、意大利、日本、荷兰、挪威、瑞典及英国等国签订了政府间的科学与技术协定。在美苏两个超级大国之间，仅在70年代初到70年代中期，就签订了11个科学技术协定，合作项目近300个。[④] 当然，上述几个方面提供了东西方之间发展经济关系的基

---

① 《国际贸易统计年鉴》，1985年，附册。
② ［美］《基督教科学箴言报》1983年6月20日。
③ 《东西方间的工业合作》，第231—232页。
④ 《东西方的技术转让》，第95页。

础和条件，充分利用这些基础，使这些条件变成现实还受到各方面的限制，除了政治制度上的长期对立外，各自经济体制上的差别也是一大障碍。比如投资，由于经营管理、市场机制、价格机制等方面差别甚大，西方公司难以或不愿意在东方国家进行较大规模的投资。东方国家经济体制的改革也许会使这方面的障碍变得小些。同样，对东方国家到西方投资来说也存在着限制。不过，随着双方经济交往和渗透的发展，经营管理上的趋同性会增强，而这种发展会反过来成为推动东西方经济关系深入发展的有利条件和重要动力。

当然，最重要的限制还是东方国家在与西方国家进行贸易中所处的不利地位。如前所述，东方国家在与西方的贸易中，出口具有发展中国家初级产品型结构的典型特征，即以燃料、原料和半成品换取工业制成品，尤其是资本设备品。以苏联为例，尽管其工业占世界工业总产值的 1/5，但是能够出口到西方国家市场的品种甚少。1986 年出口到西方市场的机器设备和运输工具还占不到其出口总额的 1％，燃料和原料价格的下跌使苏联与西方的贸易额自 1985 年出现绝对下降（1986 年出口下降了近 30％），致使苏联的贸易重心又不得不退回到经互会国家。1980—1984 年苏联向西方国家出口的机器和运输设备额下降了 11％。1980—1986 年间，西方国家市场在苏联出口中的份额由 36％下降到 22％。这种下降不是由于政治上的障碍，而是结构劣势及竞争力下降所致。这种趋势是违背苏联扩大与西方贸易关系的意愿的。东欧国家与西方贸易的初级产品型结构虽不及苏联那样突出，但是，在竞争力方面亦与苏联类似，80 年代以来向西方出口的制成品也出现了下降趋势。[①] 因此，提高东方国家的商品竞争能力、改变贸易结构是扩大东西方贸易的一个根本途径。

第三节 东方经济一体化及其对外经济关系

不管经互会最初成立出于什么动机，但是，经过近 40 年的发展，它已经成为东方国家进行经济合作和推动经济一体化的主要机构。从经互会的发展进程来看，大体可分为三个阶段：第一个阶段是从 1949 年成立到 1959 年，这个时期可以称之为互助合作时期。苏联加上东欧 7 个会员国（捷克

---

① 中国现代国际关系研究所：《现代国际关系》1987 年第 4 期；《统计月报》1986 年第 5 期。

斯洛伐克、匈牙利、阿尔巴尼亚、波兰、保加利亚、罗马尼亚和民主德国）通过发展内部贸易，进行技术合作以及在农业、化学、能源、金属和非金属矿产品等方面进行调剂，打破西方的经济封锁，促进成员国的经济发展。为在成员国间进行发展和生产上的协调，经互会第二次会议就在科学和技术合作方面制定了措施，在制订工业发展计划、进行生产设备研制等方面进行合作。50 年代中期在农业、能源、矿产、工程等方面建立了 12 个常设委员会，旨在发挥各成员国的资源优势，进行带有专业化分工性质的合作。引人注目的重大工程是 1958 年开始建设的"友谊输油管道"，其北线达波兰和民主德国，南线达捷克斯洛伐克和匈牙利。该工程的建设不仅为东欧国家提供了可靠的能源基础，而且也促进了这些国家的石油化学工业发展。当然，经互会国家在这个时期的经济交往活动还谈不上是在经济一体化上的进展，而只是进行有限的互助合作，在这种合作中特别强调各成员国经济上的独立性和平等。在贸易方面，尽管内部贸易在"互通有无、调剂余缺"，打破西方贸易封锁方面起到重要作用，但是，由于没有多边清算机构，贸易主要是建立在双边贸易基础之上的。第二个阶段是从 1960 年到 1982 年，这个时期可以称之为合作分工和一体化发展时期。在此期间内，除了成员国增加之外（蒙古、古巴和越南分别于 1962 年、1972 年和 1979 年加入经互会，但阿尔巴尼亚于 1962 年退出），主要的进展是：

——通过 1960 年的经互会宪章使该组织的活动制度化，把各成员国之间的经济联系（主要是贸易）纳入经济计划之内，以及讨论 1961 年的"国际社会主义劳动分工基本原则"在成员国间对生产的国际专业化进行协作。

——通过 1971 年的"进一步扩大和改进社会主义一体化发展与合作的综合方案"，使成员国间经济交往活动的协调向一体化过渡。自 70 年代中期开始，通过制定"1976—1980 年多边一体化合作计划措施"，又使一体化由宏观经济协调发展到生产领域的合作。

——通过"长期目标计划"的落实把一体化建立在长期发展的联系机制基础之上。在上述措施基础上，经互会建立了旨在解决多边贸易结算和对合作项目投资提供信贷的"国际经济合作银行"、"国际投资银行"，同时还成立了许多由多个国家参加的"社会主义多国公司"，或者按照保加利亚学者的说法叫做具有"国际社会主义所有制"性质的联合企业。[1] 这个时期，最

---

① 转引自中国社会科学院《苏联东欧问题译丛》1985 年第 1 期，第 79 页。

重要的转变是由互助合作思想发展到社会主义经济的一体化和在此基础上进行国际专业化分工。由这种转变所导致的各种分工和联合,使得各国经济间的直接联系机制得到显著发展。这种一体化与欧洲共同体国家经济的一体化机制不同,后者是先在流通领域里开辟一体化市场,通过商品交换活动的高度交织而造成生产活动和其他经济活动上的渗透和联系,在这里,市场及其所创立的活动内容和方式构成各国经济一体化的联系机制,而经互会国家经济的一体化是先在生产领域里创立一体化的机制,通过计划指导下的分工关系而造成经济活动(包括贸易活动)上的相互联系与结合。在被称之为"社会主义大家庭"国际分工合作指导下的一体化,在经互会国家间,尤其是在苏联东欧国家间,无论在数量上,还是在范围上都在此期间内得到显著发展。生产的分工涉及部门发展、区域布局以及科研方向等。① 第三个阶段自 1987 年开始,其标志是经互会第 43 次非首脑会议的召开。会议就经互会的合作机制改革通过了一系列文件,中心的议题是逐步完善成员国间的贸易市场、筹备建立经互会商业银行、建立一体化货币体系(包括设立货币单位)、进一步促进经互会由合作机构向一体化机构的转变,把经互会建成一个在内部一体化程度更高,对外更加开放的组织。这些措施的实施无疑会进一步推动经互会国家经济一体化的发展,因而这些改革措施的通过被认为是经互会开始进入一个新的发展阶段。②

让我们对东方国家内部经济关系及一体化的作用和地位做一些具体分析。从贸易关系来看,经互会内部市场一直起着主导作用。从表 14—9 中可以看出,苏联东欧国家一半以上的贸易是在内部市场上进行交易的。如果把整个东方国家都算在内,那么苏联东欧国家对外贸易利用东方内部市场的比例就更高了。1958 年,出口为 72.2%,进口为 75.6%,1983 年,出口为53.7%,进口为 61.4%。③ 当然,具体到各个国家来说,结构颇有差别。譬如,民主德国、捷克斯洛伐克、匈牙利、保加利亚利用经互会内部市场的程度要比罗马尼亚为高,在大多数年份罗马尼亚的进出口约有 1/3 是在苏联东欧内部市场上进行的,而民主德国的比例为 60% 以上,匈牙利的比例则大约为 1/2。具体到不同类别的产品,情况也不相同。比如,1984 年苏联的机器

① 参见苏联《计划经济》1985 年第 8 期。

② 《经济参考》1987 年 10 月 27 日。

③ 这里按联合国所列中央计划国家统计范围计算,由于一些国家不是经互会成员国,故这里的数字大于表中数字。

和运输设备在东欧市场销售的部分占 46.7%，而东欧国家利用苏联东欧内部市场的比例高达 80%，东欧国家的非金属矿产品只有 25% 在内部市场销售，而苏联的石油却有 60% 以上在东欧市场销售。

尽管经互会内部市场在各国对外贸易中占最大的比例，但是，从表14—9 中可以看出，除个别情况外，内部市场所占的比例均降低了约 10 个百分点。内部市场比例降低主要是与西方贸易增加的结果。造成这种趋势的原因主要是由经互会内部市场的结构性缺陷造成的。其结构性缺陷大体体现在以下几个方面：

表14—9　　　　　　　苏联东欧对外贸易方向（占对外贸易总额的百分比）

		内部市场	西方市场	发展中国家市场
1958 年	出口	60.0	19.1	8.0
	进口	62.3	17.8	6.6
1965 年	出口	63.2	20.9	12.0
	进口	65.5	21.4	9.6
1970 年	出口	60.2	23.6	12.9
	进口	62.4	24.5	9.3
1975 年	出口	57.4	26.1	13.2
	进口	53.8	33.7	11.0
1980 年	出口	50.7	30.7	14.9
	进口	54.6	32.4	11.2
1983 年	出口	51.0	28.9	17.1
	进口	59.6	26.6	12.1
1985 年	出口	41.9	27.1	12.1
	进口	55.1	25.5	16.4

资料来源：《国际贸易统计年鉴》1970—1971 年；《统计月报》1986 年第 6 期。

——商品的结构性缺陷。这一方面表现在经互会国家所需要的商品不能由内部市场来满足，尤其是现代化发展过程中所需要的先进技术设备，大多要从西方市场获得，因而这种外向需求具有不可替代性，需求的规模随经济现代化发展步伐加快而增大。另一方面表现在经互会国家可用于出口商品内部市场缺乏足够的吸收能力，特别是为了支撑进口而在内部市场有需求的情况下也必须"挤压"出口。

——货币的结构性缺陷。这主要表现为各国货币不能自由兑换和转账卢布不能用于对外支付，因而各国获得硬通货外汇的需求与出口压力一同增长，这种出口压力还造成了各国把出口商品分为"硬货"（hard good）与"软货"（soft good），质量高的"硬货"出口到西方市场以换取硬通货，而质量次的"软货"、出口到内部市场用于完成易货交换计划。这种状况不仅影响经互会内部贸易的发展，而且导致各国间的矛盾及对建立一体化市场的不积极态度。

——价格的结构性缺陷。由于内部贸易交换的价格水平以计划价格为基础，与世界市场价格水平不相联系，因此，造成两个弊端，一是缺乏竞争价格制导的效率机制，二是导致价格分配上的不合理。这种不合理不仅表现为内部贸易交换价格上不能正确反映各国商品的实际价值（人为定得高或低），① 而且也表现为内部价格水平与外部市场价格的背离，这两者都有可能促使成员国转向外部市场。至于 80 年代中期以后所出现的内部市场比重反弹趋势，不是因为上述缺陷得到解决，而是由于向西方市场出口困难和因出口收入减少、外债负担加重而削减从西方市场进口。在这种情况下，经互会内部市场显示出了一定的调节职能。这种调节机制对于稳定各国经济的发展起到积极的作用。但是解决矛盾的根本出路还在于采取有效措施或减轻上述缺陷的程度。第一种缺陷在短时期内难以解决，第二种缺陷已开始着手解决，1987 年召开的经互会第 43 次非常首脑会议决定除罗马尼亚、民主德国和越南外，其他国家货币在经互会内部自由兑换，并为建立经互会货币单位、成立经互会商业银行做准备。苏联打算在今后 15 年左右的时间使卢布变成在国际上可自由兑换的货币。对第三种缺陷，则是逐步把内部市场价格与国际市场价格相联系，由部分接近到达到一致。事实上，70 年代初"石油危机"以后，经互会内部的能源、化工等商品的价格已朝接近国际市场价格的方向调整。1975 年经互会执委会第 70 次会议决定，成员国相互贸易的合同价格每年在合同价格生效之前按最近 5 年的平均世界市场价格基础进行调整。虽然这种调整使经互会的合同价格向世界市场价格靠拢，但差距仍难

---

① 经互会世界社会主义体系经济问题国际研究所研究员 H. 洛普霍娃认为，价格形成是阻碍经互会前进的绊脚石之一。罗马尼亚公开提出要对经互会的价格和支付制度进行改革，消除"价格剪刀差"。参见苏联《社会主义工业报》1987 年 6 月 7 日。

消除。苏联报纸曾举例说，1982 年波兰从苏联进口的 1300 万吨石油要比国际市场上进口少花一半的钱。据认为，1982 年前，苏联向经互会国家提供的石油价格部分低于国际市场水平 50%。① 这种调整困难很大，需要一个较长的时间。在这些缺陷不能得到明显解决之前，经互会内部贸易市场的发展会面临更多的矛盾和困难。

经互会成员国间生产的国际合作与经济一体化的主要内容。从已经实行的措施和取得的成效看，主要发展了以下几种形式：

——建立经互会内部的一体化工程。这方面主要集中在地理上连成一片的苏联和东欧国家。比如，前面提到的"友谊"输油管道工程，80 年代开始建立的天然气管道工程，尤其是 60 年代开始建立的"和平"电力网工程，把苏联东欧国家的电网连为一体并为此成立了中央调度局。像这样的高度一体化跨国工程在其他一体化经济组织中还是少有的。

——实行生产的专业化分工。这种分工有生产的专业化区域分工，如在农副产品方面按照自然条件和传统生产优势在成员国间进行生产规划布局。也有产品的专业化生产分工和生产工序的专业化分工。前者实际上是在成员国间进行产品定点布局，后者则是在成员国间实行产品工序的生产专业化与合作。仅在 1956—1965 年的两个五年计划中，就对 1200 种机器设备的生产实行了专业化分工。比如，按照区域分工，保加利亚的水果生产和蒙古的畜牧业都被确定为生产布局的重点。70 年代以前，区域分工和产品定点布局形式是专业化分工的主要形式，此后，产品生产工序的专业化分工和合作受到重视。

——建立国际联合企业。这种联合企业主要有两种形式：一是由多个国家参加的进行独立经营的国际公司或称多国联合企业，二是由双边投资建立的合资企业。尤其是后一种形式近年来为许多国家所强调，认为这是发展经互会国家内部投资，推动经济一体化深入发展的有效途径。近一两年来，在苏联东欧国家间建立科研和生产合资企业的数目显著增加。像匈牙利与苏联在医疗器械方面建立的对等股权合资企业，股本达 600 万卢布，保加利亚在电子、高温超导材料生产方面与苏联建立了两家科研生产联合体等等，都较

---

① 1982 年苏联单方面宣布在 1982—1985 年间向东欧国家供应的原油比原计划减少 10%。其原因，一则在于计划供应的原油价格低于国际市场价格，二则苏联需要向西方增加出口以获得更多的硬通货。参见《苏联东欧问题译丛》1986 年第 4 期，第 71、114 页。

引人注目。经互会 1987 年第 43 次非常政府首脑会议关于改革经互会合作机制的文件，确定各国企业间建立直接联系是今后分工和合作的主要形式。①

生产国际合作与分工的发展对于各国经济间建立直接的联系，构成经济发展上的相互依赖链条起着重要的作用。不管这种合作与分工是按什么原则和基础建立起来的，它们毕竟通过以上各种形式把各国经济直接连接起来。在一定意义上说，这要比通过市场交换渠道所建立的联系和依赖机制更直接。因为这种分工和合作是"从属于整个国民经济综合体的有计划的相互配合的"，即是被纳入计划之内的。自 60 年代末，经互会国家间开始实行各国别经济发展计划先在经互会内部进行协调，而后再制定的做法，这种宏观经济协调对经济一体化的发展产生了重要影响。②

但是，经互会国家间的直接生产分工和合作的实际发展，并没有如计划者设计和预想的那样快，它们在各国经济中所占的比重很小。其原因大致有以下几个方面：第一，分工主要是按照计划决策者的构想而进行的，这些构想往往取决于许多非经济利益因素，即不完全反映参加者的利益基础。同时，由于分工与合作的价格机制也不能充分反映成本和利润原则，因而参加者的获益多寡往往不能达到均衡和合理。这就必然影响分工的正常进行和那些不能从中获得正常利益的国家的积极性。第二，分工中的不平等或不对称结构使许多国家对把经济较深地拴在"大家庭经济体系"抱有戒心。由于苏联经济的规模和实力，分工中所出现的苏联主体结构往往把其他国家置于配合或从属的地位。除非在无替代选择的情况下（如对苏联能源供给的依赖），一般各国不愿使自己陷入过分依赖的境地。第三，经互会的经济分工与合作方式是国别经济计划模式在经互会内的扩大，这种硬性集中和垂直的行政管理往往违背经济发展的规律，对经济发展造成种种限制。因此，如何处理好经济一体化与民族经济利益上的一致与差别，即如何合理地解决分工和合作中的利益分配，以及如何发挥一体化组织的超国家统一计划与协调职能，是克服经互会国家间进行深入的生产国际化分工和合作障碍的关键。③

当然，详细地论述经互会经济一体化本身的问题不是本书的任务，我们的重点在于分析一体化发展所导致的内部和外部经济关系。事实上，经济一

---

① 《经济参考》1987 年 10 月 27 日。

② 转引自《苏联东欧问题译丛》1986 年第 4 期，第 75 页。

③ 值得注意的是经互会内部出现的新离心倾向，其中匈牙利经济向更高程度的市场经济体系改革和要求加入欧洲共同体无疑对经互会提出了严峻的挑战。

体化是世界的一个必然趋势，各种方式的经济一体化，包括按地区的、按部门的、按政治集团的等等，都是这个总进程中的一部分。经互会国家经济的一体化进程并不是社会主义国家经济所特有的性质。① 从这个角度来认识，经互会国家经济的一体化是符合世界经济发展规律的，但它不应是封闭的，即不是与对经互会经济体系外部联系相对立的。因此，最初关于建立社会主义经济的独立世界体系的设想只可被看作是一种特殊形势下的政治战略。从长远发展的观点来看，社会主义经济体系应该是一个高度开放的体系，通过各种国际联系与交往渠道使之成为与外部经济紧密联系在一起的世界经济体系中的一个有机组成部分。从这个观点出发，东西方经济关系的发展是一个必然趋势。

从近年来的发展来看，在许多方面出现了"改善气候、促进发展"的趋势。在东方国家，中国的对外开放政策所产生的巨大转变自不待说，苏联东欧国家理论和政策上的转变也是引人注目的。戈尔巴乔夫的"新思维"带来了苏联对世界经济及国际经济关系的新认识，在实际行动上，开始改变不参与由西方国家"操纵的"国际组织的态度，积极谋求加入国际经济组织和世界多边经济机构，如申请加入关税及贸易总协定、希望同国际货币基金组织和世界银行建立紧密联系等。在发展经互会与欧洲共同体的正式关系方面，苏联也改变了不承认共同体是经济实体的态度，在一些问题上表现出了灵活的态度（如同意共同体提出的在建立与经互会正式关系的同时与经互会成员国单独签订贸易协定），使搁置数年的谈判得以恢复。苏联甚至公开表示经互会国家愿意参加由西欧国家组织的"尤里卡"（Eureka）计划。②

在发展与西方的贸易、金融投资和技术关系上，如前所述，苏联和东欧国家都采取了更加开放和积极的政策。在西方国家，除了对高技术及高技术产品领域加强控制外，美国、日本以及西欧国家都对广泛发展与东方国家的经济关系表示出更大的兴趣。除了西欧国家与苏联签订了长期能源供应协定外，日本也对从苏联获得稳定的能源供应和把在西方市场上受到越来越多限制的制成品出口转到苏联及东欧市场抱有期望。在发展欧洲共同体与经互会的关系方面，欧洲共同体也准备做出让步，争取尽早取得突破。西方对东方

---

① 因而，仅仅指出"社会主义生产进程的本质是国际性的"容易产生片面的认识。这方面的观点见 E. 卡普斯京《发展社会主义生产国际化的国际形式》，载苏联《社会科学》1985 年第 4 期。

② 英文《中国日报》1985 年 12 月 24 日。

的对外开放所表现出来的浓厚兴趣,可以从西方公司对苏联关于允许外国公司在境内建立合营企业决定的反应上体现出来,据报道,仅在半年之内,就有200多家西方公司提出投资申请,100多家公司与苏联签订了投资意向书。①

　　尽管东西方经济关系的深入发展还障碍重重,但是这种趋势是不可逆转的。当然,由于东方国家在市场、资金和技术上更多地依赖西方,东方国家可能会表现得更迫切和主动。具有重要意义的是,在未来的发展中,东西方经济关系可能不再是不同社会制度国家间政治对抗关系的附属物,而是更主要地沿着经济发展自身规律所要求及开拓的方向发展。这种发展达到一定程度无疑会对政治关系产生影响,即经济上的新型相互依赖关系成为新型政治关系发展的温床。

---

　　① 《现代国际关系》1987年第4期,第31页。

第 四 编

相互依赖关系中的矛盾和调节

导　言

一

　　世界经济中的相互依赖关系是一个有机的体系，但并非是一个和谐的体系。在这个体系里，各国间的实力差别、供需结构差别、分工地位差别等，必然导致交往关系中的矛盾。在充满竞争的国际市场上，参与各方所处的地位和所获得的利益与其实力和能力密切相关。因此，各方地位与利益的平衡格局是在竞争与对抗的运动中实现的。

　　相互依赖关系中的矛盾涉及各个方面，会以各种形式表现出来。在贸易领域，可以体现在以下诸多方面：

　　——商品竞争所导致的矛盾，它们不仅可以因强势商品对弱势商品的攻势所引起，亦可由"非公平竞争手段"（如低价倾销、高价垄断等）所致；

　　——市场份额格局变动所导致的矛盾，鉴于市场份额是一个不变的常数，一方增加必以他方的减少为前提，因此各方对市场份额的变动非常敏感；

　　——贸易不平衡所导致的矛盾，主要体现在呈现逆差的一方采取以扭转不平衡为主要目的的保护主义及受限者对此所进行的反击。

　　国际贸易中矛盾的激化表现形式是贸易冲突或"贸易战"，它们可以发生在两者之间，亦会因连锁反应而扩大。

　　在资本国际流动领域，矛盾的起因可能涉及以下因素：

　　——资本实力差别所导致的矛盾，比如，资本的垄断所导致的对中小资本活动的限制或利益上的剥夺，各资本集团之间的竞争与对抗；

　　——外来资本利益与民族资本利益之间的矛盾，其中尤其是外来资本凭借优势所进行的超额利润攫取对当地资本利益的侵犯；

——资本外向流动选择与国内经济整体发展需要之间的矛盾，比如，当国外出现较好获利前景时，资本就会不顾一切地外流；

——汇率、利率变动导致的矛盾，比如，汇率的变动不会仅成为引起资本流向变动的原因，也会改变贸易交换的格局，从而导致多方面的失衡。

资本跨国流动的突出特点是选择性灵活，运动速度快捷，对环境变化十分敏感。这种特点使得相互依赖体系中的资本关系成为最难驾驭的一个活性因素。在一些情况下，在这个领域里所产生的矛盾比贸易领域里的矛盾影响更大。

在国际分工方面，仅从分工本身来考虑，所能导致的矛盾因素很多：

——参与国际分工中所处的不同地位，就分工地位而言，可以区别为主导分工与协从分工，主动分工与被动分工等，二者之间的矛盾往往表现为前者对后者的支配或制约；

——参与分工的获利差别，参与分工的获利程度取决于多种因素，比如，在被动分工的条件下，由于参与分工的行为与方式是受外界力量所制导的，因而必然较少获利或难于获利；

——参与分工中的主权让渡与主权保护之间的矛盾，从一国范围来说，参与分工意味着对部分经济活动失去支配权，然而外部支配往往会与自身最大限度获利的动机相矛盾。

很难说上述诸多方面包括了主要的内容，然而，它们显示出，矛盾几乎是无处不在，无时不有的。在世界相互依赖关系的体系中，对于各方来说，从参与中最大限度地获利和最小限度地受损是一个基本原则，这本身就是矛盾的根源。

二

尽管相互依赖关系体系中的矛盾是经常的，广泛的，但是并非所有的矛盾都会趋于激化，且已经激化起来的矛盾亦可较快地或较平稳地得到缓和。其所以如此，是因为在这个体系中同时存在着一系列制约因素：

——在交换和分工中形成的共同利益基础，其中不仅包括各方共同遵守的原则，市场秩序的稳定，也包括各方之间利益上的协调。在一个高度相互依赖的结构中，对结构体制造成巨大冲击与损害会涉及各方的利益。因此，在可能的情况下，协调和缓解往往是参与各方的共同要求。第二次世界大战后，在国际贸易、国际金融领域尽管矛盾此起彼伏，但是经过艰苦的谈判，毕竟建立起了有利于商品交换和资本流动的基本秩序，这对于缓和矛盾起到了十分重要的作用。

——由交换和分工结构所形成的制约机制，其中包括强者所拥有的控制力，格局变动所产生的缓冲力，以及在各要素关系中各方地位强弱的交叉及发展变换。从相互依赖关系体系的结构来说，各方关系上的多方面、多层次交叉本身形成相互制约与缓冲的机制，使得每一方面的对抗都会受到其他方面的牵制。

处于弱势地位者缺少足够的对抗力，或为了长远、整体利益所采取的顺应对策亦形成一种缓冲因素。比如，当一方对另一方市场或资本依赖性较大时，前者往往会接受后者所施加的一些限制或条件，当然，基本前提是前者的最低或适度利益能得到维护。

事实上，随着世界经济一体化的深入发展，世界经济中各国之间，各经济领域之间的交织会日益加深，从而在体系内部的牵制与制约机制也就越会得到发展。如今，对世界资源、世界市场等的利用靠强制性掠夺是难以行得通的了，靠长时间的控制与垄断也难以实现。世界经济发展的这种趋势对国际经济关系的发展产生了深刻的影响。

三

问题还在于，既然世界经济中的相互依赖关系格局存在着严重的不对称，而这种不对称结构总是对弱者不利，那么，处于弱者地位的发展中国家参与国际分工和交换是否能从中受益，从而对整个经济的发展起到积极的作用？人们可以举出无数的事实来揭露现存国际经济关系的不合理性，尤其对发展中国家经济所造成的各种损害，且这种批判对于全面认识世界经济中相互依赖关系的基本特征是必要的，有益的，但是，如果从现行体系中存在不合理性出发，得出发展中国家不可能从中得益和取得发展的结论，那是不全面的，而以此为基础提出要发展中国家的经济发展与发达国家经济体系脱钩的建议是无益的。事实上，在当今世界经济的不平衡和不对称结构中，亦存在可供发展中国家加以利用的机会：

——世界经济构成上的多元发展。其中既包括经济部门结构上的多元化，亦包括商品、技术构成的多元化。随着这种发展，一方面使得一国左右世界经济的能力下降，另一方面也为各国发展提供了更大的活动空间和更多的参与机会。

——世界经济发展上的不平衡以及层次差别上的多样性。发展层次上的差别在各国经济间导致一种互补机制，这种互补性涉及产品结构、市场结构、技术结构等。这为发展中国家提供了可资利用的分工和交换的机会，或者说是提供了参与分工和交换可行的条件；

——不平衡和层次差别所提供的转移空间。从世界经济整体来考虑，不同国家经济间发展上的不平衡以及水平上的梯形层次，在更广的范围内为生产和技术的分工与转移提供了条件。在世界经济中，技术由高层次向较低层次的逐级转移，是技术在世界范围内扩散与转移的主要方式之一，而这种转移与扩散无疑为发展中国家提供了可资利用的机会。

当然，上述机会对于每一个国家并非都是均等的。重要的是，在发展中国家拥有主权地位的情况下，对机会选择和利用是可能的。事实上的发展已经提供了佐证。一批发展中国家通过积极参与国际分工和交换取得了比其他国家更快的发展，成了发展中国家中的新兴工业化国家。

不过对于同样的事实也会有不同的看法。关键还在于在新的发展形势面前能否有认识上和观念上的更新。比如对依赖性，在相互依赖关系高度发展的情况下，其本身就具有内在合理基础。如果把殖民时期的依赖性与参与正常国际分工和交换所产生的依赖性等同起来那就不对了。

第 十 五 章

国际贸易摩擦与协调

在诸多的国际经济矛盾中，国际贸易摩擦常常是最引人注目的问题。如何认识国际贸易摩擦？国际贸易摩擦与相互依赖关系是相对立的吗？这些问题显然值得专门进行分析。

第一节　战后国际贸易摩擦的发展及特征

国际贸易体系是一个有机的系统，但不是一个和谐的系统。由于构成国际贸易体系的各行为主体之间，无论在实力地位、行为结构、活动方式以及利益基础等方面千差万别，且这些差别因素又处在不断变化的过程之中，因而，国际贸易中的矛盾是无时不有，无处不在的。国际贸易发展的过程本身就是一个矛盾运动的过程。

所谓贸易摩擦，就是指比较激化了的贸易矛盾，亦称贸易冲突，发展到直接对抗的贸易摩擦就成为"贸易战"。一般地说，贸易摩擦为"贸易战"提供了基础，但是并非所有的贸易冲突都会发展成"贸易战"。只有在当事者一方采取限制性措施，而对方亦采取对抗性或报复性措施时，"贸易战"才会发生。

从贸易摩擦发生的基础和条件来分析，虽然可以一般地说它们寓于国际贸易的发展过程之中，但是只有当贸易行为主体（一方或多方）的利益受到明显损害时才会发生。利益受到损害可以由许多原因所致，其中既可以由贸易本身的变化所引起，也可以由整个经济的变化起作用，甚至也可以由非经济因素所导致。贸易摩擦可以通过多种形式表现出来：比较温和的有贸易削减、贸易限制（政策性措施、技术性措施等）等，比较激烈的则可以发生

"关税战"、"价格战"、"汇率战"，等等。它们既可以在两个国家之间进行，也可以在多个国家之间同时进行。

第二次世界大战后，从时间上划分，世界范围的贸易摩擦大体可分为两个阶段：第一个阶段自50年代初到70年代初，从区域和国别结构上划分大体可分为四组：一是美国与西欧之间；二是美国与日本之间；三是西欧与日本之间；四是发达国家与发展中国家之间，其中主要是美国与新兴工业化国家和地区之间。在第一个阶段内，主要是在美国和西欧之间，随之美日之间也日渐明显。在第二个阶段内，美国与西欧之间继续存在，美日之间变得空前激烈。自80年代初以后，西欧与日本之间以及美国与新兴工业化国家和地区之间的贸易摩擦开始出现。

60年代初，美国和欧洲共同体之间展开了激烈的"贸易战"。1962年3月，美国宣布提高地毯和玻璃板进口税，6月，欧洲经济共同体宣布提高美国人造纤维和合成纤维的进口税，接着，欧洲经济共同体决定对美国冻鸡征收差价税，美国强烈要求欧洲经济共同体降低关税，共同体不仅不予理会，反而又宣布对非共同体的家禽征收进口税，次年美国采取报复，提高对来自欧洲经济共同体的卡车、白兰地酒等的进口关税，而欧洲经济共同体则以提高美国钢铁进口税相报复。此外，欧洲经济共同体也对美国的小麦征收差价税，而美国则削价出口加以还击。这是西欧在第二次世界大战后经济得到基本恢复之后与美国进行的第一次公开贸易对抗，以提高关税为基本手段的这场"贸易战"持续了三年，其间适逢进行关税减让谈判的"狄龙回合"和"肯尼迪回合"。如果说"小麦战"、"冻鸡战"等是市场上的"关税战"，而谈判回合中围绕如何减税所进行的讨价还价则是谈判桌上的"关税战"。在"狄龙回合"中，美国虽然压欧洲经济共同体接受了"对等减让"方案，但欧洲经济共同体拒绝了美国关于农产品关税减让的要求。在"肯尼迪回合"中，欧洲经济共同体迫使美国接受了"削平方案"。①

此后，美国与西欧国家在农产品、钢铁、化学制品、食品上的贸易冲突持续发展，小规模的"贸易战"一直打到80年代。比如1982年4月初，欧洲共同体就美国出口的玉米麸质饲料单方面规定限额并辅以关税，而美国则以限制欧洲共同体的巧克力产品作为报复。不过，引人注目的是，在钢铁产

---

① "对等减让"指美国和欧洲经济共同体国家的工业品关税各减20%。"削平方案"指欧洲共同体提出通过高关税多减、低关税少减的原则使美国与共同体国家的关税差距拉平。

品方面，冲突的焦点主要由欧洲共同体限制美国钢铁产品进入共同市场，转到美国阻止欧洲共同体的钢铁产品进入美国市场。比如，1982年6月，美国在与欧洲共同体就后者钢铁产品向美国出口限制谈判破裂的情况下，单方面宣布自10月22日起对欧洲共同体的普通钢材征收抵消关税，7月又宣布对特种钢也征收抵消关税。直到10月21日由于欧洲共同体方面接受了增长幅度限额规定，才免于一场关税战。然而到1985年12月底，美国又宣布对欧洲共同体的半成品钢材实行限额（限在每年40万吨），欧洲共同体对此提出强烈抗议。在农产品方面，不仅重点转向美国限制欧洲共同体的产品进入美国，而且也转向第三国市场。欧洲共同体农产品生产大量过剩迫使其加强了出口攻势，而美国的农业危机则使其维持和扩大出口成为"当务之急"。1983年1月，美国批准以每吨低于国际市场价格25美元的优惠价向埃及出口100万吨面粉，并提供5000万美元优惠贷款购买美国农产品，而欧洲共同体则以增加出口补贴为手段与许多国家达成农产品销售协议。到80年代中期，美国和欧洲共同体在农产品上的"贸易战"转为"政策对抗"，美国政府决定增加对农业的补贴，增加出口信贷，以增强美国农产品的竞争能力。欧洲共同体方面认为，这是一颗恶化贸易战的"新型凝固汽油弹"。[①]

世界市场上贸易摩擦的第二个热点发生于美国和日本之间。早在50年代中后期，日本纺织品向美国的出口就使美国感到市场压力。1956年日本产品占美国纺织品进口的1/4，其中像绒布占1/2。美国压日本接受自动限制纺织品出口，于1957年达成协议。到60年代，日本的钢铁、消费类制成品得到迅速发展。如60年代末，日本产品占美国进口钢板的53%，钢盘条的41%。结果，美国对像纺织品、钢铁产品、缝纫机、炊具、半导体产品均规定了限额，受限幅度达30%—40%不等。到70年代，贸易冲突的领域转向电视机、电子产品和汽车。1970年，美国宣布日本电视机在美国市场以倾销价格销售，课以反倾销税。到1977年，两国经过长时间的艰苦谈判才达成了日本电视机出口限额协议。70年代中期以后，日本小汽车大举涌入美国市场，到1981年，日本汽车占到美国汽车销售市场20%的份额。美国压日本接受出口限额，经过艰苦的谈判达成了自动限制协议，日本被迫同意把出口数额限制在168万辆的水平。到80年代，美日之间的贸易摩擦又进一步扩大到高技术电子产品，日本微电子产品在美国市场上的份额迅速扩大，使美

---

① 欧洲共同体：《欧洲》1986年4月号，第15页。

国大为震惊，除多次进行反倾销外，还于 1986 年与日本达成以限制日本微电子产品向美国出口为主要内容的半导体协议。然而，该协议仍无法阻止日本产品的攻势，美国政府又于 1987 年 3 月宣布对日本 3 亿美元的半导体产品征收 100% 的惩罚性关税。事实上，自 70 年代以后，美日之间的贸易摩擦范围不断扩大，只是由于日本出口严重依赖美国市场，加之日本国内市场已受到高度保护，日本无以采取直接对抗或报复的手段，只得在经过激烈讨价还价的谈判之后接受美国方面提出的限制，从而才得以没有发生带有火药味的贸易战。

西欧与日本之间的贸易摩擦始自 70 年代初。鉴于日本的纺织品、家用电器以及钢铁等大量涌入西欧市场，欧洲共同体迫使日本接受了自动限制出口方案。到 1976 年，欧洲共同体因日本拒绝接受进一步限制出口的建议，而对日本发出最后通牒。最后日本被迫采取控制汽车出口、增加从共同体进口的具体措施，才算使冲突没有扩大。然而，此后，西欧与日本之间的贸易摩擦几乎年年不断。比如在日本汽车潮涌般扩大在西欧市场销售的情况下，西欧许多国家一方面单方面规定日本汽车销售限额，另一方面又制定新税则，防止日本利用零部件在当地装配变相扩大出口。另一个鲜为人知的例子是法国于 1983 年将录像机海关检验移到远离港口的普瓦蒂埃小镇，这不仅意味着拖延日本录像机进入市场的速度，也使日本增加运输费用。那次摩擦被称之为"第二次普瓦蒂埃之战"。①

发达国家与发展中国家之间的贸易摩擦在 80 年代以后表现得比较突出，首先集中在美国与新兴工业化国家之间。70 年代，美国曾向发展中国家提供普惠制优惠，但是，在较短的时间内，一些被称之为新兴工业化的国家或地区的出口攻势就使美国难以招架。南朝鲜、巴西、中国香港以及中国台湾等出口的纺织品、服装、消费类电子产品、普通机械制品的市场占有率迅速上升，美国方面的贸易赤字大大增加。在此情况下，美国采取了许多限制措施。一方面美国宣布这些国家或地区不再享受优惠待遇，从普惠制范围中"毕业"出去；另一方面对像纺织品这样的攻势强的"敏感商品"实行严格的配额限制和技术性管理（如价格管理），在一些情况下，美国还单方面宣布制裁措施。比如，1987 年 11 月美国就宣布对巴西实行贸易制裁，提高巴

---

① 该镇是历史上公元 732 年查理·马戴尔阻止阿拉伯人入侵的地方，那次战斗被称之为"普瓦蒂埃之战"。显然，法国政府把海关检验移入此地是有象征性用意的。

西商品的进口关税，禁止巴西的计算机进入美国市场，涉及商品价值达 1 亿多美元。巴西认为美国的制裁毫无道理，表示不让步，采取报复措施。美国与新兴工业化国家的贸易摩擦范围还将会扩大。不过，由于后者对美国市场依赖性较大。在一般情况下，他们不会采取直接的对抗措施，因此"贸易战"尚难在大范围内爆发。

从战后贸易摩擦的发展来看，至少可以归纳为以下几个方面的特征和趋势：

——贸易摩擦随着国际贸易的发展而发展，具有经常化的特征。从现象本身进行综合考察，呈现起伏不断的趋势，但是，具体来分析，则它们不断变换着内容和范围。从产品的角度来说，摩擦所涉及的种类在不同国家间、不同时期内有所不同，从国家的角度来看，不同时期摩擦的对象也有变化。比如，在纺织品、消费类电子产品方面，60 年代，摩擦主要在美日之间，到 80 年代则转到美国与新兴工业化国家之间。70 年代后期，西欧与日本之间的贸易摩擦主要集中在汽车，到 80 年代则扩大到高技术的电子产品了。看来贸易摩擦的变化趋势在一定程度上反映着国际贸易中国别和产品对比格局和发展格局上变化的转变趋势。

——贸易摩擦的直接表现形式是贸易保护主义。贸易保护主义形式多种多样。在关税手段受到约束之后，非关税手段便成了主要的形式。但是，贸易保护主义并非战后国际贸易发展中的主流，即便是在贸易保护主义最严重的时期，贸易自由的发展也起主导作用。从本质上来说，贸易保护主义与贸易自由是国际贸易发展中的一对矛盾，前者只是对民族利益在贸易自由发展过程中受到侵犯的一种自然反应，但是，后者作为主流则对这种反应形成约束。因此，贸易保护主义会贯穿于国际贸易发展的全过程，只是在不同条件下所表现的形式内容和程度有所不同。笼统地讲贸易保护主义容易产生误解，因为贸易保护带有强烈的结构性特征，而全面的贸易保护只是一种暂时和个别现象。比如，经济危机时期会加深贸易保护主义，但是，在经济高涨时期也会存在贸易保护。国际贸易市场是在不断克服贸易保护的过程中得到扩大的。以贸易摩擦最多的美国与日本之间的关系为例，尽管贸易摩擦连绵不断，但两国间贸易市场却以异乎寻常的速度扩大。仅 1980—1986 年间，两国贸易市场（进出口平均额）占世界市场的比重就由 14% 提高到 27.6% 。显然，两国贸易市场的扩大成了此间整个国际贸易市场扩大的主要力量。在这个意义上讲，贸易保护主义也是贸易发展的产物。从贸易摩擦与相互依赖的关系来说，它们是一同存在和发展的，二者之间并不是相互排斥的，相反，在很大程度上前者的发生往往是后者加深的一种结果。[①]

——尽管在国际贸易发展过程中贸易摩擦此起彼伏，但是，这并非表明存在着不断恶化的趋势。实际上，贸易摩擦真正酿成"贸易战"的很少，即便"贸易战"爆发，在大多数情况下会较快平息，经过谈判找出妥协的办法。从矛盾发展的进程看，"贸易战"往往是矛盾激化的预点，此后便缓和下来。战后只有 60 年代初美国和西欧之间的"冻鸡关税战"持续了较长时间。此后类似的情况基本上没有发生。看来，随着各国贸易及其他经济联系的不断加深，各国都趋于不把发生摩擦的事态扩大，在矛盾冲突中寻求妥协和缓冲的出路成为一个主要的趋势，或者说，占主导趋势的贸易自由化是在不断克服和调节贸易矛盾（贸易摩擦、贸易冲突、贸易战）的过程中得到发展的。

第二节　贸易摩擦或"贸易战"的致因分析

贸易摩擦是一种复杂的现象，它们往往取决于多种因素，反映着参与国间经济实力对比的变化，体现着产品竞争力的对抗格局，也反映着贸易条件、贸易政策等诸多方面的关系。

（一）贸易实力地位消长的影响

所谓贸易实力地位，主要是指一国在世界贸易中所占的份额。[②] 各国在世界贸易中所占份额的分布构成世界贸易国别地位格局。在一定时期和一定条件下，这个格局则形成一定的世界贸易秩序，而各国间的贸易关系则以这种秩序为基础。

毋庸讳言，各国贸易实力地位格局的变化，即一定的贸易秩序的改变，必然引起各国间贸易关系的变化。对于我们要分析的贸易摩擦或贸易战来说，当下述条件具备时，贸易实力地位的变化便成为起重要或主导作用的因素：其一，当一国的贸易实力地位受到严重削弱，而这种削弱是由于他国贸

---

① 《贸易方向统计年鉴》，1987 年。

② 不能把这里的定义绝对化。因为在份额构成内部存在着产品结构实力地位的差别，在一定条件下，产品结构地位起着特殊的作用。

易力量的迅速增强时。在此情况下，贸易摩擦往往表现为前者对后者的限制，在少数情况下，后者的对抗会爆发"贸易战"。其二，当一国贸易实力地位的削弱是由少数国家贸易力量增强导致对该国市场的迅速扩张和对该国的出口（尤其是对后者市场的出口）形成强有力制约时，这时前者的反击或限制往往会招致后者的有力对抗，从而触发"贸易战"。战后初期，美国一国的出口占世界出口贸易额的近 1/4 和西方发达国家出口贸易额的 1/3。在一段时间内，美国的垄断地位是毋庸置疑的。但是，到 60 年代初，美国就开始受到来自西欧的挑战。战争的破坏曾使西欧国家的经济惨遭破坏，经过十多年的重建和发展，西欧国家的经济基本上恢复了元气，重新在世界市场上赢得了有竞争力和地位。西欧国家在世界市场上地位的提高，对于美国来说产生两个直接结果：一是对美国地位的侵蚀；二是对美国市场的直接渗透。从表 15—1 中可以看出，到 60 年代末，美国在世界贸易份额中地位的下降，基本上是西欧国家地位上升的结果。尤其是欧洲共同市场的成立，对美国造成了威胁。共同体内部优惠市场的开辟大大促进了共同体成员国间贸易的发展，但对美国商品却竖起了壁垒。从表 15—1 中可以看到，1958—1968 年间，美国在世界贸易中的份额降低了 3 个百分点，在发达国家贸易市场上的份额降低了 6.5 个百分点。同期，西欧在世界贸易中的比重提高了近13 个百分点，在发达国家贸易中的比重提高了近 10 个百分点。在此期间，美国在欧洲共同体的份额由 12.8% 降到 8.4%，而同期，欧洲共同体内部贸易却由 34% 提高到 48.6%。从双边贸易增长速度来对比，此间，西欧向美国的出口增长了 2.1 倍，而美国向西欧的出口仅增长了 1 倍，美国由贸易顺差转而出现赤字。其中欧洲共同体国家向美国的出口增长了 2 倍，而美国向

表 15—1　　　　　　美国、西欧和日本出口份额比较（百分比）

		1948 年	1958 年	1968 年	1978 年	1984 年
美国	占世界份额	22	16	13	14	12.8
	占发达国家份额	34	25	18.5	20.4	18.8
西欧	占世界份额	32	40.7	44.8	44	38.9
	占发达国家份额	50	64.7	63.2	64	57.5
日本	占世界份额	0.4	2.6	5.4	5.8	9.5
	占发达国家份额	0.7	4	7.4	8.4	14

资料来源：《国际贸易统计年鉴》，1970—1971 年，1976 年；《贸易方向统计年鉴》，1985 年。

欧洲共同体的出口仅增长了 1.1 倍，美国方面的顺差由 11.8 亿美元减少到 2.9 亿美元。70 年代中期，上述趋势仍继续发展。1970—1979 年间，欧洲共同体的内部贸易份额由 51% 进一步提高到 54.6%，美国在欧洲共同体进口市场上的份额由 10% 进一步降到 6.8%。这期间，整个西欧和欧洲共同体向美国的出口分别增长 2.8 倍，而美国向整个西欧和欧洲共同体的出口分别增长了 2.5 倍。[①] 引人注目的是，到 1986 年，联邦德国的出口总额首次超过美国的出口总额，美国作为最大出口国的地位也被打破了。这种发展趋势和格局无疑会导致美欧贸易之间的对抗和摩擦。这种对抗和摩擦主要表现为西欧要冲破美国的垄断，对内和对外扩大市场份额和美国为对抗西欧的攻势，阻止本身份额被侵蚀，这就构成了美欧贸易矛盾的一个重要基础。

如前所述，贸易地位的变化涉及市场秩序格局的变动。这种变动往往通过产品市场秩序的改变反映出来。美国和西欧在农产品方面自 60 年代开始所一再爆发的"贸易战"，事实上在很大程度上反映了美欧之间就冲破和保持原有市场秩序的斗争。战后一个时期，西欧大量进口美国的农产品，美国农产品在西欧和其他许多市场上都确立了稳定的地位。但是随着欧洲共同体农业政策的实施，共同体在农产品上不仅由进口到自给，而且发展到大量出口。以补贴为后盾的西欧农产品既出口到美国，也向美国的传统第三国市场出口。在这种情况下，不仅美国在西欧农产品市场上份额被吃掉，而且在其他国家市场上的地位也受到威胁。由于美国所建立起来的市场秩序遭到破坏，美国不能不做出强烈的反应。因此，这种"贸易战"实际上是市场秩序变化过程中的一种矛盾运动形式。如果考虑到美国所建立的农产品出口市场秩序对美国农业所起的至关重要的作用，那么，对于美国反应的激烈程度就不难理解了。

美日之间贸易地位的变化自 60 年代末就变得非常突出了。其中具有巨大影响的趋势是日本在世界贸易中地位迅速提高和日本在美国市场上咄咄逼人的攻势。1969—1983 年间，日本向美国的出口由 50 亿美元猛增到 433 亿美元，年平均增长率高达 16.7%，在美国进口市场上占的比重由 14% 提高到 17%。而美国向日本的出口由 35 亿美元仅增到 212 亿美元，在日本进口市场上的份额由 27% 下降到 19%。其间，美国方面的贸易赤字由 15 亿美元猛增到 221 亿美元。1984 年以后，日本的贸易地位进一步提高，从表 15—1

---

① 《国际贸易统计年鉴》，1970—1971 年，1985 年。

中可以看出，到 1984 年日本在世界贸易中的比重提高到 6.5%，在发达国家市场上的比重提高到 14%。到 1986 年，这两个比重分别达到 10.7% 和 15.6%。在美国进口市场上，日本所占的比重由 1984 年的 21% 提高 1988 年的 22%，美国方面的贸易赤字由 444 亿美元猛增到 585.8 亿美元。[①] 日本对外贸易的异军突起以及美日贸易间的不平衡发展必然导致双方之间的冲突。这种冲突主要表现为美国对日本凌厉攻势的遏制和纠正日益增大的不平衡。

日本实力地位的迅速提高对西欧造成直接对抗是到 70 年末才变得比较严峻的。从表 15—1 中可以看出，70 年代末到 80 年代中期，日本在发达国家贸易市场上比重的提高主要是以西欧比重的下降为补偿的。从在双方市场的关系来看，1979—1985 年间，日本向欧洲共同体国家的年出口额增长了 68%，而欧洲共同体向日本的出口仅增长了 20%，欧洲共同体方面的贸易赤字由 56 亿美元猛增到 124.4 亿美元。在此期间内，无论是欧洲共同体的内部市场，还是区外国家向欧洲共同体的出口额都出现了绝对下降，而日本向共同体的年出口额却增加了 81 亿美元，因而在欧洲共同体市场上，日本的攻势特别引人注目。在一个呈现萎缩的市场上，日本的扩张无疑形成一个强大的冲击波。

当然，贸易对抗的基础实际上是整个经济实力的对抗。美欧之间的对比，主要的趋势是美国的经济增长速度慢于西欧，在西欧实力不断增强的同时，美国的相对实力地位下降。1953—1969 年间，按市场价格计算，美国国民生产总值的年平均增长速度为 6%，而西欧国家的增长速度为 7.6%，欧洲共同体国家（6 个国家）的增长速度为 8.4%。工业生产增长之间的差距也是非常明显的，1948—1968 年间的美国工业生产的年平均增长率为 4.5%，而欧洲共同体国家为 7.7%。经济实力增长速度之间的上述对比差距一直持续到 70 年代末。到 1979 年，欧洲共同体国家的国民生产总值超过了美国。作为一个整体，欧洲共同体与美国间的经济抗衡力量发生了根本性的变化。

日本经济的增长速度较之美国和西欧国家都高。1960—1970 年间，其国内生产总值的年平均增长速度高达 12.4%，是西欧国家经济年平均增长速度的 2.7 倍，是美国经济年平均增长速度的 2.8 倍。1970—1980 年间，日本经

---

① 《国际贸易统计年鉴》，1970—1971 年；《统计月报》，1986 年；《贸易方向统计年鉴》，1987 年。

济虽然由高速增长转入中速增长，但年平均增长速度仍达到4.8%，高于美国和西欧许多国家经济60年代"黄金时代"的增长速度，比这个时期美国和西欧经济的增长速度分别高44%和58%，日本在整个世界的国内生产总值中的比重由50年代初的1.5%提高到80年代的9.6%，在发达国家经济中的比重由2.3%提高到13.8%。[①] 这样，日本作为一个经济大国的地位通过其高速增长而确立起来，日本经济的崛起改变了美欧为轴心的经济关系格局。

应该指出，尽管经济实力与国际竞争力并不能画等号，但是，在开放经济条件下二者的变动趋势是同向的。美国、西欧和日本间的贸易冲突和对抗，实际上是三方经济实力地位变化的直接结果。从宏观角度来分析，实力地位的消长所打破的是一定的国际市场结构秩序。一旦在一定条件下所建立起来的国际市场结构秩序遭到破坏，贸易摩擦便不可避免。从发展的角度来看，原有的结构秩序被打破，新的结构秩序按照变化的条件建立起来，是世界经济和国际贸易发展的正常规律。在这个意义上说，"贸易战"往往是国际贸易动态发展过程中均衡格局确立的过渡点。

（二）产品的竞争力对抗

尽管贸易摩擦有着当事国间经济实力变化的背景和基础，但是，直接对抗则主要是产品的对抗，而产品的对抗实际上是产品国际竞争能力差别的反映。

一般地说，产品的国际竞争力主要取决于三个因素：一是价格，二是质量，三是创新。这三个因素可以单独起作用，亦可以综合起作用。所谓价格因素，亦即低价格竞争优势。在正常情况下，价格水平主要决定于产品的生产成本，而产品的生产成本则主要由工资成本和资本成本构成。在资本成本相同的情况下，工资成本的高低对商品的竞争力具有决定性的意义。然而，在工资成本和资本成本相同的情况下，劳动生产率的差异则在决定产品的价格水平或者说是产品的竞争能力方面起主导作用。质量因素，亦即高质量竞争优势。质量包括许多内容，如产品的耐久性、工艺水平、技术标准（如安全系数、精度系数）等。质量因素的作用不仅在于在产品价格水平相同的情况下，质量的高低对产品的竞争能力起决定作用，而且还在于即便是在价格

---

① 《世界经济统计简编》，1982年，1978年。

水平不同情况下，质量的高低亦可对产品的竞争力能力起决定性的作用。具体来说，比如价格居竞争劣势，但质量有竞争优势亦可使产品具备竞争力。创新因素包括多种含义，如型式创新、功能创新、材料创新、技术标准创新以及工艺创新等。尽管一些方面可以归之为质量因素，但二者毕竟有重大区别。在很大程度上说，创新是一种超前范畴，即在产品的构成上高于现行标准，创新因素所造成的是消费渴望的高度满足。因此，它往往可以在很大程度上改变价格竞争力的格局。比如，使产品在高价格水平条件下亦具有竞争力。

上述三个因素在各国产品上的不均匀分布，尤其是它们在各国产品上的不均匀变动，必然造成产品竞争力的差别以及竞争对抗格局的变化。这些差别和变化是触发产品竞争对抗矛盾的一个主要原因。

表15—2列出了一些国家制造业中小时平均工资水平。从表中可以看出，在各国间，工资的差异是很大的，在美国和日本之间，在所列年份内，工资的平均差别系数为1.7，这就是说美国的平均工资比日本高70%。显然，低成本是日本产品具有竞争力的一个优势因素。在美国与西欧国家之间，只有联邦德国与美国的工资差别系数较小，仅为1.2，其他国家均较大。美国与法国间的工资差别系数为2.26，美国与英国间的工资差别系数为2.22，美国与意大利间的工资差别系数为1.67。显然，从工资成本因素来考虑，西欧国家的产品，尤其是英国和法国的产品较之美国产品具有竞争优势。

在生产技术水平相近的情况下，通用技术产品（或称标准化产品）的竞争主要是价格竞争，因此，工资成本的差异对于一国产品的竞争能力影响很大。自60年代到现在，美国和日本、美国和西欧国家间就普通机械产品、化学品、钢铁产品以及汽车等方面所发生的贸易冲突，主要是以成本差异为基础的价格竞争，即具有低价格优势的西欧和日本的产品涌入美国市场，使美国本身的生产受到威胁。到80年代初，美国市场上销售的小汽车中，每4辆中就有一辆是外国产的。1960—1983年间，美国汽车在世界汽车市场上占的份额由52%下降到23%。1972—1982年间，美国制造业产品的进口渗透比例由23%提高到40%，其中外国产品的竞争优势起重要的作用。[1]

事实上，价格竞争存在着明显的级差阶梯，各国间不同的成本差异是构

---

① 《全球竞争——新现实》，第174—175页。

成价格差异的基础。然而，在发达国家与发展中国家间，成本差异对比显然处于另一个层次。从表15—2中可以看出发达国家间的工资差别系数。以南朝鲜与美国之间的工资差别为例，1972年，前者只有后者1/18，1985年也只有1/8。显然，成本优势是构成发展中国家产品竞争力的主要因素。在那些发展中国家已拥有生产技术的普通制造业产品领域，如纺制品、家用电器产品、普通机械产品等，发展中国家的产品（其中主要是新兴工业化国家的产品）的攻势已成为双方之间贸易摩擦的主要因素。在这种攻势面前，发达国家的企业要么放弃生产，要么从非价格优势上寻找出路。[①]

表 15—2 　　　　　制造业中工人每小时平均工资比较　　　　　单位：美元

年份	1972	1978	1979	1980	1981	1982	1983	1984	1985
美国	6.35	6.17	6.70	7.27	7.99	8.49	8.83	9.18	9.47
日本	3.05	4.59	3.96	5.01	4.92	4.78	5.01	4.85	5.29
法国	4.58	3.00	2.75	4.01	3.60	3.56	3.20	3.00	—
联邦德国	6.19	6.86	7.63	7.19	6.57	6.55	5.92	5.24	—
意大利	—	3.90	4.78	5.03	4.79	4.89	4.65	—	—
英国	3.26	2.74	3.51	4.42	3.92	3.59	3.46	2.95	—
南朝鲜	0.36	0.80	1.03	0.93	1.05	1.12	1.19	1.24	1.18
墨西哥	1.92	1.18	1.37	1.64	1.90	0.80	0.80	0.96	—
中国香港	—	—	—	1.10	1.15	1.39	1.28	1.44	—

注：按当年汇率把本国货币折算成美元，以美元计的工资波动主要受汇率变动影响。

资料来源：据联合国《统计月报》1986年第1期数字计算。1972年数字引自关于美国工业竞争力问题的总统委员会报告：《全球竞争——新现实》1985年英文版，第43页。

　　当然，在考察成本因素时不能不考虑劳动生产率。在工资成本和资本成本总量一定的条件下，劳动生产率是导致产品单位成本变化的关键因素。因此，也可以说，劳动生产率的差异是调整产品成本差异，调整产品竞争能力的因素。

----

　　① 比如，素有"照相机王国"之称的日本已受到来自新兴工业国家或地区的挑战。1980年日本的照相机进口达90万台，出口为30万台。强大的进口攻势使海尔保公司负债累累，濒临破产。其他像台式计算机、收录两用机等，日本产品的竞争优势也正在逐步丧失。见日本《日经产业新闻》1987年12月2日。

　　劳动生产率的对比包含两个内容：一是劳动生产率水平；二是劳动生产率增长速度。事实上，后者使前者成为一个变量，或者说与后者加以对比，是把前者放在动态条件下进行比较。

　　第二次世界大战后，美国的劳动生产率水平是最高的，这种高劳动生产率水平使得美国的单位产品成本在工时劳动成本较高的情况下亦能保持低水平，即高的劳动生产率抵消了高的工资成本，从而使美国产品具备价格竞争优势。但是，自60年代以后，美国的劳动生产率增长速度开始慢于日本及西欧国家。1960—1973年间，制造业人均产量增长率美国为3.3%，日本为10.5%、西德为5.8%、法国为6.0%、加拿大为4.3%、意大利为6.4%、英国为4.0%。[①] 由于劳动生产率增长速度上的差距，美国与西欧国家及日本间的劳动生产率水平上的差距在缩小。此后，这种趋势持续发展。1973—1984年间，制造业人均产量年增长率美国为2%，日本为6.7%，法国为4.5%，西德为3.5%。[②] 到1981年，美国制造业的劳动生产率水平与日本和西欧相比，差别系数仅分别为1.33和1.27（按小时人均产值计算，美国为31.5美元、日本为23.7美元、西德为24.9美元）。如果把工资差别系数与劳动生产率水平差别系数结合起来考虑，那么美国劳动生产率的水平已难以抵消高劳动成本了。迅速提高的劳动生产率加上低劳动成本使日本及西欧许多国家对美国拥有明显的竞争优势。[③] 当然，具体到各部门来说，劳动生产率的增长差距不同，因此，各类产品的价格竞争格局及变动千差万别。

　　劳动生产率的提高主要是技术的提高。但是，在不同的生产条件下，技术的含义具有不同的内容。在非自动化生产条件下，技术的提高主要是靠从事生产的人的技能。技能的高低决定着劳动生产率的差别。但是，在信息技术高度发达、生产自动化注入生产过程的条件下，自动化水平的高低在很大程度上决定着劳动生产率的高低。在现代生产中，由于自动化技术的发展，使发达国家中的劳动生产率发生了革命性的变化。自动化突破了人体生理的限制，使操作的频率大幅度提高。当然，自动化技术的发展不仅体现在生产

---

　　① 美国《国会记录》1979年，1—25 S 第690页。

　　② 美国《布鲁金斯评论》1985年秋季号，第14页。

　　③ 直到1986年美国劳动生产率的增长与其他发达国家相比才出现好转。该年美国的劳动生产率增长幅度为3.5%，而英国为2.9%，日本为2.8%，西德和法国分别为1.9%。劳动生产率的提高加上工资成本增长较慢，使美国制造业产品的单位成本显著降低，这无疑会有助于提高美国产品的竞争能力。当然，这能否是一个长期趋势转折的开始还有待进一步观察。参见中国《国际经贸消息》1987年8月7日。

的速度，也体现在生产的质量（通过精度提高来实现）上。因此，自动化技术发展的差别不仅影响价格竞争，也影响质量竞争。70 年代末，在美日和西欧国家之间，生产自动化发展程度的差别在影响他们之间的产品竞争力方面起着越来越重要的作用。

在一个时期内，价格竞争所触发的贸易对抗主要集中在技术普及型产品，或称传统工业产品上。但是，这种对抗随着生产技术的扩散范围扩大而转变着对抗的格局。在发展过程中，一旦生产技术变成生产中的无差别要素之后，成本差异就成为主导因素了。战后，传统制造业技术由美国向西欧和日本的扩散导致了第一次对抗浪潮，即美、日、西欧之间围绕化工、机械、钢铁、汽车等产品所进行的"贸易战"；随之，由发达国家向新兴工业化国家的扩散触发了第二次对抗浪潮，即围绕服装、纺织品、家用电器等产品所引起的摩擦。这种对抗不仅发生在美国与新兴工业化国家之间，也开始出现于西欧国家与新兴工业化国家之间，此后，范围还将进一步扩大。

质量竞争往往与创新竞争相联系，尤其是在新技术产品上，创新所产生的竞争力起着十分重要的作用。像在计算机产品领域，美国长期以来靠创新取胜。尤其是在大型计算机方面，技术性能和质量上的优势，使美国产品占据垄断地位。但是，在微型机、消费类电子产品方面，日本产品的功能创新使其在美欧市场及其他市场上几乎无与匹敌。从录像机、音响设备到电视机，日本靠不断改变技术性能，一直居产品创新潮流的前沿。这使得日本产品风靡世界市场。当然，在很长一个时期，日本这类产品的竞争力是靠创新加低价，这两个优势合起来使日本的这类产品在为数众多的国家占据主要市场。像 64K 半导体记忆芯片，70 年代初刚生产，到 80 年代初，日本占据了世界市场的 70%。[①] 在美国和西欧许多国家，当地企业在日本的强有力竞争面前难以生存。这不能不引起贸易摩擦。从产品创新竞争的形式来说，不同的创新对贸易冲突的作用不同。产品创新可分为两种：一种是现有产品基础上的创新；另一种是全新的新产品。后者虽然拥有绝对的竞争优势，但不会引起产品对抗，而前者由于对现有产品具有替代作用，会引起产品的对抗，对这类创新产品攻势的限制往往是贸易战的一个重要原因。

当然，产品的创新竞争所涉及的不只是产品的格局，而且还引起市场、

---

① 见《全球竞争——新现实》，第 175 页。不过不到 80 年代初，由于 64K 芯片生产技术扩及到新兴工业化国家，日本的部分市场被新兴工业化国家代替。

资源以及经济结构格局的变化。通过原有产品的过时，使原有产品市场格局和原有产业结构变得过时，原有产业失去竞争力而变成"夕阳产业"。这种对原有均衡的冲击影响巨大，必然引起对创新产品冲击的抵制。从这个意义上说，贸易摩擦或"贸易战"反映着一种新旧交替的冲突变换过程。

（三）贸易不平衡的矛盾

从一国角度来考察，贸易的不平衡表现为进出口之间的差别，即呈现贸易赤字或贸易盈余。一般地说，一国连年的贸易赤字或过度的贸易赤字，必然导致该国对进口的限制。从两国角度来考察，贸易的不平衡表现为两国间贸易交换量之间的差别，即一国从另一国的进口大于出口或出口大于进口，反过来也是一样。因此，两国间，一国的盈余总是以另一国的赤字为条件。一般地说，一国长期或过度呈现赤字时，对从对方进口的限制，或者说是对对方出口的限制就不可避免。尤其是当一国贸易不平衡造成连年或过度呈现赤字，且对方是导致这种不平衡的主要原因时，对对方出口的限制就会变得非常严厉。从多国角度来考察，或者说是从综合角度来考察，一则贸易的不平衡是不均匀地分布于各国的，二则贸易不平衡的格局是不断变化的。当着贸易不平衡过度集中于某一个或几个国家，或当着贸易不平衡格局的变化比较集中地涉及一国或几个国家时，贸易关系中的对抗因素必然增强。上述几个角度的考察中，无论哪一种对抗发生，都会形成贸易摩擦的基础。

贸易不平衡所导致的贸易摩擦虽然与产品的竞争力有直接联系，但是，二者并不能画等号。因为导致两国间贸易不平衡的原因可以由一方的进口限制和出口导向政策，或者说是对本国市场的强烈保护所致。比如，日本对美国和欧洲共同体的巨额盈余，固然有着其产品竞争力强的因素，但也与其对本国市场采取的强烈保护主义政策有直接关系。[①] 在此情况下所导致的往往是"全面的贸易摩擦"，即涉及对方贸易政策、市场结构等多方面的内容。当然，从所涉及的直接目标来说，总是那些竞争力最强的产品、对不平衡影响最大的产品首先成为被限制的目标。

80 年代以后，美日之间的贸易摩擦和"贸易战"，典型地表现为两国间贸易不平衡过度发展的结果。1980—1986 年间，美国对日本的贸易赤字由

---

① 比如按照美国人的说法，如果日本不对其半导体市场实行强烈保护，美国在日本市场上的份额就会很快由占 15% 提高到 55%。见英国《金融时报》1985 年 12 月 6 日。

111 亿美元猛增到 586 亿美元。美日间的贸易不平不仅特别严重，而且出现不断增大的趋势。不管导致这种严重不平衡的具体原因是什么，单就不平衡的程度和发展趋势而言，美国不会对这种发展置之不理。鉴于美国难以在短时间内通过向日本扩大出口来纠正不平衡，因而，最应急的手段是对日本出口产品实行限制。如果考虑到下述两个因素，则美日之间的贸易摩擦更增加了紧迫性和激烈程度。一则，在此期间内，日本整个对外贸易的盈余迅速增大，由 1980 年的 107 亿美元赤字转变为此后连年盈余，盈余额由 1981 年的 87 亿美元猛增到 1986 年的 827 亿美元，且日本的贸易盈余主要是由对美的贸易盈余构成的。如 1984—1986 年间，日本对美国的贸易盈余占其整个对外贸易盈余的比例分别为 113%、103% 和 63%；① 二则，在此期间内，美国整个对外贸易的赤字迅速增大，由 1980 年的 396 亿美元猛增到 1986 年的 1663 亿美元，美国对日本的贸易赤字占其整个对外贸易赤字的比重由 30.4% 升到 34.5%。日本不仅是构成美国贸易不平衡的主要因素，而且所起的作用不断增大。这样，美国把日本作为纠正贸易不平衡的主要目标是必然的。

西欧与日本之间的情况与美日之间有些类似。1980—1985 年间，日本对欧洲共同体国家的贸易盈余由 108 亿美元增到 124 亿美元，对日本的贸易赤字占欧洲共同体整个对外贸易赤字的比重由 12.7% 增到 67.8%，这样，日本成为欧洲共同体贸易不平衡的主要因素。如果考虑到此间欧洲共同体进出口值都绝对下降，而日本向欧洲共同体的年出口值却增长了 17%，那么日本的出口攻势就显得特别突出了。到 1986 年，欧洲共同体方面的赤字进一步猛增到 226 亿多美元。② 在此情况下，不难设想欧洲共同体国家与日本之间不发生贸易冲突。

美国与新兴工业化国家和地区之间虽然在 70 年代就存在着贸易不平衡，但是，贸易不平衡发展到比较严重的地步，且成为恶化美国整个贸易不平衡的重要因素，则是在 80 年代初。

在发展中国家，美国的传统市场在拉美，与这个地区国家贸易的突出特点是，对方既是美国的重要进口市场，又是美国的重要出口市场，在长期的贸易中，美国方面呈高度顺差。然而自 70 年代初，美国与亚太地区的贸易

---

① 超过 100% 意味着与美国的贸易盈余用来弥补与他国的贸易赤字。
② 《统计月报》1986 年第 5 期；《贸易方向统计年鉴》1987 年。

发展迅速，1965—1980 年间，美国从菲律宾、新加坡、南朝鲜以及中国香港和中国台湾的进口，在美国进口中的比重由 4.1% 提高到 7.4%，美国方面的赤字出现了不断扩大的趋势。1980—1986 年间，美国与南朝鲜的贸易由 2.5 亿美元盈余转为 71.4 亿美元的赤字，与中国香港的贸易赤字由 23.4 亿美元增到 64.4 亿美元，与东盟五国的贸易赤字由 38.2 亿美元增到 67.8 亿美元（此间对东盟的出口出现了绝对下降），与上述 7 个国家或地区的贸易赤字就占 1986 年美国对外贸易赤字的近 18%。[1] 这样的不平衡格局和趋势必然会促使美国采取行动。

当然，如果对贸易不平衡做进一步分析，那么我们可以看到，导致贸易不平衡的原因主要有两个：一是竞争力的对比；二是结构性的差异。前面我们已经对产品竞争力的问题进行了分析。当一国某类产品处于全面竞争劣势的情况下，不平衡不仅表现为进口产品大量涌入导致局部（此类产品范围的）赤字，而且会使该行业的国内生产面临生存危机。从不平衡角度来说，倘若该类产品的贸易赤字不能由其他类产品的贸易盈余来加以弥补，那么这方面的赤字就成为整个不平衡时主要因素了，在此情况下，纠正不平衡，即限制进口便不可避免。至于从对国内生产冲击的角度来考虑，那么，对进口实行限制就更为迫切了。在许多情况下，保护主义的压力往往更多地来自后一个方面。

结构性的差异主要体现在两个方面：其一是市场管理结构，这主要是指一国市场的开放程度。如前所述，日本高度保护市场是造成该国与他国贸易不平衡的一个重要原因。当然，市场保护的结构更多地体现在对不同产品实行的不同保护措施，对那些竞争力差的产品各国都实行不同程度的保护。从不平衡发展的角度来分析，在此情况下，贸易不平衡的纠正不能由产品竞争力本身的改进来解决，因此，贸易摩擦往往表现为市场管理政策之争。比如，在美国、西欧和日本之间，压日本开放市场一直是贸易摩擦过程中的一个焦点。其二是市场吸收结构，这主要是指一国市场对各类产品的吸收能力。各国间市场吸收能力的差别往往造成贸易上的结构性不平衡。最突出的例子莫过于石油输出国与发达国家之间了。在石油大幅度涨价、石油输出国出口收入猛增之时，由于这些国家经济结构上的限制，对发达国家的工业品进口虽有显著增长，但这种增长终归有限度。事实上，吸收能力的差别既有

---

[1] 《贸易方向统计年鉴》1987 年；美国《经济统计评论》1985 年第 1 期，第 109 页。

宏观因素，也有微观因素。宏观因素表现为外部市场与国内市场之差。从理论上讲，由于存着世界市场，一国生产的规模便不受国内规模的限制，因此，在一国具备产品竞争优势的情况下，出口必然会大于进口，从而获得大量盈余。从两国关系来说，一国向对方的出口量也并不以本国的进口量为限度，在出口的产品结构上也是如此。因此，像日本这样的国家，即便国内市场全部放开，自身吸收能力也有限，只要该国仍具有竞争能力，贸易顺差便仍会大量存在（当然，条件是各国不对其出口采取严厉限制，或者不实行极端的平衡政策）。在美国与新兴工业化国家或地区间也是如此，生产和需求结构上的差别使美国对这些国家或地区的产品有大量需求，而这些国家或地区对美国的大宗出口产品却需求（即市场吸收力）甚少，除非美国采取强制性限制，否则不平衡会继续存在。

显然，贸易不平衡本身是由多种因素生成的，每一个方面的因素又都可能引起贸易摩擦。

第三节　国际贸易摩擦的制约因素与协调

贸易摩擦或"贸易战"的形式是多种多样的，一般地说，当事国通常会采取下列手段：

——提高关税，这包括直接提高关税税率或征收附加税。当被征收高税率的国家作为报复亦相应地对对方的出口征收高税率时，这就引起"关税战"。在第一节里，我们已经了解美欧之间在农产品、钢铁等产品的进出口上所多次发生的"关税战"。

——建立非关税壁垒。非关税壁垒的形式很多，据调查，已经使用的有几百种之多，主要的有限额、配额、技术标准、安全规则、管理程序、时间安排等。当一国对外国商品的进入实行限制时，通常最直接的措施就是对产品规定限额或配额（限额可分为数量限额、增长幅度限额或市场份额限额）。如果说限额和配额是公开的壁垒，那么其他的手段则是隐蔽的壁垒。比如，只要改变一些产品的进入时间，就可以使那些产品因"季节性过时"而不能销售。如果被限制对方也采取对应的报复措施，则可导致诸如"配额战"等多种形式的贸易对抗。

——变动汇率。一般来说，通过本国货币贬值迫使对方货币升值，就可达到使对方商品价格提高，削弱其竞争力的目的。如果被迫使升值的货币国采取使自己的货币强制贬值的措施，则会发生"汇率战"。

上述每一个方面都可以导致连锁反应，形成"关税战"或"汇率战"的浪潮。一种情况是，一国同时对多国实行限制，从而引起多边反应；另一种情况是，一国对另一国实行限制，而后者把限制的损失转嫁到他国，从而引起他国的报复性反应。因此，在一些情况下，贸易摩擦或"贸易战"无论在范围上还是在时间持续上都有可能呈现扩大的趋势，由双边发展到多边，由平面发展到立体。

鉴于这种特征，许多人一向把贸易摩擦和"贸易战"看作是资本主义国家"矛盾日益加深"的标志，必然导致"更尖锐、更激烈、更大范围的矛盾和冲突"，"斗争愈演愈烈"。[1] 事实上的发展表明，这种观点未免失之偏颇。尽管在战后的年月，各种类型的贸易摩擦或"贸易战"此起彼伏，但是，一则，贸易摩擦或"贸易战"总是限制在一定的程度和范围，尤其是贸易战，真正形成规模的不多，没有出现"愈演愈烈"的局面；二则，贸易摩擦或"贸易战"并未造成贸易发展的严重障碍，它们贯穿于贸易增长过程之中，随贸易的增长而不断找到缓和或解决的出路。为什么会出现上述特点？显然，只分析导致贸易摩擦和贸易战的致因是不够的，还必须分析世界贸易中所不断增长的对贸易摩擦和"贸易战"的制约因素。

国际协调机制是制约贸易摩擦和"贸易战"的重要因素之一。这里所说的国际协调主要指国际的制度性协调。所谓制度性协调，亦称机构协调，是由国际贸易组织来进行的。关税及贸易总协定是限制贸易摩擦和"贸易战"升级，协调各国间行动规范的主要机构。在关税规范方面，经过多次多边谈判，发达国家间工业品的关税已降到很低的水平，发达国家与发展中国家间也就关税互惠或不对等优惠达成了各种安排协议。因此，"关税战"一旦爆发，就会受到来自制度规章的制约，使其不能扩大和持久。由于非关税壁垒名目繁多、构成复杂，虽经"东京回合"制定了限制非关税壁垒规约，但仍约而不止。不过，在限制范围内，任何成员国都可以根据规定对非规范行为向关税及贸易总协定提出起诉。这就使得各国在设立非关税壁垒时不得不加以收敛。从联合国贸发会议文件提供的资料来看，1981—1986 年间，发达国家在全部进口中的非关税措施贸易涉及比率

---

① 《战后帝国主义经济》，上海人民出版社 1975 年版，第 107 页；基尔萨诺夫：《美国与西欧，第二次世界大战后的经济关系》（中文版），商务印书馆，第 266 页。

（指非关税限制措施包括的进口值占总进口值的百分比）不仅没有提高，反而有所降低，1981 年为 27.3%，1986 年为 20.3%，尽管此间某些类别产品中的非关税贸易涉及比率出现提高趋势，贸易冲突在这些领域不时变得激化起来。1986 年由关税及贸易总协定进行的新一轮多边贸易谈判"乌拉圭回合"已经开始，该回合对 80 年代以后出现的贸易保护主义的新趋势及其他严重妨碍国际贸易发展的问题将制定新的行动规范条例。显然，战后国际协调机制的不断发展和完善对于促进国际贸易的发展起着十分重要的作用。作为对比，人们往往经常提及 20 世纪 20 年代末，由于没有一个有效的国际协调机制，各国争相采取"以邻为壑"的贸易保护主义，致使贸易冲突和贸易战恶性发展，终于成为加速 30 年代大危机到来并使之持续恶化的重要原因。如今不同了，国际协调机制已经建立起来，国际协调变得制度化和经常化了。这种制度化和经常化的国际协调成为各国间贸易关系发展的一个必要有机组成部分。①

市场结构的国别力量不均衡既是导致贸易摩擦的一个因素，也是制约贸易摩擦和"贸易战"的重要因素。市场结构的不均衡包括许多方面，主要是市场实力结构和市场依赖结构。市场实力结构，从总体上来说是各国在世界市场上占的份额，即所拥有的实力地位，从国别间对比来说，则是各国贸易实力的对比（不仅是数量，而且还有产品的数量结构）。市场依赖结构，从总体上来说是各国经济对世界市场依赖的程度（贸易占经济中的比重），从国别间关系来说，则是各国对对方市场的依赖程度。对于上述两个方面的结构，已经在本书第三编里加以详述了。在那里的分析中，我们看到，不平衡的结构导致了不对称的贸易关系。从根本上说，结构上的不均衡，尤其是结构不均衡的变动，是导致贸易摩擦和"贸易战"的重要原因。然而，不均衡之所以又会成为贸易摩擦或"贸易战"加剧的制约因素，主要基于下列原因：

——在实力地位对比严重不均衡的情况下，当限制者居于强势，而被限制者居于劣势，则被限制者往往缺乏采取对抗或报复措施的力量，其结果，贸易摩擦以后者的退让为结局。在此条件下，贸易摩擦就不会升级。②

---

① 国际协调是一种制约因素，并不是根除贸易摩擦的机制。第二节的分析表明，摩擦产生自国际贸易关系本身。因此，用保护主义不断发展来否定国际协调机制的作用是不应该的。

② 在此情况下，后者往往以发展新产品或开拓新市场加以对应。

——在经济对世界市场依赖程度对比严重不均衡的情况下，依赖程度大者因承受市场动荡的能力小，往往不愿冒发生严重对抗的风险。当实行限制者的经济依赖程度较小时，被限制者要么退让寻求其他市场以补偿，要么屈从，接受限制条件。

——在对各自市场依赖程度存在严重不均衡的情况下，当限制者对对方市场依赖程度较小，而被限制者对对方市场依赖程度较大时（尤其是后者缺少替代选择机会时），则被限制者不敢贸然采取对抗或报复行动，以免招致更大的限制。

在实际的发展中，上述几种情况的例证是很多的。比如，美国对日本的汽车出口实行限额，压日本接受自动限制方式，因日本汽车生产严重依赖出口，美国市场又是其主要的出口市场（1985年向美国的出口占日本汽车出口总额的62%），日本不敢对美国采取对抗措施，只有接受"自动限制"条件。美国对来自发展中国家和地区的纺织品实行配额限制也是如此，由于后者严重依赖向美国市场出口，且纺织品出口在整个出口中占据重要地位，加之本身缺乏与美国直接对抗的力量。因此，接受配额是后者的唯一选择。美国单方面宣布自1988年停止给予南朝鲜、新加坡、中国香港和中国台湾的贸易优惠待遇，对此，这四个国家和地区只有接受，而无力采取对抗措施。

事实上，对外投资作为出口的一种转移或替代也是对贸易冲突和"贸易战"的重要缓冲因素。在具备对外投资的条件下，在出口上受到直接限制，可以通过进行投资"当地生产当地销售"或转地销售来加以缓冲。60年代，在欧洲共同体对外树起共同关税壁垒的时候，美国就是用扩大对欧洲共同体国家的投资，绕过关税壁垒，扩大在那里的市场份额的。如果没有美国公司迅速扩大的直接投资，美欧之间的贸易摩擦或"贸易战"无疑会比所表现出来的要严重得多。到80年代初，当日本与美国、日本与西欧国家之间的贸易冲突变得空前严重的时候，日本就是用扩大向美国和西欧的投资来加以应对的。日本的三大汽车公司都在美国建立了独营或合营厂，日本的电子公司如索尼、松下也都在西欧国家迅速建立起了工厂。[①]

---

① 譬如，就在法国宣布把日本录像机海关检验放到普瓦蒂埃进行不久，日本的胜利公司就与汤姆森—布兰特公司达成合资经营协议，拟议中的生产量超过胜利公司向法国的出口量。到1984年，日本在西欧直接生产的录像机已相当于西欧厂家的生产量（达110万台）。

由于对外投资的发展，贸易不平衡的格局和程度实际上被扭曲了，从而造成了一些假象。譬如，1982—1985 年间，美国在海关税号 806 和 807 项下的进口增加了 67.8%，超过此间美国进口总额增长速度 26 个百分点。1982年美国此两项下的半导体进口为 31 亿美元，相当于美国半导体进口总额的75%。[①] 显然，美国半导体进口中，大部分是美国在海外投资的公司的返销产品。据一位日本人士提供的数字，1984 年美国在日本投资的 300 家大公司在日本的销售额为 439 亿美元，日本在美国投资的公司的销售额为 128 亿美元。这样，美国通过直接投资向日本的"出口"比日本通过直接投资向美国的"出口"多 311 亿美元，这个数字大于日本通过正常贸易渠道对美国的盈余。美国在日本的投资相比之下是很少的，如果用这个指标比较美国在西欧的投资和在新兴工业化国家的投资，那么，美国的盈余就更大得多了。难怪尼克松任总统时的经济顾问委员会主席赫伯特·斯坦因说："在贸易赤字高额增长的同时，我们也可以有正常的经济发展。"[②]

当然，值得特别强调的是，在世界市场上，各国间逐步发生和加强的相互依赖、相互牵制的利益关系成为制约贸易冲突和"贸易战"恶化的内在基础。正如在本书第一编里所指出的，在国际贸易高度发展的今天，各国间的贸易关系是立体的，各国间的利益是立体交织在一起的，也就是说，双边的贸易关系与多边的利益关系相联系。在此情况下，局部的冲突或对抗实际上会涉及广泛的利益基础。因此，通过国际贸易所构成的各国间的相互依赖和牵制的利益关系机制产生着内在制约力，尤其是对严重对抗的制约力。在此情况下，"贸易战"只是作为一种"最后的手段"，大量的贸易争端或冲突都是通过双边协调和谈判解决的。[③] 事实上，各种各样的贸易谈判（主要是在政府间）成为缓解矛盾，解决争端和摩擦的主要方式。在许多情况下，虽然谈判一拖再拖、数度中断，有时几乎破裂，但经过讨价还价，最终大多达成协议。以 1982 年美国与欧洲共同体就后者向前者出口钢铁制品的谈判为例，谈判自年初开始，6 月 11 日破裂，但到 10 月 21 日，即美国宣布执行对共同体输美普通钢和特种钢征收抵消关税的前一天，便达成了协议，欧洲共

---

① 此两项是指在美国生产和加工途中的金属制品到国外加工后再进口，以及在美国生产零部件，在国外装配再进口。所引数字见中国《国际经贸消息》1987 年 8 月 9 日。

② 美国《新闻周刊》1987 年 4 月 13 日。

③ 正如欧洲共同体负责对外关系的专员哈弗尔坎普在谈到美欧贸易冲突时所说："贸易伙伴们有共同的政治和经济上的需要，他们经不起一场贸易战。"据路透社华盛顿 1982 年 2 月 8 日电。

同体同意作出让步，接受出口增长幅度限额，美国则停止执行征收抵消关税的制裁。这个协议一直稳定地执行了 3 年，直到 1985 年年底才又出现新的冲突。[①] 再如，80 年代初以后，日本半导体及电器产品向美国出口攻势使美国受到强大压力，双方经过艰苦的谈判于 1986 年达成了以限制日本产品出口增长过速的半导体产品贸易协议。到 1987 年 3 月底，虽然美国认定日本低价倾销，宣布对其半导体产品征收 100% 的惩罚性关税，但被征额只有 3 亿美元，只是象征性的，且随后不久即因日本作出许诺而自行放宽。

从世界经济的发展来考察，各国经济对世界市场的依赖越大，则各国经济间的交往程度越深。各国经济间交往程度越深，不仅在发展上相互依赖和相互牵制越多，而且在利益上所凝成的共同点也越多，越来越多的共同利害关系则形成一种日益增强的内在稳定机制。尽管矛盾和冲突贯穿于国际经济关系运动的全过程，但是，稳定与发展成为共同利益要求的主流。[②]

---

① 美国《纽约时报》1985 年 12 月 31 日。
② 当然，由于各国所能分享的利益结构存在着严重的不平衡，因而在对待稳定与发展的要求上存在着分歧乃至矛盾和斗争。这方面的分析参见本书第三编。

第 十 六 章

对外开放与对外依赖

国际经济关系中的严重不对称结构和发展中国家经济的长期不发达，使人们对落后国家实行对外开放、参与国际经济分工的后果产生怀疑。发展中国家会从对外开放中受益吗？在现行国际经济体制中，发展中国家的经济能够取得真正的发展吗？这些无疑都是值得深入分析的问题。

第一节　开放与依赖发展

按照李嘉图的比较利益理论和俄林的资源优势分工理论，各国在参与国际交换中只要充分利用各自的优势，都可以从中得到比不参加国际交换更多的收益。因此，进行国际交换，参与国际分工是增加经济财富、促进经济增长的重要选择。然而，40 年代末和 50 年代初，以保罗·普雷维什为首的一批拉丁美洲的经济学家对此提出了反证。他们利用统计资料表明，长期以来，在国际市场上，制成品的价格和初级产品的价格存在着不同的发展趋势，制成品的价格趋于上升而初级产品的价格趋于下跌。由此，他们得出结论，鉴于发达国家出口的是工业制成品，进口的是初级产品，而发展中国家出口的是初级产品，进口的是工业制成品，发展中国家不能从国际贸易中得到好处，在国际交换中，发展中国家的贸易条件不断恶化。发达国家与发展中国家间的关系形成一种中心与外围的格局，这种关系格局再生产出不发达的条件和增大发达国家与不发达国家间的差距。

到 60 年代中期，一些学者进一步提出了依赖性增长的理论。他们认为，发展中国家的经济增长是受工业化世界的增长制约的，所有发展中国家都具有"依赖性制约"的特征，发展中国家的不发达是由工业化世界所规定的。

因此，他们提出，中心与外围是资本主义体系的一个基本结构，这个结构本身不断地再生产出外围国家对中心国家依赖和不发达的条件。中心与外围是相互依赖的，但是存在着根本的不对称，因此，发展中国家的依赖性和不发达是结构性的。用冈德尔·弗兰克的话说是国际体系的富裕与贫穷关系生产和维持穷国的不发达，"即富国使穷国处于不发达"。[1] 无论是普雷维什的理论，还是后来的"依赖理论"，都不仅对经济学界，而且也对发展中国家的经济发展战略，以及对某些国际组织的活动产生过很大的影响。

的确，在发展中国家对外开放过程中存在着依赖性发展的可能性与现实性。对外部资金依赖的增长是最突出的问题之一。发展中国家发展现代工业所需的技术、设备需要进口，进口需求往往随工业化进程的发展而增大。从根本上来说，进口所需外汇资金靠出口来提供，出口能力限制着进口的规模，然而，技术和设备进口具有内在的连续性和自生自增趋势，因而，在工业化进程中进口增大所导致的资金需求增长往往出现加快的趋势。鉴于发展中国家的出口能力往往不能与工业化发展同步，尤其是初级产品出口价格不稳，出口收入水平低，使得出口收入的增长赶不上对外汇资金需求的增长。为了弥补资金缺口，维持进口，必然增加借债。在正常情况下，债务的增长不会突然加速，然而，在外部市场条件恶化，出口受阻或出口价格出现较大幅度下跌的情况下，对外借债增多加上偿债能力降低，会使债务剧增，甚至出现债务危机。一旦这种情况出现，对外部资金的依赖就会脱离工业化发展的需要而进一步恶化。从对外开放程度较高的新加坡、南朝鲜、巴西等国的情况看，60 年代初到 80 年代初，进口几乎年年大于出口，贸易赤字曾出现不断增大的趋势，而同期，债务不断增大，尤其是在 70 年代中期和 80 年代初的经济危机时期，债务的增长大大超过出口的增长速度。

对外部技术的严重依赖突出地表现在发展中国家的自有技术供给能力提高缓慢或没有提高，对技术进口的依赖随着工业化进程的发展而加深。发展中国家对外部技术的依赖性增长的主要原因是技术转让不能顺利进行。正如美国国会技术评议局在一份研究报告里所指出的，技术的吸收要比技术的贸易难得多，尽管技术贸易增长迅速，但技术转让却相当有限。[2] 技术之所以难以向发展中国家转让，其原因大致有：

---

① ［英］杰弗里·A. 哈特：《新的国际经济秩序》，麦克米伦出版公司 1983 年版，第 10 页。
② 美国国会技术评议局：《向中东的技术转让》（英文版），1984 年，第 9 页。

——技术拥有者不愿意使技术真正转让，以便通过掌握技术垄断权而保持技术出口优势。

——在跨国公司作为技术的主要使用者和出售者的情况下，技术的跨国交易只体现为技术的公司内部转让，而没有向当地扩放。

——发展中国家缺乏消化能力，技术的使用不能够转变成技术创造力。由于技术创造能力不能随技术的引进而增长，其结果，技术需求的增大表现为对技术进口需求的增加，即随着经济的发展而对外部技术的依赖性增强。技术高度依赖不仅会使技术引进费用增加，而且会导致"技术控制"，即技术引进的条件、种类乃至使用范围往往受技术拥有者控制。在此情况下，技术上的依赖往往不反映经济发展的内在需求，而受制于技术交易的利润动机，从而使技术引进者失去技术选择与技术使用的主动权。

跨国公司的控制是发展中国家对外开放中遇到的一个严重问题。引进跨国公司的投资能够使发展中国家解决投资资金缺乏的困难，而且还会带进技术、管理等综合经营要素。在许多情况下，引进跨国公司的投资是迅速发展当地工业、开创经济发展环境的有效途径。但是，跨国公司的大量涌入也可能带来一系列问题：

——跨国公司的经营和发展自成体系，东道国难以控制或管理，从而使跨国公司的经营主要服从本公司的内部分工利益，只着眼于开发与利用当地的有利可图的资源，使跨国公司的经营成为独立于当地经济体系之外的"孤岛经济"。

——跨国公司在关键部门居支配或重要地位，而当地企业难以取得发展并与之竞争。由此，领先部门增长的主要动力来自跨国公司，整个经济的发展严重依赖跨国公司的发展。

——经济增长的主要收益流入跨国公司，造成"虚假的增长"，或形成"有增长而无发展"，民族经济不能随着经济的增长而壮大。

——东道国出口部门中跨国公司居主要或重要地位，这不仅使跨国公司拿走大部分出口收入，而且通过跨国公司内部贸易使东道国蒙受损失（比如压低出口价格、抬高进口价格）。[①] 问题在于，在跨国公司拥有控制力的情况

---

① 据调查，巴西50%的工业品出口，新加坡91%的工业品出口，墨西哥1/3的制成品出口都是由跨国公司进行的。在有的行业，如汽车、电器等，跨国公司控制的程度接近100%。《跨国公司与国际贸易》1985年，第10页。

下，发展中国家的经济发展严重依赖于跨国公司的扩张，在跨国公司与当地经济之间造成一种有利于前者而不利于后者的依赖关系。

发展中国家在对外开放中所遇到的问题不仅在理论界引起广泛的辩论，而且在实践上也引起许多发展中国家采取行动。60年代中期和70年代初，许多国家对跨国公司采取了国有化、收回所有权的激烈措施，有些国家则制定了更为严厉的限制性措施。发展中国家利用许多机会揭露技术转让中的不合理现象，谴责跨国公司的垄断和剥削行为，要求国际社会制定公平技术转让法则和跨国公司行动守则。

然而，在现实发展中，发展中国家在对外开放中所遇到的严重问题并没有导致像一些激进学者所主张的那样，使发展中国家与发达国家脱钩，而是促使各国采取更加策略和现实的政策。人们的注意力由参与国际交换和分工"是否受益"，更多地转向"如何受益"，制定什么样的政策和战略才能使自己少受控制和损害，以取得经济的真正迅速发展。到80年代初，在发展中国家中，采取更加开放的政策，大力吸收外国投资、引进技术，成为一种具有代表性的趋势。看来，究竟是在开放和发展中减少依赖性发展，还是通过把自己封闭起来割断对外依赖的联系，这个问题已有明确的定论了。

第二节　开放与开放战略选择

发展中国家在国际交换和国际分工中处于不利的地位，对外开放过程中存在着依赖性发展的可能性，但是，也存在着可供利用的国际环境和机会。因此，采取什么样的开放与发展战略是至关重要的。

鉴于存在着初级产品与工业制成品间的不等价交换，普雷维什提出了进口替代（1mport Substitution）战略。进口替代战略的基本构想是通过引进外资在国内发展制造业，代替从国外进口制成品，从而卡断初级产品与制成品间的直接交换关系，改变发展中国家的不利地位。

进口替代战略无疑可以推动国内工业的发展。引进的外资、进口的工业设备，加上对国内市场的有力保护，曾使实行进口替代的拉丁美洲国家在较短的时间内发展起了制造工业。然而，经过一个时期的发展，进口替代战略的弊端就越来越多地暴露出来：一是进口替代工业发展负担加重；二是进出口格局没有得到改变。进口替代工业发展负担加重的主要原因是对设备、技术及资金的进口需求不断增加，高保护政策无异于为外国公司开辟了一个替代出口的安全市场，其结果是进口替代工业反而抑制了其他工业的发展。进出口格局之所以没有得到改变，是因为替代工业产品并不致力于出口，而用于支撑设备、技术进口的仍然是初级产品的出口。因而，进口替代效应并没有如期发挥作用。

进口替代作为一项开放和发展战略之所以不能如预想的那样奏效，原因之一是它实行"半封闭式"内向发展，只着眼于最终产品替代，而忽视替代机制的构成条件、替代效应所产生的其他影响，以及对进口替代的综合配合。事实上，进口替代是进口密集型的发展，既需要进口资本品，也需要进口中间产品来维持生产和增长。这样，外汇平衡就成为一个突出的问题。为了增加外汇收入，唯一的选择是增加初级产品的出口。因此，在进口替代战略之下，初级产品在出口中占主导地位的格局不仅不会削弱，反而会加强。同时，由于国内市场的高保护政策和生产规模受国内消费规模的制约，使得替代工业往往失去技术更新的动力和缺乏应有的规模经济要求。从本质上说，进口替代战略是一种内向发展战略，其基本的出发点显然带有尽可能减少工业发展对外部依赖的意图。作为一种局部发展政策，即作为建立工业基础的起点来实行是有意义的，然而作为一项全面开放战略却弊端颇多。从整个世界经济发展的规律来看，这样一种与民族经济外向化、世界经济一体化大趋势相悖的战略，将会使国别经济的发展失去利用世界经济发展能动性优势的机会。

出口导向战略是60年代末以后一些发展中国家或地区实行的一种开放和发展战略，其基本特征是：通过利用外资，发展面向世界市场的加工制造业，把出口作为发展生产的主要动力。与进口替代战略不同，出口导向战略是一种外向型发展战略。无论是在产品结构、还是在生产规模上，都以世界市场的需求和变化为基础。由于出口导向工业的发展摆脱了国内消费现有模式、规模等方面的限制，其好处，一是使其发展建立在一个较高的技术与规模水平上，处在一个动态发展环境里（国际市场变化在此情况下变成一个内在的动力），因而，出口导向工业往往表现出极大的发展活力，成为推动整个经济增长的领先部门；二是进口为着发展出口，且出口收入反过来成为进口的资金来源，因而，进出口之间形成一种有机的联系，进而成为推动经济发展的机制。

实行出口导向战略的国家或地区的最突出成效体现在：

　　——出口取得高速增长；

　　——出口结构发生显著转变，由以初级产品为主的结构转变为以制成品为主的结构；

　　——出口增长成为整个经济增长的动力；

　　——整个经济结构发生显著变化，制造业部门比重显著提高；

　　——人均国民产值迅速提高，跃入中上收入国家行列。

　　南朝鲜是一个比较典型的例子。1962—1985 年间，出口增长年平均接近 20%，制成品出口所占的比重由 27% 升到 91%。国内生产总值年平均增长率超过 8%，制造业年平均增长率达 15%，到 1985 年按人平均的国内生产总值达到 2150 美元。① 其他国家或地区，像新加坡和中国香港、中国台湾以及巴西等也都取得类似的发展成效（见表 16—1）。

表 16—1　　　　　　实行出口导向战略的几个国家和地区发展指标比较

年份	出口结构①				制造业年增长率		国内生产总值年增长率		人均国内生产总值	
	初级产品		制成品						年增长率	人均额（美元）
	1965	1985	1965	1985	1965—1980	1980—1985	1965—1980	1980—1985	1965—1985	1985
南朝鲜	40	9	60	91	18.8	9.0	9.5	7.9	6.6	2150
中国香港	13	87	8	92	—	—	8.5	5.9	6.1	6230
新加坡	65	41	35	59	13.3	2.1	10.2	6.5	7.6	7420
巴西	91	59	9	41	9.8	—	9.0	1.3	4.3	1640
中下等收入国②	91	78	9	22	7.3	3.2	6.3	1.6	2.6	820
发达国家	30	24	70	76	4.0	3.0	3.7	2.3	2.4	11810

　　①占出口总额的百分比。②指发展中国家的中下等收入国家。

　　资料来源：《世界发展报告》，1987 年。

　　由于这些国家或地区经济结构、经济发展水平以及其他方面的巨大转变，使得他们成为发展中国家中的新兴工业化国家和地区。新兴工业化国家和地区的出现是战后世界经济发展中的一个重要现象，也使国际经济关系格局发生某些新的变化。鉴于新兴工业化国家和地区在世界经济中的地位显著提高，他们与发达国家的关系出现了许多新的特点，美国左派学者沃勒斯坦

---

　　①　《金融与发展》季刊，1983 年 6 月号，第 21 页。

（Immanuel Wallersten）开始把他们称之为"半外围国家"。① 不管这种说法是否科学，但它毕竟表明，"中心—外围"格局并不是不可以打破的。

出口导向战略之所以取得显著成效，其重要原因之一是抓住了机会，顺应了世界经济中发展的大趋势，发挥了自身的相对优势。自 60 年代开始，发达国家中，其中首先是美国，生产的国际分工出现了新的格局。由于国内劳动成本迅速提高，劳动密集型工业及生产程序中劳动密集型工序大量向海外转移。跨国公司通过把生产迁到国外，或者把零部件运到国外组装以降低生产成本，保持和提高产品的竞争能力。显然，对于拥有低成本劳动力资源的发展中国家，这无疑是一个绝好的机会。面对这种机会，发展中国家可以采取两种战略：其一是把发达国家的跨国公司引进来，使他们把生产的基地或装配车间迁到当地，在较短时间内发展起外资经营为主导的劳动密集型工业。由于跨国公司着眼于劳动力资源，而并非当地市场，因而，产品主要是面向返销或其他国际市场的。其二是把发达国家的生产或部分工序接过来，通过借入外资，引进成套生产线，或进行来料加工或进行装配，建立起加工装配为主体的劳动密集型工业。由于发达国家把这类生产转移出去，造成国内结构性空缺，因而产品在发达国家不仅有竞争力，而且也有需求市场。这两种战略的共同特点是生产属外向型的，产品面向出口，其中主要是发达国家的市场。巨大的外部需求市场为出口导向型产业的迅速扩大提供了一个广阔的基础。事实上，中国台湾、新加坡主要采取了前一种战略，而南朝鲜主要采取了后一种战略。

从表面上来看，出口导向工业会成为整个经济中的"孤岛"，而不与其他部分相联系，事实上不然，出口导向工业对经济发展的传导机制有：

——通过对劳动力资源的动员和利用。由于劳动就业增加，就业者收入增加，从而创造一个不断扩大的国内消费市场，国内消费市场的形成和扩大为国内经济的发展提供了基本条件，变为生产和服务工业发展的牵引力量。

——通过派生部门的发展。出口导向工业的发展不是孤立的。由于它们的发展必然会导致一系列派生部门或者关系产业的发展。比如，与出口导向工业有关的次级转包或供货工业，为出口导向工业服务的金融业、修理业、信息业（咨询、电讯等）、交通运输业、电力工业、公共基础设施及服务业

---

① ［美］哈罗尔多·姆诺斯编：《从依赖到发展，克服不发达与不平等的战略》，西方观点出版公司 1987 年版，第 269 页。

等等。从而形成一个以出口导向工业为主体的产业群体。

——通过技术的扩散和竞争的意识，加上政府保护和支持当地工业发展的政策，从而推动当地工业的创立和发展。因此，在实行出口导向工业的国家和地区，出口导向工业与整个经济的发展呈同步趋势。

当然，实行出口导向战略必须具备一些基本的内部和外部条件。从内部条件来说，主要的要求是：

——拥有较好的基本素质或拥有易于提高素质的丰富劳动力资源；

——较好的基础设施，或易于改善基础设施的基本条件，便利的交通（包括地理位置的优势）；

——拥有较好的和稳定的政治社会环境，能提供比较优惠的待遇。

从外部条件来说，主要的要求是：

——易于获得资金，且贷款条件比较优惠；

——持比较积极态度的外国投资者；

——最重要的是一个不断扩大的、稳定的和易于进入的外部市场。

显然，并非所有的国家都能有效地实现出口导向战略，同时也并非在任何条件下都能顺利地执行出口导向战略。因此，盲目推崇和推行出口导向战略势必会出现问题。

另外，也应看到出口导向战略也可能会带来一些比较严重的问题，或者在一定条件下使出口导向机制失灵并进而产生副作用：

——在实行"引进来"战略的情况下，容易造成跨国公司控制出口导向工业的局面。如果缺乏一项比较行之有效的保护支持政策，当地企业较难得到迅速发展。

——在实行"接过来"战略情况下，往往会造成外债增长过快。尤其是在不能有效控制国内进口，或外部市场需求不振，或因出口限制过多而导致出口增长缓慢的情况下，进口的惯性会使贸易不平衡加剧，进而使债务形势恶化。

——当外部市场条件恶化时，因出口导向工业萎缩使整个经济的增长呈"负乘数"效应下降。

因此，出口导向战略之所以受到指责和批评，并非没有一点根据，问题在于要具体情况具体分析。

事实上，出口导向战略的意义不在于提供了一个可以进行仿效的模式，而在于提供了一种选择和显示了一种可能。实行出口导向战略的国家和地区所取得的成功表明，发展中国家只要采取一项适合本国特点，能利用世界经济发展中的机会和发挥本国优势的战略，取得经济较快的发展是可能的。

80 年代以后，出口导向战略经历了最严厉的考验。1981—1985 年间，世界经济发展缓慢，世界贸易出现了第二次世界大战以后从未有过的绝对下降或停滞的局面。作为出口导向商品主要销售市场的发达国家市场连年萎缩。在此情况下，南朝鲜、中国台湾和香港地区等的出口都能保持增长势头，整个经济的增长也呈现一定的活力。这使得那些对出口导向战略持指责态度的人也对其进行重新评价了。

当然，由于各国的情况不同，条件不同，出口导向战略在各国经济中的地位、作用，以及实行的方式都会不尽相同。比如，在地处海上交通要冲，港口型国家新加坡，可以实行全方位出口导向战略，即把整个工业都建立在出口导向基础之上，而在资源丰富、疆土大、人口多的墨西哥就行不通。因此，出口导向工业的规模和程度必须适合自己的特点。从根本上说，一项开放和发展战略的成功往往取决于以下几个方面的因素：其一，能否认识和利用世界市场、国际分工的趋势和机会；其二，能否发挥本国所拥有的要素资源优势；其三，能否有一个把对外开放与整个经济发展相结合的综合发展战略。

第三节　对依赖性的再认识

经济对外开放使经济活动越来越多地参与国际交换和国际分工，必然带来经济的对外依赖性。依赖外部原料，依赖外部设备、技术和资金，依赖外部供给消费品，依赖外部销售市场等等。从一国经济的角度来说，这种诸多的对外依赖是一国经济的对外联系。对外依赖的增大，即对外联系的增多，是一国经济参与国际交换和国际分工程度加深的标志。从世界经济的角度来考察，正是各国经济的这种对外依赖关系的总和构成世界经济中的相互依赖关系体系。

在殖民主义制度下，殖民地半殖民地国家的经济成了从属于宗主国经济的依附经济，受制于宗主国的控制，服从于宗主国的利益。这种历史使人们，尤其使原属于殖民地、半殖民地的国家对外依赖产生了恐惧。因而，无论在理论界，还是在发展中国家的执政者中，都曾把减少经济的对外依赖，通过自立自强，建立独立经济体系作为一个理想的发展模式。这种设想虽有一定道理，但是，在世界经济日益一体化的发展形势下，把减少对外依赖作为发展民族经济的一项战略就不适宜了。

为了深刻认识对外依赖关系的本质特征，有必要区分两种不同的对外依赖关系：一是发展性依赖，二是从属性依赖，即依附。我们可以把经济发展过程中所产生并不断增强的对外依赖性称之为发展性依赖。发展性依赖所建立的一国经济与外部的联系是与该国经济发展的需要相关的。由于自身是行为的主体、居主动地位，外部依赖关系成为自身经济发展的一种机制，因而，发展性依赖的格局、程度和规模取决于自身经济发展的内在要求。从属性依赖所建立的一国经济与外部的联系则不同，它们主要与外部发展要求和利益相关。外部经济是行为的主体，起主导作用，而自身的增长是受制于外部发展的。在此情况下，对外依赖关系并非是自身发展的一种机制，因而，从属性依赖所形成的是一种依附性经济结构。①

发展性依赖既可以建立在因经济发展对资金、技术和资源增大而产生供给短缺基础之上，亦可建立在因参与国际分工而造成的国际要素配置结构之上。

在因需求原因导致供给短缺的情况下，对外依赖关系的正常机制主要建立在两个基础之上：其一是能够产生较高的经济增长效益；其二是能够增强经济结构中的平衡力量。所谓较高的经济增长效益，是指无论是引进技术、资金，还是进口资源，它们必须能够成为促进经济增长的因素，创造增加的收益。有了这个基础，资源短缺、技术短缺或资金短缺的"瓶颈限制"就不再成为经济发展的障碍，资源缺乏的国家可以依赖进口资源而取得经济的迅速发展，技术上后进的国家可以依赖引进技术使生产得到高速发展。所谓经济结构中的平衡力量，是指通过经济的发展增强经济内部的实力，提供使外部对自己亦产生依赖的条件，变单向对外依赖为双向依赖，即造成相互依赖格局。有了这个基础，不仅能克服因单向依赖所造成的不利地位，而且能推动对外依赖格局的结构性变化。当然，对于许多发展中国家来说，实现后一个条件有许多困难，其发展过程要比前一个方面慢些，然而局部的增强是一个必不可少的前提。

在实行国际分工的情况下，对外依赖关系的正常机制主要建立在部门专

---

① 这里把依赖性与依附性区别开来，事实上在现实发展中很难加以区分，迄今并没有一个量的分界点。因此，在国外的许多文献，两个概念是混用的，或是不加区分的。

业化分工和产品专业化分工的基础之上。部门专业化分工形成生产部门配置的对外依赖结构。比如，相对集中发展那些本国具有优势（利用本国要素资源优势）的生产，通过国际交换实现供给结构上的完善配置。在此情况下，孤立起来考察国内经济结构是一个不完善的"残缺结构"，它只有加上对外依赖部分，即放入世界市场之中才得以完善，这就形成了国内部门结构的国际化配置。产品专业化分工所形成的是生产过程的对外依赖结构，通过中间产品的国际交换来实现生产全过程的"愈合"。在这种分工结构中，可以实行国内生产的"愈合"由依赖外部生产加以补充，即依赖外部的零部件生产来完成组装，生产出最终产品。也可以实行国内生产依赖外部生产全过程"愈合"的完成，即为国外生产配套零部件。不管在哪一种情况下，生产的正常运转都离不开对外依赖机制的配合。

当然，在一些情况下，发展性依赖与从属性依赖的界限并不十分明显。对于大多数发展中国家来说，在工业化发展过程中，尤其是在初始阶段，对外依赖的结构往往是畸形的（主要表现为单向依赖，缺少平衡机制），参与国际分工的程度和格局并非是完全自觉的和主动的。在一定时期，一定范围，对外依赖关系中的从属性依赖特征较为明显。较低的创新能力可能使技术上的依赖性长期化和普通化，资金供给上的经常性短缺使资金上的依赖性变得越发严重，而较弱的对抗实力使对外依赖的代价大为提高。因此，问题的关键在于：

——对外依赖机制能否对整个经济发展起推动作用，即成为经济增长的助推器；

——在发展过程中能否使有利于自己的因素不断增多。

对于前一个方面，衡量的标准是很多的。比如，对外依赖部分与整个经济有机结合的程度，经济结构的转变，经济增长的速度和稳定性，以及经济增长对国民收入分配的影响等等。对于后一个方面，主要涉及对外依赖结构与经济增长需要结构的配合度（包括前者根据后者变化的机动性）以及对抗与平衡能力。用卡利斯·F. 多兰的话说则是依附的转变问题。[①]

如果对上述两个方面的答案都是肯定的，或者说从发展的角度，肯定的

---

① 多兰认为，在存在依附的过程中发生依附逆转是一个动态过程，在技术扩散、学习和吸收能力提高以及民族国家独立性增强的过程中，由依附到非依附是可能的。见《南北：对依附逆转的研究》，美国普莱格出版公司 1985 年版，第 4—5、58—59 页。

因素不断增加，那么，对外依赖关系中的发展特征就会居主导地位，而从属性特征居次要地位。这样的对外依赖就不会导致依附性增加。

当然，经济中的对外依赖关系增多会增加经济的"脆弱性"，即在发展上会受到外部因素变动的牵制和影响。尤其是当外部因素力量较强且变动较大时，往往会使自己处于较为被动的地位，在一些情况下，甚至会造成损失。这种外部冲击影响是难以避免的，也是经济开放的一种代价（所受影响的大小并不是不可以调节的）。同时，在由各国对外依赖关系所构成的相互依赖关系体系中，由于各国的依赖格局、实力对比、依赖的结构、规模，以及对各国经济发展的作用和影响都存在着很大的差别，从而形成了相互依赖关系中的不对称基础，并进而规定着各自从对外依赖中所能受益的程度。因此，对外依赖关系本身并不提供各国平等受益的机会。

尽管人们对对外依赖性质和对外依赖后果的认识存在分歧，但是实践已经表明，在当今世界经济中，发展中国家要关起门来单靠自己本国力量取得经济的较快发展是困难的。在封闭条件下发展经济所造成的与外部的差距要比在开放条件下大得多，在封闭条件下获得发展所付的代价也要比在开放条件下大得多。那种把发展中国家的经济与发达国家经济脱钩以进行独立发展的想法，[①] 只能使发展中国家与发达国家之间的差距拉得更大。

在评价发展中国家的对外依赖机制能否成为推动整个经济发展的因素时，以下几个方面的认识是至关重要的：

其一，殖民主义制度的瓦解使发展中国家成为政治上独立的主权国家，这个根本性的变化为各国把对外经济联系纳入整个经济发展战略提供了前提和可能。因此，一国经济对外开放的程度、方式和步骤和由此而决定的对外依赖关系，可以成为整个经济发展机制的有机组成部分。

其二，由于各国参与国际交换和国际分工的方式、程度、目标不同，实际受益水平必然有很大差别。受益不均衡是一个现实，在绝大多数情况下，弱者总是较少受益。但是，发展中国家之所以会牺牲一些利益而参与国际交换和分工，往往更多地着眼于综合利益和长远利益，获得不对外开放所不能具备的基本发展条件。

其三，一国利用对外依赖机制的程度是由多种因素决定的，其中内部的

---

① 依附学派认为，为了割断"中心—外围"再生产的内在联系，发展中国家应该使自己的经济与发达国家脱钩。见《新的国际经济秩序》，1983 年版，第 10 页。

政治、社会及文化条件往往起着十分重要的作用。因此，对外依赖机制的发挥与各国的整个经济发展条件相联系。一般地说，经济发展的政治社会条件越差，对外依赖机制的作用也就越小，在一定条件下甚至可能起副作用。

在当今世界经济中，存在着有利于发展中国家利用对外依赖机制促进经济发展的环境和条件。但是，经济中的对外依赖机制究竟能否发挥积极作用，发挥多大作用，取决于各国的经济发展战略、内部政治社会发展条件。

对于开放与依赖的关系来说，问题的关键在于，必须把对外依赖关系作为开放经济条件下的一种机制来对待。在这个前提下探求从对外依赖关系中尽可能多的受益和减少从属性依赖的途径。否则，就会把对外依赖关系中出现的问题当作其本身的本质特征了。

第 十 七 章

债务危机及其调整

发展中国家的债务是当今世界经济中的一个引人注目的问题。它不仅关系到发展中国家的自身发展，也关系到整个世界经济体系的正常运行。在一定程度上说，债务问题已成为当今世界经济中相互依赖关系矛盾的一个交汇点。本章不是旨在论述债务问题本身，而在于从债务问题分析相互依赖关系中矛盾的特点和性质。

第一节　债务危机的爆发及发展

70 年代初以后，尤其是 70 年代中期以后，发展中国家的官方外债出现了迅猛增长的趋势。据统计，1970 年发展中国家的累计官方外债只有 680 亿美元，而到 1974 年就增到 1410 亿美元，1979 年增到 5334 亿美元，1982 年增到 8496 亿美元，1987 年增到 11200 亿美元，1988 年估计可达到 11900 亿美元。从 70 年代初到 80 年代初的期间内，发展中国家累计官方外债额年增长率达 20%。[①] 如果从债务的年借入额来看，增长最快的是 1973—1978 年间，其间年增长率最低年份为 23%，最高达 37%。[②] 显然，债务的增长速度大大超出整个经济的增长速度，也大大超过出口增长的速度，其结果导致未偿债务在整个经济中的比重迅速增大，偿债负担日趋加重。从表 17—1 中可以看到，到 1986 年，债务额相当于发展中国家国内生产总值的 1/3 还多，

---

① 经济合作与发展组织：《世界经济展望》1987 年 4 月；英国《金融时报》1987 年 6 月 26 日。

② ［美］阿姗·尼克巴科特：《对外借款与经济运行》，普莱格出版社 1984 年版，第 20 页。

表 17—1　　　　　　　　　　　　　发展中国家官方债务

年份	1960	1974	1976	1978
债务对国内生产总值的比率	14.1	15.4	18.1	21.0
债务对出口的比率	108.6	80.0	100.2	113.1
偿债比率＊	14.7	11.8	13.6	18.4
年份	1980	1982	1984	1986
债务对国内生产总值的比率	20.9	26.3	33.8	35.4
债务对出口的比率	89.8	115.0	135.4	144.5
偿债比率＊	16.0	20.5	19.7	22.3

＊还本付息占当年出口的比例。

资料来源：世界银行：《世界发展报告》，1985 年、1987 年。

超过年出口收入的近一半。当然，最直接的影响还是年应付债务本息对出口收入的比率，即偿债率的增长。从表中可以看到，到 1982 年，偿债率已高达 20% 多。引人注目的是，在迅速增长的债务中，债务结构发生了重大变化，其中最突出的变化是欠官方的债务比重降低，而欠私人的债务比重提高，长期债务比重降低，短期债务比重提高。在 60 年代中，发展中国家的外债主要是欠外国官方的（政府和国际组织），欠商业银行的部分占很小的比例，但自 70 年代初以后，发展中国家从私人渠道（商业银行）筹措的贷款迅速增加，而在这同时，官方发展援助却增长缓慢，其中尤其是双边发展援助资金所占的比例大幅度下降。按债务累积额计算，1970—1981 年间，私人债务占的比重由 50% 升到 65%，此后，到 80 年代后期这个比例又有所提高。1973—1980 年间，私人债务的年增长速度达 24%，而欠官方的债务的年增长速度为 17.6%。按年流入额计算，1972—1977 年间，私人债务比重由 55% 提高到 65%，1978 年达到 71%，到 1981 年仍为 66%，此间私人债务的增长速度比欠官方债务的年增长速度高出 70%，只是到 1982 年以后商业银行大幅度削减向发展中国家的放款，私人债务的年流入额所占比重才降低。[①] 由于私人债务利息比官方债务利息高得多，尤其是在 70 年代后期增加的私人债务中，一是短期债务比重增大，二是有相当一部分为浮动利率债务，这使得债务还本付息负担都大大提高。

① 《对外借款与经济运行》，第 20 页。

当然，笼统地谈发展中国家的债务往往不能说明具体的特点。从债务在发展中国家的分布来说，其结构是很不平衡的。按地区分布来看，拉美占的比例最大，一般占发展中国家债务总额的 1/3 以上，有的年份接近 40%。其次是亚洲，一般占发展中国家债务总额的 1/5 左右，有些年份占到 1/4 左右。从国别分布来看，债务高度集中在十几个国家。按 1985 年的数字，17个债务国占 100 多个发展中国家债务总额的 87%，其中仅巴西、墨西哥、委内瑞拉和阿根廷 4 个国家就占这 17 个国家债务总额的 65%，占所有发展中国家债务的 87%。从债务结构的分布特征来看，发展中国家所欠私人债务亦主要集中于上述重债务国。在这些国家的债务中，私人债务所占的比例大大高于其他国家。1985 年，重债务国债务中的私人债务比例平均为 80.8%，其中像委内瑞拉高达 99.5%，墨西哥高达 89.1%，阿根廷高达 86.8%，巴西高达 84.2%。[①]

从偿债率的情况来比较，问题最严重的是发展中国家中的中等收入国家。1970—1985 年间，偿债率由 11% 上升到 21.6%，其中重债务国的偿债率由 12.4% 上升到 27.8%。在重债务国中，偿债率最高的要数阿根廷，1985 年为 42%，其次为墨西哥达 37%，其他国家大都在 25% 以上。[②]

鉴于上述特征，债务问题专家邓布什教授认为，债务问题并非多数发展中国家的问题，尤其不是贫穷国家的问题，而主要是中上等收入国家的问题，其中尤其是拉美国家的问题。不过，绝对地肯定说债务不是贫穷国家的问题也不太不符合实际。穷国债务虽然在发展中国家的债务总额中占的比例不大，但由于其国民生产总值规模小，偿债能力很低，对于许多国家来说已是超负荷了，一些国家的债务在整个经济中的比例超过 100%，偿债率甚至高达 50% 以上。在 1985 年被列入世界银行统计的 37 个低收入国家中，债务相当国民生产总值的比例超过 60% 的有 8 个，超过 100% 的有 4 个，偿债率超过 30% 的有 3 个。[③]

按说，在开放经济中，债务的增长是经济发展中的正常现象。然而，如果债务增长过快，超过了经济增长的承受能力，不能按期偿付债务本息时，

---

① 重债务国是：阿根廷、玻利维亚、巴西、智利、哥伦比亚、哥斯达黎加、萨尔瓦多、象牙海岸、牙买加、墨西哥、摩洛哥、尼日利亚、菲律宾、乌拉圭、秘鲁、委内瑞拉、南斯拉夫。引自美国《华盛顿邮报》1986 年 3 月 27 日。
② 《世界发展报告》1987 年版，第 238—239 页。
③ 同上书，第 236 页。

就会出现债务危机。1982 年 8 月欠债最多的墨西哥发生债务危机，此后先后有 20 多个国家宣布不能按期偿付到期债务，由此形成了一场波及一大批发展中国家的国际债务危机。

从世界经济体系的角度来认识，国际债务危机的爆发是世界经济中多种矛盾发展激化的结果。从发生债务危机的国家来说，债务危机之所以会出现，既有其内部发展中的问题，亦有外部环境的原因，债务危机不单单是个偿债的问题。

发展中国家为什么在 70 年代初以后突然加快了借款步伐且发生债务结构的重大转变？弄清其原因是分析债务危机的一个基本前提。从总的来考察，起主导作用的因素大体有以下几个方面：

——石油价格大幅度上涨，导致石油进口国的贸易条件明显恶化，贸易赤字猛增，因而不得不大量举债以资助进口。以拉美国家为例，1973—1981 年间，从欧洲货币市场上的举债额由 70 亿美元猛增到 423 亿美元，年平均增长幅度高达 25%，其中像石油进口大国巴西，从欧洲货币市场上的筹资由 8 亿美元猛增到 68 亿美元，年平均增长率高达 30%。[①]

——经济增长中的资金缺口增大，其原因有些是由于国内经济形势恶化，政府或者用增债弥补资金外逃所造成的资金空缺，或者以增加投资刺激经济增长。有些则是由于制订了过分庞大的发展计划，导致资金需求猛增，以举债资助发展项目。以墨西哥为例，该国本是从石油大幅度提价中获得巨额收入的国家，但在石油收入增大的激励下制定了大规模的工业化发展计划，使得投资规模猛增，政府财政赤字增加，不得不大举借债。1973—1981 年间，该国每年从欧洲货币市场上的借款由 11.8 亿美元猛增到 79 亿美元，债务累积额由 86 亿美元增到 670 亿美元。

——国际资本市场待放资金猛增和实际低利率，成为推动发展中国家大量增加借债的两个强有力刺激因素。巨额的"石油美元"存入欧洲货币市场，大银行急于把资金放贷出去，而此时因严重的通货膨胀使实际利率变得很低，甚至呈负数，这诱导了许多以借债为支柱的大型投资工程和进口项目上马（有些是武器进口）。比如，仅 70 年代中期到 80 年代初，巴西上马的大型投资项目就耗资 520 亿美元，1978 年阿根廷的一项军火进口就达 100 亿美元。

---

① 《国际贸易与发展统计手册》，1985 年，附册，第 387 页。

在上述因素作用下，许多发展中国家的债务增长处于失控状态。到 70 年代后期，有的国家就开始陷入债务困境，像扎伊尔、赞比亚、牙买加、秘鲁以及波兰等都先后出现偿债危机。

严重的是，自 70 年代末开始，国际经济环境发生了巨大变化，它们对债务的偿还造成严重影响。

自 70 年代末，以美国为首，发达国家先后推行紧缩政策。紧缩政策的直接后果之一是通货膨胀大幅度下降，实际利率提高，美元汇价上浮，这使得以往那些有利于借债的条件发生逆转，使债务国的偿债条件陡然恶化。比如，仅 1982 年，巴西因实际利率提高就多付债务利息 79 亿美元，1973—1985 年间，累计多付利息达 725 亿美元。[①] 与此同时，由于发达国家经济陷入危机，经济增长放慢或下降导致了进口减少，使初级产品价格一跌再跌，油价也从顶峰上猛跌下来。发展中国家出口增长受阻和出口实际收入减少进一步恶化了他们的偿债能力。变坏的偿债条件和偿债能力降低加在一起，使得发展中国家的债务国无力承受债务包袱，在此情况下，债务危机的爆发就成为不可避免的了。表 17—2 列出了影响发展中国家债务偿付能力的三个因素。从表中可以看到，自 70 年代末，不利的因素日益显著。

表 17—2		影响发展中国家债务形势的因素*		单位：亿美元
年份	1975	1976	1977	1978
贸易条件	−36	−17	+9	−19
利 率	+1	+3	+5	−5
国际收支	−106	−71	−54	−82
年份	1979	1980	1981	1982
贸易条件	−47	−95	−158	−177
利 率	−5	−14	−46	−55
国际收支	−143	−240	−281	−275

*仅指非石油输出国。

资料来源：联合国《发展计划》杂志，1985 年第 16 期，第 5 页。

---

① 巴西《标题》杂志，1987 年 1 月 10 日。

墨西哥的债务危机是国别债务危机发展到国际债务危机的一个转折点。债务危机在墨西哥爆发不是偶然的。70 年代初以后的石油大幅度提价使墨西哥获得了巨额石油收入，而预期的石油高价格促使该国制订了宏伟的现代化计划，并为此在国际市场上大举筹资。在石油价格保持高水平的情况下，偿付债务并不成大问题，然而油价一降，这个基础就垮了。石油出口占墨西哥出口收入的 3/4，石油价格自 1981 年陡降使其整个出口收入剧减。1981 年墨西哥计划石油出口收入 200 亿美元，但实际只有 140 亿美元，是年，国际收支逆差达 11 亿美元，因利率提高，应付债务利息由 54 亿美元增到 82 亿美元。这样，到 1981 年，该国的债务局势已变得非常严峻了。[①] 到 1982 年，石油价格进一步下跌，年初国内资金市场就开始出现动荡，8 月不得不宣布不能偿还到期债务。墨西哥债务危机的爆发在国际金融市场上引起很大震动，因为该国当年债务高达 800 亿美元，仅欠美国银行的债务就相当于美国 9 家大银行 44％的股本，如果墨西哥拖欠债务，银行就会陷入困境，进而引起许多连锁反应。

在紧急抢救之下，尽管墨西哥债务危机没有酿成人们所担心的国际金融市场大动荡，但此后银行紧缩了向债务国的放款。这种变化加上以下两个方面的发展，使得发展中国家的债务问题持续恶化：其一，发达国家经济增长缓慢，进口增长不快，贸易保护主义加重，这使得发展中国家的出口增长缓慢，出口收入的增长慢于偿债额的增长。石油价格持续下跌导致石油输出国收入绝对下降。1982—1987 年间，石油输出国的出口收入由 2148 亿美元降到 1081 亿美元，同期，非石油输出国发展中国家的出口由 3317 亿美元增到 3994 亿美元，年平均增长率只有 4.8％，其中重债务国的出口只有在 1984 年出现过较显著的增长，其他年份的增长速度均低于 1％，甚至呈负数。其二，出口价格下跌，1982—1986 年间，发展中国家的出口价格变动年年呈负数，其中金属矿产品只有 1983 年略有提高，其他年份的下降幅度在 3％—10％之间。据国际货币基金组织的估计，仅 1986 年发展中国家因贸易条件恶化所造成的损失就高达 1000 亿美元。[②]

1987 年，尽管国际市场上出现了一些有利的变化，如初级产品价格显著回升，美元汇率进一步下跌，利率有所下降，但是，发展中国家的债务形势

---

① 美国《外交政策》1982—1983 年，冬季号，第 49 期，第 108 页。

② 《世界经济展望》1987 年 4 月号；《世界发展报告》1987 年版，第 175—176 页。

没有明显改善。1987 年年初，上升到第一大债务国地位的巴西宣布不能偿还到期债务本金，使债务危机又趋紧张。据估计，到 1988 年年底，发展中国家的外债可进一步增到 1.24 万亿美元。尽管债务累积额增长速度较前慢了下来，但这样大的债务额本身早已超出发展中国家债务国的承受能力了，沉重的偿债负担成了阻碍发展中国家经济增长的障碍，一些国家的经济甚至陷入崩溃的边缘。

第二节　对债务危机的调整

债务问题不仅涉及债务人，也涉及债权人。因此，债务危机既是债务人的危机，也表现为债权人的危机。发展中国家的债务危机如同把债务国与债权银行拴在一辆装满炸药且引信正吱吱作响的马车上。面对债务危机，不仅债务国，而且债权银行也都进行了大量的调整。

从债务国方面来考察，迄今所进行的调整主要体现在以下几个方面：

——大幅度削减进口，以消除或减少贸易赤字。为了削减进口，各国普遍实行进口限额和配额制，大幅度提高进口关税，被削减的进口不仅涉及消费品，也包括资本设备，这方面的调整成效是非常显著的。以最大的债务国巴西为例，1981 年开始削减进口，到 1985 年，年进口额只有 1980 年的 57%，减少了 109 亿美元（部分受石油价格下跌的影响），而同期出口却明显增加。1982 年该国还有 9 亿美元的贸易赤字，而到 1985 年盈余达到 106 亿美元，到 1987 年仍保持这种盈余水平。墨西哥削减进口的幅度也很大，1986 年与 1981 年相比，年进口额减少了 96 亿美元，只相当于 1981 年的 56%，其中 1983 年，即发生债务危机的第二年，进口额只有 1981 年的 37%。自 1983 年以后到 1987 年，对外贸易年年出现盈余。[①]

——调整汇率，主要是调低本国的货币汇价，以提高出口竞争能力。在债务危机爆发之前，汇率主要被作为一种稳定（尤其从政治角度）因素，人为的高汇价抑制了出口企业的发展，使出口失去动力和竞争力。像墨西哥、巴西、秘鲁，阿根廷等重债务国都因银行保持本国货币的高汇率而影响出口企业发展，助长资本外逃。债务危机出现以后，调低汇率成了他们进行调整的优先目标。

---

① 《贸易方向统计年鉴》1987 年；《世界经济展望》1987 年 4 月号。

——削减政府的财政赤字，推行紧缩政策。从 15 个重债务国的调整情况来看，政府财政赤字有显著降低。以财政赤字占国内生产总值的比重为例，1983 年降至 5.2%（1982 年为 5.4%），1984 年为 3.1%，1985 年为 2.7%，1986 年为 4.5%，1987 年为 3.6%，财政赤字的削减减少了资金市场压力，提高了偿债能力。[①]

——调整发展战略，大量削减工期长、耗资大的工程项目，由超国力发展转向量国力发展，尤其是加强了对借贷资助发展项目的选择与控制，注重把借债与偿还能力的增长直接联系起来。

发展中国家所进行的上述调整，既有应急性措施，也有发展战略的重要转变。因此，对债务问题的调整事实上成了发展中国家对整个经济发展进行调整的起始点。这种全面调整的发展对于未来发展中国家经济的发展会产生深刻的影响。

从债权人方面来考察，最大的调整莫过于大银行自 1982 年以后大大收紧了向发展中国家，其中特别是重债务国的新贷款了。70 年代大银行利用急剧增加的"石油美元"存款大举向发展中国家放贷，这在发达国家经济不振、对资金需求减少的情况下无疑是一条使资金得以运转的途径。然而，债务危机爆发之后，大银行宁可把资金转向他途，也不再贸然向债务国提供新贷款。据统计，1982—1986 年间，私人债权者向发展中国家提供的贷款额由 858 亿美元下降到 535 亿美元。然而，扣除本金偿还，发展中国家所得的净贷款额由 381 亿美元转为负 71 亿美元。另据国际货币基金组织的报告，到 1986 年，私人银行向发展中国家提供的新贷款基本上中断。[②] 表 17—3 引自世界银行的统计数据，从表中可以看出，中等收入国家从私人渠道获得的新贷款下降幅度最大。

然而，鉴于债务危机所涉及的是债务人与债权人之间的关系，尤其是债务国高度集中于少数重债务国，债权亦高度集中于少数大银行，使得债务危机的直接影响无论是对债务国还是对债权银行都变得特别严重。因而，债权人不可能只采取消极的态度。正如美国《外交季刊》杂志所载一篇文章所指出的，如果处理不好，就会引起一场金融大恐慌。[③] 事实上，如果像墨西哥、

---

① 《世界经济展望》1987 年 4 月号。

② 同上。

③ 美国《外交季刊》1985—1986 年冬季号，第 262 页。

巴西这样的大债务国发生倒账，其后果的确是可怕的。就在墨西哥传出不能偿还到期债务之后，美国政府立即出面采取一系列抢救措施，一方面，通过提供预付石油贷款和提供农产品购买信贷向墨西哥提供 20 亿美元的资金，并与国际清算银行一起安排了 10 亿美元的紧急贷款；另一方面，出面说服债权银行同意墨西哥拖延 3 个月偿还到期债务本息。这些措施不仅使墨西哥有了可供周转的资金，也稳定了国际金融市场的局势，对于免除一场有可能引起国际金融市场严重动荡的国际金融危机起到了重要作用。

表 17—3　　　　　　发展中国家从官方和私人渠道获得的贷款情况

单位：亿美元

年份	1982	1983	1984	1985	1986
低收入国家获得贷款	110	103	105	114	198 *
其中私人渠道	35	30	33	34	100 *
本金偿还额	83	72	72	70	130
中等收入国家获得贷款	1056	876	770	676	664
其中私人渠道	823	632	526	467	434
本金偿还额	450	404	434	490	538
所有发展中国家获得贷款	1166	979	875	790	862
其中私人渠道	858	661	559	501	535
本金偿还额	477	435	467	534	606

＊主要受中国贷款额增加的影响。

资料来源：世界银行：《世界发展报告》1987 年，第 18 页。

在此后的债务危机处理过程中，债权国政府和债权银行在延、缓、减、免债务方面采取了不少积极的协调与合作措施：

——做出努力，向发展中国家提供新的资金来源，除国际货币基金、世界银行增加对债务国的放款外，美国财政部长贝克于 1985 年 10 月提出了三年内向债务国提供 200 亿美元贷款的计划。在此项计划执行受阻后，又于 1987 年 9 月提出了设立特别债务基金和推行债务转换的新建议。

——重新安排还债日期或条件，这是债务国同债权银行进行协调合作的主要内容，包括延长债务偿还期限，降低债务利息等，至 1987 年年底已有 40 多个债务国与债权银行达成了重新安排债务协议。

——债权银行设立呆账准备金，寻求缓解途径。自美国花旗银行率先设立 30 亿美元准备金之后，不少银行仿效。1987 年债权银行设立的呆账准备金达 100 亿美元。① 此账户的设立对于稳定金融市场，缓和债务与债权人之间的关系起到了积极作用。

——债权人推行债务转化。目前主要有两种方式：一是债务资本化，办法是债权银行将债务国所欠债务折价出售给在债务国投资的跨国公司或当地企业，购买者按账面价值如数从债务国银行兑换当地货币，然后进行直接投资。此举首先于 1985 年 6 月在智利试行，后扩大到巴西、墨西哥一些国家；二是债务债券化，这是由美国财政部出面，率先在墨西哥试行的，办法是墨西哥购买美国财政部为期 20 年的财政部债券，银行把墨西哥债务以折扣价（50%）向墨西哥出售，墨西哥以购买的债券按到期本息额购买，这样墨西哥不必向美国财政部付钱即可拥有名义债权并用此抹掉大批债务，首批协议为 20 亿美元的财政部债券，由摩根保险信托公司出面安排债务出售和购买。据认为，此项安排是美国政府从"欠债必须全部归还"向"债务部分偿还"立场的一大转变；

——免除穷国债务。尽管迄今免除的数额不大，但影响还是不小的。自 80 年代中期以后，加拿大、西欧、瑞典、丹麦等国都先后注销了一些穷国的债务。比如，加拿大自 1987 年 9 月以后，已先后注销了 10 个非洲国家的近 2 亿美元的债务。②

应该看到，尽管上述措施对于缓解发展中国家的债务危机起到一定的积极作用，但从根本上讲，对于解决发展中国家的债务负担所起作用甚微。发展中国家的债务仍然以高于国民经济增长和出口增长的速度增加。这与国际货币基金组织的预测大相径庭。③

迄今，无论是从债务国的调整，还是从债权人的调整来考察，都存在着许多内在的限制和困难，这是债务危机形势不能因多方面调整而得到根本好转的基本原因。

首先，债务国在债务高起点上的调整使其活动余地很小。因为紧迫的问题是筹措资金归还不断增多的到期债务本金。在把近一半的出口收入用于归

---

① 美国《迈阿密论坛》1988 年 1 月 10 日。
② 英国《南方》杂志，1987 年 11 月号。
③ 《世界经济展望》1987 年 4 月号。

还债务的情况下，能用于经济全面调整和增长的资金就非常有限了。如果这种状况不从根本上加以改变，要实现以经济增长促偿债的目标就不可能实现；另外，在对偿债条件起决定作用的三个因素中，只有进口是债务国可以拥有较大控制权的方面，而出口和利率两个因素则主要或在很大程度上受外部环境的支配。然而，仅靠节制的做法，其潜力是有限的。事实表明，债务国对开支增长的控制远跟不上债务利息的滚动增长，因而使得大多数国家的偿债缺口不断增大。

其次，紧缩偿债不仅使债务国付出巨大的经济代价，也要付出巨大的社会代价。大幅度紧缩开支、削减进口，往往会导致经济增长停滞或下降，人民生活水平降低，其影响不仅是经济上的，而且也是政治上的，弄得不好会导致社会动乱。因而，紧缩偿债有社会承受力的限度问题。以拉美国家的紧缩政策为例，1980—1984 年间，整个拉丁美洲国家的国内投资下降了32.5%，有的国家，如委内瑞拉和阿根廷的国内投资下降幅度高达 50% 以上。其结果，经济增长停滞或呈绝对下降。1981—1985 年间，整个西半球发展中国家的经济年平均增长率只有 0.5%，人均国民生产总值下降了 3%，而通货膨胀却扶摇直上，像巴西、阿根廷，其通货膨胀率超过 300%。[①] 这种状况实际上已超出债务国的社会承受能力。这也是巴西、墨西哥等许多国家拒绝接受国际货币基金组织的急性紧缩调整方案的主要原因。他们宁可从国际货币基金组织中得不到贷款，也不屈就国际货币基金组织的条件。

再次，发生债务国资本净外流的逆向趋势。由于获得的新贷款减少，而债务还本付息递增，自 80 年代初以后，已从发展中国家净流出资金。1982—1986 年间，拉丁美洲国家的资本净流出量高达 1250 亿美元。同时，由于债务国国内经济形势恶化，社会动荡不安，导致资本大量外逃。比如，1979—1982 年间，委内瑞拉资本外逃为资本流入额的 136%，阿根廷为65%，墨西哥为 48%。据摩根保险信托公司提供的资料，1976—1985 年间13 个发展中国的资本外逃额高达 1810 亿美元。[②] 资本外逃无疑给债务危机火上浇油。引人注目的是，在缓解发展中国家债务中起重要作用的国际货币基金组织也成了从发展中国家获得净流入资金的机构。1987 年发展中国家从国际货币基金组织获得的新借款为 43 亿美元，而偿还债务额却高达 102 亿

---

① 国际货币基金组织：《世界经济概览》，1986 年版，第 169 页。
② 《世界发展报告》，第 64 页；美国《华尔街日报》1986 年 5 月 27 日。

美元。正如美国海外发展委员会的芬博格所指出的，当拉美和非洲国家还未喘过气来的时候，国际货币基金组织制定的目标尚未实现的时候，国际货币基金组织就变得从拉美和非洲国家净吸收资金，这似乎是不合乎情理的。资本的这种反向流动对于债务沉重、发展资金短缺的发展中国家无疑是一种灾难。[①]

最后，通过重新安排偿债日期，或用提供新债来偿付旧债的做法，不仅所起的作用有限，而且这只能使旧债之上再加新债，导致债务进一步累积。像美国财政部长贝克于 1985 年提出的筹资方案，不仅从筹资上说难实现（大银行不愿放款），而且从解决债务危机上等于埋下爆发更大债务危机的种子。巴西《圣保罗报》所载一篇文章明确指出，仅仅延缓债务偿付期，只能使国际金融市场更加不稳定。关键的问题是维护经济增长，改变这些国家的国际分工地位。[②]

从外部国际环境上看，似乎曾使发展中国家债务负担加重的一些不利因素已经开始发生变化。比如，利率已显著降低、美元已大幅度贬值，除石油以外的初级产品价格转跌为升，然而，由于债务积重难返，有利的因素不足以抵补债务本身的滚动增长，致使在看来有利的形势下也使"债务形势变得更恶化，看不到解决的迹象"。[③] 这充分说明了在现行关系格局下调整的有限性。不过，仍在滚动增长的发展中国家的债务毕竟是一颗具有很大威胁性的"定时炸弹"，这个问题不解决，债务国和债权国都不得安宁。因此，美国又提出了"布雷迪计划"，中心内容是敦促商业银行部分豁免发展中国家的债务，这是美国政府又一次转变观念，即由推动银行提供新贷款到敦促银行豁免债务，如果此计划得以落实，将是解决债务危机的一个重大突破。

第三节 从债务危机看发展中国家外部
筹资的条件和环境

从理论上说，发展中国家的经济发展本身具有外部筹资的内在要求，而外部市场存在着可供使用的资金来源。这样，债—权关系体现了世界经济

---

① 巴西《圣保罗报》1986 年 12 月 7 日；美国《华盛顿时报》1986 年 7 月 7 日。
② 巴西《圣保罗报》1986 年 12 月 7 日。
③ 英国《金融时报》1988 年 1 月 19 日。

中相互依赖关系的一种正常机制。然而，债务危机的爆发和发展深刻地反映出债—权关系中存在的内部制约条件和环境。

从债务国的角度来说，保证债—权正常机制运行的内部条件主要取决于下述因素：

——债务增长的适度性，即借贷规模与经济增长，尤其是可用于偿债能力的增长相适应，否则，债务规模过大、增长过速，就会使债务的增加超过经济的承受能力。

——债务资金的使用方向，如果借入资金主要用于生产性企业，那么债务资金的再生产能力就能得到充分发挥。对于货币不能自由兑换的国家来说，当然重要的还有用于出口创汇企业的比例，如果借贷资金能够带来最低限度的偿债额，那么债务归还就有保证。否则，如果主要用于消费品或军火进口，在没有其他补充创汇来源的情况下，最终必然导致偿债缺口。

——债务资金的使用效率，即要求借入资金能够创造出较高的效益。当然，最低的效益或者称临界效益是利润率等于利息率，如果低于这个临界就会产生负效益。一般地说，只有在借入资金的效益高于临界效益的情况下，债务才能成为推动经济增长的因素。

当然，还必须考虑到债务本身的运动特点。债务本身的运动具有三个突出的特点：一是连续性，二是累积性，三是倍加性。所谓连续性，是指一旦债务作为经济的一个机制起作用，在正常情况下，必须有连续的外部资金流入。这不仅出于偿还债务的需要，而且也出于经济增长对资金投入的要求。除非出口的增长足以能满足偿还债务和追加投资的需求（这种需求有不少是以外汇进口的特殊需求反映出来的），否则中断外部融资会产生严重后果。所谓累积性，是指在不断增加新借款的情况下，债务累积总额会不断增大。如果新借款的增长速度加快，则债务累积会以加速的形式增长。所谓倍加性，是指在债务总额不断累积增大的情况下，债务还本付息会以倍加的规模增加，即债务偿还额的增加速度快于债务增长的速度。这三个特点使债务运动呈现下述趋势：当以一定的规模连续借入资金时，要求借款国在一定时期以后必须以更快的速度增加借款规模。这样，债务累积额与还本付息额会产生一种内在的自我膨胀力。[①] 按照世界银行的债务周期假说，即便在利率不变的情况下，在债务周期过程中，要求出口和国民生产总值必须以加速的增

---

① 这方面的详细分析参见《经济研究》1987 年第 4 期，第 40—41 页。

长来满足债务机制运行的需要。① 显然，假使出口和国民生产总值不能达到债务机制运行的要求，那么就会陷入债务陷阱，导致债务—经济增长链条和债—权链条断裂。

尽管借入多少债务可以由内部条件来决定，但是，偿还债务和债务形势的发展都会受到外部环境的影响，这种影响在一定条件下甚至可以起主导作用。概括地说，影响债务的外部环境主要有以下几个方面的因素：

——出口市场的增长，其中主要是对发展中国家出口吸收能力最大的发达国家市场的增长。债务人可以注重发展创汇企业，推动出口，但出口能否增加则取决于外部市场的吸收能力。如果出口市场增长缓慢或停滞，那么出口收入就必然会受到严重影响。比如，1980—1986 年间，发达国家的进口持续减少，此间，发展中国家向发达国家的出口下降了21%。偿债负担上升与出口收入下降是导致发展中国家债务形势恶化的主要因素。

——进入出口市场的可能性，这包含两方面的因素，一是出口市场的保护程度，二是自身的竞争能力。如果一国出口商品属于出口市场的强烈保护范围，则扩大出口就比较困难。同时，在诸多竞争者中，竞争能力的强弱决定各自所能占有的市场的份额。如果出口竞争能力强，即便在出口市场增长缓慢时亦能扩大出口（吃掉别家的份额）。以南朝鲜为例，在发达国家市场增长停滞时却能大幅度增加出口。1980—1986 年间，南朝鲜向发达国家的出口增长了1.3倍，向美国的出口增长了近2倍，② 这是其从债务危险线上摆脱出来的重要原因。

——贸易条件，这既包括出口商品价格的变动趋势，又包括进口商品价格的变动趋势。比如石油提价，对非产油国来说无疑大大增加了进口费用。像巴西这样的石油进口大国，进口石油费用的增长是促使其增加债务的一个重要原因。当然，出口价格的变动直接影响出口收入，在出口价格大幅度下跌的情况下，即便进口价格不变或下降，亦会导致债务问题。事实上，许多非洲国家的债务危机都源于因初级产品价格下跌，出口收入剧减。

——利息率变动，60 年代，发展中国家的债务主要是欠国际组织和外国政府的，在此情况下，利息率不是一个重要因素。70 年代后期开始，商业性贷款比重显著上升，使利息率的变动成为影响偿债负担的一个主要因素，正

① 《世界发展报告》，1985 年，第47—48 页。
② 《贸易方向统计年鉴》，1987 年，第250 页。

是 80 年代初实际利率的大幅度提高造成了债务付息猛增。

——能够获得的融资。债务国能否连续地获得条件适宜的新贷款，不仅关系到债务偿还，而且关系到整个经济增长。因为，一旦获得的新贷款减少，势必会造成出口收入中用于偿还债务的部分增多，从而影响对各部门的投资。这是为什么一些拉美国家面对偿债率过高提出把不超过 10% 的出口收入用于还债的原因。

如前所述，发展中国家的债务危机既有内部条件失控的原因，又有外部环境制约的因素。债务危机的爆发和发展表明，发展中国家利用外资发展经济虽有可能性和现实性，但亦有很大的限制性，尤其在外部环境变坏的情况下，发展中国家的调节周转余地非常有限。

当然，发展中国家间的差别很大，各国在利用和控制内外部条件和环境方面有着很大的不同。这些差别使得各国的债务形势大不一样。尽管我们笼统地说是发展中国家的债务危机，但并非所有的国家都存在危机。据分析，由于南朝鲜、马来西亚、泰国以及中国台湾等把大部分债务资金用于发展生产性企业，尤其发展出口企业上，尽管他们的债务额都不小，但并未发生债务危机。在这些国家和地区，70 年代末到 80 年代初，债务曾出现过一段时间的较快增长，但由于出口能力不断提高，偿债率呈下降趋势，债务累积额也减少了。1982 年南朝鲜的外债达 373 亿美元，在墨西哥、巴西、阿根廷之后，居第四位，被国际货币基金组织称之为负债已达到"危险线"。然而，由于此后出口能力提高，出口创汇大幅度增加，对外贸易由大量赤字转为盈余，债务偿还比较顺利，出现了债务—经济增长的良性循环。中国台湾的情况与南朝鲜类似。而墨西哥却把大批债务资金投入效率低、亏损严重的企业或工期长的"胡子工程"，阿根廷借入资金用于武器进口和弥补资本外逃造成的缺口，结果债务偿还最后出现严重问题，继而陷入了"债务——债务危机——经济停滞或下降"的恶性循环。因此，债务危机的出现不是对发展中国家外部融资的否定，而是由于正常债务机制遭到破坏的结果。从债务国对待债务危机的态度来看，因债务危机而对外部融资持否定态度，进而采取拒付债务的极端措施的极少。像第二大债务国墨西哥，自债务危机爆发后一方面设法融通资金还债，另一方面进一步放宽吸引外资的政策，以大力吸收直接投资来弥补因偿债而造成的投资缺口。①

---

① 《经济参考》1988 年 3 月 14 日。

发展中国家债务危机的爆发反映了当今世界经济体系中的许多矛盾和问题，尤其是从世界经济中相互依赖关系的角度来考察，值得探究的方面颇多。

在南北经济关系方面，如果说石油危机使发达国家战后第一次强烈地感到其经济的发展深刻地依赖于发展中国家，那么债务危机则从另一个方面使发达国家认识到发展中国家经济正常发展对发达国家经济的重要价值。

从直接的影响来看，债务危机首先对债权银行的生存构成威胁。自 1982年墨西哥债务危机爆发之后，因债务拖付或拒付，不少大银行出现了战后以来从未有过的利润大幅度下降，甚至出现连年亏损。在拥有债权最多的美国银行中，因债务危机的影响，先后出现了大陆伊利诺伊银行及俄亥俄储蓄放款协会挤提，美国金融公司及芝加哥第一国民银行资金短缺，美洲银行及花旗银行严重亏损等，在美国金融市场掀起了阵阵金融动荡，迫使政府不时采取紧急救助措施。目前，一些银行对发展中国家的债权高出他们经营资本的好几倍，收回债款对于他们的生存至关重要。

当然，与债务连在一起的不仅是债权银行，整个发达国家经济的发展也难以逃脱影响。比如，由于拉丁美洲国家经济停滞，进口削减，1986 年与1981 年相比，美国向拉丁美洲国家的出口额下降了 26%。西欧国家也因非洲、加勒比国家的债务危机而使其向那里的出口大受影响。这对于靠扩大出口推动经济增长的美国、西欧国家来说，无疑是一个制约因素。

在债务危机问题上，过分责备银行对发展中国家增加放款是没有道理的。因为在当时，发达国家因经济危机对资金需求下降，而向发展中国家放款是银行为资金寻找出路的主要途径。问题在于，债务国没有得到有保证的使用资金的条件和环境，或者说许多不利于债务国的变化使借—还机制遭到破坏。从资本的本身运动来说，债务债权之间存在着一种内在的相互依赖与制约关系。银行放贷只给债务人一个使用资金的权力，或者说是对资金使用权的一种让渡。如果债务人在使用资金过程中不能创造出比使用价格高的收益，或者在使用过程中受到其他因素的干扰，改变了使用资金的条件，那么，尽管收回本金和得到利息是债权人的权利，但实现本息收回就会出现问题。在这个意义上说，保证债务人使用资金的正常条件应是债权人的一种义务，而恰恰在这方面，债权人往往企图竭泽而渔，最后导致债务危机。因而，在当前的债务危机中，仅仅考虑发展中国家债务国的责任也是不行的。

问题在于，现实的问题是债务国与债权国在一个不正常的债务债权关系格局中寻求出路，因而找到解决问题的有效途径很不容易。石油危机是通过发达国家经济的自调来渡过的，而自我解决债务危机，发展中国家难以办得到。

当然，迄今无论是债务国还是债权国都不愿出现"危机崩溃"和由此可能引起的世界经济大危机。在当今高度相互依赖的世界体系里，出现这种局面无论对债务国还是对债权国都是灾难。1988 年年初美洲银行的一位高级官员明确指出，债务危机不仅阻碍世界经济的发展，而且也危及国际社会的和平与稳定。寻求解决债务问题的可行性方案，应是整个国际社会的共同责任。[1] 关键在于如何使"共同责任"得到体现，"布雷迪计划"能使严峻的局势发生转机吗？

---

[1] 英国《金融时报》1988 年 1 月 29 日。

结束语

　　世界经济的日益一体化和各国间相互依赖的不断加强是一个不可逆转的趋势。这种发展不仅不断摧毁着民族疆界的"万里长城",而且也必然不断冲击和改变着人们在民族疆界禁锢之下所形成的各种狭隘观念。从经济发展方面来说,在这个高度相互渗透,相互交织和相互依赖的世界上,那种追求"独立、完整的民族经济体系",那种生产"纯粹的民族产品"的观念已经过时。就民族经济而言,在当今世界上,可以说已经没有一个国家的经济是完整的。就是一件产品,纯粹由一个国家生产的也越来越少了。从理论上说,相互依赖机制的形成和发展本身要求各方以承认各自的不完整性为前提,个别的完整性只有在整体范围之内才有意义。因此,世界经济的一体化,各国间在各方面的分工和交往的深入发展为民族经济或民族产品赋予了新的含义和内容。以往那种立足于民族疆界之内的概念已经被以立足于世界范围的概念所代替,那种把民族国家作为独立单位的现代理论已经被跨国的、国际的和世界的关系理论所代替,正是这种关系深刻地影响着各国发展的进程。看一看事实上的发展吧!在美国的航天飞机上放着德国的试验仪,使用加拿大的机械臂;在苏联的太空站上有叙利亚的飞行员;法国的太空仪器用中国的卫星发射……在这种发展中,以往被看作是主权或绝密的东西越来越多地变成公开的和进行合作的领域,仅仅几年前,有谁能相信中国会花钱从美国资源卫星上接受有关中国资源分布的数据呢?

　　在新的发展面前,能否清醒地认识现实,顺应发展潮流和利用发展机会,对一个国家来说是至关重要。因此,重要的是不仅在于实现观念上的转变,而且更在于实现发展战略和政策上的转变。在当今世界上,那种以自有天然禀赋为基础和以自我比较满足为前提的经济发展战略已经不适用了,而广泛参与国际交换和分工,实现资源在世界范围的优化利用和有效利用,取得横向比较的相对满足，才是制定现代经济发展战略的一个基本出发点。因此，那种把生产要素封闭禁锢于一国疆界范围的政策，必然成为上述发展战略的羁绊。

纵观世界经济发展的历史和现实，凡是能够有效利用世界市场、世界资源，能够抓住发展机会的国家都取得了较快的发展。像瑞士这样的小国，资源贫乏，所有的工业原料，近90%的能源和50%的食品都需要进口，1/4的工作要由外籍人员承担。瑞士生存之道在于充分利用世界资源和世界市场，充分发挥本国的人力技术优势。人们羡慕瑞士人生活富裕，但似乎没人说瑞士经济是依赖性的。第二次世界大战结束时，日本的经济百孔千疮，基本陷于瘫痪。然而，由于日本制定了有效的以利用世界市场和世界资源为基点的发展战略，仅仅在短短的20多年里就跃居世界第二经济大国，在这里，"大和民族的自尊"并没有因生产中高度依赖美国的技术而受到损害。尽管一些人仍为所谓"亚洲四小龙"的经济性质争论不休，但是其经济的迅速崛起使越来越多的国家把他们当作发展的典范。在此情况下，人们似乎不去注意中国台湾电视行业外国公司占多高的比例、新加坡出口的电脑有多少零件是外国的，而是探究他们是怎样在这样短的时间里发展起来的。

在我国，对于深入参与世界经济的认识已经有了飞跃。国家领导人一再重申，中国的改革和对外开放政策永远不会改变。无疑，通过进一步改革和开放，将会大大加速我国生产的商品化、社会化、现代化，加强我国同世界各国的经济技术合作和贸易往来，使我国同国际市场的关系更密切。沿着这个方向发展，我国经济的发展将以一个崭新的姿态出现，中国经济真正跨入强国之林的愿望是可以实现的。

附录 本书引用的外文著作书目原文

前 言

1. Richard Cooper: Economic Policy in a Interdependent World, MIT, 1986.

2. Richard Cooper: The Economics of Interdependence, Mcgraw-Hill Book, 1986.

3. Hayward R. Alker Jr. : Analyzing Global Interdependence, MIT, Center for International Studies, 1974, c/74 – 27.

4. Mihaly Simai: Interdependence and Conflicts in the World Economy, Budapest, 1981.

5. Michal Stewart: The Age of Interdependence, MIT Press, Cambridge, MA, 1984.

6. Miriam Camps: Collective Management, Mcgraw-Hill Book, 1981.

7. Forbes, May 5, 1986.

第一编 第一章

1. Harry M. Makler. edited: The New International Economy, Sage Inc. 1982.

2. P. T. Elsworth. International Economy, Macmillian Co. New York, 1950.

3. U. N. : Handbook of International Trade and Development Statistics, 1985.

4. Yearbook of International Trade Statistics, 1983, 1985.

5. Direction of Trade Statistics, 1985, 1987.

6. Lar Anell: Recession: The Western Economies and the Changing World Order, Frances Printer Ltd. 1981.

7. Francisco L. Rivera – Batiz and Luis Rivera – Batiz: International Finance and Open Economy Macroeconomics, Macmillian Co. 1985.

8. Albert Bergsten: Studies of the Modern World System, Academic Press, 1980.

第 二 章

1. Batiz: International Finance and Open Economy Macroeconomics, Macmillian, 1985.

2. Dimitri Germidis and Charles – Albert Michalet: International Banks and Financial Markets, OECD, 1984.

3. Seung H. Kim and Stephen W. Miller: Competitive Structure of the International Banking Indusry, Lexington Books, 1983.

4. Xabier Gorostiaga: The Role of the International Center in Underdeveloped Countries, St. Martin's Press, 1984.

5. The Interntional Interbank Market, a descriptive study, BIS, Economic Paper, No. 8, 1983, July.

6. IMF: International Capital Markets, Development and Prospects, Occational Paper, 43.

7. Morgan Internationl Data, 1985, October.

8. World Bank: World Development Report, 1985.

9. OECD: The Internationalization of Banking, Paris, 1983.

10. Pradip Ghosh: Multinatiortal Corporations and Third World Development, Green Wood Press, 1983.

第 三 章

1. Euromoney, Supplement, 1985.

2. OECD: Financial Market Trend, No. 33, 1986.

3. George M. Von Furstenberg: International Money and Credit: The Policy Roles, IMF, 1983.

4. U. S. Department of Commerce-International Direct Investment, August,

1984.

5. John Dunning: Multinatioral Enterprises in a Changing World Invironment, Occational Paper, 1984.

6. Royal Institute of International Affairs: Technology Transfer to Developing Countries, WAP Manger, 1979.

7. IMF: International Capital Market and Prospects, 1986, No. 2.

8. IMF: Foreign Private Investment in Developing Countries, 1985, Spring.

9. Foreign Affairs, 1986, Spring.

10. Batiz: International Finance and Open Economy Macroeconmics, Macmillian, 1985.

11. Development Cooperation, 1983.

12. U. N. Trends and Issues in Foreign Direct Investment and Related Relations, New York, 1985.

第 四 章

1. Pradip K. Ghosh Editor: Multiantional Corporations and Third World Development, 1983.

2. U. N. Transnational Corporations and International Trade: selected issues, a technical paper, 1985, ST/CTC/54.

3. JEI Report, 1986, No. 10A.

4. Marina V. N. Whitman: Reflections of Interdependence, University of Pitsburg Press, 1979.

5. U. S. Department of Commerce: International Direct Investment, 1984.

第 五 章

1. Asian Productivity Organization: Technology Transfer in Some Asian Countries, 1979, Tokyo.

2. Sherman Gece: Technology Transfer Innovation and International Competitiveness, John Wiley & Sons, New York, 1981.

3. Antony J. Dolman: Resourses, Regimes and World Order, Pergamon Press,

New York.

4. Dr. John P. Dikinson: Sciences and Scientific Researchers in Modern Society, Unesco, 1985.

5. Michel B. Wallestein Editor: Scientific and Technological Cooperation Among Industrial Countries, The Role of the United States, National Academy Press, 1984.

6. Rita Cruise Brein edited: information, Ecomomics and Power, Westview Press, 1983.

第 六 章

1. Rudiger Jutte and Annemarie Grosse-Jutte: The Future of International Organization, St. Martin's Press, New York.

2. A. I. Macbean, P. N. Snowdens: Internatonal Institution in Trade and Finance, George Allen & Unwin, London.

3. IMF: Annual Report, 1985.

4. W. M. Scammell: The International Economy Since 1945, Macmillian, 1980.

5. Harold K. Jacobson: Networks of Interdependence, Alfred A. Knoft, New YorK, 1984.

第二编 导言

1. Forbes, May 5, 1986.

2. HaywardR. Arlker Jr.: Analyzing Global Interdependence, 1974, MIT.

3. Marina V. N. Whitman: Refleetions of Interdependence, University of Pitsburg Press.

第 七 章

1. Simon Kuznets: Postwar Economic Growth, The Belknap Press of Harvard University Press, 1964.

2. Robert Repetto edited: The Global Possible, Yale, 1985.

3. Congressional Research Service: U. S. and World Energy Outlook through 1990, November, 1977, Print 9533.

4. IEA, OECD: World Energy Outlook, 1982.

5. Evan Luard: The Management of the World Economy, St. Martin's Press, 1983.

6. Michal Stewart: The Age of Interdependence, MIT Press, 1984.

7. Alfred E. Eckes Jr. : The United States and the Global Struggle for Minerals, University of Texas Press 1979.

8. Basic Petroleum Data Book, Vol. v, No. 2, 1985, American Petroleum Institute.

9. Martin I. Glassner: Global Resources-Challenges of Interdependence, Praeger.

10. Hayward R. Arlker Jr. : Analyzing Global Interdepedence, MIT, 1974.

11. Mineral Commdity Summeries, U. S. Department of the Interior, 1986.

12. Ruth W. Arad and Uzi B. Arod edited: Sharing Global Resources, Mcgraw-Hill Book.

第 八 章

1. Walter Galenson: Foreign Trade and Investment, University of Wisconsin Press, 1985.

2. World Development, 1985, Vol. 13, No. 3.

3. John Williamson: The Open Economy and the World Economy, A Texbook in International Economies, Basic Books Inc. 1983.

4. Quarterly Journal of Economics, May, 1966.

5. S. B. Linder: An Essay on Trade and Transformation, New York, JohnWiley, 1961.

6. World Development, 1985, Vol. 13-, No. 12.

7. UNIDO: Industry and Development, No. 14.

第 九 章

1. International Financial Statistics, Supplement Series, No. 7.

2. Emilio Mayer: International Lending: Country Risk Analysis, Reston Inc. Virginia.

3. James Riedel: External Constraint on Growth in Developing Countries, SAIS, Johns Hopkins University, 1986.

第三编 导言

1. Hayward R. Arlker Jr. : Analyzing Global Interdependence, 1974.

2. Mihaly Simai: Interdependence and Conflicts in the World Economy, Budapest, 1981.

第 十 一 章

1. A. G. Kenwood and A. L. Lagheed: Growth of International Economy 1870 - 1980, London George Alien & Unwin, 1983.

2. UNCSC: Recent Development Related to Transnational Corporations and International Economic Realtions, E/C, 10/1986.

3. Robert D. Putman: Hanging Together, Harvard University Press, 1984.

4. UNCTC: Trends and Issues in Foreign Direct Investmerit and Related Flows, 1985.

5. Richard N. Cooper: The Economics of Interdependence, Macgraw-Hill Book Co. 1968.

6. OECD: Main Economic Indicator, 1985.

7. Gilles Oudis and Jeffrey Sachs: Macroeconmic Coordination among the Industrial Economies, Brookings Paper, No. 1, 1984.

第 十 二 章

1. James Riedel: External Constraint on Growth in Developing Countries, 1985.

2. Christopher T. Sounders edited: East-West-South, Economic Interactions Between Three World, St. Martins, 1981.

3. OECD: World Economic Interdependence and the Evolving North – South Relationship, Paris, 1983.

4. UNIDO: Industry and Development, Global Report, 1985.

5. IMF: International Financial Markets, Development and Perspective, Occasional Paper, No. 43, 1986.

6. The Economist, June 20, 1987.

7. Antony J. Dolman: The Like – minded Countries and the Industrial and Technological Transformation of the Third world, Rotterdam, 1979.

8. Rita Cruise O'Brien: Information, Economics and Power, The North – South Dimention, Westview Press, 1983.

9. Paul Rogers: Future Resources and World Development, Plenum Press.

第 十 三 章

1. Breda Pavhc edited: The Challenge of South – South Cooperation, Westview Press, 1983.

2. Volker Rittberger: Science and Technology in a Changing International Order, Westview Press, 1979.

3. Ervin Laszlo: African and Arab Cooperation for Development, Tycooly International Publishing Limited, 1984.

4. Anindya K. Bhattacharya: Foreign Trade and International Development, Lexington Books, 1976.

第 十 四 章

1. OECD: Technology Tranfer between East and West, 1984.

2. Albert Masnata: East-West Economic Cooperation: Problems and Solutions, Saxon House 1974.

3. Financial Times, May 5, 1977.

4. Bela Csikos-Nagy edited: East-West Economic Relations in the Changing Global Environment, Macmillian, 1986.

5. Fridrich Levic and Jan Stankovsky: Industrial Cooperation between East and West, M. E. Sharp Inc. 1979.

6. Mihaly Simai: Interdependence and Conflicts in the World Economy, Budapest, 1981.

7. Christain Science Monitor, June 20, 1983.

第四篇　第十五章

1. Europe, May, 1985.

2. Yearbook of International Trade Statistics, 1970 – 1971.

3. U. N. : Monthly Bulletin of Statistics, May 1986.

4. Global Competition-the New Reality, The Report of the President Commission on Industrial Competition, 1985.

5. Congress Record, 1979, 1 – 25 S.

6. The Brookings Review, Fall, 1985.

7. Direction of Trade Statistics Yearbook, 1987.

8. Financial Times, December 6, 1985.

9. News Week, April 13, 1987.

第 十 六 章

1. Toward a New Strategy for Development, Pergamon Press, 1979, New York.

2. Jeffrey A. Hart: The New International Economic Order, Macmillian Press, 1983.

3. Charles F. Doran: North-South Relations: Studies of Dependency Reversal, Praeger, 1985.

4. Jose J. Vilkmil edited: Transnational Capitalism and National Development,

The Hanester Press, 1979.

5. Finance and Development, June, 1985.

6. International Trade Forum, No. 1, 1985.

7. Jan Amerstedt Rolf Gustavsson: Toward a New International Economic Division of Labour? Rus Boghandel & Forlag, 1975.

8. Heraldo Munoz edited: From Dependency to Development: Strategies to Overcome Underdevelopment and Inequality, Westview Press.

9. UNCTC: Transnational Corporations and Internadional Trade: Selected Issues, a technical paper, 1985, New York.

第 十 七 章

1. Ehsan Nikbakht: Foreign Loans and Economic Performance, Praeger, 1984.

2. Washington Post, March 27, 1986.

3. Third World Quaterly, July 1985.

4. Foreign Policy, 1982 – 83 Winter, No. 49.

5. The Miami Herald, January 10, 1988.

6. Foreign Affairs, 1985 – 86 Winter.

7. Journal of Development Planning, No. 16, 1985.

8. World Economic Survey, 1986.

9. G. Smith and J. Cudington: International Dedt and the Developing Countries, World Bank, 1985.

后　记

按照原来的写作计划，本书还有第五编，专门论述开放条件下的中国经济及其发展战略选择。但是由于篇幅规模的限制和其他一些原因，写作第五编的计划不得不取消，这不能不说是全书结构上的一个缺陷。